中国白酒产业发展报告
(2017—2018)

王延才　主　编
宋书玉　杨　柳　副主编

中国轻工业出版社

图书在版编目（CIP）数据

中国白酒产业发展报告（2017—2018）/王延才主编 . —北京：中国轻工业出版社，2018.3
ISBN 978-7-5184-1897-8

Ⅰ.①中… Ⅱ.①王… Ⅲ.①白酒工业—产业发展—研究报告—中国 Ⅳ.①F426.82

中国版本图书馆CIP数据核字（2018）第048803号

责任编辑：江 娟 王 朗 车向前　　责任终审：劳国强　　整体设计：砚祥志远
策划编辑：江 娟 王 朗　　　　　　　责任校对：吴大鹏　　责任监印：张京华

出版发行：中国轻工业出版社（北京东长安街6号，邮编：100740）
印　　刷：艺堂印刷（天津）有限公司
经　　销：各地新华书店
版　　次：2018年3月第1版第1次印刷
开　　本：787×1092　1/16　印张：19.5
字　　数：436千字
书　　号：ISBN 978-7-5184-1897-8　定价：240.00元
邮购电话：010-65241695
发行电话：010-85119835　传真：85113293
网　　址：http://www.chlip.com.cn
Email：club@chlip.com.cn
如发现图书残缺请与我社邮购联系调换
171084K1X101HBW

编委会

主　　编：王延才

副 主 编：宋书玉　杨　柳

参编人员：甘　权　蒿　凤　张志刚　张昌国
　　　　　胡建中　陈一君　焦芳芳　黄　平
　　　　　徐　洁　郭　丹　张雪彬　陈雪欢
　　　　　高佳羽　尹　敏　饶志誉　王建民

序 言

白酒产业经过五年的深度调整，转型效果初步显现，产业结构、产品结构平稳向好，白酒产业重心向优势产区转移，消费需求向优质品牌集中。消费者对白酒美好品质的追求与白酒产业发展不平衡、不充分的矛盾是今后白酒产业发展需要解决的主要矛盾。

在当前白酒消费升级的巨大推动作用下，产业发展迎来了近年来最好的机遇。在国家鼓励实体经济、推进民族品牌战略的倡导下，2017年白酒产业不负众望，结构调整取得了重大突破，特别是高端白酒的大众消费逐步成为核心增长力，有力地保障了白酒产业稳中向好的发展态势。白酒产业的稳定发展，正是对国家经济长远发展构想和民族品牌战略的最有力响应。

随着全球经济一体化进程的不断推进，世界酒业的格局也在日新月异地变化。有机构研究显示，"一带一路"潜在的白酒消费是国内消费量的两倍以上，中国白酒的国际化发展正处于一个重大历史机遇期。为了实现中国白酒的国际化，中国白酒产业尤其是领袖企业倾注巨大精力，长期不懈地努力探索，做了很多有益的基础工作，体现了中国白酒文化的自我担当，和向世界传播中国酒文化的迫切需求。

在新的国际国内环境下，国内各白酒生产大省和知名白酒企业陆续做出重大变革或调整。白酒产业日趋多元化、精细化、全球化，白酒产业的市场竞争也日趋白热化。中国白酒企业能否及时抓住新机遇、有效应对各种新挑战，也将决定其能否在未来的中国酒类市场板块竞争中继续保持优势地位，进而带领中国传统白酒在与其他酒类品种及进口酒激烈的市场争夺战中不断发展壮大。

《中国白酒产业发展报告（2017—2018）》就是在当前国内白酒产业转型升级背景下撰写的。《报告》在行业有关专家的支持下，深入开展专题研究，汇编了2017年产业的总体发展概况，梳理了主要产区和特色产区的发展特点、存在问题、面临形势、发展策略，并展望了2018年行业发展趋势，具有重要的交流和借鉴意义。

千里之行，始于足下。无论是酒业人士，还是跨界专家，既是读者，也可以是作者，让我们继续努力，力争做出一部研究深刻、分析到位、预测科学的产业发展报告，也希望《中国白酒产业发展报告（2017—2018）》能对广大从业人员深入了解行业提供有益的参考和帮助。

编委会

2018年2月

目　录

第一篇　产业概况

2017 中国白酒 …………………………………………………………………… 2
2017 年行业经济运行概况 ……………………………………………………… 11
2017 年行业发展特点 …………………………………………………………… 19

第二篇　2018 年发展展望

2018 年中国白酒展望 …………………………………………………………… 32

第三篇　主要产区发展报告

贵州遵义产区白酒产业发展报告 ……………………………………………… 40
四川宜宾产区白酒产业发展报告 ……………………………………………… 57
江苏宿迁产区白酒产业发展报告 ……………………………………………… 64
四川泸州产区白酒产业发展报告 ……………………………………………… 69
山西吕梁产区白酒产业发展报告 ……………………………………………… 76
安徽亳州产区白酒产业发展报告 ……………………………………………… 79

第四篇　特色产区发展报告

中国北方浓香型白酒生产基地——内蒙古巴彦淖尔市 ……………………… 84
中国豉香型白酒产业基地——广东省佛山市 ………………………………… 88
中国芝麻香型白酒第一镇——山东省景芝镇 ………………………………… 93
中国白酒原酒之乡——四川省邛崃市 ………………………………………… 101
中国白酒名城——湖北省枝江市 ……………………………………………… 109
中国白酒原酒基地——山东省高青县 ………………………………………… 114
中国东南白酒名城——福建省建瓯市 ………………………………………… 118

第五篇　专题篇

树立全球意识，团结各方力量推动中国白酒国际化进程 …………………… 124

中国白酒产业分析与预测 ··· 128
对中国白酒业发展的再认识 ··· 155
中国白酒产业转型升级的概念、目标和实施路径 ····················· 159
中国白酒上市公司业绩分析与预测 ··· 170
加快白酒产业发展方式转变研究 ··· 187
中外酒业市场调查与分析 ·· 228

第六篇　企业篇

贵州茅台酒厂（集团）有限责任公司 ··· 270
四川省宜宾市五粮液集团有限公司 ··· 273
江苏洋河酒厂股份有限公司 ··· 277
泸州老窖股份有限公司 ··· 282
山西杏花村汾酒集团有限责任公司 ··· 285
安徽古井贡酒股份有限公司 ··· 293
北京顺鑫农业股份有限公司牛栏山酒厂 ····································· 296
劲牌有限公司 ·· 299

第一篇

产业概况

2017 中国白酒

宋书玉

中国酒业在深度调整中走过了四年，由被动接受到心态放稳，由不适应到积极应对，由措不得力到思变创新，中国白酒产业发展平稳向好。消费升级助力中国白酒需求增长，结构调整助力骨干企业效益提升，服务升级助力品牌企业赢取市场，多元营销扩大产品覆盖，争取更多消费者青睐，技术创新提升产品品质，社会责任担当塑造产业形象。2016年可以说中国白酒产业亮点纷呈，2017年是白酒产业深度调整的第五年，也可谓转折年，应该说有更多精彩充满想象。

消费升级推动，名酒需求渐旺，名酒价格回升，白酒价格趋稳；产业调整筑底，低质产品、落后产能淘汰，品质提升，品牌集中，产能压力缓解，产业结构重组；震荡后的产业新格局形成。葡萄酒、啤酒、保健酒等产品营销创新，市场消费多元竞争加剧。互联网营销、体验营销、酒类流通创新、酒类流通体系变革还在聚集。产业发展、标准监管等政策调整，都在期待市场新秩序的建立，白酒产业新的常态悄然发生了变化。

作为新年伊始要完成的任务，深度思考产业问题，提出产业发展思路，请业内同仁批评、讨论、借鉴。针对2017中国白酒，我提出的关键词是匠心、共享、开创。

工匠精神是中国智酿，中国名酒的核心；共享经济是企业未来实现经济社会价值的必由之路；创新消费文化、开创国际市场是中国酒业的中国梦。所以匠心铸就百年品牌，共享成就产业价值，开创发展实现中国白酒产业未来。

一、匠心

工匠精神是2016年的热词，作为传统制造业，中国白酒是最能体现工匠精神的产业之一，也是我们产业常常炫耀的法宝。工匠精神在2015年中国白酒领袖峰会上苏酒集团张雨柏主席就提出白酒产业必须坚持工匠精神，工匠精神是中国白酒的品质核心，没有工匠精神就会亡于脚下。能否成为"工匠"关键是有没有"匠心"。反思我们产业在发展过程中，我们的酿造、我们的创新、我们的服务，是否初心不改、匠心使然、精益求精、不断追求完美？"中国白酒3C计划"——品质诚实、服务诚心、产业诚信，就是呼吁、引领产业守住匠心，坚守品质，诚信标识；消费者至上，匠心服务；以诚信立产业发展之本。

纵观中国酒业的发展，中国名酒的成功者无疑都是品质的坚守者，都是不断追求完美的创新者，都是更好满足消费需求的服务者。但是我们也看到有失去自我迷失方向者，遗失匠心品质失去市场者。以匠心坚守品质，方能传承中国白酒经典；以匠心不懈创新、精益求精，方能提升中国白酒酿造技艺；以匠心坚持诚实、诚信服务消费者，方能奠定中国白酒产业发展根基。

（一）匠心品质，传承经典

匠心是坚守，坚守传统是中国酒业守道之本：粮谷原料，多微共酵，甑桶蒸馏，陶坛储存，乃其法理。料必精，时必适，工必到，法必精。中国酒的酿造神秘而复杂，白酒传承之道就是坚守工艺，师道古法，一丝不苟。古法精酿一直以来为酒业自身炫耀之本，所以没有茅台九蒸八酵七取酒之法，没有汾酒清蒸两排清的传统工艺，没有五粮液、泸州、古井、洋河的百年古窖、千年续糟，就没有中国名酒品质。中国名酒（四大名酒、八大名酒、十七大名酒）是中国白酒匠心品质的最好表达方式，随着酒业的发展，中国白酒需要新的品质表达方式和表达体系，最好的方式就是中国酒业协会正在致力于推行的中国白酒酒庄表达方式。大师酿造、个性定制展现匠心、中国首席品酒师与定制酒联盟、酿酒大师艺术馆等方式都是新的展示中国白酒匠心品质的表达。

严己身教，尊师重道，传承有序，已经形成了中国酿酒技艺的传承体系。酿酒师、品酒师进入职业大典，职业培训（注重职业培训，人才培养）认定有章可循，职业教育、专业院校酿酒人才源源涌现。中华老字号，世界非物质文化遗产的认定，酿酒技艺传承人代代相传，传承有礼。从而使中国酿酒大师人才辈出，中国酿酒事业薪火相传，生生不息。2017中国酒业协会中青年专家培养计划就是为匠心传承而实施的行业工程。

匠心更需梦想、执着和奉献，2017年恰逢酒界泰斗秦含章先生109岁。秦含章先生在酒业建树前无古人，秦老84岁退休，创造了酒业传奇，季克良先生在岗位52年，也可谓中国酿酒企业第一人。王国春、李家顺先生创造了酒业发展奇迹。他们都是中国酒业的楷模，他们匠心使然、孜孜不倦、甘愿奉献的精神可谓中国酒业精神。以匠心为初心，有梦想，有追求，热爱酿酒，甘愿奉献，鞠躬尽瘁，用一生酿好酒的中国酒业精神是产业之神圣经典。

（二）匠心追求，创造经典

中国白酒道法自然，天人合一，酿酒大师指挥着不计其数的微生物共酿美酒，让自然发酵之玄妙尽情展示；让甑桶蒸馏，复杂提纯、萃取、香与味完美融合；陶坛陈储、艺术勾调呈现美酒的优雅、丰满。这其中无不体现出酿酒大师的智慧。中国名酒正是在不断追求精益求精过程中品质不断提高。《烟台操作法》《汾酒试点》《茅台试点》《北斗计划》、历届中国名酒评比大大推动了传统名酒酿造技艺的精细化、规范化、标准化，都可谓中国酿酒工艺技术精益求精不断创新的典范。汾酒优质高产技术、五粮液低度白酒酿造技术、泸州的古窖酿造技艺、古井的人工窖泥培养技术、洋河的绵柔蓝色经典创新品类都是白酒产业创新的榜样。

从分析化学到风味化学，科学总结了中国名酒工艺技术和产品风格；从酿酒微生物认识到功能菌选育，从经典工艺到多工艺相融的芝麻香型酒创立，从《中国白酒169计划》《中国白酒3C计划》揭秘中国白酒的健康到今天中国白酒产业技术创新联盟，科技创新始终是推动中国酿酒技术进步的强大动力。

从自然酿酒，到人工酿酒，再到人工机械酿酒，而今我们又以科学审慎的态度进入智能智慧酿造的探索。

以中国名酒典型为代表系统建立了国家酒类标准体系，工艺技术规范，地理标志，特色区域建设方兴未艾，精细化、系统化、标准化的中国酿酒技术体系已经形成，并且始终坚持精益求精追求完美。

（三）匠心文化，诚信树业

中国白酒的酿造千年积累形成了崇尚自然，师道古法，孜孜不倦，追求奉献的匠心文化。精益求精，追求完美，用一生酿好酒的匠心精神。诚心服务，诚信树业是产业发展的根基。2016年是《中国白酒3C计划》结题年，大批科研成果为白酒产业品质诚实，服务诚心，产业诚信奠定了坚实的科学研究基础。尤其是白酒真实性鉴别技术，白酒功能微生物研究提升白酒品质技术、白酒系列标准的研究，为产业诚信建设提供了强力技术保障。因此，困扰白酒产业发展的生产准入标准修订、饮料酒分类标准修订、白酒溯源标准、白酒标签标注标准的研究和制定2018年有望出台。通过法规、标准体系的建立促进产业诚信建设。

做好白酒产业诚信体系建设，我们共同要做好三件事：一是白酒科普传播，二是酿酒体验，三是理性健康消费理念的树立和传播。中国白酒的历史价值、文化价值、品质价值、科技价值等，中国白酒的酿造原料、酿造技艺、白酒储存、大师艺术、智慧的表达等，要以通俗的语言介绍给消费者，使消费者成为白酒熟悉的朋友。白酒故事每个消费者都可以娓娓道来，白酒酿造的神奇美妙，每个消费者都可以绘声绘色，白酒消费文化每个消费者都可以像专家一样品鉴、演示。到了有很多消费者都可以辨真、识酒的时候，消费者自然就成了产业诚信的监督员，那时产业不诚将不存。

酒业应共同树立匠心精神，弘扬匠心文化。无疑坚守匠心，坚持传统，追求精益求精的酿造技艺，追求完美品质方可铸就中国名酒经典。

2017年中国酒业协会计划设立中国酒业最高科技奖——秦含章奖。建立中国酒业秦含章奖励基金，旨在弘扬匠心文化，发扬中国酒业精神，鼓励科技创新。

二、共享

中国是经济全球化的践行者、倡导者、受益者。未来世界是中国经济全球化的共享者。酒文化可以窥见一个民族的品格，中国人最好的酒一定是与亲朋好友共享。2016年五粮液集团全球巡展活动就提出：世界名酒，全球共享。洋酒文化是最好的酒我优先享用。共享经济成就中国梦，共享更应该成就中国白酒产业的飞跃发展。共享经济的核心是让商品、服务、数据（资源）及（人的）才能等具有共享渠道的经济社会体系。互联网时代，大数据、云计算为共享经济奠定了技术基础，传统白酒产业要抓住机遇，以共享经济理念推动产业发展。共享创新发展，推动产业技术进步，共享市场资源，有效需求，有效供给，推进酒类营销创新模式，共享成长，合作共赢，实现中国酒业的中国梦。

（一）共享创新发展

中国酒业协会白酒技术创新联盟是在"中国白酒169计划"及"中国白酒3C计划"基础上建立的产业可持续创新机制，通过产业技术创新联盟建立，使产业优势资源汇集产业智慧共同投入研究产业核心技术和共性技术，推动产业技术创新能力全面提升，产业技术进步加快，产业技术升级加快，是典型的共享经济理念联盟组织。通过几年的实践，创新联盟成效显著。按照国家技术创新联盟的相关要求，不仅完成了组织机构、联盟章程，同时在项目提出、项目论证、立项、资金使用等方面建立了完善的运行程序、规则。联盟企业及科研单位已经发展到58家。2016年确定研究的项目有：白酒年份酒标准；白酒产品追溯体系指南；白酒计算机感官品评系统；白酒风味化学基础及应用研究；白酒酿造原料与品质关联机制研究；白酒群体微生物固态发酵机制的研究；优质固态发酵白酒品质提升技术；白酒原料品控标准及企业原料采购数据库的建立；酿酒原料的稳定同位素识别技术研究；大曲中微生物的功能、相互作用及遗传稳定性研究；不同白酒香型核心产区酿酒微生物对白酒风味与品质影响的研究11项课题。共享创新一定会成为产业创新的最大平台。为中国白酒产业技术创新，展现中国白酒的科技价值贡献力量。

（二）共享市场资源

在企业经营活动中已经有许多资源成为共享资源，在经营过程中其实你不自觉地已经成为市场资源的共享者。优化配置，降低需求、供给以及其他共享成本是共享经济的核心理念。我们业内主动共享的意识还比较差，主动共享的行动更是少。但是我们业内也不乏先见之明者，五粮液唐桥董事长在第二届中国白酒领袖峰会上曾经提出名酒专卖店可以探讨市场资源共享，2016年领袖峰会袁仁国董事长提出包容合作、融合发展理念，刘淼董事长提出名酒联盟，共生共赢。中国酒业协会名酒收藏委员会、中国酒业协会定制酒联盟，就是协会倡导建立的共享渠道的具体体现。名酒收藏已经实现老酒联合鉴定，四大名酒，八大名酒纪念产品联袂出品，大大调动了老酒市场活力，助力老酒收藏热、消费热，大批酒类销售资源、消费者涌入老酒市场，老酒价值不断增高，市场前景广阔。定制酒联盟实现了中国酿酒大师、首席品酒师创意产品首次面世，让大师走进消费者，让消费者定制大师产品。联合创意产品在定制酒联盟成立大会上首拍吸引了大批酒类经销商和白酒收藏家，并以高价成交。大师创意产品在未来一定会成为酒类市场翘楚。老酒市场，大师创意已经成为酒类市场的共享资源。

未来我们可以探讨在酿酒原料、包装、辅料等需求上共享需求，降低成本，可以在产品设计、定位上按品类、价格、错位、互补有效供给，降低成本。在物流配送，装备、服务等方面共享资源，节约成本，树立共享经济意识，学会共享，善于共享，共生共荣，赢取未来。独享意识，独霸市场，必将灭亡。

（三）共享成长

共建资源，共同拥有而不占有，同样也是共享经济的核心理念。白酒产业有着开放相容、相互学习的优良传统。尤其近年来在技术创新、智能酿造方面，我们的骨干企业相互学习，不断提高。2016年由此还成立了中国酒业协会智能制造联盟。学习名酒做好名酒是中国白酒产业的优良传统。

全产业要共同倡导共享成长发展观。中国酒业正在建立中国酒业协会继续教育基地以及中国酒业协会战略发展研究院，就是要汇集产业内外优势教育资源做好产业人才队伍建设。

中国酒业协会白酒酒庄联盟就是产业共同成长、共享成长的新商业模式，虽然刚刚起步，却呈现出强劲动力。酒庄酒一定是中国白酒品质、历史、文化价值的全新表达方式。全产业共同努力将中国白酒酒庄打造成世界上最具厚重文化，传统技艺，体验观赏，藏酒消费的休闲圣地。白酒特色产区可以发挥区域优势打造白酒酒庄群。各级政府，中小企业转型发展应予以高度重视。并通过准入、评级完善中国白酒酒庄标准化体系，酒庄评级体系。产业共同创造中国白酒新商业模式。

同时白酒产业可以共同建设原料基地，包装、辅料基地；打假维权；维护市场秩序平台；产业预警机制应对突发事件共享平台等。全产业要共同树立共享经济的理念，相互学习，连横合纵，优势互补，共享创新，推动产业技术进步；共建需求，供给资源，节约成本，为消费者提供更高性价比产品。共同支持第三方服务体系、评价体系建设，共建自律、公约机制，敢于向害群之马说不。学会共享，善于共享实现中国白酒产业发展的高格局，高水平，高速度。白酒特色产区更要强化共享、生态、绿色理念，各级政府抓好特色产区建设。

三、开创

中国白酒产业每经历一次调整，都将促使产业思变，转型，创新，开创出产业新格局。20世纪80年代产业调整，中国白酒名优产品品质提升，营销创新，消费升级，家庭消费进入饭店消费，产业繁荣。2003年产业进入低谷，全国产量不足四百万千升，深度调整之后，量价一路飙升超过一千万千升和五千亿产值。与此同时，在此次深度调整过程中也不乏产业亮点。白牛二开创了中国低端白酒新传奇，毛铺酒开创了中国白酒健康新起点。此次产业深度调整后中国白酒产业会发生什么变化，触底则稳健，深思而聪慧，千虑得良策，行实则效高。匠心文化必将深入产业根基；共享理念，开启高速发展；商业模式创新带来产业变革，产业新格局正在孕育之中。

（一）开创国际蓝海

2016年在谈白酒产业转变时曾提到：白酒产业发展应以扩大内需向开拓国际市场转变，随着中国智造影响世界，随着一带一路走向世界，向世界传播中华酒文化。白酒的年出口量不到2万千升，占我们总产量1300多万千升的0.12%，年出口额不到5亿美元，占当年白酒工业销售收入5550多亿的0.5%。中国是世界酒生产大国、酒消费大国、酒文化大国。世界卫生组织WHO相关数据统计显示，中国作为世界上最大的蒸馏酒生产国，年平均产量占世界蒸馏酒总产量的30%左右，消费量约占世界蒸馏酒总销量的28.5%。以全球视野横向比较，我们应该清醒地认识到，在国际市场上占有明显优势的却是欧洲烈性酒，英国威士忌在国际酒类贸易中占有率最高，达到30.25%；法国白兰地位列第二，占有率在11.5%~13%；瑞典伏特加排名第三，约为4%，而中国白酒在国际市场贸易中的占有率只有0.76%。洋酒到中国很快随着酒吧、夜场洋酒文化被洋为中用，创造了洋酒的中国饮法，甚至在一些地区进入了中国酒的主渠道餐饮。中国白酒随着中国人的脚步遍及全球，中国白酒的身影也遍及全球，但在洋人世界，消费白酒的仍然是中国人。我们的白酒没有实现中为洋用。中国白酒的餐酒搭配，分享快乐，传达情感，场景、仪式等厚重的文化体系不够凝练，没有准备好如何给洋人讲中国白酒的故事。

WTO谈判由于我们没有做好充分准备，中国白酒与洋酒属性有别，也就是普通食品与特殊食品之分，洋酒到中国由特殊食品变成了普通食品，一路绿灯。中国酒到洋人世界由普通食品变成了特殊食品，关卡重重。所以在国际酒类贸易谈判上不对等，也是中国白酒走向世界的政策掣肘。同时中国白酒在标准体系建设，安全与品质表达上如何与洋酒契合也迫在眉睫。

王延才理事长的一篇文章《树立全球意识，团结各方力量推动中国白酒国际化进程》中强调：坚守中国白酒风格特点是我们立于世界酒业之本，产品风格方面的任何效仿没有出路，丢失自我即丢失核心竞争力。中国白酒应该处理好引导与迎合的关系，注重引导，适度迎合。白酒国际化的目标定位，即应以主流社会认知为目标，而不应限于一种文化和社会层次的范围之内。让国际社会熟悉中国，了解中国白酒，接受白酒文化，是我们走向国际的重要支撑。有组织、有计划地开展国际交流活动，推动白酒的整体"出海"。2016年领袖峰会袁仁国董事长提出：中国白酒要与世界酒企开启文化、战略、营销等方面的合作，实施竞合战略，优化配置市场资源，提升营销效率，促进世界酒类营销格局的演变。刘淼董事长在2016年白酒领袖峰会上建议组建中国酒业协会国际化联盟，倡议名酒企业一起深化国际酒类市场政策、信息的沟通与交流；借助中国跨国企业、海外华人和国际机构，大力发展海外经销商并共享渠道，不断扩大中国白酒在国际市场的能见度和美誉度；利用各自资源，共同培养熟悉国际化品牌塑造和运作的专业人才，为中国白酒国际化提供智力支持；合力开展对国外消费文化、消费包装和消费习惯的深入研究，打造出与国际市场接轨的名优白酒，共同推动中国白酒与世界"碰杯"。2015白酒领袖峰会李秋喜董事长发言题目是《白酒国际化时代》，号召名酒企业尽早开展顶层设计，科学定义白酒，建立国际标准，形成文化体系，联合开展国际调研。我们的名酒企业一直在行动，茅台与卡慕合作，已经进入30多个国家的60多个国际机场，300多家免税店。海外经销商也超过80多家。五粮液、古井借世博会宣传，世界各地巡展，传播中国酒文化，汾酒、二锅头在海外传统优势明显，与此同时，泸州老窖七星盛宴，茅台中国鸡尾酒创新，都是中国白酒走向世界的尝试。

协会2017年力争将饮料酒分类标准与白酒溯源标准修订与制定完成，完成中国白酒侍酒师职业标准、培训体系的打造。把什么是中国白酒，什么是中国白酒文化，怎么消费中国白酒，怎么向外国人讲中国白酒的故事，我们要通过标准体系表达，通过文化体系建设表达，通过创新生活表达。为中国白酒国际化奠定技术基础、文化基础、消费基础。

洋酒、葡萄酒有侍酒师，而且在中国大城市精英群体正在推广侍酒师职业培训，核心是传播葡萄酒及洋酒文化。应值得白酒产业高度重视并学习借鉴。培训洋人为中国白酒的侍酒师，让洋人在洋人世界给洋人讲中国白酒的故事。我们也可以借鉴帝亚吉欧水井坊在韩国成功突围案例。

（二）开创消费新文化

创新白酒消费文化已经成为产业最重要的课题，白酒消费群体的巩固，新生代消费群体的培育，走向国际的需要，健康、快乐的白酒消费文化系统建立并发扬光大对白酒产业未来影响深远。文化底蕴最厚重的中国白酒，在饮料酒世界成了最不会讲文化的酒。对人的感官冲击最丰富的酒，成了最不会讲美妙香气，醇厚口感，回味悠长的酒。

洋酒的品质消费，艺术消费，休闲消费，情趣消费精彩纷呈。葡萄酒的生态消费，个性消费，生活健康消费通过洋人培训中国人之后，中国人在中国把葡萄酒宣传成了健康酒。葡萄酒劝人少喝，懂欣赏，讲故事，讲餐配，讲方式，讲场景所以葡萄酒在消费者心中形成了健康理念，品质生活。常喝，少喝，健康。从而达到了多卖、大卖的效果。我们白酒往往不会算账，光想多喝多卖。劝酒时常常说：我的酒喝吧，喝多了也不上头，喝多少也不醉，喝多了第二天也没事。过度劝酒之后我们给更加爱惜自己的年轻一代树立了"醉的榜样"。想让他们爱白酒，就要为他们展示高雅艺术，品质生活，健康快乐的白酒消费文化。

我们为什么要喝酒，也就是说中国白酒的核心文化是什么？我想有四个字可以完美诠释，那就是"分享"和"表达"。欢聚一堂就是为了分享，分享喜悦，分享快乐，分享感悟。举杯就是为了表达，表达感恩感谢，表达亲情友情，表达美好愿望。这就是中国白酒的核心消费文化。2016年五粮液：世界名酒，全球共享就是中国酒文化的展示。

中国酒业协会近年来致力打造中国白酒消费新文化，构建产业与社会的和谐关系，成立酒与社会责任促进联盟带领产业践行社会责任，强化产业自律。连续两年分别以"理性文明，拒绝酒驾；关爱成长，非成勿饮"为主题，每年十月份的第三个周末在全国开展理性饮酒宣传周活动，活动波及全国四百多个城市，万家酒类消费场所，北京为活动主会场，同时由我们的主席单位在上海、广州、深圳、成都、南京、重庆、合肥等设立分会场，大力宣传理性饮酒。收到了社会各界广泛好评。2016年理性饮酒宣传周首次发布了理性饮酒指数报告和理性饮酒微电影。得到了卫计委、工信部、商务部、食药总局等部委的高度肯定和社会媒体的高度赞誉。2017年的理性饮酒宣传周的主题已经确定，那就是"适量饮酒，快乐生活"。同时要向全社会公布适量饮酒研究报告，理性饮酒指数，适量饮酒社会调查。微电影发布，公益广告发布等丰富内容。同时号召全产业承诺负责任宣传公约，理性宣传。向伪文化宣战。树立产业社会美好形象。

我们要有壮士断腕之勇，敢于向低俗、伪劣的不健康白酒消费文化宣战。汲取丰富的中国白酒文化营养，结合现代人的生活方式开创白酒消费新文化。将"舒心的酒千杯不醉"，改为"知心的话万言不醉"为分享喜悦、分享快乐而相聚，为表达感恩、感谢，亲情、友情而举杯。相聚是为了分享，喝多喝少不重要。举杯是为了表达，干不干杯不重要，频频举杯不追求频频干杯，频频表达不求醉，为情怀，为感悟，为感情表达、干杯。

在开创白酒消费新文化方面我国名酒企业做出了大量探索、尝试。茅台高雅艺术消费新文化，泸州老窖七星盛宴，中国白酒的品质生活。五粮液新生态酒品发布，打造快乐消费新文化，汾酒中式鸡尾酒会，打造国际交际白酒文化，洋河、劲酒白酒健康消费新文化，古井贡白酒养生消费新文化等。有中国白酒新消费方式，也有传统白酒结合露酒和预调酒的创新品类。但这里要谨慎处理好传统白酒变与不变的关系。不变的白酒，百变的创新消费新方式。同时在消费层面，消费者自主创新的白酒消费文化更应该引起业内高度重视，四川成都的"二麻酒馆"，由消费者探索的白酒消费新文化对我们应该有启迪。

2017年我们要创立中国白酒侍酒师职业，开展侍酒师职业培训教育，系统建立中国白酒技术标准，文化体验，消费方式，饮酒器具，场景、仪式等。通过侍酒师人才培训推广中国白酒消费新文化。培训洋人成为中国白酒侍酒师，让洋人给洋人讲好中国白酒的神奇、美妙、品质、艺术。让喝中国白酒成为洋人世界的新生活。同时组织专家团队开展中国白酒酒器文化研究，在继承传统基础上创新中国白酒酒器文化，饮酒仪式，饮酒器皿的使用等。

我们还要在全国高校进行品酒师职业培训，通过层层选拔，举办全国大学生品酒大赛。通过对即将毕业的大学生进行品酒师职业培训，提前掌握技能，为白酒产业选拔人才，输送人才。培训未来的精英消费群体，让白酒文化普及从大学生抓起。

通过白酒酒庄的体验消费，美酒之旅消费，民间酿酒大师体验中心等让消费者体验白酒消费新文化，消费者置身酒庄、酒厂，参与酿酒，储存，收藏，消费。打造看酒景学酒艺作酒仙，品玉液酿玉波藏玉露白酒体验消费升级版。利用国际酒业博览会机会举办中式鸡尾酒调酒大赛，创新中国白酒新的饮用方式。

2017年也是中国低度白酒诞生四十多年，推动白酒新文化，低度白酒更可以大显身手，通过低度白酒高峰会议，开创中国白酒低度新时代。白酒健康研究成为产业新的关注点，相关产业研发投入加大，我们期待新的惊艳。

（三）开创营销新模式

酒类营销由"总经销+分销"向"连锁经营+互联网"的转变，本质上是流通向零售的转变，是向消费者更近了一步，成为2016年最为抢眼的亮点，新的商业模式的发展势头强劲。新的酒类营销模式初期由于没有核心品牌主流产品，为尽快成为市场新宠，以高关注度的产品低价博取眼球，一度扮演了市场搅局者。但其以性价比优势为基础，可体验、便捷服务优势赢得了许多消费者青睐。随着商业模式优化为"厂家直采+连锁或B2C零售+e"，如今渐被主流品牌接受。同时名特总经销产品也正在成为其利润支撑。传统酒类经销商也顺势而为，开创了"总经销+分销+e"模式，同样成绩斐然，互联网成为其驱动力。新酒商与传统酒商的商业模式交融、角力会持续下去。品牌开发之争成为焦点，在新消费的趋势下厂家的话语权将回归。连锁店连锁规模与联盟商加盟数量成为焦点之一。所以，酒类流通变革能量持续聚集之中。

酒是满足人们精神、物质需求的特殊食品，消费者对酒都有哪些具体需求：品牌、文化、体验、个性、便利。品牌可以满足消费者面子和品质的需求；文化可以满足消费者历史价值、精神认同需求；体验可以满足消费者产品真实、可信的需求；个性可以满足消费者口味嗜好，酒庄稀缺，大师稀有，定制附加的增值需求；互联网可以满足消费者价格，便捷，信息交流方便服务需求。

无论什么商业模式，能够满足以上消费需求累加就是最好的商业模式，一定是要么能提高产业链效率以降低消费者（金钱、时间、机会等）成本，要么能提供消费者需要和认同的服务。可想而知，一个酒商，一家酒企都无法满足所有消费需求，因此，酒企与酒商，酒商与酒商联盟叠加，最大限度满足消费者需求将是酒类未来的真正生态化的商业模式。这个模式就是"互联网+名优品牌+全景体验+创意定制+传播吸粉+物联网"。互联网就是建立供给信息沟通，服务指令、订单、结算等便捷、价优、高效服务。名优品牌就是名酒及名酒副牌系列产品，特色产品，地方名牌的品牌运营。全景体验就是集门店体验，品鉴体验，酒庄体验，旅游体验，收藏体验等。创意定制就是满足个性化需求，产品品质，包装设计等出自大师创意等附加服务。传播吸粉就是品牌文化、知识传播为核心具备高效品牌传播能力，具有强烈吸粉能力，就是大量吸引粉丝，培养忠实消费群体。物联网就是将生产所需，市场所需，服务所需以及所有供给资源，整合、优化、降低成本，高效、便捷完成全程物流服务。

酒商联盟是新的酒类营销、新的商业模式，预示着酒类产品立体营销时代的来临。这种创新商业模式或暂称之为："酒巷模式"。原来是酒香不怕巷子深，有好酒，消费者会闻香而来，踏香而至。现在是把酒巷子送到消费者面前，为消费者提供酒巷子，酒类消费所有需求在酒巷子可以找到，满足消费者对酒类产品的全景需要。"酒巷商业模式"就是将原来线性销售变为立体销售，将原来提供酒类产品服务，到提供酒巷子服务，满足消费者立体需求，为消费者提供全景服务。

深度调整产业转型，我们的许多企业纷纷选择品牌瘦身，品牌聚焦，打造大单品、爆品，提升效益。如何选择好的商业模式实现这一目标。酒商联盟"酒巷模式"是实现这一目标的最佳商业模式之一，全产业应予高度关注。智者先行，酒商与酒企，酒商与酒商的联盟合作呼之欲出，充满期待。

匠心是中国白酒产业的核心，是中国白酒技艺的传承，是中国白酒品质的保障，没有匠心就没有中国白酒品质；匠心是中国白酒酿造技术进步，品质不断完美的灵魂，没有匠心就没有白酒产业的创新发展；匠心是中国白酒的文化之源，匠心文化是白酒产业的北斗星，是产业诚信的基石，没有匠心文化中国白酒产业就没有文化，没有未来。共享理念是白酒产业更高的发展追求。学会共享，敢于共享，善于共享，共享创新发展，是白酒产业的共同进步；共享市场资源，是白酒产业优化需求，优化供给，创造新的产业生态；共享成长，是白酒产业更快，更强发展的共同理念，共享带来机遇，共享带来全面提高，共享带来高速成长。开创是白酒产业深度调整，深刻反思后创造的产业新格局。开创国际蓝海是中国白酒产业的中国梦，开创消费新文化是中华酒文化的进步与开拓，开创商业新模式是白酒产业全景服务消费者的新时代。

让我们不忘初心，守住匠心；让我们携手进步，共享成长；让我们创新发展，开创未来。

2017年行业经济运行概况

蒿凤　焦芳芳

2017年是白酒产业深度调整的第五年，行业整体发展取得了非常好的成绩。白酒产业正因为更早进入了深度调整，所以这几年白酒积极推进供给侧结构性改革，贯彻消费品"三品"（增品种、提品质、创品牌）专项行动计划，着力开展调结构、补短板一系列专项行动，解决白酒生产与消费之间存在的不平衡、不充分之间的矛盾，更好满足和创造消费需求，不断满足人民日益增长的美好生活需要。中国酒业协会也有这样的责任来引领产业在调整中做出更好的发展。

一、生产

根据国家统计局数据，2017年1~12月，全国酿酒行业规模以上企业完成酿酒总产量7077.41万千升，同比增长3.31%。其中饮料酒产量6050.13万千升，同比增长0.97%。全国规模以上白酒企业完成酿酒总产量1198.06万千升，同比增长6.86%，在全行业中占比17%。

2017年白酒产量占全行业比重如图1所示。

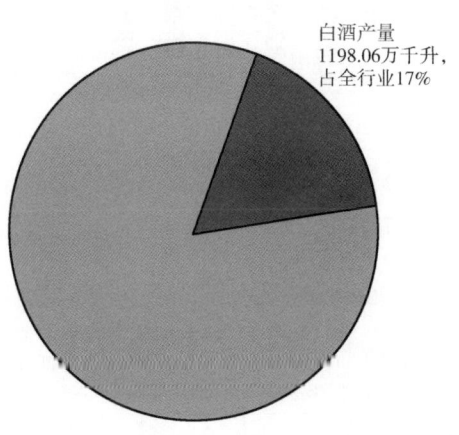

图1　2017年白酒产量占全行业比重
（数据来源：国家统计局）

2017年酿酒行业产量分布图如图2所示。

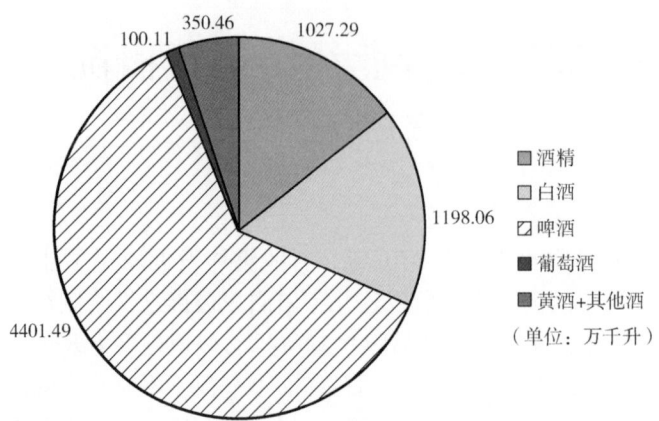

图2　2017年酿酒行业产量分布图
（数据来源：国家统计局）

2017年1～12月份全国白酒产量图如图3所示。

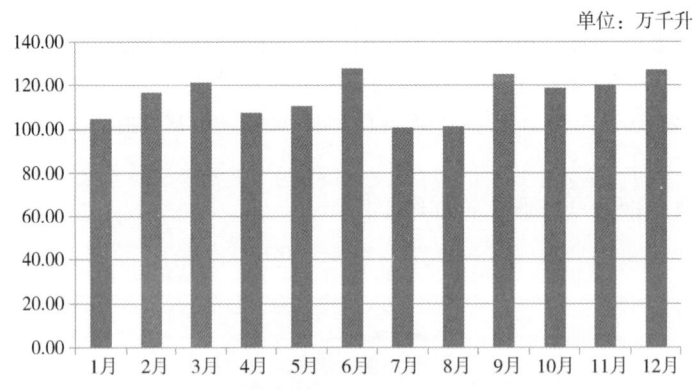

图3　2017年1～12月份全国白酒产量图
（数据来源：国家统计局）

2017年各省白酒产量对比图如图4所示。

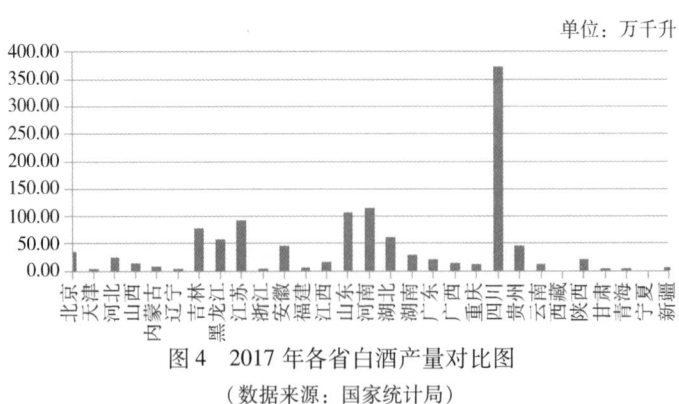

图4　2017年各省白酒产量对比图
（数据来源：国家统计局）

2016—2017年全国白酒行业产量图如图5所示。

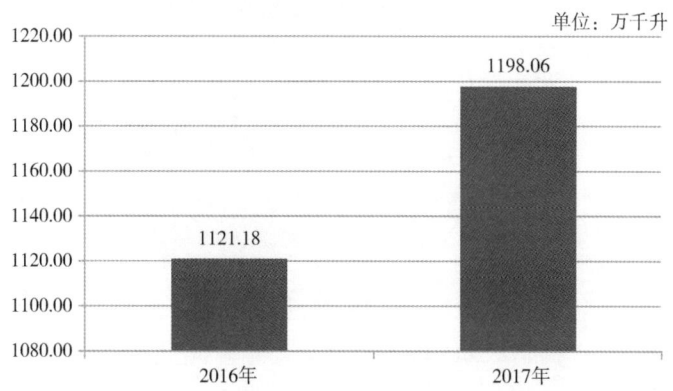

图5 2016—2017年全国白酒行业产量图
（数据来源：国家统计局）

2016—2017年酿酒行业产量图如图6所示。

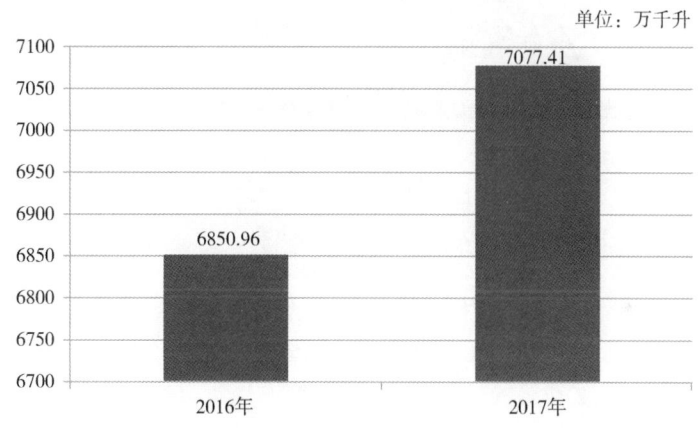

图6 2016—2017年酿酒行业产量图
（数据来源：国家统计局）

二、销售

根据国家统计局数据，2017年1～12月，主要经济效益汇总的全国酿酒行业规模以上企业总计2781家，累计完成产品销售收入9239.57亿元，与上年同期相比增长10.45%；累计实现利润总额1314.03亿元，与上年同期相比增长27.24%。

纳入国家统计局范畴的规模以上白酒企业1593家，累计完成销售收入5654.42亿元，与上年同期相比增长14.42%，在全行业中的占比为61%；累计实现利润总额1028.48亿元，与上年同期相比增长35.79%，在全行业中的占比为78%。2017年白酒销售收入占全行业比重如图7所示。

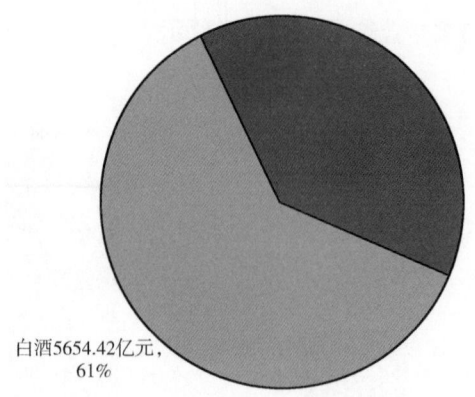

图 7　2017 年白酒销售收入占全行业比重
（数据来源：国家统计局）

2017 年酿酒行业销售收入分布图如图 8 所示。

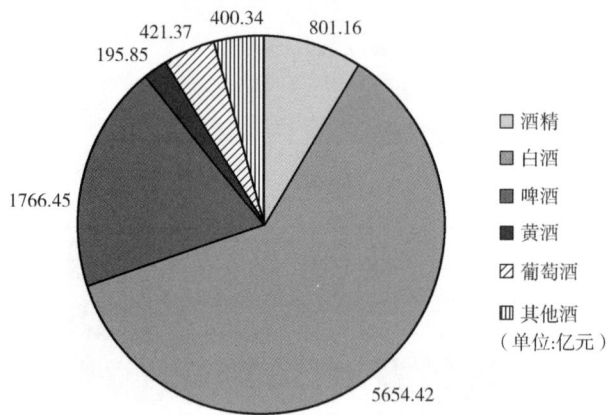

图 8　2017 年酿酒行业销售收入分布图
（数据来源：国家统计局）

2017 年 1～12 月白酒行业销售收入对比图如图 9 所示。

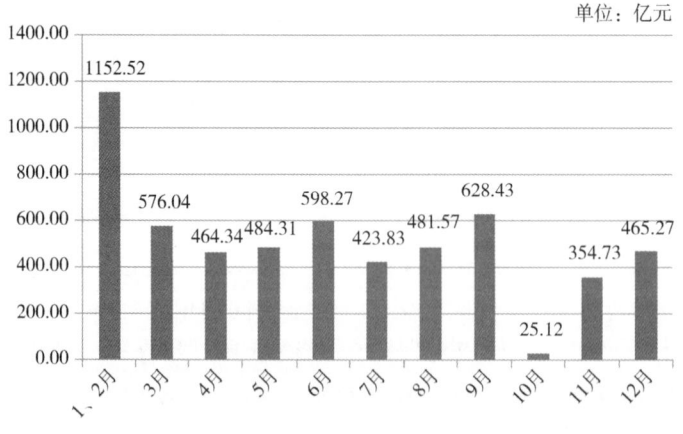

图 9　2017 年 1～12 月白酒行业销售收入对比图
（数据来源：国家统计局）

2016—2017年白酒销售收入对比图如图10所示。

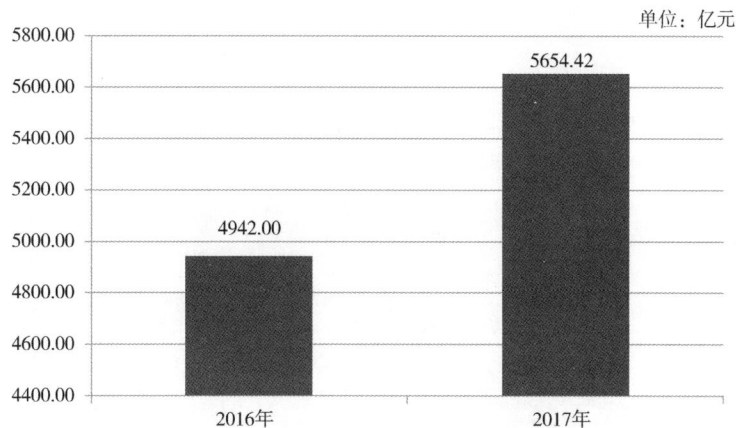

图10 2016—2017年白酒销售收入对比图

（数据来源：国家统计局）

2016—2017年酿酒行业销售收入对比图如图11所示。

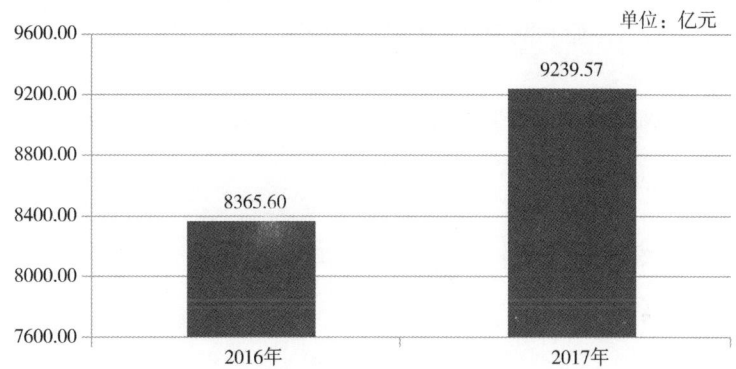

图11 2016—2017年酿酒行业销售收入对比图

（数据来源：国家统计局）

2017年白酒行业利润占全行业比重如图12所示。

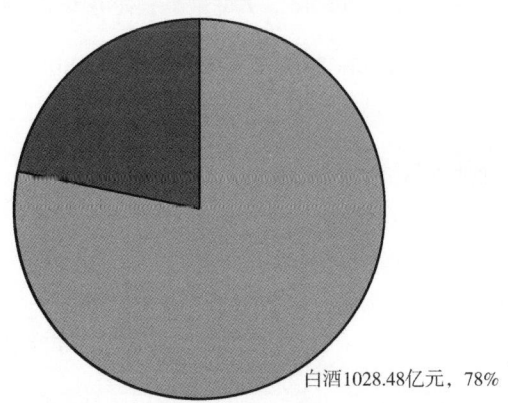

图12 2017年白酒行业利润占全行业比重

（数据来源：国家统计局）

2017年酿酒行业利润分布图如图13所示。

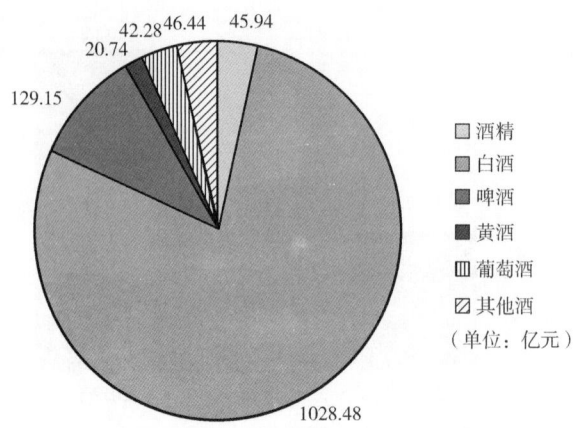

图13　2017年酿酒行业利润分布图
（数据来源：国家统计局）

2013—2017年白酒行业利润对比图如图14所示。

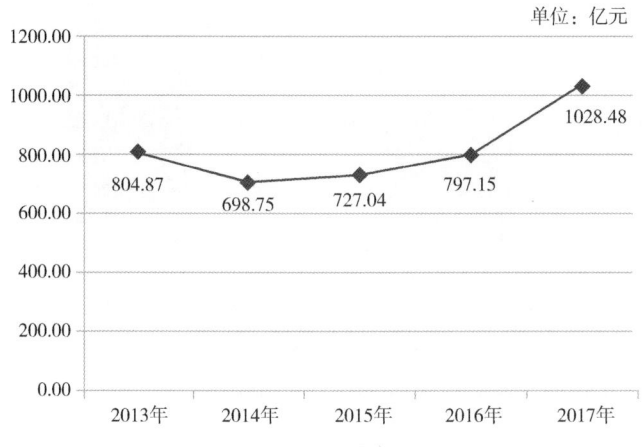

图14　2013—2017年白酒行业利润对比图
（数据来源：国家统计局）

2013—2017酿酒行业利润总额对比图如图15所示。

三、进出口

根据海关总署数据，2017年1~12月份饮料酒*及发酵酒精制品累计进出口总额

＊ 饮料酒包括13种，麦芽酿造的啤酒、葡萄汽酒、鲜葡萄酿造的酒、味美思酒、黄酒、蒸馏葡萄制得的烈性酒、威士忌酒、朗姆酒、杜松子酒、伏特加酒、利口酒及柯迪尔酒、龙舌兰酒、白酒。

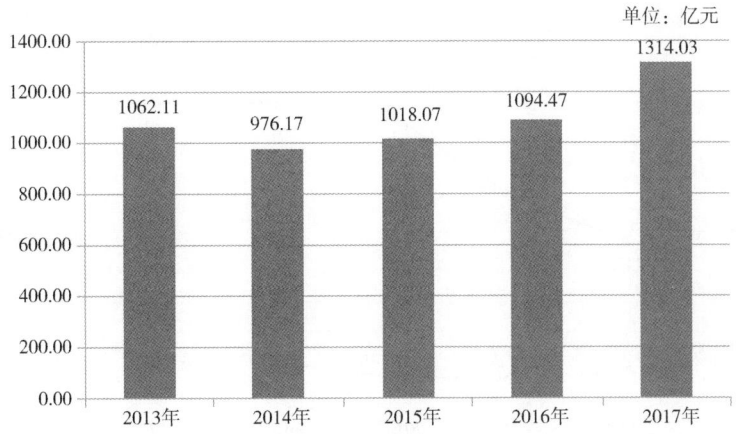

图 15　2013—2017 酿酒行业利润总额对比图
（数据来源：国家统计局）

60.23 亿美元，同比增长 6.37%。其中，累计出口额 13.11 亿美元，同比下降 1.56%；进口额 47.12 亿美元，同比增长 8.80%。

根据海关总署数据，2017 年 1~12 月份白酒商品累计进出口量 1.90 万千升，同比增长 5.68%，其中累计进口量 0.24 万千升，同比增长 27.63%；累计出口白酒数量 1.66 万千升，同比增长 3.09%；1~12 月份白酒商品累计进出口总额 5.40 亿美元，同比增长 0.06%，其中累计进口总额 0.70 亿美元，同比下降 1.86%，累计出口总额 4.70 亿美元，同比增长 0.35%。

2013—2017 年白酒进出口数量对比图如图 16 所示。

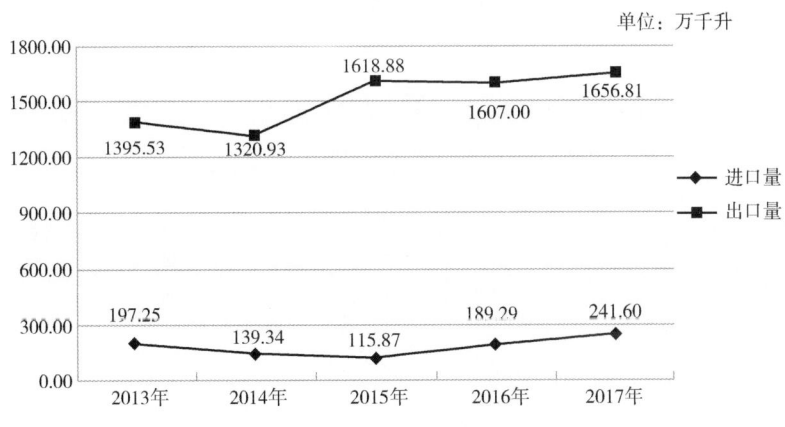

图 16　2013—2017 年白酒进出口数量对比图
（数据来源：海关总署）

2013—2017年白酒进出口总额对比图如图17所示。

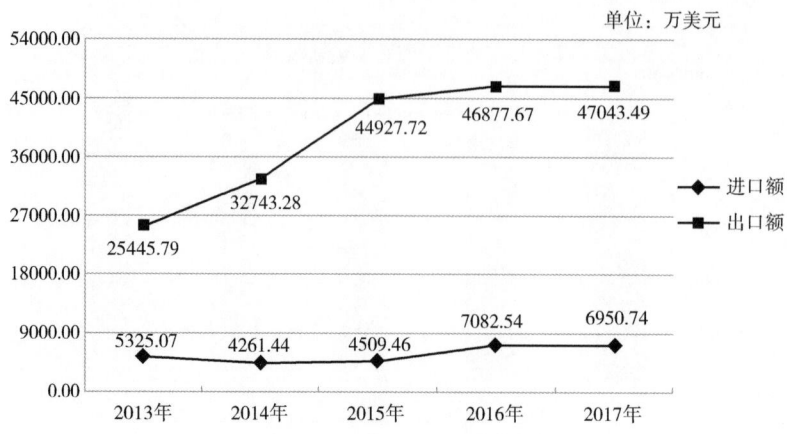

图17 2013—2017年白酒进出口总额对比图
（数据来源：海关总署）

2017 年行业发展特点

蒿凤　张昌国　张志刚

时至 2017 年末，中国酒业在深度调整中走过了五年，在名酒企业的带动下，全行业积极引领发展新常态，坚持创新驱动，加快智能转型，努力提质增效，经济运行质量不断改善。部分名酒企业精准研判，措施得当，调整到位，实现了逆势增长，释放出"复苏"信号，为产业带来春风：产品结构调整成效显现；品牌建设成果凸显；文化建设与时俱进；国际化力度增强；人才培育再上新台阶。

一、产品结构调整成效显现

2017 年中国白酒企业产品销售业绩数据靓丽，利润增速极快，产品结构调整成效显现，2017 年是白酒产业深度调整的转折年，白酒行业最坏的时期抑或已经过去，名酒需求渐旺，名酒价格回升，白酒价格带趋稳，显示出根植消费传统的白酒有着深厚的消费基础，潜力依然无限。

（一）高端、次高端产品是增长的主力军

如果说 2016 年主要是高端白酒的独角戏，那么 2017 年，在一线高端名酒带动下，诸多二线名酒品牌快速走出调整期，开始了新的弯道超越。在白酒业散发阵阵暖意的时节，中国白酒的高端、次高端产品一路呈现高速上升的态势，从产品结构上看，高端系列产品，次高端系列产品是增长的主力军。

高端白酒的价格带走高，促使次高端白酒价格带重构，并随高端白酒价格区间的变动而变动，次高端增长空间被打开，不过，相比高端产品，次高端产品没有全国化绝对强势品牌。

次高端白酒价格带存在多种说法，主要是由于不同区域的酒类消费结构所决定的，因此，次高端产品价格存在地区差别，且次高端不如高端或中低端白酒价格带相对固定。根据业界的普遍看法，次高端白酒是紧跟高端白酒产品之后的产品序列，价格在 300~600 元这一区间。

目前的次高端是阶段性的良机，布局次高端，市场自然产生竞争，企业之间的竞争将会促使白酒的产业结构发生新变化。同时，也有分析人士认为，次高端白酒对于企业品牌形象，及带动中低端白酒的销售具有重要作用。

中国酒业协会（以下简称"酒协"）认为，酒企要顺应市场出现的新形势、新变化，重新细分消费市场，合理定位高、中、低端酒类产品结构，满足多元需求，架构起适应市场、适合自身生产发展的产品结构，在积极推进产品结构调整的同时，注意合理规划、安排产能。

（二）价格延续回升态势

2016年我国规模以上白酒企业累计完成销售收入6125.74亿元，累计实现利润总额797.15亿元，既显示了销售情况的改善也说明价格出现回升。2017年规模以上白酒企业累计完成销售收入5654.42亿元，累计实现利润总额1028.48亿元，中国白酒价格延续了2016年回升态势。

供求关系是决定价格的关键因素。一年下来，一线品牌酒企先后开启涨价模式，且涨幅明显，产品销售量价齐升。白酒行业价格的回暖，更多是中高端白酒对于核心产品的提价，带动白酒价格走高。而整体来看，白酒产品价格主要表现为冷暖不均，非名优、同质化、无个性、缺乏性价比的白酒产能依然严重过剩，而具有高性价比、有口味优势的名优酒往往是供不应求的，强弱分化明显。

也有分析认为，经过几年的市场变化和经营策略调整，一线名酒都认识到高端白酒，品牌是产品价值的决定作用，于是高端白酒又从价格战转向品牌维护上，重新进入提价轨道。各品牌之间还存在涨价的现象，谁都积极向前，唯恐落后。

价格管控有助拉长行业景气周期。茅台、五粮液等酒企2017年在管控处罚经销商的扰乱市场价格行为可谓空前，为防止"破窗效应"，酒企均认识到如果不维护好市场，价格就会失控，最后损失的还是厂家自身这一道理，对此，也出现了厂家使出史上最严厉的处罚手段的情况。

酒协认为，控价、治乱是酒企的高度自觉，很多举措都是从被动而为主动出击的自觉行为。例如，茅台在销售旺季提前披露市场布局等关键信息，年底提前透露新放量消息等，都是有意识地让市场少些猜忌，少些投机。

（三）消费升级为价格回升夯实基础

白酒价格回升的积极因素逐步积累。尤其是消费升级带来的需求扩张，为价格回升夯实基础。消费升级对于白酒是非常大的红利，也是非常大的机遇，其中主要是消费能力、消费心理、消费方式发生变化。消费升级不是简单的价格升级，但首先是价格升级，其次是产品升级，不断开发高端产品。

目前高端白酒消费主体主要是企业、个人，其中企业购买主要用于商业活动，个人购买主要用于婚庆婚宴，朋友聚餐等。在大众创业万众创新的背景下，企业、个人等市场主体的活力也得到不断释放和激发，居民可支配收入稳步提高，富裕消费人群规模持续扩大，民间消费大有可为。

围绕消费升级，有两个方面值得关注：

一是中产阶级崛起，品牌升级，价位升级。企业注重品牌价值符合终端提价后的价位段，同时打造更符合消费者需求的产品诉求，在新的价格带立足；二是消费群换代，理念升级。面对新一代的消费群体，新一代的消费理念，企业做出革故鼎新，以新思路面对新群体。

从购买力而言，地产酒往往更贴近大众消费，具有更坚实的群众基础，并且一般在酒厂所在地居于强势地位。但在一线名酒或二线名酒市场下沉压力下，地方区域酒企的市场份额慢慢萎缩，市场竞争日趋激烈，低端价位堪称百团大战，中端价位也很拥挤。

另一方面，白酒企业龙头企业上调产品价格又为地方价格上涨打开空间，因为预计未来经营状况不佳的地方酒可能需要降价来稳定市场份额，生产经营比较有特色，价格定位合理，消费者认同的地方酒价格有所上涨。

二、品牌建设成果凸显

加强品牌梯度培育；强化品牌重塑；建立清晰结构的品牌；消费品牌化，提升品牌号召力；海外推介注重统一品牌文化等系列品牌建设工作愈加受重视，2017年酒企品牌建设成果凸显。

（一）看重品牌"瘦身"与"聚焦"力度

2017年，无论茅台、五粮液等一线企业，还是衡水老白干、今世缘、西凤等二线企业在品牌瘦身、品牌聚焦方面动作频频。意在加快品牌梳理和精准定位，构建适应市场化需求的清晰产品结构，聚焦品牌优势和资源优势，强化品牌口碑。

与一线品牌不同的是，二线名酒企业，大力度整合舍弃品牌，每个品牌突出一个明星大单品进行打造的同时，待形成某一价格带绝对领先优势后，企业还常常考虑补短问题，逐步渗透、抢夺其他价格带。

除酒企领导高层决心和铁腕治理外，一系列行之有效、科学得当的措施提供最强保障。以西凤为例，西凤酒要成立专门委员会，升格品牌管理，同时通过品牌资产管理、法律手段保护品牌等方式构建产品体系。酒企也非常注重品牌梯度培育，各有定位，各有目标，层次清晰，保持品牌力和产品力与目标人群的对应性。

事实上，国内多数白酒企业都曾面临着品牌线冗余、开发品牌过多的困境，并且不止一次对于子品牌进行清理。尽管品牌清理涉及企业品牌发展与秩序治理的平衡，影响到企业现有的利益格局，甚至影响企业业绩。但专家分析认为，酒企核理品牌体系在短期肯定会经历阵痛，在此期间经销商的利润将会受到影响，甚至可能会波及渠道放量，导致渠道洗牌，但从长远来看对企业和行业可持续发展是有利的。

（二）海外推介注重统一品牌文化

2017年，白酒企业在系列海外推介中非常注重统一产品名称，统一品牌文化。很多企业意识到，白酒对海外传播时应该先是"中国白酒"，先让大家知道"中国白酒"，然后再讲茅台、五粮液、泸州老窖等白酒品牌，同时茅台有茅台的品牌故事，五粮液有五粮液的品牌故事，泸州老窖有泸州老窖的品牌故事。

泸州老窖在海外举行的"让世界品味中国"系列活动。古井贡酒以中国酒文化为特色，以具人文性格的品牌文化为支撑，积极推动中国白酒"走出去"。洋河在世界各地不断讲述中国的白酒文化，以崭新的形象讲中国白酒的故事。汾酒的"让世界看到骨子里的中国"海外推介活动，印证着中国白酒在海外推介的品牌意识走向新高度。

这些努力不断提升了中国白酒在国际市场的知名度，向海外彰显了中国白酒人的文化自信、品牌自信，展示着中国白酒问鼎世界之巅的勇气和决心。

注重统一品牌文化走出国门是简单有效的重要方式，事实上，洋酒进军中国的时候，往往也都是以统一产品名称、统一品牌文化、统一攻市场的方式在中国市场打出一片新天地。

酒企也应理清一个道理，敢于站在国家的高度、民族的高度，推动白酒品牌文化的发展，不应仅仅依靠传统文化，躲在中国文化庇护之下，而要敢于与最优秀的世界文化融合，创造人类共鸣的品牌故事。

（三）消费品牌化驱动品牌文化升级

现在越来越多的消费者已经具有强烈的品牌意识，在消费品牌化的大背景下，为提升品牌号召力，在品牌建设方面，实施重大战略升级是行业企业 2017 年常见的动作。目的都是通过提升品牌文化与消费者形成步调一致的生活思维方式，占领消费者的心智。具体表现为顺时而为，符合时代潮流，反映时代精神，品牌文化更贴近当代人的生活和体验。

例如，景芝酒业创新性地提出"景芝景阳春　山东精气神"的品牌新主张。迎驾成功构建的六大生态品牌理念等均是如此。酒企愈来愈重视产品品牌的辨识度。

企业品牌及产品品牌对消费者购买意向均具有显著的正向影响关系，在产品品牌强度相同的条件下，消费者对具有较强企业品牌的购买意向更为显著。

中国酒业在深度调整中，由被动接受到心态放稳，由不适应到积极应对，由措施不得力到思变创新，而不能适应的白酒企业或被收购、兼并或关闭、转行，初步实现市场出清，优胜劣汰，白酒行业的调整成效初步显现。对此，市场消费向优势骨干品牌的产品倾斜，优势骨干品牌企业在不断获得愈来愈多的市场空间。

2017 年，酒企也非常注重通过品牌宣传前移的方式贴近消费者，其中茅台的"茅台酱香·万家共享"系列活动就是一个典型，让茅台品牌文化传播触觉更深，"末梢"更广，消费者接受度更高。

三、科技创新助推白酒产业升级

近年来，白酒产业不断加强科技创新体系建设，深化科技体制改革，大力推进科学技术在支撑高品质白酒产业上的成果转化，有力助推了白酒传统生产工艺不断积累与创新，为整个白酒产业的持续健康发展做出了巨大贡献。

在 2017 年，整个白酒产业更是依托科技创新推动着整个白酒产业的有效升级与发展。

（一）利用大数据科技加速白酒产业转型升级

大数据是近年来的一项重大科学技术。当下，大数据战略已经上升为国家战略，十三五规划中明确提出：实施国家大数据战略，推进数据资源开放共享。这不仅为大数据科学技术的发展指明了方向，也为白酒产业依托大数据这一科技力量实现产业升级提供了有力帮助。

在 2017 年，中国酒业协会牵头，联合五粮液集团、电子科技大学、浪潮集团成立了"中国酒业大数据中心"，这不仅有效推进了白酒产业转型升级和技术进步，更是促进了白酒产业持续、健康地发展。

立足整个白酒产业，大数据科技已成为推动中国白酒产业不断创新进步的有效推动力，面对白酒消费需求、市场营销、渠道流通等方面发生的巨变，中国白酒产业急需推动大数据科技的应用,而且中国白酒导入大数据科技也是中国白酒依托科技力量实现产业升级的创举。实践证明,导入大数据科技白酒产业可以大数据为支撑,连横合纵,优势互补,共享创新的战略思想,汇集中国白酒产业相关优势资源、产业智慧、核心技术、共性技术,推动整个白酒产业技术创新能力全面提升,加速技术升级,为中国白酒创新文化建设、开创国际市场、开创商业新模式提供基于大数据的智力支撑,为白酒产业持续发展贡献力量。

(二)依托科技创新,引领白酒健康新主张

作为传统的白酒产业,在消费者主权时代赢得持续发展,更需要通过科技的力量不断推陈出新,满足消费者的需要。

在 2017 年,白酒产业紧跟消费者主权时代的主旋律,深入开展以健康和体验为核心的技术变革,紧紧围绕满足人民群众需求的产业发展战略,深入开展各项科研攻关工作,不断加快新技术、新成果、新工艺的推广及实施步伐,通过科技创新为白酒产业的可持续发展提供强有力的技术支撑。

2017 年,"洋河微分子酒风味特征及形成机理的研究"科研成果得到了国内最权威专家的高度认可和赞许。这不但对新形势下中国白酒发展,尤其是新生代消费需求等方面建设具有方向性的指导意义,同时更是为指导中国白酒健康化、年轻化、多元化消费需求方面起到了积极的引领作用,可谓是依托科技创新,真正开启了中国白酒风味、健康、低度的新时代。

同时该成果的取得也再一次充分验证了产、学、研、用是不断推动科技创新多出成果、出好成果的重要途径。这一科技成果在白酒产业的诞生,也进一步深化了产业共识,在今后的发展中,整个白酒产业会进一步加快和提升技术创新能力,充分发挥科技在白酒行业发展过程中的重要作用,在新时代真正"开启健康饮酒新生活,引领白酒健康新主张"。

同时,在 2017 年由中国酒业协会、安徽古井贡酒股份有限公司和北京工商大学首倡建立了"中国白酒健康研究院",这也是全国首家专业的白酒健康科研机构。中国白酒健康研究院的成立主要是以研究提升白酒健康价值、推动科研成果的分享转化与宣传白酒健康文化为目标,开创了白酒健康发展新格局。可以说,这是中国白酒产业里程碑式的战略举措,将为中国白酒国际化奠定技术基础、文化基础和消费基础。

由此看来,2017 年整个白酒产业依托科技创新的力量,已成为白酒健康的新主张,强化了消费者对白酒健康的认知。

(三)开展科普行动,有效进行消费教育

中国是酒的故乡,也是酒文化的发源地,在中国数千年文明发展史中,酒与文化的发展基本上是同步进行的。然而,相当一部分消费者对酒依然是一知半解。社会上流传着许多对酒的偏见和误解,严重影响了酒的社会声誉、误导了酒的消费。

为有效改变消费者对白酒的认知,2017 年,中国酒业协会举办了一场前所未有的"问酒"论坛,邀请国家工程院院士、著名行业专家通过一道道科学实验,用消费者容易理解的科学方法,告知了消费者白酒到底是什么?白酒到底该怎么喝?喝白酒到底有什么好处……可谓是,"问酒"论坛依托科技的力量进行了一场落地有声的白酒科普教育，让消费者真正明白了白酒的魅力所在。

为此，在2017年中国酒业协会还启动了全国范围的"消费者教育科普大行动"，依托科技的力量进行消费教育，让消费者明明白白消费、健健康康生活。

科技的力量是无穷的，身为民族产业的白酒，在未来的发展进程中，应该将科技创新的力量有效贯穿到白酒的整个产业链当中，依托科技的力量推动白酒产业持续走向辉煌。

四、文化建设与时俱进

中国白酒世代传承，始终被人们所青睐。这既是中国白酒的魅力所在，更是中国白酒文化持续传承和创新所在。而中国白酒与其他替代品相比，文化是其不可复制的竞争力。正如，社会各界对于中国白酒的未来始终充满信心，关键就在于白酒文化的博大精深。从其特点来看，白酒文化可以充分地体现消费者的价值；白酒文化唯一见证反映了中华文化的精华具有独特性；白酒文化博大精深能够与时俱进，具备充分的延展性；文化一直是白酒行业茁壮发展的根本保障，具备持久性。

2017年度中国白酒在文化传承的基础上不断进行创新，呈现出一些新特点。

（一）健康文化盛行

2017年，随着"大健康、大卫生"概念的提出和"健康中国"战略规划的推进，整个白酒产业与时俱进，牢牢把握时代发展方向进行转型和升级，将健康文化推向了一个新的高度，很好融入了民众生活。

2017年，中国酒业协会、北京工商大学、安徽古井贡酒股份有限公司联合成立了中国白酒健康研究院，该研究院的成立集协会、高校和行业三方力量为一体，不仅科学探索了白酒的健康奥秘，更是为白酒健康文化宣导提供了科研基础，通过健康文化的传播，让健康饮酒、理性饮酒渐渐成为了社会新风尚。

在2017年，中国酒业协会再次在整个酒类行业开展了"理性饮酒宣传周"活动，大力向社会广泛宣传"适量饮酒，快乐生活"的健康文化理念，让健康文化逐步渗透到了广大消费者的心智当中，通过健康文化的传播，让全社会渐渐认识到了"适量饮酒"已是势不可挡！

对于健康文化在白酒行业的盛行，中国工程院院士、北京工商大学校长、中国白酒健康研究院院长孙宝国称，白酒传承历史悠久，自古以来就有"医源于酒，酒药同源"的说法，白酒作为民族产业的典型代表，一定要充分树立白酒健康文化自信，提倡"适量饮酒"和"文明饮酒"健康文化，坚持"风味、健康双导向"，通过健康文化的传播，让"baijiu"世人皆知，通过健康文化的力量让中国白酒香飘世界。

对于推动白酒健康文化建设，行业人士一致认为，由于长期以来中国白酒缺乏对健康文化的引导，给白酒的发展造成了一定障碍，要推动白酒产业的健康发展，整个白酒产业必须要下一番工夫完成对白酒健康知识的再教育，让消费者真正明白白酒的健康价值所在，共同推动白酒产业的进步。

（二）新生代文化建设显现

在长期的发展过程中，白酒产业与年轻消费者的距离越拉越远，甚至有出现消费断层的危险。好在最近几年，整个白酒产业已意识到了问题的严重性，各大企业纷纷开始关注年轻消费者，并全力拓展年轻人的酒类消费市场。但不管开拓什么样的市场均需要文化先行，才能走进消费者心智，与产业发展形成良好互动。

2017年，茅台、五粮液、洋河、泸州老窖、汾酒、古井等名酒企业均开启了新生代文化建设，并收到了良好效果。有数据显示，茅台集团大力推行新生代文化建设，在2017年"双十二"期间，其官方自营平台销售额达到2.35亿元，云商平台经销商成交额1.21亿元。尤其值得一提的是，在这一过程中茅台酒消费群体呈现年轻化，茅台的新生代文化建设初现成效。

为推动白酒产业新生代文化建设，中国酒业协会在2017年开展了一系列工作，如在全国针对年轻消费者开展"鸡尾酒大赛"、举办前所未有的"全国大学生品酒大赛"、举办"新消费论坛"等活动，有效构建起了新生代文化，通过文化的力量与年轻一代形成了良好互动。

大数据显示，白酒消费市场正慢慢从注重物质消费到注重文化消费转变，尤其是年轻消费群体庞大。可以说，当下白酒产业开启强化新生代文化建设不但把握住了现在，更是有效预见了未来。

（三）工匠文化建设上升到新高度

2017年，白酒产业工匠文化建设方面上升到了一个前所未有的新高度，并形成了白酒产业特有的工匠精神。2017年整个白酒产业形成了这样的共识，做白酒就是做手艺，更是做品质，不管到什么时候，白酒产业都离不开工匠文化的永续传承。

为大力弘扬工匠文化，在2017年中国酒业协会的理事会年会上，专门把"工匠文化"作为重要课题进行了研究，整个白酒产业一致认为，工匠文化是一种世界性的文化现象，人们普遍都能认知和体验的精神文化。工匠文化强调"坚守"而绝不是"保守"，是在为白酒的本质而坚守，是在为白酒的品质而坚守。这再次印证了工匠文化在白酒产业建设上的新高度。

（四）"亲民"型文化建设突出

研究发现，当前中国酒文化的传承与发展必须坚持"以人为本，与时俱进"，并以此作为弘扬传统酒文化的总方针。中国酒文化从古至今，历史悠久的深湛性和继往开来的无限性，造就了其源远流长、博大精深的内涵与外延，可以说其本质就是以人为本的"人本文化"。

观察2017年白酒产业的文化建设，还有一个更为突出的特点就是"亲民"，不少企业在文化建设上都在积极倡导回归生活、回归消费、真正满足民众对美好生活的需要。

为满足民众对美好生活的需要，让白酒产业与民众有效活动，在中国酒业协会主办的"2017中国国际酒业博览会""2017上海国际酒交会""2017中国国际名酒节"等大型国际展会上，都专门开设了民众通道，让民众充分融入其中，将民众的消费行为、需求反馈给产业、企业，推动白酒产业再次向前迈了一大步。而这一切正是白酒产业"亲民"型文化建设发挥的作用。与此同时，各大白酒企业在其品牌文化建设、消费文化建设上也都在强调"亲民"。尤其值得一提的是，各大白酒企业为建设好"亲民"文化，纷纷强调民众的参与仪式感，将酒业文化旅游与体验上升到了一个新高度，真正融入了民众的现代生活。如茅台集团、五粮液集团、苏酒集团等酒企开展的酒文化旅游就是白酒产业"亲民"文化建设的典型体现。

可以说"亲民"型文化在2017年的建设是突出的,有效推动了白酒产业的健康发展。

消费趋势的变化,特别是健康消费的趋势,对白酒产业来说是一次彻底的考验。白酒产业一定要顺应潮流,通过各种文化建设与消费者互动,让整个白酒产业融入到消费者当中,实现又好又快地发展。

五、国际化力度增强

将白酒推广到世界,是中国酒业一直为之努力的目标。20世纪90年代以来,国际化是酒行业关注的热点问题,2012年以后,中国白酒真正实现了大规模国际化推广,并取得一定进展。在多年积淀基础上,2017年度中国白酒在征程国际化道路上,朝着积极的方向发展,且呈现出明显的一些新特点。

(一)积极探索国际化表达方式

中国白酒试图用优质白酒调制出新颖的鸡尾酒的方式,以世界语言形式描述白酒,向世界讲述中国白酒故事就是积极探索国际化表达方式的重要体现。

白酒鸡尾酒,在产品创新形式上,打破世界鸡尾酒以威士忌、伏特加等国外烈酒作基酒的惯例,酒企在国内外掀起以中国白酒作基酒的新风尚,有效刺激着市场消费活力。同时,形式多样的白酒鸡尾酒调酒大赛为观众带来一场场视觉与味觉的盛宴,从形式、专业度、口感等方面推进中国白酒国际化进程。

2017年9月15日,中国酒业协会成立鸡尾酒专业委员会,标志着中国白酒鸡尾酒要进入世界烈酒鸡尾酒之中。2017上海国际酒交会,世界十大烈酒产区的评选以及中国白酒鸡尾酒世界杯大赛,中国白酒以世界六大烈酒产区领先世界烈酒,同时也正式宣告世界鸡尾酒舞台不能没有中国白酒。

行业国际化抉择需要行业组织的积极引领和方向的顶层设计,除引领白酒鸡尾酒探索国际化表达方式上,中国酒业协会也在推行酒庄的国际表达方式。"酒庄酒"在国际上一直广受消费者青睐,同样是国际化的表达方式。白酒酒庄是中国白酒品质和价值的最好表达方式之一。中国酒业协会在持续推进中国白酒酒庄建设,通过规范现有的表达体系,建立新的品质、价值表达方式建立科学、系统的中国白酒品质和价值的表达方式。

在酒庄建设上,尤其名酒企业非常注重发挥白酒酒庄的作用,以名酒为背书,扩大酒庄品牌影响。愈来愈意识到包括原料、酿造、产品、体验等方面在内的布局与规划,力求打造高标准酒庄,让消费者准确品味到、感知到、触摸到、体验到白酒酒庄酒的独特魅力,夯实着中国白酒融入世界烈酒大家庭的基础。

(二)深耕国际市场出招更实

2017年,很多企业在拓展国际市场上速度更快、出招更实。茅台、五粮液、泸州老窖、古井贡酒、汾酒等领军企业国际化市场拓展走出试水阶段,进入占市场、要效益的深耕阶段，深耕国际市场出招更实，且形式多样。

借助"一带一路"建设的推进契机，发力国际市场。企业非常注重在"一带一路"沿线国家和地区作为对外营销和布局的重点。例如，茅台深入研究沿线国家和地区的市场特点、消费习惯，截至 2017 年年底，在"一带一路"沿线国家已经布局 10 余个国家。

在国际化进程中，大部分企业成立了外贸业务部门，与以往不同的是，2017 年企业开始在海外设立营销中心或分公司，协调人力、资本、产品、服务、技术和信息等要素发挥效应。拥有十分重大的理论和现实意义，让当地消费者可以经常方便接触产品或品牌，增强对产品的购买信心，从而实现对外出口。以五粮液为例，2017 年以来，五粮液积极建设欧洲、亚太、美洲三大营销中心，扩大营销的辐射能力，国际化速度更快，措施也更实在。

企业积极参与国家重大外交、重大国际展会活动和相关国际性论坛、峰会等，走向世界舞台。2017 中国国际酒业博览会、2017 上海国际酒交会、2017 中国国际名酒文化节、2017 中国国际酒业论坛、2107 世界名酒价值论坛、2017 "一带一路"中国名酒文化高峰论坛等展会及国际化论坛中都有着中国领袖骨干企业积极参与的身影。

企业也积极参与由主办国政府组织举办的有较大影响力的国际性展会、交易会、洽谈会。古井贡就是世博会的常客，从 2010 年的上海一直到 2017 年的阿斯塔纳，与世博会四度结合，发展国外渠道商。

在国际化市场拓展中，2017 年也正在悄然发生着两个转变：一是从宣传单一推广企业品牌转向站在国家与民族的高度对中国酒文化故事的传播；二是正从海外华人为主的推广转向如何走进洋人的世界。

（三）抱团国际化迈出坚实的一步

一枝独秀不是春，百花齐放春满园。中国白酒开拓国际市场尚未形成合力。2017 年在许多场合，中国白酒领袖企业领导高层一起抱团发展的呼声愈发高涨，在国际上呼吁用统一的声音和能诠释中国白酒的美妙载体，互搭"快车"，互相"拼车"，扩大世界市场朋友圈。以全球化的智慧和远见，参与全球酒业竞争，凝聚共识，抱团前行，共融共促，成为一种产业共识。

目前，我国大多数白酒企业已建立了较为完善的质量管理体系，能够严格按照国标生产，与其他蒸馏酒相比，中国白酒最明显的工艺特征在于开放式生产，使用自然微生物富集的方式制成曲药，发酵工艺复杂，原料种类多，发酵周期长，导致酒体物质种类繁多，而伏特加酒等西方的洋酒品类，大都会采用密闭式发酵罐，纯种发酵，现代化灭菌措施，酒体在一定程度上具有可控性，酒体成分相对简单。

国外许多国家要求对进口酒类产品的含有物质进行理化分析，但中国很少有酒企从事这种基础机理性研究，使得白酒可能因为缺乏翔实的数据或者与当地法律法规不相符而拒之门外。不具备完善的、国际化的标准体系，严重束缚了中国白酒国际化发展，中国白酒企业对制定和建立与国际接轨的标准化战略体系和标准体系的构建意识空前增强，且共同努力主动对接国外、国际标准。

在 2017 年举行的多场的清香型白酒国家标准修订研讨会就是一个重要体现，汾酒、牛栏山、红星等企业围绕检测方法、感官标准等如何更科学、更合理与国际接轨形成强烈共鸣。此外，2017年3月，茅台、五粮液已在共同携手走出国门等五个方面达成共识。这些都标志着中国白酒"抱团出海"迈出坚实的一步。

系列举措对销售增幅的影响起着重大积极影响，同时也说明白酒还是深受海外人士所欢迎的，国际市场前景广阔，关键是要积极作为、主动出击。

六、人才培育再上新台阶

多年来，以白酒为首的酿酒行业本着以服务产业经济发展为宗旨，以建设高技能人才队伍为重点，健全完善人才评价体系，规范职业技能鉴定工作，通过培训和考核，提高了职业技能鉴定质量，实现了职业培训的针对性和有序性。2017年，中国白酒行业人才培育再上新台阶，不仅人才培育深度和广度有所提升，而且十分贴近生产与市场实际，人才培育再上新台阶。

（一）新格局助推储备中国白酒中青年专家

整个白酒产业从2012年年底，进入深度调整期，经过五年的深度调整，行业取得了非常好的成绩。白酒产业正因为更早进入了深度调整，所以这几年白酒在供给侧结构性改革的思考上，应该说进行了大量的探索。震荡后的产业新格局形成，在一个新格局下亟需创新调整的白酒产业，对整个白酒产业专业人才储备提出了要求。

人才何处来？国外没有白酒产业，只能从内部培养。2017年，白酒企业着眼于产业发展的长期战略部署，积极组织高技能人才参加"中国白酒中青年专家人才培养计划"专题研讨培训会，培育高技能人才成长做出切实工作。"中国白酒中青年专家人才培养计划"是整个白酒行业在中国酒业协会的牵头下，集全行业之力，为推进人才培养等方面促进白酒产业持续健康发展的一项重大措施。

对于"中国白酒中青年专家人才培养计划"，江南大学副校长徐岩教授表示，一个行业的竞争和发展，最重要的问题是人才问题。白酒酿造是一个涉及微生物知识、化学知识、工程学知识等多学科交叉的产业，作为一名酿酒人，其成为专家前不仅要懂这些知识，而且还要会应用知识。引导行业企业培养白酒中青年专家，极具前瞻性思考和判断。

白酒是一个我国有自身优势特点的传统产业，这既需要对整个知识的传承有一个明确认识，同时在新形势下是需要不断进行创新的一个产业。从这两个角度来看，白酒对人才的要求是比较高的，尤其对专家的要求更是如此。解决人才储备问题，对白酒产业发展具有长远意义。

（二）科技交流、技术探讨、观摩学习友谊新风促进人才技能提升

白酒行业原本比较推崇交流学习，特别是厂家的技术交流毫无保留，广受推崇，后来由于一段时期随着市场层面激烈竞争，白酒企业交流已变少，"单打独斗"成了行业的主流形态，如今白酒企业已打破坚冰。

2017年，茅台、五粮液、泸州老窖、洋河、汾酒等酒企业开展了密集互访活动。行业企业之间也掀起互相了解，进一步促进白酒酿造工艺的学习与交流，增进酿酒匠人

之间的友谊新风，并建立常态化的沟通交流、工作机制，互访效果开始显现。

这意味着行业间技术封锁与壁垒逐渐打破。酒企业之间科技交流、技术探讨、观摩学习互访活动开始常态化，促进着彼此间人才业务技能的提升。

广泛的人才技能交流，也在推进行业企业进一步厘清白酒行业技术发展新形势，立足新起点，用务实严谨、专注专一的工匠精神共同攻克白酒产业关键核心技术和产业共性技术，实现更多重大技术突破与产业核心技术的研制，支撑和引领产业技术创新，推动白酒不断创新发展。

高密集的科技交流、技术探讨、观摩学习友谊新风让人感受到行业学习交流的热情，培养着行业人才创新思维、挖掘创新潜能、提高创新能力，在继承前人的基础上不断超越。

（三）人才队伍建设更加活跃

2017年，"秦含章基金"茅台学院、中国酒业协会与五粮液集团、四川理工学院共建的中国白酒学院、中国酒业协会与五粮液集团共建的中国白酒酿酒培训基地的设立，以及"全国大学生品酒大赛""中国白酒鸡尾酒世界杯赛"等系列活动的隆重举行，标志着高素质、高水平的专业技术人员队伍建设更加活跃。

"秦含章基金"致力于推动我国酿酒产业科技进步和高级人才队伍建设，并对在校优秀学生（大学本科生、硕士生、博士生）进行奖励和资助，为酒业培育后备人才发挥重要作用，进一步推动行业树立识才、爱才、敬才、用才之风。

在酒类专门高等教育建设方面，人才培育过程中，专业对接产业，课堂对接岗位，教学过程对接生产过程，形成产教融合的人才培养模式，校企共同参与人才培养、师资互融、实践教学基地互补，形成的校企一体合作化办学形式，提升着酒业人才水平。

"全国大学生品酒大赛"让白酒品评文化提前走进校园应该说是一件非常难得的事情。通过对即将毕业的大学生进行品酒师职业培训，使他们提前掌握技能，为白酒产业选拔人才、输送人才起到重要推动作用。在白酒面临年轻消费者断代危机的今天，白酒行业如何挖掘年轻消费群体是白酒行业品酒师的重要责任。解决年轻消费者断代的前提，首先应解决年轻消费者对白酒认知的问题，"全国大学生品酒大赛"的价值便在于此。

白酒鸡尾酒刚刚处于起步阶段，形式多样的白酒鸡尾酒大赛通常由国内白酒专家及知名调酒师传授知识，交流企业新品研发、市场拓展经验，参赛学员培训内容充实，学习生活的时间也比较充实，学员在培训期间学到的知识是值得的。用学来的知识调制出丰富多彩的鸡尾酒品，快速提高着白酒鸡尾酒的调酒水平。

第二篇

2018年发展展望

2018年中国白酒展望

甘权

经过五年多深度调整，酒类产业已经由快速增长转入平稳发展，呈现出产业转型升级、结构深度优化、质量显著提升、经济增长换挡、价格体系下沉、市场回归理性的态势。进入"十三五"以来，我国酿酒产业着力稳中求进、文化先行、转型升级、质量为本四个发展方向。同时，酿酒行业在中国经济换挡转型期，一方面要承受原材料、能源、劳动力成本大幅上升的压力，另一方面要努力适应和应对低碳经济、节能减排、转型升级、食品安全、环境保护、消费理念和消费结构变化以及外国强势酒文化渗透等诸多压力；同时还要担负起改善民生、稳定价格、保障消费、扩大内需、促进区域协调发展的责任和义务。

一、产业经济发展情况

根据国家统计局数据*，2017年1~12月，纳入国家统计局范畴的规模以上白酒企业1593家，累计完成酿酒总产量1198.06万千升，同比增长6.86%；累计完成销售收入5654.42亿元，与上年同期相比增长14.42%；累计实现利润总额1028.48亿元，与上年同期相比增长35.79%。

根据海关总署数据，2017年1~12月份白酒商品累计进出口量1.90万千升，同比增长5.68%，其中累计进口量0.24万千升，同比增长27.63%；累计出口白酒数量1.66万千升，同比增长3.09%；1~12月份白酒商品累计进出口总额5.40亿美元，同比增长0.06%，其中累计进口总额0.70亿美元，同比下降1.86%，累计出口总额4.70亿美元，同比增长0.35%。

从产业整体来看，"十三五"中期我国白酒产业的经济运行状态保持了良性、健康、稳中有增的态势。在生产总量相对稳定的基础上，通过科学管理、提高效率、技术创新、减少消耗、降低成本等，提高价值创造、保持利税总额等经济指标良好表现，并呈现出逐年递增的趋势，从增长方式上实现了销售增长和利税增长超过产量增长的良性循环。

二、产业发展趋势

从白酒产业发展趋势看，产业结构逐步在发生根本性变化，产业优势向传统优良产

---

* 根据统计局年度数据核准，2016年累计产量为1121.18万千升，2016年累计销售收入为4942.00亿元。

区倾斜，品牌优势持续向传统名优白酒集中的趋势非常明显。目前看来，产业调整仍将继续，新一轮资本融合、企业整合、并购开启，行业洗牌进程加速。

白酒产能仍然过剩，所以"十三五"期间白酒产能总体不会有大幅增长，全国优势产区挤压劣势产区产能增长，各产区产能此消彼长的态势、产能压缩逐步减少的趋向正在形成。

流通模式不断创变、优化，白酒品种、价格、渠道、服务体系的再造无法回避，传统流通渠道与新型互联网渠道进一步整合，多种模式渠道并存已成定局，流通体系与服务体系加快融合，多渠道提供多服务格局正在形成。

产业科技进步明显，智能制造与智慧制造、传统酿造与新型工业化体系逐步融合；标准体系不断完善，饮料酒分类标准等顶层设计更趋科学合理，白酒年份酒标准、白酒食品质量安全追溯体系标准的建立健全，将进一步夯实白酒生产、流通环节良性发展的基础。

总体看来，中国白酒围绕产业发展，在新常态、新形势下对产业体制改革、发展战略、政策环境、消费文化、技术升级等方面主动做出更多、更积极的转变。

同时，产业发展客观上要求白酒产业必须升级，尤其是在当前白酒产业调整、变革的新形势下，产业升级是产业发展最强有力的支撑。同时供给侧改革必将给产业结构带来巨大调整，产业供给资源重构势在必行。

在产业趋势的带动下，中国白酒的自然生态、社会生态等产业新生态正在逐步形成，产业觉醒、自律、齐心打造产业社会新生态更加积极主动。共建、共享、共赢的和谐发展理念已经形成行业普遍共识。

（一）转变

1. 规模、品牌效益向品质、特色效益转变

培育品牌、追求产能、扩大规模是"十二五"期间行业的主旋律，在此期间许多名优白酒企业规模扩大、产量提升、品牌提升，取得了快速发展。满足人民精神、文化、交际需求是白酒的社会属性，随着人们日益增长的精神文化需求、生活品质需求和个性消费需求，在产业产能过剩的背景下，以规模、品牌效益向品质、特色效益转变，打造体验消费，提升产品品质特点，将品质和特色作为产品品牌的核心，是白酒产品发展的新方向，也是白酒产业新的发展机遇。中国酒业协会正在倡导的白酒酒庄发展模式，提出白酒酿造生态、酿造文化、感受酿造、个性品质等发展要求，不仅可以实现产品特色化需求，同时可以满足体验消费需求，又可以实现价值提升和效益增长，是实现白酒产业由规模、品牌效益向品质、特色效益转变的重要方式之一。

2. 由传统酿造向智能、智慧酿造转变

白酒传统酿造在"十二五"期间发生了巨大变化，在"中国白酒169计划""中国白酒158计划"引领下，部分传统的生产方式被机械化、自动化取代，促进了白酒产业技术升级、装备升级。"十三五"期间应该有更高的要求，要加大白酒酿造基础科学研究，将智能技术引入白酒产业，以白酒酿造智能化实现高品质酿造。同时，中国白酒开放的生产方式、多样化的发酵设备、多种微生物参与的复杂生物发酵过程，固态发酵、固态蒸馏的独有技艺、陶坛储存的独特方式等无不呈现着中国酿酒的智慧和魅力，使中

国白酒成为世界上工艺最复杂、生产周期最长、生产成本最高、对人的感官冲击最丰富的蒸馏酒。也因此复杂的工艺原因，中国白酒的智慧酿造还不能完全由智能化酿造取代。先进的工业智能化可以展现白酒产业酿造的先进水平，是传统白酒酿造基础的升级，同时传统手工酿造的精细化、艺术化更彰显中国酿酒师的伟大智慧，精益求精的工匠酿造展现着中国白酒智慧酿造的魅力。智能化不能完全取代酿酒大师的技艺，在智能化基础上大师技艺更能展现无限魅力，因此我们要提倡智能酿造与智慧酿造并举，智能酿造保品质，智慧酿造创特色，两者相互辉映，共同发展。

3. 由传统消费向健康、理性消费转变

白酒的传统消费方式——"干杯文化"必须要转变，饮酒应该是健康愉悦的，是人们相互增加感情的重要交流方式，一定不能成为负担。白酒消费简单化，劝酒文化的过度发展导致过量饮酒现象，饮酒缺乏场景感、体验感、仪式感、参与感，这是现代白酒文化缺失、退化的主要体现。不能否认这是部分白酒消费者转向消费其他饮料酒的重要原因，以及80、90后消费者不愿意消费白酒的根源。所以必须丰富中国白酒的消费文化，白酒文化创新已经刻不容缓，倡导消费新文化，丰富发展干杯文化，引导消费者建立理性消费新理念，引导消费者转变白酒消费方式、创新消费方式非常重要，开创"少喝酒、常喝酒、喝好酒"的理性消费时代，是中国白酒发展的基本方针。

白酒消费向健康、理性消费转变是生活品质提升的必然，同时也是白酒产业生命延续的必然。要积极行动起来共同建立中国白酒的快乐消费文化、健康消费文化、理性消费文化。

4. 由扩大国内市场需求向开拓国际市场需求转变

白酒产业发展以扩大内需为主导，应该随着中国的崛起，随着一带一路走向世界，向世界传播中华酒文化。分享快乐的理念、文化和生活方式是中国酒文化的核心。洋酒文化、洋酒消费在中国传播收到了很好效果，而中国白酒的文化和消费方式向世界传播还远远不够，其中最为薄弱的是中国白酒文化的系统建立、中国白酒标准的系统建立以及中国白酒消费方式的系统建立。国家层面的国际交往已经不乏中国白酒的身影，民间国际交往有更多白酒的身影，名酒企业正在率先开创国际蓝海。但是，什么是中国白酒，什么是中国白酒文化，怎么消费中国白酒，怎么向外国人讲中国白酒的故事，这些方面我们都还没有做好准备。

中国白酒的蓝海一定是中国白酒的国际化，而实现国际化一定要通过中国白酒世界非物质文化遗产地位的建立，使中国白酒的酿造价值、文化价值在世界范围内得以展现；要通过中国白酒标准系统建立，向世界展示中国白酒品质价值，使国际酒类消费者体验到中国白酒的安全、美妙和丰富的味觉冲击；要通过白酒消费方式的系统建立向世人展示中国白酒的消费价值、中国人分享快乐的生活情趣。

中国白酒酿造是一门涉及广泛的综合技艺，完全可以集中表达中华民族历史、文化、科技、传统习俗等多方面的内容。中国酒业协会已向国家政府部门提交申请将中国白酒酿造技艺作为中国申请列入世界非物质文化遗产名录的重点工作，中国白酒申请世界非物质文化遗产，一定能够从技艺到记忆，从内部到外部，从国家到世界，推动中国文化在全世界范围的传播和继承。

把中国白酒国际化上升到国家战略，向全世界讲好中国白酒的故事，让中国智慧酿造走向世界，这是"十三五"期间白酒产业的重要使命。

5. 由总经销+分销向互联网+连锁经营转变

酒类传统营销主要以区域代理+分销和产品总经销+分销方式两大类型，全国有酒类经营主体近300万家，绝大多数为中小企业，市场无序竞争激烈，营销手段、成本核算、财务管理和人才培养等相对比较落后，发展后劲不足，流通效率偏低。同时酒类流通企业组织化程度偏低，缺少大酒商，不利于酒类市场的规范发展。在酒类行业进入深度调整和转型发展的背景下，店铺租金、人工成本和其他费用快速上升，酒类产品传统店铺分销模式面临越来越大的压力，酒类产品电子商务分销模式应运而生，经过多年的探索，交易规模越来越大，形式也更加多样化。随着移动通信和互联网越来越便利和紧密的结合，借助彩信、短信群发、微信、APP、WAP、二维码等移动终端+互联网的新的互联网+分销模式，由于具有更强的灵活性、更高的精准度和互动性，也逐步被引入到酒类分销中来，推动互联网+营销模式创新发展的不断深化。发展最显著的应该是互联网+酒类连锁经营组织形式，生产企业与酒类销售大商也纷纷尝试连锁专卖方式。

可以肯定地说，互联网+线下连锁的融合发展模式将成为酒类分销体系转型发展的重要方向。通过搭建O2O网络、深度进入餐饮业等方式，使消费者可通过平台网络方便、实惠地买酒，同时，依托其数量众多的线下实体店连锁体系、服务体系和仓储体系，让厂家可以将货直接发到门店，然后通过门店配送给消费者，通过线上线下融合发展，实现供应链的整合。

(二) 升级

1. 品质升级

做好酒是中国白酒产业永远的追求，喝好酒是消费者对美好生活永远的追求。品质升级是产业发展永恒的旋律，产业的发展就是要不断满足人们精神、文化需求，个性化、嗜好的品质需求，所以没有品质升级就没有未来。

白酒同质化现象近些年提得较少了，但是在白酒中、低档产品中同质化现象依然十分严重。从品质方面讲，消费者对白酒品质安全、品质个性、品质健康等都在不断提高需求。白酒作为风味食品，品质升级是产业在"十三五"期间的发展重点，个性特征、个性风格是产品生命的源泉，同时在安全、健康方面也要满足人们不断提升的品质需求，要以工匠精神不断追求完美个性品质，以科技进步不断追求产品的安全品质。

2. 服务升级

服务不仅仅是为消费者提供好的产品，价格、购买、体验、文化传播、消费引导、科普宣传都是服务。不仅要使消费者品味到美酒的高品质，还要使消费者感受到酒香巷子真不深的贴心服务，便捷的购买服务，白酒酿造的原料、发酵、蒸馏、储存的神奇体验服务，渊源的历史与时代的进步文化服务，白酒知识传播的科普服务，向健康消费方式转变的引导服务等。

尤其要关注80、90后消费者，要深入了解他们的生活方式、消费方式和饮酒喜好，以及他们对服务的需求内容。要吸引他们参与到白酒酿造、产品设计中来。白酒要主动拥抱、贴近年轻一代，主动为他们而改变，强化80、90后一代对白酒生产、经营、消费、文化发展的参与机遇,相信他们一定会爱上白酒。

所以服务标准的系统建立非常重要,服务要实现标准化和系统化。"中国白酒3C计划"提出"服务诚心"计划是白酒产业建立服务体系的指南。

3. 标准升级

中国白酒安全、健康发展的重要标志就是白酒标准的不断升级。中国白酒国际化,非常重要的前提是中国白酒标准系统建设,要说清楚什么是中国白酒,不能让国际上认为中国白酒是中国的威士忌、中国的干邑、中国的伏特加。中国白酒就是"China Baijiu",是以粮谷为原料,采取开放的生产方式、多种微生物参与最复杂的固态酿造、固态蒸馏、陶坛储存的"China Baijiu",是世界蒸馏酒家族中独树一帜、与众不同的成员。

标准体系包括中国白酒的安全标准体系,中国白酒的技术标准体系,中国白酒的消费标准体系,中国白酒的文化标准体系,中国白酒的产品追溯标准体系,中国白酒的饮用方式、感官体验标准等。

中国白酒标准体系建设在"中国白酒3C计划"的推动下,近年来取得了很大进步。中国白酒的食品安全标准体系已经和国际烈酒安全标准接轨。按照《食品安全法》要求食品企业必须建立食品安全追溯体系。2017年要发布新的《饮料酒分类标准》,做好酒类产品顶层设计,使饮料酒产品分类更加科学合理。同时还要通过发布和实施团体标准,全力推动白酒年份酒标准和白酒追溯体系标准建设。中国白酒技术标准体系通过国家标准的修订和团体标准的发布,就是要把中国白酒的概念、分类、技术规范、感官特点、产品特色等说明白,充分展现中国白酒的智慧酿造。中国白酒的消费和文化标准体系建设刚刚起步,通过发布中国白酒消费指南、中国白酒文化体验团体标准,把中国白酒的消费方式、文化体验、科普知识向消费者说明白,并大力向世界传播,为中国白酒国际化奠定基础。

(三)生态

1. 联盟创造新生态

产业联盟的出现是产业进步和发展的需要,是国家鼓励产业创新能力提升的需要,是产业社会责任提升的需要,是产业打造新生态的需要。近年来在中国酒业协会和产业领袖企业倡导下,先后成立了中国酒业协会白酒产业科技创新战略联盟、中国酒业协会酒与社会责任促进联盟、中国酒业协会白酒酒庄联盟、酒文化联盟,正在积极酝酿成立中国酒业协会定制酒联盟,中国酒业协会原酒联盟。

创新联盟就是要集产业智慧和能力,集合产业最优势技术研发和创新资源共同围绕产业共性技术开展技术攻关,推动产业技术进步。这是在国家科技部关于支持产业技术创新联盟建设指导下,也是在"中国白酒169计划"和"中国白酒3C计划"实施的基础上为持续推动产业技术进步而成立的,并将通过建立联盟章程和联盟工作机制,经过一年多的运行,在联盟成员共同参与、集体决策下实现有效运行。白酒产业技术发明、科技进步成果丰硕,成效显著。

2016年成立的中国酒业协会社会责任促进联盟是全酒类产业共同参与的联盟组织,目的是要共同构建酒类产业与社会各界、与消费者之间的和谐关系。通过联盟组织带动整个产业践行社会责任，践行法律责任，强化产业自律，倡导健康酒类消费文化。2015—2017年连续3年由中国酒业协会与社会责任促进联盟组织和实施了"全国理性饮酒日"活动，受到了政府相关部门和社会各界的好评。

中国酒业协会"白酒酒庄联盟"是产业新的增长点，是中国白酒酿造的传承与创新，是中国白酒文化的传承与创新，是中国白酒消费的传承与创新，是中国白酒的理性回归与发展，是新的商业模式。通过白酒酒庄建设，充分展示了中国白酒生态原料、酿造魅力、大师技艺、产品个性、文化传承、个性需求、体验消费。正在筹备成立的定制酒联盟和酿酒大师艺术馆就是要把白酒个性定制与文化创意相结合，酿酒大师与跨界艺术大师联袂呈现绝技，用户深度参与创制。将白酒的原料之美、生态之美、酿造之美、工匠之美、风味之美、储存之美、器型之美与消费者的人生哲学、生活感悟、艺术创作、文化情缘完美融合，通过提炼加工和创意升华，创制出消费者满意的个性产品。

文化联盟就是要挖掘、整理中国白酒文化的历史，正本清源、去伪存真、打击文化乱象，倡导中国白酒的消费新文化，以消费新文化带动白酒新的消费方式。

产业联盟的出现是产业的自我觉醒，自我救赎。产业携手共建新生态，才会赢取产业发展的明天。

2. 产区引领新生态

中国白酒的产区概念在中国名酒的引领下正在逐步形成。中国白酒与自然、生态的关系，中国名酒企业技术、人才对产区的影响，地方政府的支持等因素形成了中国白酒产区的优势。2017年在中国酒业协会的牵头组织下，在全世界范围内评选出"世界十大烈酒产区"，其中有：中国遵义产区、宜宾产区、泸州产区、宿迁产区、吕梁产区、亳州产区、英国苏格兰产区、美国波多黎各产区、法国干邑产区、墨西哥瓜达拉哈拉产区。除此之外，我国特色优势产区还有内蒙古巴彦淖尔、广东佛山、湖北枝江、山东安丘、高青、福建建瓯，白酒金三角、黄淮名酒带等产区品牌已经渐渐被消费者认知。产区概念是产业走向成熟、集中的体现之一。产区品牌引领产业新生态的作用非常重要。

产区品牌的培育与保护需要名酒企业、地方政府和行业协会合力推动。产区生态保护、产区地理标志产品标准体系、产区文化标准体系、产区品牌、产区法规要系统打造。中国白酒酒庄模式对产区发展的支撑作用最为重要，所以，引入酒庄创新发展模式是产区品牌建立的核心。

3. 连横、合纵创造新生态

白酒生产企业之间及酒类流通企业之间的横向联合、资产重组、混合体制改革是产业发展的方向之一。符合供给侧改革方向，可以有效进行资源配置，优化产业结构，淘汰落后产能，提高生产效率，降低经营成本。通过资源整合，名酒品牌、优势产区、特色产品得到充分发挥，提高白酒产业酿造水平，提高酒类流通企业效率，缩短流通环节，提高服务水平。连横不仅利于产业新生态建立，同时也可以提高企业抗风险能力，实现为消费者提供多元化，多品牌服务。

合纵就是产业纵向整合，白酒生产企业与酒类流通企业及上下游关联企业重组、混改。这其中最为核心的是生产企业与流通企业的纵向整合，可以很好地解决酒类流通企业组织化程度低、管理水平低的问题，很好地解决产销结合的问题，很好地解决服务效率问题，很好地解决压缩流通环节问题，大大加快产、销、服一体化的体系建设。中国白酒产业发展需要大酒商出现，合纵无疑可以加快大酒商的出现。

生产、流通、消费企业间的连横、合纵是加快产业结构调整，加速产业优化，创造产业新生态的重要推动力量。当前形势告诉我们，白酒产业深度调整仍然在进行中，"十三五"规划已经拉开序幕，产业战略发展方向、企业战略发展方向必须精准定位。转变是顺势，也是明智；升级是必须，也是保障；生态是产业共生的环境，也是每个产业成员赖以生存的环境。所以，理解、包容、团结、共建应该是产业所有成员的态度和精神。

第三篇

主要产区发展报告

贵州遵义产区白酒产业发展报告

黄平

  遵义市是名酒产区，有一个世界著名白酒品牌茅台，其市值位居世界烈酒第一位，最新收盘报782.52元人民币，市值报9830亿元（1504亿美元），超越了全球最大的奢侈品公司LVMH集团。在标普全球奢侈品指数的80支成分股中，LVMH集团以1489亿美元的市值冠居第一。该公司旗下品牌包括轩尼诗白兰地酒、路易威登箱包、纪梵希女装等。遵义市名酒产区有两个国家名酒（茅台、董酒），三个国家优质酒（习酒、珍酒、湄窖），14家贵州"十大名酒"企业〔中国贵州茅台酒厂（集团）有限责任公司，贵州董酒股份有限公司，贵州茅台酒厂（集团）习酒有限责任公司，贵州国台酒业有限公司，贵州珍酒酿酒有限公司，贵州鸭溪酒业有限公司，贵州酒中酒（集团）有限责任公司，贵州五星酒业集团茅台镇五星酒厂，贵州钓鱼台国宾酒业有限公司，贵州茅台酒厂集团技术开发公司，贵州怀庄酒业有限责任公司，贵州茅台镇国威酒业有限责任公司，贵州赖永初有限公司，贵州省仁怀市茅台镇金酱酒业有限公司〕。

  2017年11月19日，由中国酒业协会主办，江苏洋河酒厂股份有限公司协办的"世界名酒价值论坛"在上海虹桥绿地铂瑞酒店成功举办。同期发布了"世界烈酒十大产区"并进行了授牌。遵义荣获"世界十大烈酒产区"称号。

  "产区"已成为世界烈酒最佳表达方式，中国酒业协会特邀请来自全球各地的行业专家组成"世界十大烈酒产区"评委会，围绕"产量、产值、酿酒原料、酿酒生态、质量管理及标准水平、酿酒科技水平、非物质文化遗产、酿酒历史、酿酒文化、品牌影响力"为核心的十个著名烈酒产区评选标准，对申报参与"世界十大烈酒产区"评选的全球20多个酒类生产地区进行了系统、全面、严格的评选，国内入选6个产区：贵州遵义、四川宜宾、江苏宿迁、四川泸州、山西吕梁和安徽亳州；国外入选4个产区：法国干邑、英国苏格兰、美国波多黎各和墨西哥瓜达拉哈拉荣获"世界十大烈酒产区"称号。

  在2016年国家总局发布全国知名品牌创建示范区区域品牌中，贵州省仁怀酱香白酒品牌价值以721.91亿居首，位居参加评选的119个国家级知名品牌创建示范区第一名。

  遵义酿酒历史悠久，据司马迁著《史记·西南夷列传》记载，早在西汉时期，已有枸酱酒闻名于世。明代催生了回沙工艺；晚清时期，贵州出现了茅台成义、茅台荣和、茅台恒兴、董公寺程家等一批酿酒烧房，产量有较快发展。遵义以茅台酒为代表的酱香型白酒为主导，茅台酒1915年获得巴拿马万国博览会金质奖，从此，代表着中国白酒享誉海内外，并引领全国酱香型白酒的发展，2015年又获得布鲁塞尔大金奖。此外，董酒、浓香型白酒也独树一帜。贵州和遵义浓香型酒有别于四川和江淮一带的浓香型酒，以习酒、鸭溪窖酒、湄窖等为代表的遵义浓香型白酒，形成黔派浓香的独有风格之一，在20世纪80年代，以卓越品质风靡一时，享誉省内外。在计划经济时期和改革开放初期，贵州茅台酒和董酒的生产工艺无私地向全国各地白酒企业传播、传授，促进了全国白酒产业的健康发展和产品质量的稳定提高。

近年来，遵义白酒发展取得了长足进步，利税位于全国前茅，品牌含金量进一步提升，上市公司茅台的业绩首屈一指。

一、遵义市白酒产业综述

遵义是中国酱香型白酒的发祥地，是国家"清浓酱三大试点"基地之一，是贵州白酒的主产区。2015年，贵州规模以上白酒企业数排全国第3位，产量排全国第10位，销售收入排全国第3位，税金排全国第2位，利润排全国第1位。

2017年，贵州白酒年主营业务收入在2000万元及以上的企业有128户，是2012年的1.93倍；销售收入亿元以上企业48户，其中，百亿元以上企业1户（茅台集团），20亿元以上企业3户（习酒、金沙、国台），5亿元以上企业主要有青酒、酒中酒等，贵州白酒产业在全国白酒行业中的地位日趋巩固。

据贵州经信委介绍，2017年贵州全省白酒产业实现产值约902亿元，增加值完成804亿元，分别是2012年的2.2倍和2.14倍；产量约占全国的3.8%，销售收入约占全国12%，利润约占全国33%，实现利润总额430亿元。

茅台产地仁怀市先后被工信部、质检总局授予"国家新型工业化产业示范基地（国优名酒）""全国酱香型白酒酿造产业知名品牌创建示范区"。"仁怀酱香酒"获得中国地理标志保护产品，以721.91亿元的品牌价值高居"全国知名品牌创建示范区"之首。茅台品牌价值达115.48亿美元，超过国际酒业巨头保乐力加，成为"世界蒸馏酒第一品牌"；习酒、国台、董酒品牌价值分别达260.75亿元、102.55亿元和53.37亿元。

华泽集团、天士力、娃哈哈、贵州桥梁、劲酒等省内外、业内外企业注资遵义市酒业，投资珍酒、国台、金酱、鸭溪、董酒等酒企，充分开发各酒企的市场潜力，建立综合品牌，不断加快品牌整合。

目前，全省白酒企业共获14枚中国驰名商标，其中茅台、国台、珍酒等在遵义。茅台、董酒、鸭溪、赖永初获"中华老字号"。

2017年，茅台集团实现产值592亿元，是2012年的1.7倍，占全省白酒产业的65.6%。完成营业收入660.8亿元，同比增长52.1%，完成利润总额403.4亿元，同比增长60.7%。除茅台外以，以贵州十大名酒为重点的其他企业2017年完成产值310亿元，占全省白酒产业的34.4%，完成产量32.5万千升，占全省白酒产业的72%，增势持续健康稳定。其中，习酒、国台、董酒、珍酒等增速均在2位数以上。

国酒茅台所在地遵义市是川黔主要白酒产区金三角之一，在2014年度中国白酒产区排名中，宜宾产区白酒销售收入770亿元，名列第一；泸州产区实现销售收入588.4亿元，排名第二；仁怀产区白酒实现销售收入407亿元，排名第三。仁怀白酒生产企业

328户，其中规模以上企业90户；泸州白酒生产企业509户，其中规模以上企业146户；宜宾白酒生产企业320户，其中规模以上企业61户。2014年销售收入仅仁怀保持增长，其他两个产区均出现下滑。在产区发展规划中，宜宾提出建设"国家白酒基地""世界顶级白酒基地"、中国白酒"出口转型升级示范基地"、中国白酒"质量保证示范基地"，到2017年，销售收入达1000亿元以上，出口优质白酒占全国同行业50%以上。泸州则提出2016年打造10亿元以上的酒类企业10户；到2020年，白酒产量达到230万千升，销售收入达到1600亿元。经过20年左右的时间，力争将泸州建设成为服务全国、辐射全球的白酒文化消费中心。仁怀提出围绕把茅台酒打造成"世界蒸馏酒第一品牌"、把茅台镇打造成"中国国酒之心"、把仁怀市打造成"中国国酒文化之都"、最终实现"未来十年中国白酒看贵州"的"一看三打造"目标。

"十二五"以来，遵义白酒产业风生水起、成效显著，已成为推动经济社会发展强有力的产业支撑。2015年全市白酒产量实现45万千升；工业增加值预计实现625亿元，占全市规模工业总产值的61%；工业产值700亿元，占全市规模工业总产值的32%；与2010年相比，各项指标均实现跨越式翻番，遵义白酒在全省占比进一步提升。白酒产业是遵义市第一支柱产业和重点打造的"五个千亿级产业"之一，也是贵州省特色优势产业和着重培育的"五张名片"之一。

五年来，遵义市紧紧围绕省委省政府关于经济社会发展总体部署和"一看三打造"的战略目标，按照"一条主线、三个第一"的总体思路，坚定不移地将白酒产业作为"两个率先"的支柱性产业，积极实施政策扶持，产业发展取得了阶段性成果。

据遵义市工业能源委统计，"十二五"期间，以"一大十星"为主的白酒企业快速发展壮大，2015年全市销售收入亿元以上的企业达30户，茅台集团销售业绩突破400亿元，比上一年增长了50多亿元。截至2015年，全市有生产许可证企业335户，较2010年末净增164户；规模以上酒类生产企业总数达到86户，较2010年末净增44户。

五年来，遵义市累计新增国家级品牌7件，省级以上品牌60件。截至2015年底，全市白酒行业注册商标总量超过2000余件。其中，中华老字号2件、中国驰名商标9件，贵州省著名商标84件，贵州省名牌产品10件，7个白酒品牌获得全省"十大名酒"，形成了全国老八大名酒茅台、董酒，传统名优白酒珍酒、习酒、鸭溪、湄窖，以及国台、糊涂、钓鱼台、云峰、酒中酒、镇酒等新兴名优白酒的品牌集群。

园区集聚，形成产业集群。"仁怀名酒工业园区，坛厂现代经济服务园区、茅台循环经济园区，习水、赤水白酒工业园区从无到有、从小变大、从大变强，特别是仁怀白酒产业园区是最有希望最快突破千亿级的产业园区"。"十二五"以来，上海申仁印务、深圳贤俊龙彩印、新宁物流等公司进驻仁怀，酒类配套产业取得突破性进展。

遵义市始终坚守发展和生态两条底线，像保护眼睛一样保护美酒河，切实加大投入力度，不断提升生态环境保护能力和水平，并立足招大商、引大资，坚定不移推动白酒项目建设，截至2015年，全市重点项目完成投资400余亿元。重点建设项目中，茅台酒股份有限公司完成技改项目7个，总投资66亿元；茅台酒厂技改扩能、国台酒业技改等一批建设项目全力推进。此外，高粱基地建设也扎实推进，全市酒用高粱种植面积达到120万亩,产量30万吨。仁怀、习水高粱通过有机认证面积达60万亩,有机总产量达15万吨。有效保障了茅台等重点企业酒用高粱需求。

进一步强化"互联网+"的思维,更加积极地实施"走出去"发展战略,着力在"政府搭台、企业唱戏"上做文章,特别是将利用遵义酱香白酒独特地位,整合酒仙网、茅台网上商城、天猫及阿里巴巴等主流电子商务销售平台和各类资源,努力实现茅台酒及地方名优酒全线网上销售目标。

二、近年遵义市白酒产业获得的政策及运行环境

(一)贵州省白酒产业政策

2015年制定并经省人民政府同意印发实施《关于支持白酒产业加快发展的政策措施》,制定印发《贵州白酒产业振兴方案》[1]。充分运用"走遍大地神州·醉美多彩贵州""贵在健康+"等平台推介贵州白酒。鼓励企业运用信息化、大数据等平台,充分利用电商渠道展开营销。推动偿贷周转资金池实施运作。

(二)遵义市白酒行业"十三五"发展规划

名优白酒产业。紧紧围绕"一看三打造"战略目标,深入实施"一大十星"扶持计划,着力在品牌打造、市场开拓、技术创新、资源整合、产业配套和环境整治上下工夫,优化内部结构,巩固提升"国酒茅台"世界品牌地位,做大做强习酒、董酒、珍酒、湄窖、鸭溪、国台、百年糊涂酒、酒中酒等地方传统优势酒业,着力打造"中国酱香、赤水河谷"白酒产业带,力争白酒产量达到70万千升,建成全国重要名优白酒产业集聚区。

(三)贵州省食品安全监管政策及执行情况

自2014年底以来,贵州省食品药品监督管理局先后于2014年12月31日发布《贵州加强流通环节食品安全监管出台指导意见》;2015年1月21日发布《贵州省食品安全行政责任追究暂行办法出台》;2015年10月16日发布《贵州省白酒生产加工小作坊监督管理规定(试行)》(黔食药监食生发〔2015〕393号);2016年1月12日发布《贵州省食品经营许可审查细则(试行)》(黔食药监发〔2016〕3号);2016年9月20日发布《贵州省食品药品监督管理局出台法律顾问管理办法》;2016年11月30日发布《总局关于印发保健食品注册审评审批工作细则的通知》;2016年12月14日发布《贵州省食品药品投诉举报实施办法》等食品安全监管政策。经过严格执法,有效保证了广大消费者的权益,有效打击了假冒伪劣产品,净化了市场,促进贵州白酒健康有序发展。

三、遵义市白酒产业质量管理和技术装备水平

(一)行业生产工艺状况[2]

贵州白酒以酱香型为主,多香并存,酱香白酒主产区在遵义。主要香型白酒在传统工艺基础上,有所传承创新。

1. 酱香型白酒酿造

酱香型白酒是遵义市的优势香型酒种,是贵州的优势香型酒种,也是中国酱香型白酒的发祥地。贵州茅台酒为全国酱香型白酒典型代表。酱香型白酒以高粱为酿酒原料,小麦为制曲原料。酱香型白酒属大曲酒类,用曲量最大,粮曲比达1∶1。工艺特点为"三高一长"即高温制曲、高温发酵、高温流酒,长期储存。端午踩曲,重阳下沙,二次投粮,石窖发酵。一年一个生产周期,其间经9次蒸煮,8次堆积发酵,7次取酒,基酒储存3年以上,经精心勾兑包装出厂。产品从投料生产到包装出厂需历时5年左右。酱香型白酒生产企业主要分布在贵州省赤水河流域,以贵州茅台酒股份有限公司为龙头企业。

2. 董香型白酒酿造

董香型白酒是遵义市的又一优势香型酒种,也是贵州的特色香型酒种,以董酒为典型代表。以高粱为主要原料,大曲工艺和小曲工艺相结合,制曲时加入中草药,大曲大窖发酵制香醅,小曲小窖发酵制酒醅,酒醅香醅串蒸取酒,新基酒分级入库储存2年以上,根据不同产品的质量要求,用不同酒精度和不同储存年限的酒,按不同比例勾调成最终产品。董酒具有大曲酒的浓郁芳香和小曲酒的柔绵、纯和、回甜等特点。

3. 浓香型白酒酿造

遵义浓香型白酒以单粮为主,也有用多粮酿制的。主要品牌有习酒、鸭溪、湄窖等,酒体风格有别于川派浓香和江淮派浓香。单粮以高粱为原料,多粮以高粱、大米、糯米、小麦、玉米为原料,以优质中温曲为糖化发酵剂,经过续糟配料,混蒸混烧,长期发酵,量质摘酒,原度酒储存,精心勾兑等过程得成品。遵义浓香型白酒具有无色透明,窖香舒适,清冽甘爽,回味长等特点。主要有茅台集团习酒有限责任公司、贵州鸭溪酒业有限公司、贵州湄窖酒业有限公司等。

(二)行业质量管理和技术装备水平

目前已有贵州茅台酒、习酒、鸭溪窖酒等3个酒类产品获得国家质检总局地理标志保护。已形成以"国酒茅台"为旗舰,习酒、董酒、珍酒等一批名牌产品为梯队,酱香型、董香型、浓香型及其他香型共存,高中低档产品并举的白酒发展新格局。除"国酒茅台"外,在有效期内的贵州名牌白酒共有27个[3]。2015年12月16日,贵州省质量兴省工作领导小组发布2015年贵州省名牌产品名单的公告,共确认207种产品为2015年贵州省名牌产品,有效期从2015年12月至2018年12月。其中遵义白酒产品11种,见表1。

(三)研发水平状况

2015年,贵州省有11人考取"2015届国家级白酒评酒委员";在2015年8月8~14日由贵州省经济和信息化委员会、贵州省人力资源和社会保障厅和贵州省总工会共同组织的"2015年贵州省第二届白酒行业职工职业技能大赛"上,获得勾调和品评竞赛的第一名被授予"贵州省五一劳动奖章"。贵州省酿酒工业协会组织了"2015届贵州省白酒评委换届"的培训考核工作,组建起一支118人的"贵州省2015届白酒评酒委员"队伍,和19人的"贵州省2015届白酒特邀评酒委员"队伍(其中大部分集中在遵义市)。

表1　2015年贵州省名牌产品公告名单（白酒）

序号	单位名称	商标	产品名称	规格型号
1	贵州珍酒酿酒有限公司	珍及图	珍酒（酱香型白酒）	53% vol 500mL、100mL
2	贵州茅台酒厂（集团）习酒有限责任公司	习水	习水大曲	52%、46%、42%、38% vol 500mL（浓香型）
3	贵州茅台酒厂（集团）习酒有限责任公司	习酒及图	习水特曲	52% vol、46% vol、38% vol 500mL（浓香型）
4	贵州茅台酒厂（集团）习酒有限责任公司	习酒及图	银质习酒	53% vol、38% vol 500mL（酱香型）
5	贵州红四渡酒业集团有限责任公司	红四渡	白酒	53% vol 酱香型 500mL（瓶）
6	贵州鸭溪酒业有限公司	鸭溪	鸭溪窖酒	52% vol 500mL
7	贵州五星酒业集团茅台镇五星酒厂	镇及图	镇酒	酱香型 53% vol 100mL～3L（瓶）
8	贵州五星酒业集团茅台镇五星酒厂	五星	五星牌白酒	酱香型 53% vol 125mL～10L（瓶）
9	贵州省仁怀市茅台镇酒乡窖酒厂	怀冠及图	酒乡酒	酱香型 53% vol 500mL/瓶
10	贵州怀庄酒业（集团）有限责任公司	怀庄	怀庄酒	酱香型 53% vol、500mL（瓶）
11	贵州酒中酒（集团）有限责任公司	本强及图	酒中酒霸酒	45% vol 500mL

四、遵义市酒业协会2017年取得的成绩

2018年2月2日，遵义酒业协会、仁怀酒业协会年会暨世界十大烈酒——遵义产区第二届"红高粱"奖的表彰大会在贵州仁怀市召开。会上，遵义市酒业协会、仁怀市酒业协会执行副会长、秘书长吕玉华总结了2017年协会取得9个方面的成绩：

（一）抓品牌打造，评选产生了"遵义十大名酒"和仁怀"十大质量奖"

金质习酒、汉酱酒、国台酒、珍酒·珍十五、百年糊涂酒、酒中酒福酒、小糊涂仙酒、鸿运董酒、金酱酒、钓鱼台国宾酒等10个品牌入选首届遵义十大名酒。无忧酒、黔宝酒·30、"黔九"牌黔酒一号、茅屋老酒·有机白酒、酱香国酒·洞藏10年、远明酒·国宾、茅台不老酒·问天、盼红台酒、夜郎古酒、镇酒·汉藏等10个酱香型白酒品牌作为中国酒都"十大质量奖"获奖品牌。

（二）抓酒旅融合，协同做好酒旅文化年及万人品酒会

由遵义市政府和省旅发委主办，仁怀市政府和市旅发委承办的2017"中国酒都·神秘茅台"酒旅文化年活动暨万人品酒大会于2017年5月下旬在仁怀举行。完成搭建白酒展位69个，农副产品展位30个，特色小食展位10个，组织了该市内69家白酒企业准时进场布展，接待游客5万余人次，现场售酒300余万元。

（三）抓宣传推介，继续深化拓展"酱香新时代"

2017年，协会先后组织了成都春交会、郑州糖酒会、长沙酒博会、贵阳国际酒博会、重庆秋交会和上海国际酒交会等国内有重要影响的专业酒类展会，参展企业达200多家（次），参展品牌近千个。利用展会平台组织有关发布会、推介会、高峰论坛、名酒讲堂、名师现场勾调演示等各种不同形式、丰富多彩的宣传推介活动，极大提升了遵义产区和仁怀酱香酒核心产区的对外知名度和影响力。在上海酒交会期间，遵义烈酒产区被列为全球十大烈酒产区之首，中国酒业协会向遵义市人民政府颁发了专门证书。

（四）抓扩大开放，成功举办首届中国酱香酒节暨丁酉茅台祭水大典

在中国酒类流通协会的大力支持下，于2017年10月28日（农历九月初九），由中国酒业协会指导，中国酒类流通协会和遵义市酒业协会主办，仁怀市酒业协会和茅台镇商会承办的首届中国酱香酒节暨丁酉重阳祭水大典在茅台镇1915广场拉开帷幕，活动主题为"中国酱香、赤水河谷"，推广口号"酒仰茅台·醉享仁怀"，采取"协会主办、企业主角，市场主导，酱香主场"的办会方式，来自全国各地的260多名专业经销商、近百名酱粉和200名国外友人齐聚仁怀参加活动，共同见证酱香酒的神秘和独特。活动期间，颁发了中国酒都"十大质量奖"获奖品牌，进行"茅台酒道"表演暨仁怀市第二届民间品酒擂台大赛，聘任酱香酒文化传播大使，开展"大曲酱香·国色天香"高峰论坛，举行酱香酒大观（杨柳湾酱香品牌展示），举办国酒城天天酒博汇长桌宴，内容丰富多彩，基本实现"以祭促节、以节促销，厂商互动、酒旅融合"的活动目标，充分展示了仁怀酱香酒的独特魅力和厚重文化。

（五）抓人才队伍建设，首届遵义白酒及酱香酒酿酒大师、营销精英和文化使者出炉

2016年底启动了首届遵义白酒和酱香酒酿酒大师、优秀企业家、营销精英和文化使者评选认定工作。评选出首届遵义酿酒大师5名、优秀企业家2名、营销精英3名、文化使者2名。首届酱香型白酒酿酒大师47名（含贵州省酒协认定15名），行业领袖奖3名，优秀企业家32名，营销精英12名、文化使者26名，共129名。同时颁发了首届仁怀酱香酒产业"红高粱"奖获奖企业26家，获奖个人19人。在2017年1月12日召开的年会上，获奖首届酿酒大师、优秀企业家、营销精英和文化使者同时登台宣誓，共同宣读"中国酱香·赤水河谷工匠精神宣言"，向全社会展示传承和弘扬工匠精神的决心和期盼。

（六）抓企业反哺，助力全市扶贫攻坚

积极倡导广大企业共同参与，决定把边远贫困位于酱香酒核心产区上游的九仓镇三涨水村作为市酒业协会及白酒行业同仁的扶贫挂帮点，先后收到51家企业和个人捐赠善款32.375万元，目前已投入资金16万元用于该村及部分贫困户基础设施建设及生活扶贫。

（七）抓平台搭建，巩固提升"行业自信"

加强与工、农、中、建等银行的密切沟通，切实为会员企业做好融资服务，创造条件为会员企业搭建融资平台。连续发放小额贷款1亿元。配合金融机构对仁怀酱香酒产业进行市场调研，促进银行改进服务水平，进一步提高了信贷信心和额度，助推会员企业与金融机构之间"抱团取暖、共渡难关"。

（八）抓对外影响，在北京举行产区名酒推介会

2018年1月15日，在北京举行了世界十大烈酒产区——遵义产区名酒推介会，遵义十大名酒企业、仁怀十大质量奖企业全程参与活动。以宣传产区、推介名酒、媒企携手、共谋发展为主题，发布了《遵义产区名酒宣言》。

（九）抓自身建设和对外联络，夯实协会"行业地位"

2017年，为切实打造好"中国酱香·赤水河谷"与"酱香型白酒核心产区"品牌，提高品牌知名度与竞争力，提高遵义产区影响力，加强与中国酒业协会、中国酒类流通协会以及河南省、广东省、上海市等省市酒业协会的交流合作，为提升遵义白酒和仁怀酱香酒的对外宣传推广继续做牢做实基础，拓展空间。促成中国酒业协会与遵义市人民政府和仁怀市人民政府签订落实战略合作框架协议，提升知名白酒产区的对外影响力、吸引力和竞争力。

五、遵义市白酒产业的特征分析

遵义市酒的门类较齐全，在最早的四大香型中，有酱香和浓香。其发展和优秀品质得益于秀丽的山川和得天独厚的自然地理条件。冬无严寒，夏无酷暑，气候温暖湿润，适宜酿酒微生物的生长繁殖。

（一）酱香为主，多香并存

遵义市白酒香型较多，除优势香型酱香外，有浓香、董香、茶香等香型。

（二）企业主要集中在赤水河流域

遵义市白酒主要生产企业集中在赤水河流域，除龙头企业茅台集团外，第一届十大名酒企业中有14家在赤水河流域：中国贵州茅台酒厂（集团）有限责任公司、贵州董酒股份有限公司、贵州茅台酒厂（集团）习酒有限责任公司、贵州国台酒业有限公司、贵州珍酒酿酒有限公司、贵州鸭溪酒业有限公司、贵州酒中酒（集团）有限责任公司、贵州五星酒业集团茅台镇五星酒厂、贵州钓鱼台国宾酒业有限公司、贵州茅台酒厂集团技术开发公司、贵州怀庄酒业有限责任公司、贵州茅台镇国威酒业有限责任公司、贵州赖永初有限公司、贵州省仁怀市茅台镇金酱酒业有限公司。

（三）引进业内外资本，助推遵义白酒发展

遵义白酒业的发展，除本地强势企业茅台集团引领外，近年，大量业内外资本涌入遵义，涉足酱香白酒，也助推了遵义白酒产业的发展。

（四）主产区致力园区建设，协调发展

在遵义白酒主产区赤水河流域，致力于白酒园区建设，助推白酒协调发展。仁怀名酒工业园、习水白酒工业园、茅台循环工业园正在稳步推进建设，延伸白酒产业上下链，已取得阶段性成果。

六、遵义白酒产业存在的问题与对策

遵义白酒业的发展轨迹与全国发展吻合，快速发展是在改革开放以后，得益于国家产业政策的扶持，得益于贵州得天独厚的自然资源条件。进入21世纪，遵义白酒产业的发展受到中共贵州省委和省政府、中共遵义市委和市政府的高度重视，专门出台了支持遵义酒业发展的政策措施，遵义酒类的科研步入跨越发展阶段。中国贵州茅台酒厂（集团）有限责任公司是一面旗帜，其发展不仅代表了遵义市白酒的发展趋势和发展优势，也代表贵州白酒的发展趋势和发展优势，同时也代表了中国白酒业的整体发展趋势和发展优势，在行业中起着不可取代的引领作用。贵州白酒的真正优势在酱香，在大曲酱香；在山清水秀，在得天独厚的自然气候和自然环境；更在贵州特殊的产业政策优势和国家的扶持。有享誉海内外的国酒茅台的引领下，有独树一帜的国密董酒，有众多的国优、省优品牌，有实力雄厚的后起之秀。近年来，大量业外资本的集中涌入，暨证明了遵义市白酒的优势所在，同时也给遵义市白酒带来了潜在风险，尤其是在当前全国白酒的深度调整期。产能的过度饱和为行业敲响了警钟，环境的微妙变化也为行业敲响了警钟，食品安全问题一直是行业的阴影。遵义市白酒行业如何规避风险，摆脱阴影，走向蓝天，值得深思。

有利因素：白酒产业保持长期持续发展的基本面没有改变，突出的盈利能力和抗风险能力使遵义市白酒大有发展空间，行业调整促进产业升级。

不利因素：除茅台、习酒、董酒、国台、珍酒少数品牌外，多数品牌竞争力不强，产能未有效释放，融资压力加大。

对策：强化政策服务、强化市场拓展、强化营销创新、强化融资保障、强化运行调度。

为认真贯彻《中共贵州省委贵州省人民政府关于推进供给侧结构性改革提高经济发展质量和效益的意见》（黔党发〔2016〕6号）精神，推动全省白酒行业供给侧结构性改革，促进行业结构优化和转型升级，提高白酒企业发展质量和效益，经贵州省人民政府同意，贵州省人民政府办公厅于2016年10月10日印发了《贵州省推动白酒行业供给侧结构性改革促进产业转型升级的实施意见》。《意见》提出了总体要求、主要任务和保障措施，从政策层面上保证了行业面临问题的解决和促进行业发展。

（一）总体要求

以树品牌、提品质、优品种为主线，坚持盘活存量与扩大增量并重、改造提升与转型发展并举，结合"百企引进""千企改造"工程实施，加快推进白酒企业信息化、绿色化、服务化改造，推动白酒行业与大数据、大健康、大旅游等新兴产业融合发展，提高企业内生动力和核心竞争力，促进行业转型升级和提质增效，打造贵州白酒整体品牌，形成各个梯度产品协同发展的良好格局，构建"品牌强大、品质优良、品种优化、集群发展"的贵州白酒产业发展体系。到2020年，全省白酒产量达到80万千升，完成工业总产值1200亿元，力争贵州白酒在全国的销量占比达到8%。

（二）主要任务

1. 打造贵州白酒整体品牌

充分发挥赤水河流域白酒原产地和主产区资源优势，大力实施"基地品牌化、企业品牌化、产品品牌化"战略，着力打造全国最大的酱香白酒生产示范基地，形成以赤水河流域白酒产业带为核心的白酒产业集群，加快建设仁怀市名优白酒产业示范基地和全国酱香型白酒酿造产业知名品牌创建示范区，巩固提升全国优质酱香酒主产区地位。加强品牌梯度培育，打造一批知名品牌企业，支持茅台集团优化整体战略布局，推进上下游一体化发展。鼓励和支持省内外优强企业参与我省白酒品牌资源整合，采取"主品牌＋系列商品名称"模式，树立统一的品牌形象。打造"贵州白酒"集体商标。用好"仁怀酱香酒"地理标志证明商标，完善集体商标使用标准和管理措施。运用大数据和"互联网＋"手段，加强与全国知名电商合作。

2. 调整优化产品层次

以市场需求为导向，引导和支持企业紧跟消费结构升级趋势，积极适应"名品定位"与"民众需求"，既做"名酒"，也做"民酒"，精细化开发品种，在个性化定制、柔性化服务、产品融合、用户体验、市场定位等方面进行改革创新，不断提高产品供给服务水平。力争打造1个50亿级精品，3~5个10亿级梯度产品，形成"一品多元"的贵州白酒品种群。

3. 提升酱香酒产品品质

在巩固传承酱香酒酿造历史、文化和传统技艺的基础上，鼓励和支持企业依托"千企改造"工程开展技术创新、装备创新和产品创新，大力推进智能制造。加强标准体系建设，建立完善酱香型白酒标准体系，支持企业建立健全涵盖计量、质量、安全、环境保护在内的标准化监测管理体系，提升白酒行业标准化水平。支持仁怀市推广实施"仁怀酱香酒团体标准"，建立完善"酱香酒质量控制管理体系"，提升产业质量行业管控能力。

4. 加快形成企业梯队

支持茅台集团推进酒业、上下游一体化、金融投资和其他多元化四大业务板块全面发展，到2020年实现千亿级企业的目标，在集团内培育2~3个上市公司，进一步巩固和提升世界蒸馏酒第一品牌地位，把茅台集团打造成产融结合的国际化酒业投资控股集团。通过"一企一策"、精准扶持，大力培育以习酒、金沙、国台、董酒、珍酒、酒中酒、青酒、贵酒、安酒等为第二梯队的重点骨干企业，不断增强全省白酒产业发展核心竞争力，到2020年，力争将习酒、金沙打造成50亿级企业，将国台、珍酒、贵酒打造成20亿级企业，将董酒、酒中酒、青酒打造成10亿级企业。

5. 加强营销网络建设

推进营销创新及商业模式创新，扩大营销网络体系，优化营销网络布局，精细化分析和选择宣传推介目标区域，持续开展"黔酒中国行"宣传推介活动，为企业搭建销售平台。支持重点企业加快全国化和全球化布局，加大对重点市场、潜力市场的开拓力度，鼓励中小白酒企业根据自身产品特点，结合白酒消费地域属性，分区域开展精准营销，积极开发县级和农村市场，借助民营、个体商业的活跃性，建立多载体、多层次、多渠道的营销网络体系。

6. 促进生态绿色发展

按照"产业生态化,生态产业化"的要求,推动生态化、绿色化发展,促进白酒行业转型升级。加强对重点白酒生产区域及周边区域特别是赤水河流域重点区域的环境保护和治理,严格执行《贵州省赤水河流域保护条例》,禁止在赤水河流域内发展不符合国家产业政策、不符合环保要求、不符合相关保护规划的产业,禁止高污染、高耗能企业进入重点白酒产区水源地保护范围。加强资源综合利用,推行清洁生产,重点推进茅台生态循环经济产业示范园建设,鼓励企业采用新材料、新工艺,加强技术改造,降低物耗、能耗、水耗,开展酒糟、曲草等资源综合利用,大力发展白酒产业循环经济。

7. 推进酒旅融合发展

鼓励和支持白酒企业深挖白酒文化资源,加强企业文化建设,打造特色酒庄,发展工业旅游,开发白酒旅游商品,促进酒旅融合发展。支持仁怀市和茅台镇围绕茅台酒厂发展以参观茅台酒酿造为重点的工业旅游、以品饮茅台酒为重点的餐饮旅游、以了解茅台酒发展历史为重点的酒文化旅游。加快开发以"国酒茅台"和"贵州白酒"文化为主题的旅游商品、纪念品,在全省机场、高铁站、高速公路服务区规划建设100个品牌形象展示店。

(三)保障措施

1. 强化融资保障

(1)鼓励银行业金融机构实行名单制管理,适当提高不良贷款容忍度。

(2)大力开展资信评估体系建设,对市场前景好、风险小的白酒企业,通过资信调查认定,适当放宽贷款限额控制。

(3)加强白酒企业融资需求摸底调查,实行清单式管理,对符合条件的白酒企业纳入"贵工贷""贵园信贷通""黔微贷"融资政策的支持范围。

2. 强化财税支持

(1)省工业和信息化发展专项资金每年安排2000万元以上,重点支持白酒工业园区、酒糟循环利用、企业结构调整及改扩建项目建设。

(2)推动符合条件的白酒企业启动和加快上市进程,对上市或挂牌融资的企业给予奖励,其中,对在境内主板、中小板、创业板和境外市场上市融资的企业,给予100~150万元的一次性奖励;对在"新三板"上市融资的企业,给予50万元的一次性奖励。

(3)鼓励和支持白酒企业与高校、科研院所构建产学研技术创新平台,对白酒企业设立的技术部门,被新认定为国家工程技术研究中心、重点实验室的,分别给予一次性500万元补助;新认定为国家级企业技术中心、技术创新示范企业的,分别给予一次性100万元补助;新认定为高新技术企业的白酒企业,给予一次性30万元奖励。

(4)鼓励和支持白酒企业运用知识产权参与市场竞争,对获得各种中国专利奖给予不同额度奖励,对获得中国驰名商标、贵州省著名商标、贵州省名牌产品、贵州省服务业名牌等国家级和省级品牌的白酒企业,由企业所在市县政府给予一定奖励。

(5)鼓励和支持白酒企业深度拓展海外市场,对参加境外团体展所发生的展位费、人员费分别按政策给予一定资金支持。对出口企业向出口信用保险机构投保所发生的担保费给予一定资金支持。

（6）鼓励和支持白酒企业通过大数据、"互联网＋"平台开展电商营销，与全国知名电商共建"黔酒电商联盟"，重点培育3~5家品牌酒类流通电商平台。对通过电商平台实现年销售收入达到1000万以上，省内排名前10位的白酒企业，省工业和信息化发展专项资金、省商务流通发展专项资金及企业所在地政府在项目资金安排上给予倾斜支持。

（7）贯彻落实好全面推广"营改增"试点改革的相关政策，积极向国家争取白酒生产环节征收的消费税由中央和地方共享，争取恢复外购基酒及酒精已纳消费税准予抵扣的政策。

3. 强化市场监管

加大"假、冒、伪、劣"白酒产品的查处力度，整顿和规范全省白酒市场秩序，重点打击跨省侵犯我省名优白酒知识产权行为，确保产品质量和品牌声誉。

4. 强化人才培养

加大白酒酿造行业技能人才培养工作力度，壮大白酒产业人才队伍，提升白酒产业创新发展水平。

5. 强化产业调度

依托工业"百千万"工程，建立完善省、市、县三级政府与企业联动机制，强化"政银企"信息沟通，加强对重点产区、重点企业、重点项目的调度，及时掌握产业发展动态，分析研判发展形势，促进白酒产业持续健康发展[4]。

对于仁怀酱酒产区发展，建议对外围绕仁怀酱酒产区"天然健康白酒""国酒之都""酱酒核心产区""卡斯特高原生态小红粮""中国白酒之心"等定位传播核心价值与形象；对内实行产区内部结构分级、严格质量管理，引导企业差异化竞争与合作。

七、遵义市的白酒发展短板和保障措施

（一）发展短板

茅台独大，两极分化明显。遵义市拥有以"国酒茅台"为代表的包含习酒、国台等一系列白酒品牌。《2016年贵州白酒营销白皮书》显示，"十二五"期间，贵州省内规模以上白酒企业累计产量达49万吨，增幅达10.5%；实现产值884亿元。其中，主营业务收入达到635.8亿元，增幅为21.1%；利润总额为263.4亿元，增幅为11.2%。虽然白酒企业收益较好，但就黔酒板块的竞争格局来说却比较尴尬。国酒茅台一家独大，其他酒企在品牌强度表现上明显落后。

茅台作为中国高端白酒的价格标杆表现突出。最显著的是跳出了过去几年价格下行的趋势，引领白酒高端价格上行。飞天茅台的价格2017年从800多元/瓶一路上涨到1299元/瓶，涨幅超过了50%。2018年伊始，出厂价调整到918元/瓶，调整价格升幅18%左右，零售价调整到1299元/瓶。

黔酒板块一直存在一个尴尬现象，茅台作为酱香型白酒行业垄断者在黔酒市场"一枝独秀"，其销售收入占细分酱香型白酒市场总收入的80%。2017年，除茅台及其酱香型酒系列、习酒、国台、珍酒及部分仁怀的强势品牌外，其他酒企仍存在规模偏小、竞争力不强等问题，尚未形成舰队。

（二）政策保障

为进一步贯彻落实贵州省委、省政府"一看三打造"、赤水河流域"四河四带"战略目标以及遵义市委、市政府打造千亿级白酒产业发展的要求，贵州省打造"千亿"茅台酒业共享发展成果，全力支持茅台酒业集团加快发展、创新发展，做足酒文章，扩大酒天地，推动新时代遵义白酒产业振兴、高质量发展，为全市社会经济做出更大贡献。2018年元月24日，在茅台酒业集团会议中心召开了遵义市支持茅台酒业集团加快发展动员大会，贵州省委常委、遵义市委书记龙长春出席会议并发表重要讲话，遵义市长魏树旺主持大会，茅台酒业集团董事长袁仁国发表讲话。茅台酒业集团党委书记、总经理李保芳，遵义市人大常委会主任范元平，遵义市政协主席徐光华出席大会。遵义市委常委、常务副市长王祖彬宣读《遵义市人民政府关于支持中国贵州茅台酒业酒厂（集团）有限责任公司加快发展的意见》。

龙长春在讲话中明确提出加快茅台酒业集团发展的重要指导意见。

1. 茅台酒业是遵义发展的骄傲，也是遵义跨越发展的缩影

2017年，茅台酒业集团实现增加值占全市规模以上工业增加值的44%，对遵义市工业经济贡献率达47%以上，对遵义市地区生产总值贡献率达22%以上；上缴税金256亿元，占遵义市税收总额的47.3%，对地方财政做出了巨大贡献；以茅台酒业集团为龙头的白酒产业已成为全省工业领域第一产业，且茅台酒业集团产业关联度高、带动性强，对地方经济发展带动效益显著，为促进遵义市和全省社会经济发展做出了重大贡献。

2. 茅台酒业影响力大、知名度高，全体员工应共享改革发展成果

2018年，是纪念改革开放四十周年及全面决胜小康社会关键年。我们要积极贯彻落实党的十九大精神，深刻领会新时代、新思想、新目标、新要求等一系列新理论成果，建设战略定位，凝心聚力促进茅台酒业的发展。要切实提高茅台酒业集团干部职工收入，让改革发展成果更好惠及全体员工，进一步激发广大干部职工荣誉感，不断践行"工匠精神"，增强内生活力。

3. 遵义市政府坚决、积极、竭力支持茅台酒业集团加快发展

遵义市将积极、努力地在以下方面大力支持茅台酒业集团的发展。第一、切实做好用地专项规划编制工作，优先保障茅台酒业集团发展用地，给茅台酒业集团未来的发展留足够的空间；第二、加强领导组织，为茅台酒业集团的发展营造良好稳定的法治环境，创造和谐平安的生产生活环境，让茅台酒业人可以安居乐业；第三、规范全市中小白酒企业生产经营秩序，营造公平公正公开的竞争环境，要积极引导茅台酒业集团子公司在遵注册，进一步培育壮大税源经济，为地方经济社会发展做出更大贡献。全市中小白酒企业要与巨人牵手、与巨人同行，主动对接和融入"大茅台酒业"发展战略，紧紧围绕贵州茅台酒业"航空母舰"，着力实现更好更快发展。

（三）龙头企业的具体措施

1. 川黔四大酒企开启东北战略

2017年9月19~20日，"川黔名酒·情系东北"——2017沈阳峰会在辽宁沈阳举行。本次峰会由贵州茅台酒厂（集团）有限责任公司、四川省宜宾五粮液集团有限公司、泸州老窖股份有限公司、四川郎酒股份有限公司联手举行，旨在打造全新的合作模式、联手开拓东北市场，全面实现川黔两省酒业产业升级。两地四家企业将推出中国白酒行业的营销新模式。

2. 习酒在贵州省外市场战绩频频

2017年，习酒进入发展的"快车道"。习酒公司的战略布局是在做深、做透、做精贵州市场的同时，全力攻克河南、山东、广东等省外市场。济南金喜多商贸有限公司，2017年酱香上浮了90%，窖藏上浮了120%，增长速度创历史新高。

自2017年3月以来，习酒公司开展了一系列营销活动，主要是针对网点布局方面。2017年6月份以后，又针对网点开展了一系列促销活动，渠道建设比2016年要强得多。

开展了很多场小型品鉴会，是2017年较成功的一点。

3. 茅台酱香系列酒2018年发展趋势预判

吕咸逊认为，系统创新是茅台酱香系列酒超预期业绩的核心驱动力，具体表现在四大方面：差异化产品创新、双子座价格创新、三大会议推广创新、四大变革组织创新。其对茅台酱香系列酒2018年发展趋势预判：一是高景气内涵式成为茅台酱香系列酒的新增长模式；二是品牌文化建设成为茅台酱香系列酒的强管理核心；三是直控旺销终端成为茅台酱香系列酒的抓基础重点；四是以茅台王子酒为代表的大单品成为2018年度亮点；五是茅台酱香系列酒经销权成为中国酒业的稀缺资源；六是从新产品到混合所有制由浅到深的系统创新转型；七是茅台酱香系列酒引领酱香品类的大众化、国民化。

4. 茅台春节前投放7千吨茅台酒，6千吨酱香系列酒

2018年1月11日，茅台集团召开的2018年工作会议透露，茅台集团在春节前计划投放不少于7000吨茅台酒、6000吨酱香系列酒，分别达到全年计划的25%、20%，切实满足春节市场需求。坚决把茅台酒和茅台酱香系列酒的终端价格管住、管好。防止价格过快上涨，"高烧"不退。

2018年1月8日，贵州茅台酒股份有限公司专门对外发布公告，要求公司各级子公司、茅台集团各级子公司，按照1499元/瓶的标价销售飞天53度500mL茅台酒，不助推价格，以保持零售价格的稳定。建议销售商酌情参照，不囤货捂售，不捆绑搭售。

2018年1月9日，近百名茅台经销商在西安共同发出倡议，一致承诺自觉维护消费者利益，自觉遵守市场秩序，53度500mL飞天茅台酒售价不超过1499元/瓶，不囤货、不捂售、不惜售、不搭售，保持定力，深耕市场，提升服务，为国酒茅台的宏图伟业勇做义商。

5. 在京举行世界十大烈酒——遵义产区名酒推介会

2018年1月15日，由中国酒业协会主办，遵义市酒业协会承办的世界十大烈酒——遵义产区名酒推介会在北京举行。这是2017年11月19日世界十大烈酒产区评选发布两个月来，国内6大产区中遵义是第一个发声的产区。以"世界十大烈酒——遵义产区"的名义,让"双十"名酒告诉世界。

遵义市酒业协会执行副会长兼秘书长吕玉华做遵义产区推介时表示,遵义"一栋房一瓶酒"的符号要向"一种酒一个产区"升级。吕玉华还表示,在"好山好水酿好酒"的贵州,除了茅台酒,还有遵义十大名酒、中国酒都十大质量奖产品。举办推介会的目的就是要通过推介"双十"品牌,让大家感受"遵义味道"。

推介会现场,在国台酒业公司总经理张春新的带领下,"双十"品牌负责人共同发布了《世界十大烈酒——遵义产区宣言》。宣言强调,贵州白酒要以更开阔的视野和胸怀,坚持"一看三打造"战略部署,坚定市场自信、质量自信、品牌自信、制度自信、发展自信!宣言指出,贵州白酒看遵义!贵州白酒的突围,遵义白酒当先锋、打头阵。以"世界十大烈酒遵义产区"为载体,以"双十"品牌为支撑,同心戮力抱团发展。宣言倡议,遵义产区白酒企业携起手来,巩固产区品牌形象,促进产区规范发展,推动产区加快发展,优化产区发展生态,促进产区共赢局面!

6. 茅台推出"稳价"新举措"云商"出货量从30%提至40%

茅台推出"稳价"新规,要求经销商在云商的出货量从以前的30%提至40%。推单只能1对1推,最多10箱给客户,推单的不计入云商任务量。稳定在1499元/瓶的市场指导价格具有重要意义。一方面是要更好地管控渠道,管控价格;另一方面也是为了让茅台价格的透明化和杠杆化,打击市场"囤酒""炒酒"的投机势力。

茅台党委书记、总经理李保芳公开表态:2018年调量具体在海外市场、电商渠道、生肖纪念酒、高附加值产品四个方面。

7. 贵州茅台与五粮液举行白酒产业发展座谈会

2018年1月18日,四川省宜宾市党政代表团、五粮液集团高层领导与贵州省遵义市、仁怀市领导、茅台集团高层领导在茅台集团举行两地白酒产业发展座谈会,共商发展大计。会议达成一致认识:两地党政、两地白酒产业、茅台集团与五粮液,在经济、文化、金融、战略合作等方面,一定要开展更深层次的交流合作,建立务实的交流沟通工作机制,画大同心圆,唱好同心歌,拥抱新时代,共同推进遵义与宜宾、茅台与五粮液开创更加美好的未来!

8. 茅台的终极目标是让老百姓喝得起

2018年1月27日,省人大代表、贵州茅台酒厂(集团)有限责任公司党委书记、总经理李保芳表示飞速发展的茅台,正在实施"跨八计划",向"千亿"冲刺。不仅将努力完成含税收入900亿元,还将推进"十三五"中华片区6600吨茅台酒技改工程建设,精心规划系列酒4.5万吨产能扩建,确保2020年茅台酒基酒产能达到5.6万吨。

目前,茅台计划对"十三五"规划进行中期调整。把"做足酒文章,扩大酒天地"作为工作主基调,聚焦主业、立足"千亿",有效衔接"十四五",做好"十三五"中期评估和调整优化。

不仅要把茅台酒做到极致,还要把茅台集团做到最好。在价格问题方面,从2018年1月1日起,茅台集团将茅台酒出厂价格从819元/瓶调整为969元/瓶、市场指导价从1299元/瓶调整为1499元/瓶。茅台将采取有力措施,竭尽全力管好终端价。让老百姓喝得起,是茅台人的终极目标。

9. 白酒可能不涨价了

2018年1月31日，澎湃新闻从白酒行业知情人士处了解到，国家发改委价监局在北京召开了白酒行业价格法规政策提醒告诫会。会议旨在引导和推动白酒生产流通企业守法经营，维护市场价格秩序，营造公平竞争环境，促进白酒行业的健康发展。"白酒告诫会对行业内影响很大，很有可能终止此轮中国白酒涨价潮。"

八、2018年遵义市白酒行业展望

（一）行业竞争格局预判

在西南板块：无论是川黔名酒带也好，白酒金三角也好，都不愧为中国白酒的发祥地，中国的波尔多。川酒中，传统的"六朵金花"2018年将开始全面复兴；贵酒板块，在茅大哥的带领下，以习酒、国台、董酒、珍酒等品牌组成的酱董酒军团将全面开启"国民大众酒"的全国化道路。

（二）政经走向预期白酒行业系统性风险

其实，白酒行业经历的几次周期性的波动，大多与国家的政经环境变化和产业政策的导向有着直接的正向关联性，系统性风险主要在以下方面。

1. 金融风险

供给侧结构性改革是主线，白酒作为国家实体经济的重要组成部分，积极拥抱互联网，实现白酒＋互联网式转型，将是整个行业需要重点关注和思考的课题。

2. 生态环境风险

2017年，大多白酒生产企业都深刻感受到了国家环保改造的力度。环评和安评的审核强度，锅炉天然气改造等政策的严格贯彻，都在一定程度上给酒企敲响了警钟，从长远来看，给企业的规范化运营提供了保障，也会淘汰一部分无证经营的小微酒企，净化市场环境。

3. 品牌集中度将进一步提升

2018年，白酒行业的品牌基因好，产品质量过硬，营销能力强，资源配置到位的名优白酒企业将迎来新的发展时期。

4. 国有资本将做强做优做大

国内大多重点白酒企业始建于新中国成立初期，大多属于国有体制，大多获得了比较好的发展，尤其是积淀了优良的品牌资产。品牌企业的综合影响力将得到进一步提升。

（三）白酒插上资本的翅膀

早在上一个黄金十年里，白酒行业就吸引了资本市场的高度关注，行业内，甚至行业外众多资本纷纷进入白酒产业，整个白酒行业进入深度调整期，资本市场越发地理性，抄底现象并不多见。资本市场仍然看好白酒行业，品牌的甄选以及介入的时机和方式有了新的变化。此轮资本流向更多是青睐名优品牌。2018年，围绕着名优白酒的资本力量将更加活跃。习酒品牌价值达到260亿，可能在2018年上市。

（四）品牌集中度将进一步提升

2017 年前三季度，19 家白酒上市公司业绩总规模约 1250 亿元，占到了全行业的 25%，利润总和约 400 亿，占全行业的 50% 多。2018 年，19 家上市公司营收约占行业的三成，利润占比将近六成，白酒行业的品牌集中度将越来越高，其中，品牌集中度的一个最重要的指标便是"利润增速和占比"，即品牌的溢价能力。

2018 年，从香型集中度来看，酱香茅台的地位难以撼动，在茅台镇传统酱香优势品牌之间的竞争，更多地要看品牌影响力；浓香市场品牌集中度相对较低，应该在结构提升上下工夫，在品牌建设上做升华。

从市场占有率来看，作为十大优势产区的品牌基本实现了品牌的全国化，将会获取更大的市场份额。

（五）次高端将集体扩容

次高端对于不同的市场，其档位跨度都将有较为明显的差异。

（1）消费升级势不可挡。

（2）名酒品牌价值回归。飞天茅台一瓶难求，都给二三线品牌留下了巨大的存量空间。

（3）品牌时代来临。

（六）国际化提速

随着综合国力的增强，中国在国际市场的综合影响力日渐增强，承载中国优秀历史文化的茅台，在国际舞台上的品牌文化传播和渠道建设都在加速推进中。茅台已经完成了近 70 个国家的渠道布建，100 多名海外经销商加盟，整体销售额已超 3 亿美元（折合人民币 20 多亿元），年均复合增长率不低于 30%，国际市场开拓前景可观。

参考文献

[1] 贵州省经信委消费品工业处.2015 年贵州省烟酒产业发展报告 [J]．贵州工业，2016（1）：75-80

[2] 贵州酒百科全书编辑委员会．贵州酒百科全书 [M]．贵阳：贵州出版集团，贵州人民出版社，2016

[3] 金艾．贵州省质监局昨日通报全省白酒质量发展情况 [N]．贵州日报，2016-09-08

[4] 贵州省人民政府办公厅．贵州省推动白酒行业供给侧结构性改革促进产业转型升级的实施意见 [J]．贵州工业，2016（8）：67-70

四川宜宾产区白酒产业发展报告

郭丹

距离白酒行业上一轮"黄金十年"已有四年多的时间。2017年,受国内经济持续发展、扩大内需政策强化、群众收入水平提升和食品的刚性需求影响,酒类消费升级趋势明显。白酒类的商务消费、社交消费、投资消费、收藏消费及个性化消费全面提速,酒类市场日渐回暖。在此意义上讲,2017年白酒业的靓丽表现可以概括为"行业努力、市场帮忙"。市场的回暖将进一步促进白酒业的复苏,为白酒业的调整升级提供机遇。正是这些外部环境的转变和内部服务水平的不断提升,宜宾白酒产业逐渐回到蓬勃发展的正轨之上。

一、宜宾酒业现状及特点

(一) 白酒产业仍然是全市经济的"一号产业"

众所周知,宜宾拥有4000多年的酿酒史,是中国浓香型白酒的发源地和世界名酒"五粮液"的产地。长期以来,宜宾坚持把白酒产业作为全市经济社会发展的"一号产业"重拳打造。从图1和图2我们可以直观地看出在全市工业经济中,"白酒主营业务收入占比保持在40%左右,利润总额占比保持在60%以上,对宜宾经济社会发展贡献巨大,在全省、全国同行业中具有举足轻重的地位"。

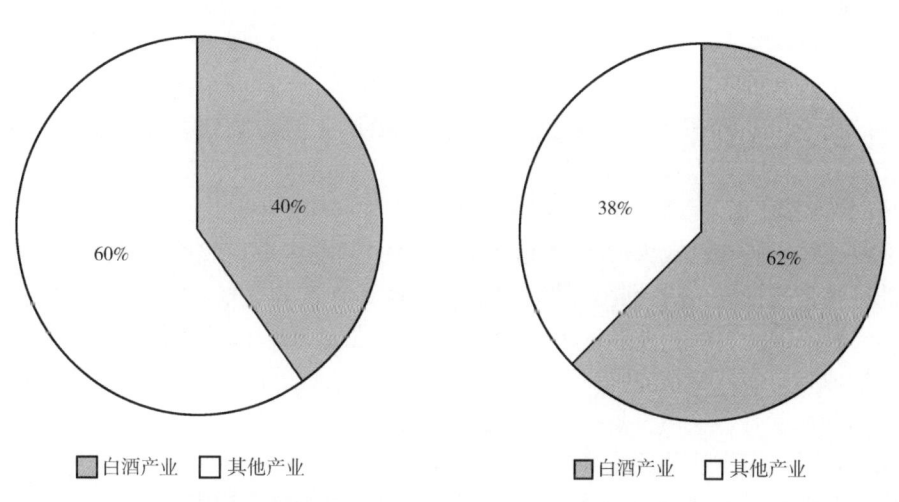

图1 宜宾市工业经济总量分布情况　　图2 宜宾市工业经济利润总额分布情况

从白酒产业整体发展来看,市场对于宜宾白酒的认可度非常高,品牌影响力也在不断聚集,供需结构发生了非常大的变化,大众消费回归理性,消费升级趋势明显。无论是驰名中外的五粮液推出五粮特曲、五粮头曲、自由度、"新生代"夜场酒等系列新品,还是老牌川酒的代表叙府酒业运用互联网思维营销,以及各有所长的"十小金花"白酒企业回暖,独具特色经营理念的宜宾安宁酒厂差异化发展等,宜宾酒企在全国白酒行业深度调整和转型发展的进程中已奋力突围,迎来了新的机遇。

(二)宜宾酒业近况:持续增长,不断升级

由图3可以看出白酒产量一直保持着持续增长的良好状态,其中宜宾市的白酒产量也连续四年增长了20多个百分点,"特别是在2017年1~11月的产量就已超过2016年全年的产量。同时整个四川省的白酒产量占全国白酒总产量的比例也越来越大"。可见消费者对川酒的认可度越来越高,这也为宜宾白酒产业发展带来了新的市场空间。

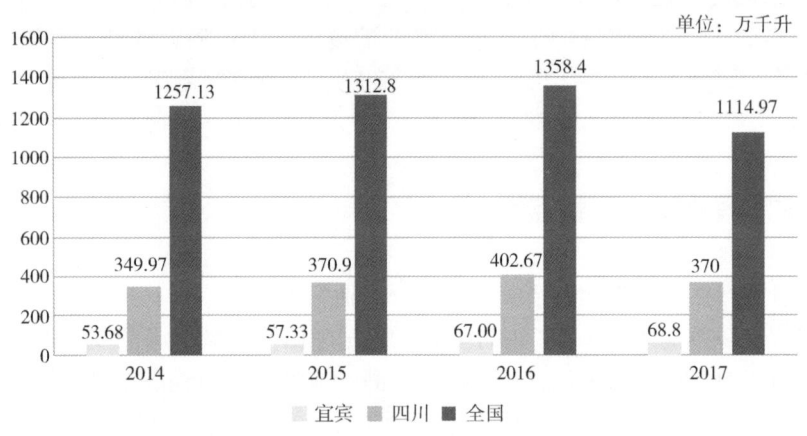

图3 2014—2017年白酒产量情况

(注:2017年数据仅为前11个月)

从图4的近四年白酒产量同比增长率来看,可以明显地发现无论是川酒还是其他白酒产量都处于稳步增长阶段,尤其值得一提的是宜宾市近两年来的白酒产量快速增长,都保持在同比增长率15个百分点以上,这说明白酒产业的转型升级成效显著,整个行业发展良好。正如宜宾市政府副市长廖文彬所说,当前酒业经济也进入新的发展时代,酒类市场的营销渠道、消费文化、品质要求和个性需求都发生着巨大变化,白酒消费低度化、健康化、年轻化已成为时代发展的趋势,为此就需要顺应发展趋势,大力推进白酒供给的整体结构性,通过调整产品结构、创新营销渠道等方式,切实推动白酒产业升级、技术升级、消费升级,走出一条"新时代"酒业发展的科学前行之路,争取把宜宾白酒打造成为中国白酒新时代、新消费、新趋势的"创新者""引领者""示范者"。从以上数据和消费者的反馈可见,宜宾白酒产业的转型已经起到了行业引领作用。

从图4还可以看出近几年宜宾白酒产量同比增长率都领先于四川和全国,这说明以五粮液集团为龙头的宜宾白酒对整个川酒乃至全国白酒的贡献作用越来越大,中国白酒业的发展更是离不开宜宾白酒。相信通过不断地改革和升级,进一步巩固、提升、扩大宜宾中国白酒之都、世界最好最大的浓香型白酒生产基地的品牌影响力、质量引领力、

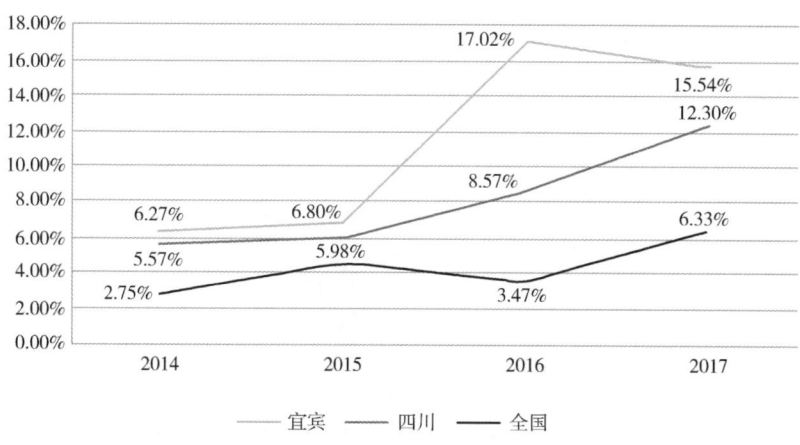

图 4 近四年白酒产量同比增长率

市场扩张力和消费带动力，奋力发展品牌企业，进一步做大做强宜宾白酒产业，形成传统优势产业与新兴产业竞相发展、并驾齐驱的发展态势。

（三）从营业收入看宜宾白酒产业

由图 5 和图 6 可知宜宾白酒业和整个川酒行业主营业务收入都呈增长状态，这也主观反映了整个白酒产业的复苏情形，很容易看出这种增长跟前面的白酒产量增长的步调一致，客观地反映了白酒不存在较大的滞销问题。但是另一方面，主营业务的收入增长率低于白酒产量的增长率，这也反映了宜宾白酒和整个川酒的销售价格并不乐观。例如当宜宾市在 2016 年产量同比增长率为 17 个百分点的情况下，宜宾市白酒产业的主营业务收入同比增长率仅为 10 个百分点，这说明白酒价格受到了冲击。2015 年和 2014 年四川白酒的主营业务收入基本持平，其原因是四川其他地区的白酒产业在 2015 年前后进行了总体的产业布局规划调整，转型升级才刚起步。而宜宾作为中国酒都，其白酒产业反应更为灵敏，转型升级较早，这也可以解释为何 2015 年相比 2014 年的主营业务收入有了 5 个百分点的提升，并且这几年持续稳定增长。李曙光带领下的五粮液集团 2017

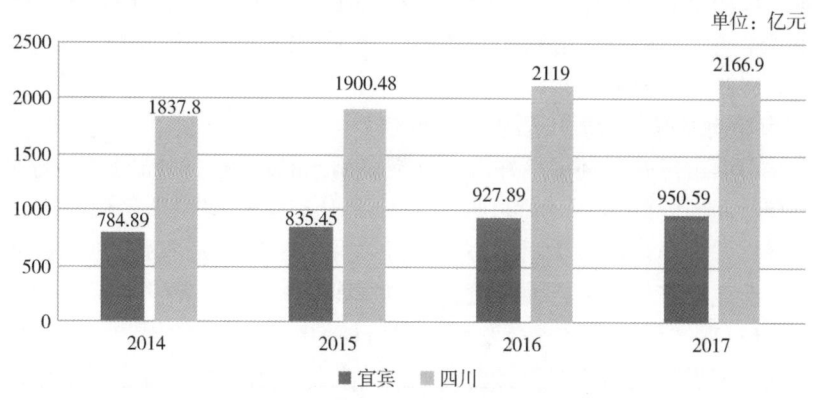

图 5 近四年主营业务收入
（注：2017 仅为前 11 个月数据）

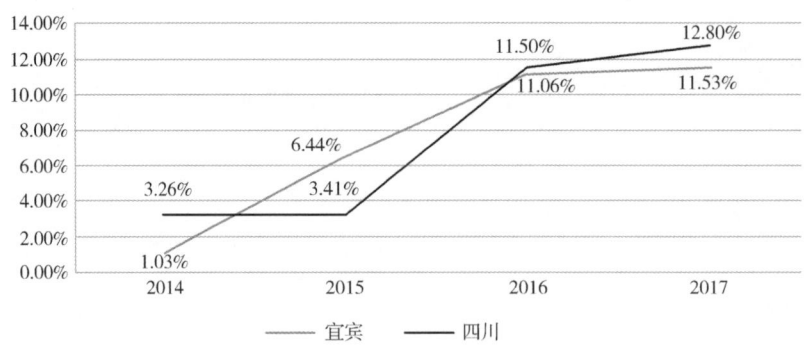

图6 近四年主营业务收入增长率
（注：2017仅为前11个月数据）

年也超额完成年初的预设目标，并且其增长幅度都是近五年的最好水平，这也反映了由于中国经济的持续向好，使得白酒行业也持续向好，因此对白酒行业的发展应保有乐观且谨慎的态度。

（四）以五粮液价格为代表分析宜宾白酒市场

1. 价格回暖

不得不承认茅台的价格飞涨，拉动了高端白酒市场，在经历了几年的深度调整之后，五粮液的价格再一次重回千元价格带，商超终端价格达到1099元/瓶，距离此前历史高价1109元/瓶仅差了10元/瓶，2017年内共计上涨270元/瓶。随着白酒行业的复苏，2017年高端白酒成了行业大赢家。春节将近，高端白酒的涨价呼声也越来越高。据有关信息显示："新品五粮液的零售价格调整到1099元，供货价格为939元，五粮液1618零售价格调整到1199元，供货价格调整到969元，52度交杯牌五粮液的价格也涨至1399元/瓶"。为进一步做好转型升级，2017年初五粮液调整了发货量，在计划减少发货量的基础上，改变了发货的节奏和策略，为五粮液的数次提价提供了基础。当然这次提升价格不仅为了与市场需求相匹配，同时也与企业的战略有关，五粮液面临前有标兵后有追兵的市场格局，必须对茅台价格步步紧逼，否则会与追兵的差距越来越小，与标兵的差距越来越大。同时，五粮液作为宜宾白酒业的标杆必须做好良好的引领作用，促进整个宜宾白酒业的发展。

2. 高端市场前景好，低度白酒成为发展趋势

目前高端白酒市场发展环境良好，且高端白酒产品价格上扬的同时，为次高端白酒产品拉开生存空间，此时白酒企业可通过品牌提升和价格调整来聚焦高端、次高端市场，并以此来提升企业价值，巩固核心竞争力。另一方面，从国际国内消费趋势、产业演变规律、行业战略布局等多方面考量，大力发展低度优质白酒必将成为酿酒工业转型发展的重要突破口。"随着经济社会发展和物质精神生活水平的提高，社交性饮酒成为主流，喝酒频次增加，饮酒量提升，白酒的消费文化、消费需求发生了变化，由'不晕不是好酒'演变成'不上头、不口干、低醉酒、醒得快'等消费诉求"。五粮液集团作为国内最早启动低度白酒研发的企业之一，始终坚持在低度白酒研发、生产、销售上取

得专业化、规模化、系列化的发展。

二、宜宾白酒业面临的困难和问题

（一）产业结构不够完善，领导型企业不足

白酒是宜宾的支柱产业，一直以来宜宾白酒的产量、产值和税收贡献都表现优异，不枉"酒都"之名。但据统计数据：整个四川省有 23 家驰名商标白酒企业，其中宜宾只有 5 家，占 21.74%，而邻近的泸州市则有 9 家，占 39.13%，比宜宾多了 4 家。众所周知，成都市的白酒并没有品质优势和品牌优势，但成都市的著名商标白酒企业却达到了 17 家，也远超宜宾，就连德阳市和绵阳市也分别有 9 家和 5 家。这些差距，凸显宜宾白酒产业的梯队队形不够优化，民营白酒企业发展十分滞后等问题，同时也暗示着宜宾白酒还面临着激烈的行业竞争和地域竞争。

对宜宾白酒产业来说，机遇和挑战并存，但总体战略思路应该是"扬长避短"，宜宾白酒的长处是品质优良、知名度高和市场认可，而短板是民营企业发展不足，过去一些民营白酒企业过于注重扩产扩能，忽视了对市场的占有和自身的名牌树立。"全省有 95 家著名商标白酒企业，其中宜宾 11 家，只占 11.58%，泸州则多达 31 家，占 32.63%，更是比宜宾多出了 20 家"。并且，全省 21 个市州，其中 16 个市州都有著名商标白酒企业，这说明宜宾白酒的品质优势并没有得到更好的利用和凸显。想要成为著名商标白酒企业，无论是成立时间、规模、产值、广告投入等方面都有严格的标准和要求，所以下一步政府应该大力支持宜宾民营白酒企业的发展，去凸显自身品质优势，让更多白酒企业拥有著名商标。从整体来看，宜宾白酒产业有很大发展和提升空间，关键是如何真正地"扬长避短"。

（二）负面事件影响

中国已经进入总体小康，国家必定会宏观调控以优化经济结构，深化建设全面小康，从而我国经济增速会放缓，再加上三公消费限制仍然存在以及塑化剂风波所引发的白酒质量安全担忧并未完全消除，并且宜宾白酒产业的转型升级还未完成，所以虽然白酒行业已经历过寒冬正处于复苏之中，但处于调整改革期中，仍会面临不少挑战。2017 年随着中央推行作风建设和反腐倡廉力度日益加强、公务支出检查更为严格，8 月又推出了新一轮的禁酒，这对白酒消费，特别是高端白酒的销售产生了抑制作用。

再加上白酒行业规范管理存在滞后，有关法规政策和标准不够完善，虽然近两年没有出现什么大的事件，但是小事件仍时有发生，而国家有关政府部门和行业协会组织对这种小型事件处理欠佳，在消费者中产生较大的负面影响。

（三）国内市场竞争较大，国外市场又很难打入

中国人口老龄化提前，未富先老，人口出生率偏低，种种迹象表明，未来饮酒人口将大幅减少。若换算以饮酒人口基数不变，那也就意味着每年人均饮酒量将呈下降趋势，会远远低于现在的增长比例，但在这种前提之下，国内酒企数量仍还在不断增加，行业内的竞争也将越来越大。

从国外环境分析，首先国外消费者对白酒的使用习惯与国内的大不相同；其次，宜

宾市知名白酒企业较少，而其他企业又不愿意投资去大力宣传，引导国外消费需要。此外，还有贸易壁垒的因素，在 WTO 谈判时，我国将酒类产品作为普通消费品对待，国外却都将酒类产品作为特殊消费品对待，这就造成我国对国外酒敞开大门，相反我国的酒类产品进入国际市场却要受到种种限制和各种高额关税。从国内环境分析，首先，宜宾白酒被外人熟知的除了几家知名企业外，几乎没有其他酒企，所以走出去的有效机制和社会氛围相对缺乏；其次，中小企业缺乏挑战国际市场的战略眼光和缜密部署；最后由于国内持续不断的竞争，酒企首先需要考虑的是国内的竞争，这就使得白酒企业不能花费更多的精力用于开拓和研究海外市场。

（四）邻近地区对宜宾酒都的威胁，不同层次产品产量不合理

宜宾白酒企业的个数每年都只有小幅增长，但是邻近的市县近年来有十几家甚至几十家的增长，发展势头迅速，这也是酒都宜宾的白酒产量在整个川酒产量中占额不大的原因之一。自从邻近市县提出加快发展本地酒业，提升自身酒业在川酒中的地位，提出建设中国白酒产业基地等一系列口号后，在当地政府的支持以及大企业的带领下，邻近市县建成了白酒集中工业园区，招商引资更是高达数百家。因此，产业集聚优势明显的一些市县在产量上、战略定位上都对宜宾白酒产业形成了很大威胁。

宜宾市白酒业中，一线大品牌并不多，主要还是以二线品牌为主，但是根据市场的需求，以及受白酒行业调整期影响，一些二线品牌的中高端和次高端价位还未培育起来，就半途夭折，产品结构只能以大众酒为主。同时，宜宾白酒业中还存在不同产品的产量不合理，这往往会表现在特殊时期内："一线品牌产量不够销售但是二线及以下品牌，产品则堆积严重，没有市场并存在着严重的市场窜货现象"。到 2016 年，大多数二线品牌的次高端产品的市场实际售价比出厂价低 70~80 元，中高端产品则因为价格原因基本退出市场。但由于二线品牌在市场培育多年，有一定的消费认知，特别是次高端产品，在当地次高端市场有一定的忠实消费群体，所以又不能完全放弃这块市场，就只能强行保留产品，消耗着自身的精力。这其实也是目前整个川酒，乃至全国各地其他二三线品牌面临的一个非常典型的销售困境。中高端和次高端产品有一定的知名度，但不能达到良好的经济收益，又存在大品牌的挤压、产品老化、倒挂现象严重，市场库存大等一系列问题，因此与市场形成一个尴尬的僵持局面。

（五）市场品类不均、过度依赖五粮液

宜宾白酒业近几年的高速发展，得益于高端白酒的"量价齐升"，受到良好市场的鼓励，五粮液集团为首的知名白酒企业纷纷推出高端白酒，它们成就了宜宾白酒的高利润和高营收，而占据消费基础最广的中低端白酒往往被忽视，这也造成了高中低端品类不均。

宜宾多粮浓香型白酒在四川以及全国都处于遥遥领先的地位，也是全国白酒销售收入、利润和出口量最大的城市之一，白酒业已经成为宜宾的支柱产业。但是事实上人们对宜宾白酒的了解几乎只停留在对五粮液集团的了解之上，对其他浓香型白酒企业知晓甚少，因此宜宾白酒产业想要进一步做大做强，需要各种类型的白酒，需要更多的酒企业更全面、均衡的发展。

（六）有销量，没利润

宜宾白酒目前面临着激烈的市场竞争，需要付出各方面的成本也很多，总体来说就是有销量没利润。虽然以五粮液为首的白酒行业都有一定的涨价行为，但并非意味着酒企利润的上涨。近几年，由于环保的提倡，白酒原材料、运输成本上涨，而人工以及生产储存，房地产的价格也不断上涨，导致了酒企通过涨价的方式来分担这些成本。因此这些涨价行为并没有为酒企获得多少实质性的利润。

另一方面，市场价上涨，收获利润更多的是经销商。酒企抬高价格本想把自己成本的上涨与鼓励经销商开拓市场的费用相结合。但是由于近两年网络消费的逐渐壮大，实体经济本身受到很大的打压，终端市场消费者不会为经销商开拓市场的费用埋单，所以很难接受过多的涨价行为，酒企就不得不牺牲自己应有的利润来刺激经销商去开拓市场。因此价格上涨带来的利润空间大多被经销商所收获。

（七）传统生产力的问题

科技是推动行业发展的根本力量，全球范围内很多行业都会运用科技力量来完成升级和转型，以现在的科技水平，白酒的产量应该远远超过目前水平。但是白酒行业却是一个特殊的例子，特别是宜宾白酒主打的浓香型更是一直宣传古老的方法和传统的工艺，许多大企业也借此来展示自己的优势，紧抱着传统技艺，不敢轻易将传统作业方式改为现代作业方式。而事实上在白酒行业中，一些正在发展的科技应用正是为传统技艺和古老方法服务的，或者说运用科技使传统技艺和古老方法提升到一个更高的水平。但从中国酒业协会实施的一系列计划来看，推动白酒行业机械化、信息化、智能化的发展，遇到的阻力是极大的。目前五粮液集团等超大型企业尚不能完善机械化生产，更别说一些中小企业。

现代消费者更注重产品的品质。过去，消费者对于那种前店后坊所生产出来的产品的品质并不怀疑，甚至有些传统技艺还称得上民族瑰宝。但是时代在变化，这种瑰宝也需要科学进步。现代人的生活越来越好，对健康的追求越来越高，传统技艺生产出来的白酒还存在一个品质安全与品质标准的问题，因此，随着人民生活水平的不断改善，大众对白酒的品质以及安全和卫生标准有了更高的要求。

（八）挤压式竞争对手反弹，经销商库存压力大

白酒进入同质化和白热化的今天，抢占渠道终端资源对竞争形成挤压的同时，竞争对手会以同样的手段形成阻击，营销手段趋同。因此，怎样维持本地以及外地市场丰硕的成果，形成长期与竞争对手的阵地战，是一个值得思考的问题。以宜宾叙府酒业为例，其本身也是除五粮液以外的知名地产酒企，但是近年来却鲜有被外地人所了解，这一现象应该引起重视。一些小品牌更是在涨价的潮流中不得不最大化使用买一送一，买多少送多少的营销方式，力度之大可想而知。当然确实也起到一定效果，但是这种拼资源的方式，同样会面临自身及竞争对手的扼杀，难以持续性增长。与此同时，白酒企业挤压式增长容易导致对现有经销商库存形成积压。本来就有囤货，但又出现了新的产品，不得不重新进货，导致产品越积越多，让经销商苦不堪言。"这种虚拟式的增长，需要时时警惕。白酒企业需要保持经销商的合理库存，既稳定着产品的价格体系，也稳定着产品的生命周期，从而确保宜宾白酒产业合理、长期、健康的发展"。

江苏宿迁产区白酒产业发展报告

周新虎　刁亚琴　张海燕

白酒产业是宿迁市的传统产业和特色优势产业，对促进国民经济和社会发展贡献巨大。发展白酒产业有利于优化宿迁产业经济结构，实现经济提质增效，是宿迁实现更大突破的重要支撑。

一、产区特色优势综述

宿迁市，位于沿东陇海线经济带、沿海经济带、沿江经济带、淮海经济区核心区交叉辐射区。宿迁历史悠久、文化繁荣，古称下相、宿豫，是西楚霸王项羽的故乡，京杭大运河穿境而过，北倚骆马湖，南临洪泽湖。宿迁自古便有"北望齐鲁南接江淮，居两水（即黄河、长江）中道、扼二京（即北京、南京）咽喉"之称。乾隆六下江南五次驻跸于此，赞叹宿迁为"第一江山春好处"。中国大运河宿迁段（京杭大运河及乾隆行宫遗产点）入选世界遗产名录。先后获批"全国文明城市""中国城市效益竞争力十强""苏商投资中国首选城市""台商投资值得推荐城市""中国优秀旅游城市"，获批首批"国家社会信用体系建设示范城市"，被联合国规划署授予"环保节能新型示范城市"。

宿迁拥有数千年酿酒史，是白酒起源较早的地区之一，坐拥"三河两湖一湿地"，与苏格兰威士忌产区、法国干邑产区齐名，世界三大湿地名酒产区，拥有江苏省非物质文化遗产洋河酒传统酿造技艺，是国家浓香型白酒主产区。相传谷神后稷来此教人耕种，先民们酿酒为其祛湿解乏，其技艺在宿迁得以传承。洋河酒在唐代已负盛名，明清时期更是酒坊林立佳酿名满天下。康熙皇帝五次南巡、回銮，皆驻跸洋河；雍正年间，洋河酒被列为皇家贡酒；乾隆皇帝第二次南巡，留住宿迁七日，品洋河酒，龙颜大悦，写下"洋河大曲，酒味香醇，真佳酒也"。洋河地下酒窖见证了洋河酒的辉煌历史，酒窖中最古老部分建于乾隆年间，距今已有200多年；2011年，地下酒窖入选江苏省重点文物保护单位。双沟酒因"下草湾人""醉猿化石"的发现，被誉为是中国最具天然酿酒环境与自然酒起源的地方，历史可上溯到西周早期至春秋时期的古徐国。

宿迁地处暖温带和亚热带的分界区，属暖温带季风性气候，水源、土壤、空气尤其是酿酒微生菌群生态环境是酿酒的"风水宝地"。俗话说："名酒产地，必有佳泉"。洋河大曲，取益于清凉甘甜的洋河"美人泉"水，具有"甜、绵、软、净、香"的独特风格。宿迁的佳泉除了美人泉还有泗洪双沟酒厂淮河水、高沟酒厂的天泉、宿迁马陵山下的凤凰泉等。

二、2017 年产区酒类行业发展特征分析

(一) 创新能力不断提高

2017 年,宿迁市白酒产业拥有专利 235 件,其中发明专利 23 件。目前全市白酒企业建有省市级各类企业研发机构 10 余家,其中江苏洋河酒厂股份有限公司建有江苏省(洋河)酿酒技术研究院、国家级博士后科研工作站等研发机构,宿迁市洋河镇古窖酒厂建有省企业院士工作站。国家白酒产品质量监督检验中心于 2009 年 11 月 11 日获批,在江苏省白酒产品质量监督检验中心基础上筹建,拥有检测实验用房 15000 平方米,现有检测产品 118 个,覆盖全部白酒类产品。为进一步推动白酒产业提档升级,宿迁市与江南大学共建了宿迁市江南大学产业技术研究院,重点为宿迁白酒企业提供技术创新和成果转化服务。

(二) 品牌建设成绩突出

宿迁市积极鼓励企业不断提升产品品质,打造自主品牌,扩大企业知名度,走可持续发展道路。全市白酒产业拥有"洋河""双沟"2 个中华老字号,"洋河""双沟""蓝色经典""双沟珍宝坊""梦之蓝""蘇"6 个中国驰名商标。"蓝色经典"等 9 个白酒产品被长江三角洲地区(城市)食品(工业)协会联席会认定为"长江三角洲名优食品"。2018 年 1 月,国家质检总局向社会公示了第三届中国质量奖及提名奖建议名单,洋河股份凭"梦九跨越"管理模式入围,实现了宿迁市在该奖项上零的突破。

(三) 文化内涵不断深化

宿迁市高度重视酒文化的传承和发展专门成立了"中国酒都"文化建设和产业发展工作领导小组办公室、酒文化研究策划组、产业发展组、旅游发展组、新闻宣传组等"一办五组"。积极支持洋河酿酒技艺申报江苏省非物质遗产名录、地下酒窖申报江苏省重点文物保护单位。2017 年,宿迁市在洋河举办封藏大典,向社会各界展现白酒传统酿造工艺的魅力。宿迁市以酒文化旅游为品牌,发展白酒品鉴古镇观光、健康养生、生态休闲等特色项目,举办"绵柔情、酒都行"自行车骑游、"美味洋河、酒都盛宴"洋河美食节等特色旅游节庆活动,洋河、双沟酒文化旅游区先后创成国家 4A 级景区,洋河酒厂泗阳生产基地获批省工业旅游点。

(四) 市场开拓态势强劲

早在 1992 年美国纽约酒类国际博览会上,宿迁市洋河大曲便夺得"国际金奖"。近年来,以苏酒集团为代表的宿迁酒企市场开拓步伐加速,梦之蓝在 APEC 会议、G20 峰会、世界杯帆船赛等国内外重大事件中频频亮相。为了助推洋河国际化战略,宿迁市为洋河签发了宿迁首份中国新西兰自贸协定原产地证书,洋河产品可以零关税进入新西兰。洋河酒厂加大市场营销力打造时代新国酒仅梦之蓝品牌在 2017 上半年销售增速达 40%、下半年达 70%,其中线上销售 2017 年增长 300%。同时,积极开拓营销新模式,洋河开发掌上购酒平台"洋河 1 号",目前,已覆盖全国 23 个省、102 个市,线上会员近 300 万人。

（五）人才建设成果显著

宿迁市洋河拥有行业最多的中国白酒专业委员会专家组专家2名、中国白酒大师10名、中国首席评酒师3名、中国酿酒大师1名。目前，洋河的专业品酒师已达千人，在全国同行业中最多；品酒师中等级最高的国家级品酒师，全国约200位，洋河占26位，超过十分之一；除此以外，洋河还有省级品酒大师69名。宿迁市积极引导白酒企业发扬工匠精神，2017年初上市的"梦之蓝手工班"就是宿迁市洋河手工班师傅们经过层层手工工序和时间打造的又一款高端新产品。为了培育和保护宿迁市白酒产业自主知识产权，近年将宿迁市先后为白酒企业开展知识产权保护专题培训、知识产权工程师培训、企业知识产权总裁培训等各类人才培训，培养白酒产业知识产权人员超100人次、知识产权工程师8人、企业知识产权总裁和总监5人。

（六）质量安全健康有序

一方面，宿迁市通过食品安全教育培训，鼓励和引导白酒企业开展产品质量认证、质量标准化体系建设和食品诚信管理体系建设，加强对产品质量的把控；另一方面，通过部门联动、专项整治、严格准入、主动帮扶、加强监督检验和巡查、探索风险监测、严厉处罚等模式，形成监管的高压态势，切实从生产源头加强监管，严守食品安全底线，确保宿迁市白酒产品的质量安全。市政府从2012年起就成立了全市打击侵犯酒类知识产权工作领导小组，组织对侵犯酒类知识产权违法犯罪活动进行高密度、高频率打击。2017年，宿迁市破获侵犯酒类知识产权案件15起，捣毁制假窝点38个，查获各类假冒酒类伪劣产品1.1万余件。

（七）政策支持完善配套

宿迁市出台系列政策，推动白酒产业供给侧改革，力促白酒企业降低成本。市财政每年安排市级酒业发展资金2000万元，用于涉及酒类企业的补助和奖励，重点支持酒业园区建设、技术研发、窖池扩建、人才开发和品牌创建。2017年安排宿迁市酒文化营建规划项目规划经费60万元。支持包装和物流等产业发展，鼓励企业应用先进技术降低物流成本，对洋河酒厂和双沟酒业老字号创新发展项目、智能化包装物流智能配送车间项目、一站式在线购物平台项目等进行奖补。据测算，酒厂每年因此节约物流成本千万元以上。

三、产区发展存在的问题

虽然宿迁市白酒产业持续发展，"十二五"期间不断取得进步，但同时一些制约白酒产业快速发展的问题也值得关注，主要表现在行业发展不均衡、创新研发能力相对薄弱、人才建设有待加强、企业承担的税负压力较大，发展缺乏后劲等。

（一）激烈的酒类市场竞争

近年来国内其他省区白酒行业也呈现出高速发展的态势，白酒行业产能过剩，地方保护主义与地区封锁依然存在，理性饮酒的消费观念也在逐步缩小白酒企业的市场空间。行业竞争全面激化、行业格局逐渐形成。白酒市场全面进入挤压式竞争时代，市场竞争更加激化，而在竞争动荡的态势中，无论是高端产品、次高端产品，还是中低价位产品，每个价位段都有了代表性品牌，白酒行业的发展态势和竞争格局正在逐步形成，并将在未来的市场竞争中得到进一步强化和固化。

（二）行业秩序有待规范

宿迁市民营白酒生产企业分布较散乱，生产工艺流程、卫生条件、产品质量等参差不齐，酒类企业生产经营秩序仍需整顿。品牌与质量意识淡薄、酒类市场混乱、市场竞争力不高，抗风险能力差，进而形成各自为战的恶性竞争。

（三）中小企业面临挑战

宿迁除了21家规模以上白酒生产企业，还有很多白酒生产民营中小企业，企业生产规模较小，产品档次较低，品牌知名度不高，发展后劲不足。一方面随着法制环境的健全和完善，中小企业的生存成本越来越高；另一方面，随着品牌消费意识的提高和加强，中小企业的生存空间越来越小，行业并购与扩张将成为趋势，大型名酒企业对中小企业的并购步伐会进一步加快。此外，未来原辅材料价格的持续上行，将会在一定程度上增加企业的运营成本。

（四）国家产业政策限制

国家产业目录中，白酒是限制发展的产业，对白酒的发展设置了许多限制条件。2011年6月1日起施行的《产业结构调整指导目录（2011年版）》中将白酒生产线、酒精生产线等列入限制类目录。白酒企业税费负担较重，而且因为涉及食品安全问题，白酒行业是政府重点监控的行业之一。

四、促进产业发展的对策

（一）加强白酒质量安全监管力度

一是加强白酒生产过程监管，建立健全质量安全管理体系，引导白酒企业开展质量安全追溯体系建设，加强宿迁市食品产业从原料采购、生产经营到包装、运输、储存的全过程企业质量安全管理体系建设。二是在白酒行业全面推进食品工业企业诚信管理体系建设，建立健全白酒企业诚信不良记录收集、管理和通报制度。三是保护白酒产品知识产权，严厉打击制假售假行为，维护白酒企业的合法生产经营和市场秩序。

（二）支持白酒企业梯度发展

鼓励宿迁市白酒企业通过收购兼并、合资合作、交叉持股、引进战略投资等方式做大做强，充分发挥苏酒集团的龙头引领作用，培育白酒"小巨人"企业。推进乾隆江南、御珍等白酒名企品牌建设、市场开拓、创新驱动、技术改造，通过差异化竞争赢得市场占有率。促进白酒小微企业加快资源整合、提档升级，通过特色化、个性化发展赢得市场空间。

（三）实施白酒"三品"战略

充分发挥洋河新区"全国绵柔型白酒产业知名品牌创建示范区"建设对宿迁市白酒产业的引导推动作用，完善支持酒类品牌建设的培育政策和措施，重点扶持示范区白酒企业培育一批全国和区域性畅销的高中档品牌，增加名特优酒比例，进一步提升产品高端化。引导白酒企业深度挖掘用户需求，适应和引领消费升级趋势，在产品开发、外观设计、产品包装、市场营销等方面加强创新,增加中高端白酒产品供给。突出标准化建设,构建宿迁名优白酒标准化体系,推进质量检验检测和认证。巩固苏酒集团在国内白酒行业的领先地位,支持苏酒集团拓展国际市场,扩大品牌国际知名度。加大"洋河酒""双沟酒"地理标志的宣传推广力度,扩大"中国(宿迁)白酒之都",整体品牌的影响力。

(四)建设中国白酒文化高地

深入挖掘酒文化,组织开展酒文化为主题的文化活动,指导苏酒集团做好酒文化遗产的保护和宣传工作。以酒文化为主题,以洋河、双沟2个国家4A级旅游景区为依托,开发旅游产品和路线。围绕产城融合、酒都文化提升城市品位和内涵,深入组织开展宿迁中心城市、洋河、双沟镇风貌规划设计。研究制定酒都文化宣传方案,在各级媒体对酒都文化进行全方位、多角度宣传,全面打响宿迁"酒都"文化品牌,在全社会组织酒文化作品创作,开展国内外酒文化交流活动,打造具有宿迁特色的酒文化。

四川泸州产区白酒产业发展报告

郭丹

"酒城"泸州,自汉代以来,酿酒、饮酒就很盛行,到宋代已经是"江阳酒有余"了。那时,泸州是全国商税最高的26个城市之一,其中酒税即占整个商税的33.6%,成为举足轻重的经济支柱。到了明代,"江阳酒熟花如锦",醇香浓郁的泸州大曲酒便问世了。进入21世纪,泸州白酒制造业也伴随着中国白酒行业的发展跌宕起伏,先是迎来了十年的黄金时期,随后又受国家宏观经济政策、产业政策、产品市场、企业抗风险能力等因素的影响,特别是受"塑化剂"风波和限制"三公消费"等因素的影响,进入了四年的深度调整期。自2016年白酒行业又开始发出回暖信号,泸州白酒行业也开始迈入复苏期。

一、泸州酒业市场现状及特点

2016年,泸州规模以上酒类企业达153家,其中江阳区22家、龙马潭区42家、纳溪区17家、泸县45家、合江县15家、叙永县3家、古蔺县8家。而其中酒类制造业代表主要以泸州老窖、郎酒为主。

从2016年起,泸州市规模以上酒业增加值增速保持10%以上。2016年,全市完成白酒产量148.8万千升、增长12.3%,实现主营业务收入793.3亿元、增长10.7%,占全省的36.5%、全国的12.9%;全市实现利润总额70.0亿元、增长14.3%,占全省的33.1%、全国的8.8%。据最新数据显示,2017年三季度,全市白酒主营业务收入622.8亿元、增长18.1%;利润总额67.3亿元、增长40.2%。到2020年,全市白酒产业工业增加值预计突破500亿元,主营业务收入将突破1000亿元,利税总额突破250亿元,泸酒在全省市场的占有率将超过50%,在全国市场的占有率达到20%左右。

在2017年,泸州白酒行业复苏情况下,其呈现的主要特点为:
(1) 泸州酒类制造业作为传统产业拉动全市经济作用强劲。

泸州的四大传统产业分别是:酒类制造业、能源行业、化工产业、机械行业(图1,表1)。

表1 四大传统产业增加值同比增长率表

	1~3月	1~6月	1~9月	1~12月
酒类制造业	14.5%	14.3%	13.9%	14.7%
能源行业	-4.2%	-3.1%	-0.3%	1.8%
化工行业	7.8%	14.1%	15.5%	12.9%
机械行业	15.4%	10%	8.9%	8.5%

(数据来源:泸州市统计局)

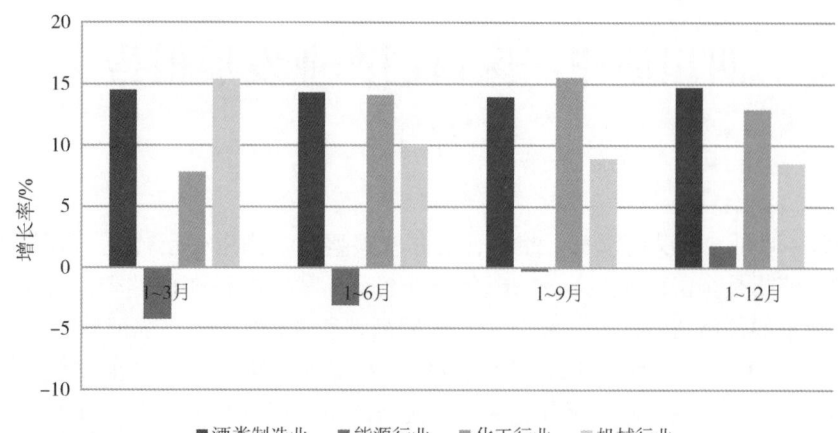

图 1 四大传统产业增加值同比增长率

2017 年第一季度,全市四大传统产业增加值同比增长 13.1%,其中,酒类制造业同比增长 14.3%,仅次于机械行业增长率 15.4%;到 2017 年上半年(1~6 月),泸州四大传统产业增加值同比增长 12.9%,增速高于规模以上工业 1.6 个百分点。其中,酒类制造业增长 14.3%,超过机械行业增长率 14.1%。整个上半年四大传统产业对泸州工业的贡献率高达 89.1%,可见四大传统产业是泸州工业经济的主要拉动力。

三季度(1~9 月),全市四大传统产业增加值同比增长 12.7%,其中,酒类制造业增长 13.9%,拉动规模以上工业增长 8.3 个百分点;1~8 月,规模以上工业实现利润总额 83.1 亿元,同比增长 34.5%;其中,四大传统产业(酒业、机械、化工、能源)实现利润总额 65.7 亿元,增长 37%;酒业实现利润 58.7 亿元,增长 34.9%;化工行业扭转 2016 年亏损状态,实现利润总额 2.8 亿元。

从全年来看,泸州市四大传统产业增加值比上年增长 12.9%。其中,酒类制造业比上年增长 14.7%,为四大传统产业增长比首位,其次为化工行业增长 12.9%。1~11 月份,4 个行业合计新增利润 15.3 亿元,对全部规模以上工业企业利润增长的贡献率为 87.3%。因此,泸州酒类制造业不仅作为传统产业,更保持其支柱产业的地位,继续为全市经济起着强劲的贡献作用。

(2)泸州酒类制造业"量价提升"拉动销售业绩增长效果明显。

2017 年,是高端白酒市场繁荣的一年。随着茅台、五粮液的先后涨价,泸州老窖、郎酒也紧跟着调整价格,甚至连续多次提价。以泸州老窖为例:在 2017 年 3 月份春糖期间,泸州老窖宣布国窖 1573 出厂价为 680 元。随着高档白酒市场回暖,泸州老窖于 2017 年 7 月宣布上调国窖 1573 出厂价,其中,52 度 500mL 经典装计划内配额出厂价为 740 元,计划外 810 元。之后又于 10 月,泸州老窖建议国窖 1573 的零售价从 899 元上涨至 969 元每瓶。

泸州老窖股份有限公司(以下简称"泸州老窖")发布的 2017 年半年报显示,该公司上半年实现营业收入 51.16 亿元,同比增长 19.41%,实现归属于上市公司股东的净利润 14.67 亿元,同比增长 32.73%。泸州老窖上半年营收、净利实现双指标增长。但随着白酒旺季即将来临,泸州老窖中低端白酒业务增长却放缓,泸州老窖主要以高档酒对整体业绩实现强势带动作用。公告数据显示,泸州老窖高档酒类营收 24.78 亿元,比上年同期增长 45.4%;中档酒营收 12.19 亿元,比上年同期增长 1.08%;低档酒营收 12.92 亿元,比上年同期增长 3.98%。

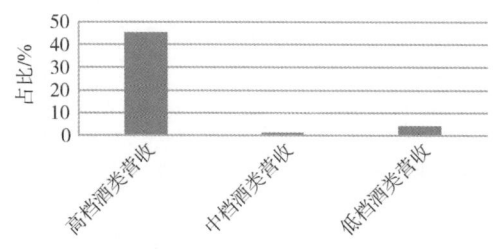

图 2　泸州老窖酒类营收同期增长占比

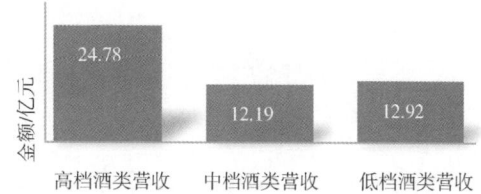

图 3　泸州老窖酒类营收

由此可见,泸州老窖高端白酒的营收是中、低档酒类营收的一倍左右,并且其同期增长率远高于中、低档酒类产品同期增长率。不仅泸州老窖呈现出其主要业绩增长由高档酒类带动,而中、低档酒类产品销售增长并不明显的特点。郎酒以及整个泸州市场也呈现出高端品牌不断地扩张,占有市场份额,而中、低端白酒品牌价格及销售量增长率并未特别显现的现象。

(3)进行产品重构,由品牌众多向主要单品上聚焦,开启推进品牌驱动增长方式的进程。

在 2012 年白酒市场遇冷后,很多企业寻求发展,开发中档及低端白酒产品,进行多元化的产品结构调整,以求适应不同的消费需求,提高市场占有率。而 2017 年,泸州主流酒企在发展中,一改往日的多样化产品生产和销售的策略,转为由众多产品向主要单品聚焦的模式。例如,泸州老窖主要聚焦国窖 1573、窖龄酒、特曲、头曲以及二曲这五个单品;郎酒明确了集中资源和力量打造青花郎、红花郎、郎牌特曲以及小郎酒四大单品的战略。这一系列的举动,表明了泸州酒类制造业正在进行产品重构。通过品牌聚焦和产品的瘦身,能有效聚合营销资源,高度聚焦打造超级大单品,突破产品拉动的发展模式瓶颈,加速建设品牌驱动的市场长效运行机制。从郎酒一树三花成型,泸州老窖"浓香国酒"、重回前三的战略规划,都预示着泸州主流酒企内部的战略调整已经基本完毕,标志着泸州酒类制造业转向强力推进品牌驱动增长方式的进程。

(4)紧盯"一带一路"泸州白酒国际化进程持续升温。

2017 年泸州市共出口白酒 708.9 万美元,与 2013 年相比,货值增长 226.2%。从 2014 年起,白酒出口货值连续四年同比分别增长 38.4%、24%、47.2% 和 31.7%,连续四年实现大幅增长,产品输往美国、新加坡、韩国等 38 个国家和地区。

泸州市政府各部门根据泸州白酒出口的实际情况,多措并举,力促白酒出口持续稳定增长。泸州市相关部门积极搭建出口直通渠道,助力开拓国际市场。紧盯"一带一路"市场,积极组织企业参加四川"千企丝路行""万企出国门"、对俄出口推广会、

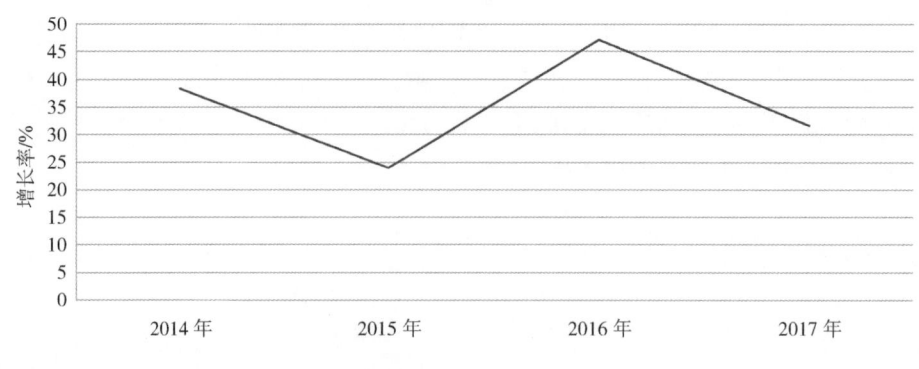

图4 泸州老酒出口货值同比增长率

"川港澳宣传周"推进活动签约仪式等，为企业搭建出口海外直通渠道，推动"泸"字牌白酒等品牌走出去。2017年，泸州市政府已帮扶辖区新备案企业玉蝉集团有限公司和四川国仁酒业股份有限公司实现首次出口白酒到韩国，也帮助了泸州白酒实现首次出口吉尔吉斯斯坦。与此同时，相关部门还狠抓产品质量、落实优惠政策、优化流程服务，尽可能的帮助辖区酒企白酒样品快速通关，助推企业开拓国际市场。

二、2017年泸州市白酒产业重要发展动向及战略布局

（1）打造全国第一白酒产区园区，推动白酒产业绿色发展，推广"中国白酒•泸州产区"区域品牌。

2016年8月，泸州市政府印发《泸州市加快建成千亿白酒产业的意见》（下称《意见》）坚持以中国白酒金三角酒业园区为核心引领，重点打造长江沿岸、赤水河谷、沱江沿岸三大白酒发展带，规划建设中国白酒金三角核心腹地"一核三带"。中国白酒金三角酒业园区前身为2006年成立的泸州酒业集中发展区。过去白酒园区的发展是从无到有，逐步形成规模化、产业化。而如今的中国白酒金三角酒业园区，占地7500亩，已形成基酒储存、包材印务、灌装生产、成品检验、仓储物流等完整的产业集群。泸州市白酒产业园区还希望通过5~10年的努力，打造出一个：①建成产业链条完整的专业园区。从单一的灌装、包材产业模式向包括酿酒的完整产业形态转变。恢复白酒传统属性，在水平整合的基础上，实行产业链垂直整合，形成结构层次合理、产业特色鲜明、集群竞争优势明显、功能布局优化的白酒专业园区。②从二产业为主向一、二、三产业联动的全产业链转变。一产即农业板块，主要由原粮种植、绿色生态农业、酒庄所组成；二产包括现状工业板块、在建窖池板块、浓香清香拓展区板块；三产为酒城酒镇板块，包括创新研发、文化旅游、会展博览、城镇建设等。③从生产组织型园区向管理服务型园区转变。主要是完善园区管委会功能，做实园区公司，更好地为园区企业服务，为产业发展服务。

（2）泸州已开启养生酒范畴，提前布局酒业大健康战略。

随着近几年消费者对自身健康和健康饮酒等方面越来越重视，养生酒势必会成为一

个消费方向。因此各大名酒企业都在向健康、养生白酒板块倾斜。茅台成立了健康酒公司、五粮液保健酒公司出品了贵泓国莾酒,洋河也推出了双沟莅清酒,作为泸州酒类制造业的代表"泸州老窖"已率先在这一板块进行布局,为泸州酒业提前开启酒业大健康战略。

泸州老窖不仅是最早开始酿造养生酒的名酒企之一,也是率先在行业内提出"养生酒"概念的企业。早在2013年,泸州老窖就成立了泸州老窖养生酒业。如果说2016年属于老窖在健康酒方面的探索,那么2017年或可以理解为老窖正式吹响了进军大健康领域的号角。到2017年,泸州老窖养生酒已推出泸州老窖滋补大曲、泸州老窖红曲、泸州老窖玫瑰、泸州老窖玛咖、绿豆大曲等多个系列的养生酒,并且还隆重举办了泸州老窖健康养生酒2017战略发布会,让老窖在进军健康白酒的道路上持续加速。在提倡健康白酒的趋势下,泸州老窖养生酒公司已经为泸州酒企作表率,引领泸州酒企主动适应中国阶层分化、消费升级的需求,把传统白酒与健康产业融合发展,开创中国白酒的养生时代,让大健康产业迅速成长为跨越发展生力军和绿色增长极。

(3) 组建泸州第三大酒业集团,形成泸州老窖、郎酒、川酒集团三足鼎立、齐头并进的发展格局。

2017年6月经省委、省政府同意,由泸州市政府与四川省商投集团共同出资组建的大型综合性产业集团——四川省酒业集团注册成立。企业注册地在泸州,泸州市人民政府占股93%。该集团将在泸州形成"第三酒企",与泸州老窖、郎酒三足鼎立、齐头并进,力争通过5~10年时间发展成为规模超千亿的综合性企业集团。泸州有着泸州老窖及郎酒两大品牌,还拥有超百家中小型酒企。随着酒业进入深度调整期,很多中小酒类企业的情况并不容乐观。

川酒集团的建立,通过搭建共享平台,将有力促进中小酒类企业整合资源、让企业降低成本、抱团发展,打造泸州酒业第三极。与此同时,川酒集团有国有企业的优势和较为雄厚的资本,中小酒类企业也可以借势借力,加快自身发展,从而推动泸州酒业大发展。

(4) 启动酒类溯源体系建设,彰显对酒类质量的重视,打造泸州诚信品牌。

在省市政府的大力支持下,2016年泸州市江阳区政府率先与中国产品质量追溯系统网络平台签署战略合作,这也表明质量追溯体系建设工作开始在泸州启动,借此使全市产品实现来源可查、去向可追、质量可控。随后,泸州老窖股份有限公司、四川郎酒集团有限责任公司、泸天化股份有限公司等200多家泸州优秀企业与中国产品质量追溯系统网络平台签订了入网协议。启动质量追溯体系建设,是泸州市运用创新科技进行产品质量溯源和源头质量控制的有效途径,体现了泸州市高度重视质量工作。因此,泸州酒业加入中国产品质量追溯系统网络平台,将助推泸州酒类制造的健康发展,让泸州酒类制造业更加重视质量,打响泸州产好酒的名号,更好地走出泸州,打造泸州诚信品牌。

三、泸州白酒产业发展现状思考

2017年,白酒市场价格涨、销量涨、品质涨,经过了数年蛰伏,白酒行业终于迎来了正向发展，行业"复苏"的呼声此起彼伏。但在涨价、繁荣的背后，却仍有很多新出现的或历史遗留的问题。

（1）驱动白酒价格上涨的动力不是以提升企业技术、品牌来支撑。

涨价是贯穿于2017年白酒行业的关键词。这是否能说明白酒产品对消费者来说已经供不应求？白酒产业终于真正回暖复苏？

对于涨价的原因：从主观上来说，这次涨价的主要推动力是基于财富积累和人口结构的变化，主要是商品与服务的品质升级，是从衣、食消费向住、行、康、乐、教等消费品类升级。因此食品饮料板块中的高端和次高端白酒最为受益。在消费升级的大背景下，就消费者而言，会愿意为了更好的产品而多掏一定的钱，而酒企也乐于拉大白酒的附加价值；从客观上来说，很多酒企们都指向了受环保政策影响，白酒包装材料价格疯涨，导致酒企原材料成本上涨，故而提价。与此同时，有的酒企故意涨价，为了更好地"占位"，在酒行业回暖时不想掉队。还有一些产品的涨价是因为市场竞争激烈，为了给渠道商足够的利润让他们卖酒，酒企不得不涨价。

就目前而言，白酒涨价的原因有很多，主要推手既有消费升级，原料、动力、人工等成本上升的因素，更有品牌占位的考量，甚至有弯道超车的谋略，但都不是以酒企业的技术提升或者品牌升级所带来的价格上涨，利润增多。因此，如果企业不考虑自身的特点、不把握市场变动的规律、不顾及长远发展的要求，盲目跟风涨价或大幅任性提价都将埋下风险的种子。并且在未来，不以产品升级去支撑的产品价格上涨能否稳得住，有待考验。

（2）泸州酒企数量多，但少有自主品牌，缺乏竞争力，不少企业出现运营危机。

在消费升级之下，消费者品牌意识加强，因此高端白酒要不断巩固自身品牌形象，中低端酒企也要加快整改步伐，发展个性化、功能性的产品，区域企业发展地方性名酒，才能让市场保持持续回暖。

但现实情况是，泸州有规模以上白酒企业153家，中小酒类成长培育工程企业（重点企业）31家，除了大企业外，更多的中小企业依旧处于酒业调整期内，甚至有不少企业出现了运营危机。

一方面，从品牌角度看，泸州白酒品牌化发展路径还未成体系，很多酒企业都没有自主品牌，尤其是大量的小企业靠原酒支撑。很多小酒企的自主品牌无论怎么花力气开拓市场都难以获得消费者的认可，消费者只认大酒企品牌。因此，小酒企想要生存下去，就不得不考虑到泸州老窖贴牌生产。但从2016年起，泸州老窖已经对内宣布，除泸州老窖五大核心产品系列以外、凡带"泸州老窖"字样产品将彻底停产，并且2016年10月1日起，泸州市政府已经开始执行对泸州老窖的规范管理，规范的其中之一就是酒源酒体统一，即泸州老窖成立酒源酒体公司，按"同进同出"原则，所有产品必须从泸州老窖购买酒体。这将直接导致小酒企自身生产的产品不能再有"泸州老窖"字样，如果想继续经营贴牌产品，就要向泸州市政府缴纳更多的酒体购买税费，这导致成本增加，利润越来越薄，因此泸州中小酒企的生存空间越来越小。

另一方面，泸州原酒行业分散，产业集中度低，市场优势明显变弱，缺乏原酒行业标准，尚未形成品牌优势和核心竞争力；企业融资困难，一些原酒企业陷入生存困境；

原酒交易方式落后，无序竞争，缺乏自律等。这一系列的问题，对泸州原酒产业的发展产生了一定的负面影响。

（3）名酒市场、渠道下沉、品牌集中度越来越高，加速竞争。

总体而言，2017年，泸州老窖、郎酒的涨价潮吸引了行业内外的目光，但行业的复苏主要是在高端白酒身上，使得不少酒企再次加大布局千元产品，试图在千元俱乐部中抢占一席之地。而这种繁荣的背后，品牌集中度会越来越高，白酒行业的竞争也会更加残酷。

2017年，泸州老窖与郎酒的战略清晰，都将过去以品牌导向转型为"品牌+终端"导向。但泸州二三线企业表现却不容乐观，主要体现在对未来趋势的认知不清晰，战略导向不明确，同时产品和营销创新不足。因此，当高端品牌不断地扩张、渠道下沉，必然会挤压其他酒企的市场份额，这导致中低端酒企发展艰难，生存压力剧增，或将助推同业并购，改写区域品牌竞争格局，白酒行业的品牌集中度和分化现象将越来越明显。

（4）办理生产许可证的新规定提高门槛，办理困难，并且有些企业产品面临降级风险。

按省、市质监部门新规定，酒企办理生产许可证，必须要生产窖池30口以上，其产品才能被认定为固态酒，否则，产品将认定为液态酒。但是，在泸州酒业里，很多作坊式酒厂，多以家庭人员为单位，往往以几个几十年的窖池为资本，办理了酒业牌照，在条件不足的情况下办起了加工生产厂。还有部分包装酒生产企业是采取购买原酒进行勾调，再销售的模式，所以企业本身并没有真正的窖池，但他们销售的却是实实在在的固态酒。因此如果按照生产许可证的新规定，这些企业的产品将会被降级，但在降级后又与实际销售的是固态酒不相符。

办理生产许可证还有较多的技术难题：①没有明确的法律、法规规定什么样的标准及规模才准新建酒厂，很多酒企业家对于准入门槛的标准感到模糊不清；②办理程序复杂，并且存在重复检查；③在办理生产许可证前，需要经信委出具产业确认函，但是很多企业在泸州本地注册，发展和生产却在异地，因此经信委无法出具产业确认函，从而影响了企业办理生产许可证。

（5）目前想打开时尚化、年轻化市场的道路略狭窄。

随着"80后、90后"成为消费主力，白酒的发展趋势也呈现出适应年轻化的特征。近几年，泸州白酒产业也在积极探索白酒时尚化、年轻化的发展道路，例如，2017年8月，泸州老窖百调创新酒品全球品鉴之夜在香港中环兰桂坊举行，由泸州老窖战略打造的百调创新鸡尾酒正式面向全球发布。尽管泸州白酒行业在响应年轻化消费趋势践行酒品创新，但相关调查结果表示，在年轻人中，葡萄酒对白酒的替代作用已很明显。80、90后对传统意义上的白酒接受度较低，尚未培养出饮用白酒的消费习惯，"白酒辣口"成为年轻人的"雷区"。因此，相比传统白酒来说，目前这块市场有些狭窄，消费者频次低、用量少、市场规模有限，所以要想打开时尚化、年轻化的市场，将会是一条漫长而曲折的道路。

山西吕梁产区白酒产业发展报告

张雪彬

一、吕梁酒业历史

地上文物看山西，中国酒魂在杏花。吕梁是一座有着悠久酿造史和酒文化史的城市，是全国最大的清香型白酒生产基地。汾阳市作为吕梁市核心白酒产区，也是著名的汾酒、竹叶青产地，以杏花村汾酒为代表的吕梁白酒，拥有 6000 年的酿造史、1500 年的成名史、800 年的蒸馏史和 300 年的品牌史，是中国酿酒史的缩影。自杏花村酿出中国第一瓶白酒，汾酒文化已逐渐演变成为白酒的根祖文化。1100 多年前，晚唐诗人杜牧的千古绝唱"借问酒家何处有？牧童遥指杏花村"更是让杏花村白酒名扬天下。

汾阳杏花村遗址中出土的小口尖底瓮，是人类最早的酿酒器具之一，印证了杏花村汾酒 6000 多年的历史传承；北齐年间，武成帝极力推荐汾清酒的史实被载入《二十四史》，成为名酒中的唯一；唐代，汾酒在固态发酵法的基础上直接加以蒸馏，成为最早的蒸馏白酒；明清时期，清香汾酒酿造工艺随晋商传播到全国各地，派生出了后来的浓香、酱香型等各种白酒；1707 年，汾酒成为康乾盛世第一次"诗坛大会"宴会用酒，成为唯一载入《四库全书》的白酒品牌，也是中国白酒中最早定名的品牌；1915 年，山西高粱汾酒在巴拿马万国博览会上一举获得最高奖——甲等大奖章，成为唯一获得甲等大奖章的白酒品牌，吕梁清香型白酒荣耀地走向了世界。

二、发展现状及特点

山西省吕梁市酿酒历史悠久，是全国最大的清香型白酒生产基地，白酒产业占吕梁 GDP 的 6%，是该市的支柱产业。目前，全市共有酿酒企业 72 户，有汾酒、竹叶青、杏花村、汾阳王等 4 个全国驰名商标，老白汾、玫瑰汾、金家、晋善晋美、老传统等 20 个山西省著名商标，产能 17 万吨，其中，规模以上企业 8 户，产能 10 万吨，白酒产量占到全省的 2/3 以上。2017 年，吕梁市被中国酒业协会授予"世界十大烈酒产区·吕梁产区"，成为吕梁白酒行业的"世界级"名片，为汾阳及吕梁白酒行业打造"世界级白酒重镇"，实现其清香天下、天下清香的目标迈出重要步伐。

近年来，汾阳市以杏花村汾酒历史文化为载体，以汾酒集团为依托，挖掘打造了杏花古镇、汾酒古作坊、汾酒博物馆等一大批旅游景区。在杏花村，白酒产业和小城镇建设相得益彰、互惠互利，2016 年 5 月经山西省政府批准在这里设立了杏花村经济技术开发区——山西省唯一以白酒为主导产业的开发区；2016 年 10 月，又入选了第一批中国特色小镇名单，汾阳市杏花村镇成为了全国首批 120 个特色小镇之一。

此外，目前吕梁和汾阳正全力打造杏花村经济技术开发区，规划面积 35.8 平方公里，总投资 300 亿元，近期投资 200 亿元。园区内正在打造的中汾酒城占地面积是平遥古城的 2 倍，古建面积是故宫的 6 倍，现有入园企业 96 户，拥有"汾酒""竹叶青""杏花村""汾阳王"4 个中国驰名商标和"汾杏"等 19 个山西省著名商标。开发区共分为北部生态体验区、中部生产旅游区和南部商务生活区三大部分。北部生态体验区，以水源养护、基地培植、观光采摘、休闲度假为核心内容；中部生产旅游区，传扬汾酒非遗传统工艺，建设 20 万吨白酒生产区、包装物流区、古村旅游区；南部商务生活区，布局湿地保护及文化教育、商务会展等区域。开发区坚持园区化承载、板块化发展、集群化推进，以市场为导向、以文化为灵魂、以生产为基础、以旅游为载体、以销售为核心，致力于做大做强汾酒，遵循"品牌共享，集中发展，统一管理，创优环境，多元投资"的 20 字指导方针，按照"统一规划设计，统一征用土地，统一品牌管理，统一原料保障，统一质量检测"的五个统一管理机制建设运营。到"十三五"末，开发区力争实现新增白酒产量 10 万吨，新增饲料产量 20 万吨，新增销售收入 200 亿元，新增利税 50 亿元，新增就业岗位 3 万个，带动相关产业产值 100 亿元。园区致力于打造集酿造、酒类营销、文化、旅游为一体，相关产业协调发展的产业聚集区，形成了企业集聚和品牌集群优势。

2017 年 9 月，由中国酒业协会和吕梁市人民政府主办，汾阳市人民政府和汾酒集团承办的 2017 山西（汾阳 杏花村）世界酒文化博览会举行。"清香邀来天下客，各国佳酿聚汾阳"，作为中国酒类行业展会唯一以酒文化为主题的国际展会，中国 17 大名酒企、全球 500 多家酒类行业企业代表，以及国内外专家学者、文化名家齐聚汾阳，共品醇香美酒、共赏白酒文化、共议酒业发展。

酒博会在吕梁汾阳举办，这是吕梁市在新形势下推进白酒产业发展、助推白酒产业升级的一项重大举措，是为汾酒系列品牌走向全国、走向世界搭建的一个重要的展示平台。

酒博会呈现出以下特点：一是展览内容丰富。酒博会主题为："相约汾阳，品味世界清香"。博览会上，展览了全世界范围内有特色的酒类产品，展示世界各地各具特色的酒文化，交流展示丰富多彩的酿造技艺，以及各种酒器具、饮酒文化等，同时，对外发布招商引资项目。二是论坛层次高端。酒博会期间，设置了高端论坛，省、市领导，以及相关专家学者、国内外客商代表出席盛会并参与讨论，探讨酿酒技艺传承发展的新观念，推动酒类产业发展的新举措，传播酒文化的新思路。三是参会客商广泛。为承办好本次盛会，博览会筹委会全力招商，广泛发邀，预计届时将有来自白酒产区的大型开发商，来自国内外的产业型企业参展参会。相信通过本次活动，以汾酒为代表的清香型白酒将进一步扩大其知名度和影响力，对加快汾阳及吕梁的白酒产业发展起到积极的推动作用。

三、吕梁市白酒企业发展的具体规划与举措

（一）实施规划纲领

2010 年 1 月，《全省食醋行业酿酒行业乳制品行业调整振兴实施方案》提出要培育

壮大白酒集群，进一步提高清香型白酒原酒产量，确保清香型白酒全国最大生产基地的地位。2013年4月，《山西省食品工业"十二五"规划》提出要加快推进省内白酒资源整合，集中力量推进杏花村酒业集中发展区建设，确保清香型白酒在国内白酒市场的品牌地位。2016年10月，山西省吕梁市白酒行业协会成立，为酒类行业交流信息、共享资源、集群发展、弘扬文化提供了一个新的交流平台。2017年1月，《山西省食品工业"十三五"规划》提出白酒行业注重发挥杏花村酒业集中发展区的示范效应和汾酒集团的带动作用，巩固提升汾酒等知名品牌地位。

（二）加快企业技术创新与升级改造

加快企业技术创新与升级改造。企业要秉承传统，弘扬匠心精神，做出质量无上限的产品；要坚持品牌战略，牢固树立品牌意识，在培育品牌、保护品牌上下工夫、做文章；要加强生产、销售管理，强化产品质量管控，努力拓宽销售渠道，不断提高市场信誉度和占有率；要坚持以市场为导向，延伸产业链条，积极发展相关产品，形成良好的产品体系，推动产业做强做大。同时要重视技术研发，提高产品质量，提升竞争力；要在产品研发上下工夫，加大品牌培育、技术创新力度，带动周边农民就业，促进企业做大做强。

（三）加强龙头带动与产业集聚

认真贯彻中央、省新发展理念，依托杏花村汾酒品牌和建成的中汾酒业园区，以龙头带动、产业集聚、品牌共享为主导，进一步完善白酒产业发展理念和思路，创新园区管理和发展模式，加快推进中汾酒业园区规模化、品牌化生产，大力支持地方中小白酒企业做大做强，扶持和发展一批地方白酒龙头企业，培育新的经济增长点和经济转型发展新动力；强化杏花村大区域化名酒产地概念，重点扶持创建一批地方名白酒品牌，构筑产业相互衔接、品牌错位互补的发展格局，加快延伸白酒产业链条。以建设清香型白酒基地为目标，依托汾酒和杏花村品牌优势，建设白酒产业集中发展园区，尽早把吕梁市定位为清香型白酒的主产区，把汾阳至杏花村汾酒大道沿线定位为清香型白酒的集中发展区。制定相关产业政策，引导全省白酒及相关产业向杏花村集聚，逐渐实现产业集聚、企业集群。

进一步优化营商环境，帮助企业解决发展中的难题，为企业健康发展创造良好的环境；把酒与文化产业结合起来，积极发展酿酒工业旅游和白酒文化旅游，建设中华名酒第一村——杏花村生态旅游产业园区，实现工旅、酒旅、文旅一体化发展；同时，充分发挥汾阳清香型白酒的质量优势、文化优势和历史优势，统一思想，凝心聚力，推动汾阳市和吕梁市白酒企业走出改革创新的新路。

（四）重点发展优势企业

把扶持汾酒发展、做强做大汾酒品牌作为示范工程予以重点扶持。在财政、税收、资金等政策上予以重点扶持，在用地指标上给予优先安排。将上缴各级的城市建设税用于园区建设，园区企业上缴的所得税给予适当返还。整顿和规范我市白酒市场秩序，以保护汾酒品牌为重点，强化打假队伍建设，从严打击假冒伪劣汾酒、假冒伪劣地方酒业品牌的行为，维护白酒品牌企业的合法权益，有力净化汾酒市场，不断把汾酒集团做大做强。

安徽亳州产区白酒产业发展报告

吴伟　程诚　肖印

一、亳州酒业历史

出土文物证明,早在 5000 多年前,亳州地区就已经出现了酿酒活动。建安元年(公元 196 年),曹操把家乡亳州出产的"九酝春酒"进献给了汉献帝刘协,并上奏《九酝酒法》,阐述了美酒的酿制方法。这是中国白酒作为贡品的最早文字记载,也是中国历史上有文字记载的最早的酿酒方法之一,古井贡酒也因此得名。宋代熙宁年间,亳州酒税达到十万贯以上。这说明宋代亳州已经成为全国驰名的酒都。宋代以后,酒政更为发达。

亳州历史上酿酒糟坊的代表,首推古井镇的公兴糟坊。公兴糟坊创始于明正德年间,是古井酒厂的前身。1958 年春,亳县张集乡第十一人民公社在公兴糟坊旧址办起减店酒厂。1959 年 4 月,安徽省轻工业厅拨款 10 万元,建成大曲酒车间、粮仓、酒库及破碎车间各一幢。7 月 21 日,亳县减店酒厂改为省营酒厂。10 月 16 日改为亳县古井酒厂。1987 年国庆期间,应中共中央办公厅人民大会堂管理局函请,古井贡酒成为国宴用酒。古井贡酒在 1963 年第二届评酒会、1979 年第三届评酒会、1984 年第四届评酒会、1989 年第五届也是最后一届评酒会上,蝉联名酒金奖。

二、发展现状及特点

亳州市地处中原,文化厚重,酿酒历史悠久,白酒产业作为亳州市的工业主导产业之一,始终是重要经济增长点,形成了以谯城区古井镇和涡阳县高炉镇两个白酒产业集群区。全市拥有白酒生产企业 135 家,年生产能力 14 万千升左右,拥有"古井""古井贡""高炉家""金坛子"等 4 个中国驰名商标,"金不换""店小二""难得糊涂"等 38 个省著名商标。古井镇还被省经信委授予"徽酒名镇"称号。2017 年,亳州市荣获"世界十大烈酒名产区"称号。

2015 年以来,在古井集团的龙头带动下,着力在加快白酒产业提升、提质上做文章,白酒产业初步企稳,呈现回升态势。2016 年,全市白酒产业累计实现产值 110 亿元,同比增长 13.6%;2017 年前十个月份,全市白酒产业累计实现产值 96.3 亿元,同比增长 16.2%。预计到 2020 年,亳州白酒产业规模将达到 300 亿元。初步实现"一百亿企业、两个聚集区、三百亿规模、四个中心"的产业发展"1234"总体目标。即,培育一个销售收入过百亿的全国白酒龙头企业;打造两个特色产业聚集区;基本建成全国具有较大影响力和知名度的白酒历史文化中心、白酒产业集聚中心、知名品牌运作中心和酿酒科技创新中心。

亳州作为国家级历史文化名城，在酿酒地域性资源丰富的同时，在窖池资源等方面具有先天优势，拥有古井贡酒明清窖池群以及魏井、宋井、明清作坊遗址及高炉家酒酿酒古窖池等"全国重点文物保护单位"，并有多项酿酒技艺入选"国家级非物质文化遗产"，古井贡酒是白酒行业中拥有国家级文物单位最多、体量最大、历史最悠久的企业之一。

亳州市一贯坚持质量强市，尤其作为亳州市白酒企业典型代表，古井主导和参与5项国家标准的制定，拥有地方标准20余项，被评为AAAA级标准化良好行为企业。古井的"135精益质量"管理模式，被国家工信部授予"全国工业企业质量标杆"称号，是质量管理方向中国白酒业唯一入选企业。

2008年10月，古井酒文化博览园被批准为国家AAAA级旅游景区，成为中国白酒第一家AAAA级景区。2010年3月18日，古井集团牵头成立亳州市酒文化研究会，推动和加强以古井贡酒为龙头的亳州酒的研究，大力推动酒文化研究事业的发展，加强对外交流与合作。研究会创办了《白酒学刊》杂志，并组织开展了相关酒文化学术讨论会、报告会、经验交流会等活动。

2013年5月3日，第七批全国重点文物保护单位名单公布，"古井贡酒酿造遗址"包括北魏古井、宋代古井、明清窖池群、明清酿酒遗址4个单体名列其中。古井贡酒成为中国白酒行业国家级文物最多、体量最大、历史最为悠久的企业。

同时，亳州市白酒产业已构建起多元化经营的格局，塑造白酒养生文化名城和企业新貌，"白酒业+酒店业+工业旅游"等为一体的产业多元化经营的格局已初具雏形。中华酒谷，是古井文旅平台的经营定位。文旅平台规划建设古井质量科技园、酒神广场、张集生态酿造基地、古井贡酒酿造遗址公园、古井乐酒家园及特色美酒小镇，精心打造中国白酒博物馆、中国白酒科普馆、中国白酒艺术馆，落地中原乡土文化，弘扬中国酒文化，发展体验式消费和快乐游购服务。

三、亳州市白酒企业发展的具体规划与举措

（一）实施规划引领

2009年，市政府制定出台了《亳州市白酒产业调整和振兴规划》，成立亳州市白酒产业调整和振兴工作领导小组，由市政府主要负责人任组长，市经委、市商务局、市质监局、市工商局等部门主要负责人为成员。成立白酒产业行业协会、白酒产业专家咨询委员会，充分发挥专家在制定产业发展规划和重大项目投资等方面的评估、论证、咨询和推介作用，就制定配套扶持政策、解决我市白酒产业发展中的重大问题提供科学决策依据。2013年工信部赛迪研究院编制了《亳州市白酒产业发展战略研究》（2013—2017年）。分析了国内外白酒产业发展现状与发展趋势以及我市白酒行业现状及存在问题，明确了下一步我市白酒产业的发展重点与主要任务。2016年制定了《亳州市工业和信息化发展"十三五"规划》，将白酒产业发展内容列入我市工业发展总体规划，进一步明确了发展思路、发展目标和重点举措。

（二）加强企业培育

扎实推进大众创业、万众创新，坚持抓大与扶小相结合、抓即期与抓预期相统一，围绕企业发展需要和年度工业发展"四百计划"，切实加大对全市列入培育的"小巨人"企业和重点小微企业的培育力度。制定和落实《亳州市工业发展"借转补"和事后奖补资金管理实施细则（2016 年修订）》，谋划出台《亳州市促进工业经济发展的若干政策》、《亳州市人民政府关于加快农业产业化转型发展的实施方案》等扶持政策，对拟进规模企业进行重点帮扶，对新进规模企业给予每户 5 万元的资金扶持。对纳入全市"小巨人"培育提升计划，固定资产投资 500～1000 万元的企业，市财政给予 20 万元的补助；固定资产投资 1000 万元以上的企业，市财政给予 50 万元的补助。对上年度主营业务收入首次突破 5 亿元、10 亿、20 亿元、30 亿元、50 亿元和 100 亿元，且当年盈利的企业，分别给予企业 10 万元、20 万元、30 万元、40 万元、50 万元和 100 万元的奖励，每上一个台阶奖励一次。

（三）促进转型升级

积极引导企业重视科技创新、强化科技投入、申报创新成果，不断提升产品科技含量和附加值，促进传统产业健康较快发展。对上年认定（获得）国家级企业技术中心、工业设计中心、质量标杆示范企业、工业品牌培育试点示范企业、两化融合管理体系贯标试点企业、两化融合示范企业、中小企业公共服务示范平台、新型工业化产业示范基地、全国质量奖、国家级绿色工厂（绿色产品、绿色园区、绿色供应链）、中国工业首台（套）重大技术装备的，在省奖励的基础上再给予 20 万元的奖励；对上年认定（获得）省级企业技术中心、省级工业设计中心、安徽工业精品、安徽省质量奖、安徽省首台（套）重大技术装备、省两化融合示范企业、省级"两化融合"示范区、省标准化示范企业、中小企业公共服务示范平台、产业集群专业镇、专精特新中小企业、小微企业创业基地、省电子信息（含电子商务）示范基地（县区、园区）、新型工业化产业示范基地、省级节水型企业、节水行动企业、节能环保"五个一百"推介目录、省级两化融合管理体系贯标试点企业、省级信息消费体验中心、省级信息消费创新产品、省级新产品、省级技术创新示范企业的，在省奖励的基础上再给予 10 万元的奖励。

（四）加强龙头带动

以古井集团、徽酒集团为依托，实施龙头带动，做长产业链条，促进白酒产业集群式发展。以古井镇、高炉镇为中心，以产业链和技术链为纽带，加快工业园区基础设施和配套设施建设，引导白酒企业向园区集聚，引导资金、人才、科技服务体系向园区集聚，引导酒类包装印刷、玻璃制造、瓶盖等配套产业向园区集聚，努力形成并提升亳州市白酒产业集群。建立完善现代物流体系，加快推进以古井集团酒类物流项目为龙头的重点项目建设，提高资源利用率和综合效率。建设高品质有机小麦、有机高粱基地，为集群内白酒企业提供优质原料，带动生态农业发展。做好节能减排和下游产品综合利用，形成配套完整的产业链。

（五）着力优化环境

建立干部责任分包制度。亳州市经信委班子成员带科室分包产业、联系县区。全市经信系统 82 名干部分包全市全部规模企业，指导生产经营，协调解决问题，谋划建设项目，加强安全生产，一包到底，注重实效，促进发展。

加强产销合作对接，帮助企业扩大产品销量。2016年，共组织企业参加市内外产销对接会8次，签订购销合同总金额达3.6亿元。

持续开展企业家培训。制定全年企业家千人培训计划，先后组织5期市内培训，1期市外培训，累计培训企业负责人1300余人次。不断提升我市企业家管理水平、决策水平和抵御市场风险能力。

支持企业降低成本。从深化行政审批制度改革、降低制度性交易成本，落实国家阶段性下调社保费率、阶段性降低住房公积金缴存比例、降低企业人工成本，降费减税、降低企业税费负担等方面减轻企业负担、降低企业成本。2016年全市共减轻企业负担4.1亿元。

第四篇

特色产区发展报告

中国北方浓香型白酒生产基地——内蒙古巴彦淖尔市

任国军

作为中国第二长河、世界第五长河的黄河，缔造了中华文明，被称为中华民族的母亲河。在黄河周边及其流域范围内有诸多白酒企业。第一届中国名酒评比会上所评出的中国四大名白酒企业中，汾酒和西凤分别来自深受黄河影响的山西省汾阳市，和黄河支流渭河河畔的陕西省宝鸡市。而除了这两大老名酒企业之外，内蒙古巴彦淖尔的河套也深受黄河文明的熏陶。

但是，在白酒行业，赤水河名酒产区、长江名酒带、淮河名酒带早已声名远播，并以整体品牌为流域内白酒企业带来巨大的商业价值和经济效益。而黄河名酒带虽然客观存在，但时至今日，一直没有企业将之上升到企业战略和产业集群的高度加以规划和打造。

一、黄河生态地理与酿酒

黄河流域自古多灾，但不可思议的是，这条全长5494公里，长度中国第二、世界第五的滔滔大河，孕育了生生不息的华夏文明，被称为中华文明的母亲河。华夏文明的始祖主要生活在黄河流域，黄河流域的草原文明、农耕文明无不受黄河的影响。

黄河孕育了最早的农业文明，并因此孕育了中国最早的白酒。在仰韶文明遗址中发现的大量古代酿酒及饮酒器物，比如保存在汾酒博物馆的小口尖底瓮和内蒙古阴山岩画中以酒祭天的画面，足以把黄河流域的酿酒历史延伸到6000年以前。因此，黄河名酒带代表着中国酿酒产业最早的、最完整的产业史。

20世纪90年代，川酒大流通，形成了川派浓香一统市场的格局，包括苏鲁豫皖在内的浓香型白酒企业也纷纷通过到四川购买原酒，或者在酿造工艺上向川酒学习，做起了川派浓香。浓香型白酒风格雷同，竞争激烈。在浓香型白酒领域具有传统优势的四川白酒牢牢把控市场主导地位，其他板块的浓香型白酒企业则处在竞争劣势。

在这种情况下，为了形成差异化的竞争优势，黄河流域的内蒙古河套酒业从产品风格方面进行了大胆突破，发挥自身曾经生产清香型白酒的优势，走清浓香型风格结合路线，开创了"淡雅"型白酒，与川酒的浓郁型浓香在风格上形成了显著不同。

淡雅型和绵柔型白酒属于浓香型白酒大家族，但是根据产区不同及差异化竞争战略的需要，河套酒业在"窖香浓郁、绵甜甘洌、香味谐调、尾净香长"的浓香型风格的基础上，借鉴其他香型风格，进行大胆创新，降低了酒体的"浓郁"感，在

"绵甜柔和"方面获得突破。而在事实上,两者在风格上虽有细微差异,但彼此十分接近。

如果结合诸多专家意见,绵柔型的口感上可以用"绵中有香"来形容,味觉体验优势明显。按照第三届中国名酒评比中"色香味格"的评分标准,白酒消费是从"重香"向"重味"转型。

黄河流域幅员辽阔,山脉众多,东西高低悬殊,各区地貌差异很大,并且流域处于中纬度地带,受大气环流和季风环流影响情况比较复杂。总的看来,黄河流域在地理、气候、物产、文化方面具有以下四点共性特征(表1):

(一) 四季分明,温差悬殊

与川黔地区相比,除河源地带及上游部分地区之外,黄河流域,尤其是产酒区绝大多数春夏秋冬四季分明,季节差别大,温差悬殊。白酒的发酵、制曲、存储都要经历四季变换,冷暖交替,酒体微量元素能够缔合充分,酒体的平衡感较好,风味多样,风格雅致。

(二) 降水偏少,蒸发量大

黄河流域降水偏少,蒸发量大,整体属于气候干燥地区,微生物种的种类和数量适中。这是形成清香型白酒清雅型酒体风格的主因。

但是在内蒙古河套地区,由于有丰富的黄河主支流水系影响,形成了独有的河谷湿地环境,山东北部地区受海洋气候影响,降水量有所增大。这在一定程度上丰富了微生物的数量和种类,为这两个地区生产淡雅型浓香型白酒提供了气候上的支持。

(三) 光照充足,辐射较强

黄河流域地处高纬度,光照充足,太阳辐射较强。全年日照时数一般达2000~3300小时;全年日照百分率大多在50%~75%;仅次于日照最充足的柴达木盆地,而较黄河以南的长江流域广大地区普遍多出1倍左右。

光照资源为黄河流域粮食生产带来更好的光合作用,因此,黄河流域是我国优质小麦、高粱的主要产区。在酿酒生产中,小麦是制曲的主要原料,高粱是优质的发酵原料。在历史上,优质的高粱、小麦产区为黄河流域酿酒业的发展提供了重要保障。

而雄踞世界屋脊青藏高原的东北部的青海省,是长江、黄河、澜沧江的发源地,被誉为"三江源",素有"中华水塔"之称。青海互助青稞酒业以种植在海拔四千米以上的青稞为主要酿酒原料生产的青稞酒为黄河名酒带一大特色。

(四) 酿酒历史悠久,工艺千锤百炼

在历史上,清香型白酒是黄河流域主导风格。黄河流域对于清香型白酒具有"重'味'轻'香'"的消费习惯。改革开放以来,国人物质生活水平提升,肉食增多,消费者饮食倾向开始由"吃荤"向"吃素"转化,这反映在白酒消费上,就是从"吃香"向"吃味"转移,绵柔型、淡雅型、净雅型白酒市场份额增加。

表1 黄河名酒生态产区风格成因及特色

产区名称	地域文化			风格				核心概念	代表企业
	范围	特色	酿酒基因	色	香	味	格		
黄河名酒生态产区	黄河流域，京津冀地区	四季分明、温差悬殊、降水偏少、蒸发量大、日照充足、光合作用好、历史悠久	①微生物种类和数量适中 ②发酵和存储周期长，酒体缔合好 ③优质原粮 ④工艺成熟，具备工匠精神	透明清澈	清香纯正	余味爽净		雅净	清雅清香	汾酒
					凤香典雅	诸味谐调	尾净悠长		典雅凤香	西凤
					窖香幽雅	味净香长			淡雅浓香	河套

二、亮丽·内蒙古—河套酒

从太空俯视地球，阴山脚下的内蒙古河套平原镶嵌在黄河弓起的龙脉之上，苍茫而广阔，宁静而神秘。而"河套"的出名，不仅源于一个特殊的地理板块和文化板块，更源于一瓶口口相传的好酒，这瓶好酒出自河套酒业。

素有北国酒都之称的河套酒业所在地陕坝镇恰好处于黄河"一撇"与"一横"的交汇处，与阴山紧密相连，是湿地平原位置最高的所在。3000多小时的年日照时间赋予了这里的一季好粮，独特的地理气候使得这里的酿酒微生物精灵隐藏于土壤之中，"河套酒业，矗立北疆；大河滔滔，草原茫茫；天赋神韵，淡雅浓香"，这便是河套酒业的"一个地方，一瓶好酒"。

内蒙古河套酒业集团股份有限公司始建于1952年，1997年转制为股份公司。历经60多年的发展，企业由小到大，由弱到强，在同行业竞争中异军突起，成长为内蒙古酿酒行业的龙头企业、中国轻工业酿酒行业十强企业、国家AAAA级标准化良好行为企业和全国文明单位。

内蒙古河套酒业是全区酒类行业唯一一家拥有两个"中国驰名商标"的企业，企业被认定为首批"中华老字号"企业，被中国轻工业联合会和中国酒业协会联合授予"中国北方浓香型白酒生产基地"荣誉称号，被国家标准评审委员会审定为"奶酒国家标准起草制定单位"，河套品牌连续七年被世界品牌实验室评为"中国500最具价值品牌"，河套王原酒生产基地被中国酒业协会认定为"中国北方第一窖"，并获得了首届自治区主席质量奖。

集团拥有总资产42亿元，占地面积228万平方米，优质原酒生产能力达到5万千升，储存能力12万千升，成品酒生产能力12万千升。主导产品有"河套王""河套老窖"系列为代表的浓香型白酒，以"金马酒"为代表的复合香型白酒，以"河套陈藏"为代表的清香型白酒和以"御膳春"保健酒、"百吉纳"奶酒为代表的营养滋补型四大系列多个花色品种。河套酒业集团是全区白酒行业唯一的科技先导型企业，建有自治区级技术中心和国家级检测实验中心，拥有国家级白酒评委9人，自治区级酒类评委11

人，其他各类技术人员 200 多人。

全国白酒行业中，河套酒业是第一家在北方地区生产淡雅浓香风格特点的白酒产品，第一家研发和实施酿酒机械化、自动化生产，第一家自主研发生产发酵型奶酒和参与国家奶酒标准制定的企业。"三个第一"的实施，奠定了河套酒业在行业中的领先地位。河套酒业在传承中华民族白酒固态发酵传统生产工艺的基础上，与现代科技相结合，实现了酿造过程的机械化，为中国白酒业闯出了一条新路，改变了中国白酒千百年来手工作坊式的生产方式，实现了准确配料和国际化、清洁化、标准化生产，为实现白酒生态化酿造进行有益的探索开启了先河。

河套酒业作为地方财政支柱企业和农牧业产业龙头企业，在县域经济中发挥着举足轻重的作用。河套酒业人用自己的勤劳朴实和"超越自我、追求完美"的企业精神，创造着最大的经济效益和社会效益。

河套酒业诚挚感谢社会各界多年来的支持与厚爱，在"十三五"期间，我们将努力整合市场资源和社会资源，向消费者提供更优质的产品和服务，为实现地方经济的跨越式发展做出更大的贡献！

中国豉香型白酒产业基地——广东省佛山市

郭波

一、区域优势

广东省面积18万平方公里,据广东省统计局数据,2017年人口达1.09亿,是中国少数人口过亿的省份。GDP总量将近9万亿元,连续29年位居全国榜首,人均GDP超过8万元。社会消费品总额达3.82万亿元,居民人均可支配收入33003元。由于人口众多,经济发达,广东省是实至名归的酒水消费大省。在2016年,广东省的酒类消费总额已超过500亿元。此外,广东省作为外向型经济省份,与世界200多个国家和地区建立了长期、稳定的贸易往来关系,前来投资的国家和地区达100多个。

广东省处于岭南山脉以南,属亚热带季风气候,常年湿润多雨。地形北高南低,除珠江入海口一带的三角洲呈冲积平原地形外,其他地方多为丘陵。位于山区地段的客家地区,因山区高寒潮湿,瘴气横行,自古以来有生产较高酒精度数的小曲白酒的传统,由于品牌小产量低,市场上一般仅处于"地产名酒"的地位。在潮汕地区,当地生产保健型白酒占大多数。而在经济相对发达的珠江三角洲地区,人们更青睐豉香型白酒,在佛山、中山、肇庆等地均有生产。目前,豉香型白酒的几大代表企业均在佛山。据《广东省白酒企业名录2017最新版》统计,2017年省内知名白酒企业300多家,白酒生产总量超过23万吨。又据佛山市酒类行业协会统计数据显示,佛山目前拥有的白酒生产企业总产量占到整个广东白酒生产总量近七成,其中广东石湾酒厂集团有限公司、广东顺德酒厂有限公司和广东九江酒厂有限公司三大酒厂支撑起大部分产量。

广东石湾酒厂集团有限公司(下简称"广东石湾酒厂集团")是一家专业酿酒集团,总部设在佛山市禅城区石湾镇,其前身是创立于清朝道光十年(1830年)的"陈太吉酒庄",位于石湾朱紫街即现时太平街106号,迄今已有近200年历史,是广东真正还在原址生产的中华老字号,以善酿纯正粮食酒而饮誉中外。广东石湾酒厂集团作为广东大规模的白酒企业和养生酒企业,专注做好具有岭南特色的传统豉香型白酒、独创的中高档清雅型白酒和以春砂仁等植物动物为原材料的养生酒,致力实现广东地产酒走向全国市场,推动这个岭南文化代表品牌扬帆世界。广东石湾酒厂集团白酒年生产能力达十万吨,现已通过ISO9001国际质量体系认证和HACCP体系认证,是《豉香型白酒》国家标准起草单位和全国豉香型白酒分技术委员会秘书处承担单位,也是"中国白酒百强企业"和"国家信用等级AAA级"的大型酿酒企业,名列广东企业500强、广东制造业100强。

广东石湾酒厂集团从1830年开始经营至今,从一个酒庄发展成今天具有四个生产基地的集团公司,除了拥有得天独厚的白酒酿造环境与不断传承的传统酿造工艺外,还得益于广东市场巨大的消费能力。

广东石湾酒厂集团地处广东省佛山市禅城区石湾镇,位于西沙河与东江河交汇处,东平河是汇聚成珠江的主要支流,东平河沙口(地名)大闸是河道的转弯位置,该处河床全是砂砾,形成天然的过滤器,河水清澈透明、水质甘甜清洌。石湾酒厂酿酒用水就取于该处河段,酿造出来的酒完美地融合了米香、豉香、蜜香,形成独特的酒体风格。又因地处北回归线,属亚热带季风性湿润气候区,地处低纬,日照充足,临近海洋,温暖多雨,年平均气温在22.2℃左右,年平均降雨量在1622毫米左右,年平均日照时数为1773~1922小时,年平均无霜期达350天以上,气候条件使该地域形成特有的自然发酵菌种微生物群落,为石湾牌系列米酒的酿造提供了独特的自然环境。酿酒工艺是以大米为原料,沿用传统技艺,精选大米、黄豆、自然发酵菌种为原材料制成的传统小曲大酒饼为主要糖化发酵剂,其发酵工艺是将大米蒸煮成饭,冷凉后拌入按原料大米重量计算20%左右、碎成粉末的大酒饼,加入一定比例的清水,进行半固态发酵,边糖化边发酵,发酵周期为20天左右。成熟醪经釜式蒸馏甑蒸馏,截头去尾,得到与产品相近酒精度数的白酒,俗称斋酒。斋酒经陈肉酝浸、勾兑、过滤后成为"玉洁冰清、豉香独特、醇和甘滑、余味爽净"的石湾牌玉冰烧酒。

广东石湾酒厂集团现有四个基地,其中禅城区基地为岭南酒文化街区、总部枢纽中心、豉香型清雅型产品酿造生产中心;三水区基地为豉香型产品配套项目中心;阳春市基地和三水区养生酒生产基地为岭南养生酒生产中心。广东石湾酒厂集团拥有四个核心品牌,其中:"石湾"2017年品牌价值评估为71.85亿元,位列中国白酒六十强;而陈太吉品牌自1830年沿用至今,并于1951年重新在中央人民政府取得注册;"春花牌"和"禾花雀"牌都是广东老字号。

主导产品石湾玉冰烧先后获得国家优质酒、中国白酒香型(豉香)代表产品称号,并获批为国家地理标志保护产品,是享有三大国誉的广东地产酒代表,并早在1917年开始就远销海外,100年来深得国际消费者喜爱和市场认可;春花牌春砂仁酒是养生酒分类中获得"国家优质酒"称号的产品;帝一酒是广东较早覆盖全国市场的中高档养生酒产品。而独创的清雅型产品是广东地产白酒成功市场化运作、成长迅速的中高档产品,更得到全国白酒权威专家的高度评价,称之为"酒海一绝,南国精品"和"鉴赏级酒品"。其中"石湾玉冰烧·六埕藏酒""石湾玉冰烧·洞藏九"于2015年、2017年荣获国际权威的布鲁塞尔国际烈性酒大奖赛大奖,代表粤酒彰显中国品味风范。

二、2017年产区酒类行业发展特征分析

(一)地产酒以豉香型白酒为主

所谓一方水土养一方人,和酱香型、浓香型白酒相比,豉香型、清雅型白酒更适合与粤菜搭配。贵州、四川等地,口味相对较重,白酒也相对较烈。而广东地产酒比较温顺,和清淡的粤菜更为搭配。广东石湾酒厂集团在2015年启动了以"粤菜配粤酒"为主题的陈太吉家宴经典粤菜评选活动,让广东美食与广东美酒为更多人所认知。

据《佛山市石湾区志》记载,石湾人每餐饭一人饮用半斤至一斤"玉冰烧"是常事。描述了石湾民众喝石湾玉冰烧是生活的常态。石湾玉冰烧豉香型白酒豉香纯正、醇

和甘滑、余味爽净的口感特征，正好完美配合粤菜清淡鲜嫩的特点。而石湾酒厂集团独创的清雅型白酒，更是融合陈太吉酒庄180多年工艺，从百斤酒液中只选最精华的少量部分，并用陶缸封存在广东首个山洞酒窖储藏多年，山洞冬暖夏凉，有益酒液加快醇化，有"洞中一年，世上三载"的说法。经过陈储的酒液，色泽微黄，清亮透明，香韵清雅，绵洌圆润，酒体丰满，回味怡畅，醇甜爽净，余香悠长，具有突出的岭南清雅白酒典型风格。

（二）中高端市场的崛起

受广东人低调、务实的性格影响，广东地产酒对外以"民酒"的形象示人。而受此影响，低价低端成为广东地产酒长久以来的标签。在很多人的意识里，广东地产酒就是低端的代名词。但实际上，广东拥有着悠久的酿酒历史，广东好酒是确实存在的。

随着市民消费水平不断升级，"喝少点，喝好点"成为一种新的消费潮流。广东地产酒向中高端发展势在必行，需要在不断提高产品质量的基础上，不断适应市场的需求。广东石湾酒厂集团以传统豉香型白酒主打大众市场，清雅型系列则主打中高端市场。自2006年，广东石湾酒厂集团逐步推出中高端的清雅型系列产品后，受到消费者的广泛认可，完善了广东地产酒至今未有涉猎的价格区间，满足了中国白酒行业深度调整期的产品定位和消费需求，在中高端市场占有一定份额。在中高端产品的培育和发展上，石湾酒厂集团可以说是走在广东地产酒的最前面。

（三）养生酒市场的开拓

随着我国进入老龄化社会，养生酒市场被看好，已有不少包括茅台、五粮液等在内的知名酒企，都在近年来推出养生酒系列产品。广东的养生酒生产企业也不少，但普遍规模较小。在国内现今养生酒行业中，"劲酒"以年销售70亿元稳居"一哥"。除此以外，从全国市场看，养生酒企业普遍呈现小而分散的现象。而在广东，单单劲酒在粤的销售额就达十亿，其次是古岭神酒，在粤地区销量也接近两亿。随后的排名才出现广东养生酒生产企业的身影，销量最高不过几千万。

目前的养生酒行业是一个寡头市场，劲酒一支独大，占有超过50%的市场份额，全国排名第二的养生酒企业只相当于其一个零头。在此形势下，从2013年起，广东石湾酒厂集团把握机遇，通过收购阳春酒厂、三水酒厂和帝一酒业，正式涉足养生酒市场。新产品春花红春砂仁酒，定位为新型岭南养生酒，具有高品质的独特口感，适合日常饮用。通过几年的资源整合与发展，广东石湾酒厂集团养生酒系列获得不错的发展，主打养生酒产品春花红酒斩获2016年度"清酌奖"酒类新品TOP10（果露酒类）以及"欢伯奖"保健酒2017年度最佳产品的称号。

三、产区发展存在的问题

（一）消费者断层和边缘化

目前，广东米酒产品相对单一，主要消费群体以中老年人为主，年轻人更偏好消费啤酒、葡萄酒等酒精饮料，导致米酒消费出现断层危机。

（二）外来酒冲击本地市场

广东经济发达，产业规模集中，商务活动频繁，外来人口多，市场高度开放，包容性强，任何一个品牌都有发展机会。目前在广东活跃的众多白酒品牌，有众多来自外省的品牌，如川系、鄂西、徽系、鲁系等。

作为白酒消费大省，广东拥有良好的白酒生产、流通和消费环境。广东整体市场可用一句话概括："知名白酒热销，高档酒潜力大，新品牌、新香型酒销量看好，二流白酒品牌也能分一杯羹。"广东区畅销的高档品牌主要有五粮液、茅台、剑南春、水井坊等，中低档白酒品牌主要有：小糊涂仙、皖酒王、稻花香、衡水老白干、古绵纯等，而广东地产大部分米酒则多属低价位白酒，市场价在每瓶10元左右，利润无法望其他白酒之项背。

此外，据相关统计数据显示，2016年广东省酒类总量消费总额504亿元，其中白酒185亿元，啤酒161亿元，进口烈性酒60亿元，葡萄酒98亿元。进口葡萄酒总量约1.22亿升，占全国总量20%，总额约9.25亿美元，占全国40%。

广东地产酒不仅与国内其他白酒品牌的竞争压力巨大，与其他种类的酒精饮品竞争同样激烈。

四、促进产业发展的对策

（一）提升品牌文化内涵，争取年轻消费群

与文化相结合，不断提升品牌形象。广东石湾酒厂集团自陈太吉酒庄成立至今已有188年历史，是省内唯一还在原址上生产的酿酒企业。2014年3月19日，岭南酒文化博物馆在广东石湾酒厂集团总部开馆，向公众展示悠久的岭南酒文化、传统酿造技艺和相关见证实物，以清新、时尚、潮流的活动组合来展示岭南酒文化与石湾酒厂集团传奇历史文化，通过健康体验来引导消费者，培养健康、快乐的酒消费生活理念。博物馆开业至今，吸引了各企业、社团、高校和中小学师生前来参观，通过了解岭南酒文化，学习理性饮酒和进行各项体验活动，消除大众对酒的常见误区，改变消费者心目中广东米酒低档、低质、缺乏文化底蕴的误解，进而使消费者对企业产品增强信心。广东石湾酒厂集团承载着振兴粤酒文化的重任，也担负着带领粤酒企业走出广东、走向世界的使命。

（二）提高产品档次，瞄准中高端市场

广东地产酒多年来深受"低度、低质、低价"的困扰，导致广东地产酒虽产量大但市场份额很小。广东地产酒向中高端发展势在必行。广东石湾酒厂集团近年来不断推出中高端产品，售价从几十到几千元不等，与现行的主流米酒有极大的差距。米酒低档的说法其实只是一个误区，广东地产酒也能有高档产品。广东石湾酒厂集团近年推出"石湾玉冰烧·洞藏九"和"石湾玉冰烧·洞藏十二"两款清雅型白酒产品，是石湾酒厂集团在"石湾玉冰烧·洞藏八"和"石湾玉冰烧·洞藏十"产品的增值和升级，也是继"六埕藏·石湾玉冰烧"和"佛山小酒"成功开拓中高端市场形成全省成熟布局之后，广东首个能实现市场化运作的系列中高端产品。

此外，广东石湾酒厂集团高端产品使用具有"石湾瓦，甲天下"之称的石湾陶瓷瓶作为酒瓶，由知名陶艺大师设计制作，实现岭南白酒、岭南陶艺等文化元素的完美结合，极具投资和收藏价值。如特色产品之陈太吉酒庄酒，陶瓷酒瓶浑厚质朴，绚丽古雅，透着鲜明的石湾古窑作风和岭南地域特色，以清代岭南园林建筑中广泛使用的琉璃窗花造型，融合石湾艺术陶瓷烧制而成。花纹精细、线条流畅、釉色多变，凝结着石湾陶瓷一脉相承的技术思想和造物经验。且陶质酒瓶有微孔，酒液装瓶后醇化加快，越陈越香，深受消费者欢迎。

中国芝麻香型白酒第一镇——山东省景芝镇

赵德义　赵百里

景芝镇自 2012 年被授予"中国芝麻香型白酒第一镇"称号以来，积极组织白酒企业开展产业集群建设和优势品牌打造，突出质量、技术、创新在品牌建设中的核心作用，大力培育"景芝""一品景芝"等拥有较高知名度和美誉度的白酒品牌。特别是进入"十三五"以来，在各级政府和行业协会的关心支持下，紧紧围绕《中国制造 2025》，积极实施供给侧结构性改造和新旧动能转换，鼓励和推动工业企业转型升级，促进白酒产业健康平稳发展，对促进当地周边经济和行业发展做出了突出贡献。下面，将景芝镇特色产业发展情况汇报如下：

一、产区特色优势综述

（一）特色区域基本概况

景芝镇是齐鲁三大古镇之一，位于山东半岛中部，安丘市东南部，地理坐标为东经 119°23′~27′、北纬 36°18′~21′，地处潍河冲积平原，西傍浯河，东依潍水，是山东三大古镇之一，历史悠久。景芝镇距安丘市区 24 公里，东距青岛港 120 公里，北距胶济铁路 30 公里，距济青高速公路、潍莱高速公路 35 公里，西北到潍坊机场 40 公里，206 国道、沂（沂山）胶（胶州）公路穿镇而过，交通十分便利，自古有"四县通衢"之称。辖区面积 217 平方公里，耕地面积 19.9 万亩，人口 16 万，是"山东三大古镇"之一，先后被评为山东省中心镇、全国重点镇。全镇总面积 217 平方公里，辖 135 个行政村，16 万人。景芝镇以酿酒闻名于世，是中国高粱烧酒的发源地之一，我国芝麻香型白酒发明创造和生产基地。景芝名吃繁多，闻名遐迩，三页饼、金丝面、绿豆糕、芝麻片等被列入中国食品大全。

"十二五"以来，景芝镇在安丘市委市政府的正确领导下，紧紧围绕建设"富强文明景芝、文化生态景芝、和谐幸福景芝"为目标，带领广大干部群众抢抓机遇，干事创业，初步形成了东部生态酿酒区、南部工业聚集区、中部商贸居住区、西部公共服务区的城镇发展格局，经济社会各项事业实现了又好又快发展。景芝镇先后被确定和命名为全国重点镇、全国小城镇建设示范镇、全国小城镇建设科技示范镇、全国文明小城镇建设示范点、全国乡镇企业示范区、山东省先进基层党组织、山东省文明镇、山东省环境优美镇、山东省十大魅力乡镇、潍坊市首批区域重点镇等。2016 年，全镇实现财政总收入 90500 万元，其中地方财政收入 37599 万元，比上年分别增长 11.25% 和 10.23%；完成固定资产投资 19.48 亿元，同比增长 15.3%。

（二）特色产业基本情况

1. 产业发展历史介绍

芝麻香型白酒是新中国成立后自主创新的白酒香型，是景芝酒业历经50多年自主创新的成果，填补了国内空白，结束了鲁酒多年来没有自主白酒香型的历史。芝麻香型白酒的问世，使我国白酒香型从10个增加到11个。在芝麻香型白酒问世之前，我国有10个传统白酒香型都是历史传承下来的，没有创新香型白酒。这一成果得到了当今中国白酒界一致赞誉：芝麻香是中国白酒11个香型中技术难度最大，科技含量最高的白酒品种。

芝麻香型白酒的问世，打破了"浓、清、酱"三大香型白酒一统天下的格局，使鲁酒走向全国白酒高端化市场，成为最具发展前景的白酒品种。芝麻香型白酒在景芝酒业的带动下，山东、河南、河北、黑龙江、内蒙古、江苏等省份200余家白酒企业开始进行芝麻香型白酒的研发，芝麻香型白酒总产量占到全国白酒产量的比重由2006年的0.5‰上升到2016年的1%以上，其中山东芝麻香型白酒产量占全国总产量的90%以上。主要表现在如下方面：

1995年山东景芝酒厂与中国食品发酵工业研究所等单位联合起草的芝麻香行业标准QB/T 2187—1995于1995年12月5日由原轻工总会发布，并于1996年7月1日实施。该标准的发布实施，标志着芝麻香作为一个正式的香型被确认。

2006年9月，山东景芝酒业股份有限公司"芝麻香白酒的研制"项目在由山东省科技厅组织的专家技术鉴定会上获得通过。鉴定委员会专家认为：芝麻香白酒是白酒创新香型，由景芝酒业公司首先提出，并坚持不懈进行卓有成效的工作而取得成功；该香型符合白酒淡雅、爽净的消费趋势；该项目工艺独特，经多年研究总结出"清蒸清烧、泥底砖窖、大麸结合、多微共酵、三高一长"的工艺特点，属国内领先水平。同年，芝麻香型白酒在原QB/T 2187—1995行业标准的基础上，制定了国家标准"GB/T 20824—2007"，并由国家质检总局、国家标准化委员会批准于2007年发布实施。这标志着芝麻香白酒的发展又上了一个新的台阶。

2008年，"芝麻香型白酒的研制"荣获中国轻工业科技进步一等奖和山东省科技进步三等奖。"芝麻香型白酒生产工艺"荣获中国专利优秀奖、山东省专利一等奖。芝麻香景芝神酿（一品景芝）被中国酒业协会认定为中国白酒芝麻香型代表，被国家质检总局认定为国家地理标志保护产品。

2012—2016年，在山东景芝酒业股份有限公司的带领下，景芝镇芝麻香型白酒产业得到快速发展，取得丰硕成果。芝麻香型白酒研究取得科技成果6项，获省（部）级奖励6项。专利80件，其中发明专利8件；一品景芝等荣获省级以上荣誉25项。芝麻香型白酒成为我国白酒最具发展潜力和发展最快的酒种。

2. 特色产业地位和作用

截止到2017年底，全镇具有国家颁发的生产许可证的白酒生产企业7家，注册白酒商标近千个，资产总额40亿元，从业人员4500多人，白酒产业年产量达到6.5万吨，实现产值40亿元，上缴税金2.6亿元，实现利润1.4亿元，其中，芝麻香型白酒的产值15亿元、利税1.8亿元，产值分别占全国同行业的35%和山东省同行业的60%。其中山东景芝酒业股份有限公司芝麻香型白酒总产销量占全国30%，位居全国第一位，具有良好的发展空间。

（三）区域内白酒企业和自主品牌情况

景芝镇白酒企业有山东景芝酒业股份有限公司、安丘景芝宝烧春开酿酒业有限公司、安丘金泉酒业有限公司等7家，品牌14个，其中"景芝""景阳春"为中国驰名商标，"阳春""一品景芝"为山东省著名商标，芝麻香型白酒、浓香型白酒列入山东名牌产品。

（四）区域内龙头企业发展情况

山东景芝酒业股份有限公司是我国重点酿酒骨干企业与芝麻香型白酒的创领者，主要经济指标连续多年位列山东省白酒行业第一位。公司现已形成以白酒酿造为主，饮料、纸箱、饲料、文化、旅游等多业并举的发展格局。公司有生态酿酒产业园和齐鲁酒地文化创意产业园两大园区和三个生产厂区，总占地面积6.67平方公里，年产商品白酒能力6万吨，员工3500余人，拥有"景芝"和"景阳春"两个中国驰名商标。2016年实现销售收入346059万元，上缴税金20310万元，利润13206万元，主要经济指标连续8年实现平均两位数增长，位居全国白酒行业15位、山东省首位。

公司拥有景芝、景阳春两个中国驰名商标，形成以一品景芝为代表的芝麻香型系列，以景阳春为代表的浓香型系列，以景芝白乾为代表的传统酒系列，以阳春滋补酒为代表的营养保健型系列四大系列产品。一品景芝，芝麻香型白酒代表产品，国家地理标志保护产品和中国名特白酒国家标准样品；景阳春，山东第一个浓香型粮食酒，第一个出口创汇产品，蝉联历届山东名牌，为全国浓香型白酒质量优质产品，被认定为"中国驰名商标"和中国历史文化名酒；景芝白乾，中华白酒史上最早的高粱大曲酒，早在1915年作为山东白酒代表产品参展巴拿马万国博览会，1959年入展印度国际博览会。荣获山东名酒、中国八大大众名白酒、首批"中华老字号"和中国驰名商标等称号，其传统酿造技艺被收录到山东省首批非物质文化遗产。

近年来，公司坚持"高效、务实、规范、创新"的管理理念，先后建立了质量管理体系、环境管理体系、HACCP食品安全体系、职业健康管理体系、能源管理体系、酒类产品质量等级优级认证与完善计量检测体系、定量包装计量保证能力体系和知识产权管理体系等10大体系。持续深入实施卓越绩效管理模式，企业管理水平不断提高，连续三年被中国质量协会授予全国实施卓越绩效先进企业和特别奖企业，2011年荣获山东省白酒行业唯一的山东省省长质量奖；2014年荣获全国质量奖，成为中国白酒行业继茅台、五粮液之后第四家获此荣誉的企业，也是迄今为止山东省白酒行业唯一获此殊荣的企业。

公司拥有多项制曲、酿造、微生物选育、食品质量安全监测及机械化自动化生产等自主创新和具有自主知识产权的核心技术，获授权发明专利12项。浓香型白酒工艺技术是在景芝酒传统酿造工艺的基础上，结合五粮酿造工艺自主创新的山东浓香型白酒生产工艺；芝麻香型白酒工艺技术是景芝酒业历经50多年自主研发的创新成果。近年来，公司自主研发的科研成果2项达到国际领先水平、5项达到国际先进水平，其余均达国内领先水平。

二、2017年产区酒类行业发展特征分析

（一）调结构转方式，促进行业转型升级

景芝镇白酒产业现已形成了白酒、旅游和文化融合联动发展的经济架构，全力打造融合白酒、文化、健康三大领域的产业新标杆，对于促进鲁酒乃至全国白酒行业实现转方式、调结构，传统产业转化提升，具有积极的借鉴意义。

1. 深化产品结构调整，聚焦大单品

突出消费引领的作用，坚持"价格亲民、需求亲民、信用亲民"开发理念，全面梳理，全面优化，强力缩减产品线，聚焦主导产品，培育利润产品。

2. 优化组织结构，建立快速反应机制

全面贯彻发展战略，坚持以高效化管理为载体，按照业务流程科学化、机构设置扁平化、定员定编高效化、管理信息网络化的要求及时对相关职能部门进行调整，合理优化组织机构，形成了职责明确、授权充分、利于沟通、快速反应的组织架构。

3. 建立上下游联动机制，打造生态产业链

在保障白酒产业发展的同时，带动印刷业、制瓶业、纸箱业、机械行业、科研和广告行业的发展。打造生态产业链，为企业、为社会再次创造效益，有利于实现以大带小、以强带弱、以工带农等产业链的连锁进步，为农民的增收创造了条件。

4. 深入企业文化建设，注力企业发展

景芝镇坚持把文化建设作为一项长期的系统工程来抓。成立以景芝酒业董事长任组长的企业文化建设领导小组，任命了首席文化官。深度剖析与挖掘企业文化内涵，汲取5000年传统文化积淀，嫁接现代文化元素，系统梳理、思考、提炼，形成了企业文化建设纲领——《景芝宪章》。

（二）走新型工业化可持续发展之路，发展循环经济

1. 节能减排情况

白酒生产过程中利用粮食、稻壳为原料，使用电力、蒸汽及水等能源，企业始终坚持科学发展，合理规划，引进技术，舍得投入，逐步建立绿色发展的生态工业体系。

2. 环境保护情况

废水处理方面，实施污水厂搬迁改造提升，满足当地政府对排放水质达标的要求。

烟尘治理方面，10月底通过安丘市环保局组织的环保验收，完成脱硫脱硝超低排放（烟尘、二氧化硫、氮氧化物排放浓度分别不高于 $10mg/m^3$、$50mg/m^3$、$100mg/m^3$）治理任务。

3. 循环经济情况

景芝镇白酒产业形成了以白酒生产为核心，将传统的"资源—废物"单向线性工业生产模式转变为"资源—产品—再生资源—副产品"的循环经济工业生产模式，实现产前、产中和产后的生产流程生态化。

4. 节水技术及效益

深入推广节水技术，在白酒企业中在洗瓶机就近安装包装洗瓶水回收水箱，最后一

道工序使用一次水作为补充水,循环复用后再集中回收进行超滤回用,反渗透排放的浓水进行回收,用于酿酒工艺冷却水、热电厂喷煤防尘及绿化用水,重复利用率达到87%。

(三)创品牌、树名牌,提高产品竞争力,开拓国内外市场

1. 科学实施品牌规划、品牌定位,统领企业品牌建设

高度重视品牌建设。在创新与发展的历史进程中,已经初步建立起以"景芝"为统领的母子品牌架构。景芝品牌的品牌文化的核心载体,统一由"景芝"提供背书,在景芝酒业的品牌价值体系内进行个性化的传播诉求,以整合的力量,传播"人立品为先"的品牌主题。

2. 文化注力品牌,丰富品牌内涵

成立酒文化研究会,挖掘五千年酿酒文化。深度挖掘"山东是中国白酒发源地之一,山东白酒发源地在景芝"的文化工程,发掘提炼品牌故事,弘扬传统文化。

3. 传播好客、真情的"人立品为先"的品牌理念

深度挖掘景芝酒文化内涵,强化品牌宣传,将"情感文化"融入品牌,从"难舍最后一滴,景芝景阳春酒"到"景芝景阳春,山东精气神"和"人立品为先,一品景芝",提升景芝年份酒品牌形象,以"影帝"黄渤做代言,一句"哈(喝)出朋友味",突出酒文化,接地气,拉近了与广大消费者的距离。

(四)"1+4"品牌,打造高中低档大单品

强化品牌塑造,树立全国化品牌形象。通过深入实施《景芝品牌纲领》,形成"1+4"品牌架构,"1"是企业品牌"景芝";"4"是一品景芝、景阳春、年份景芝、景芝白干四大单品。

(五)强化区域内企业技术创新能力,提高产业核心竞争力

1. 十大技术平台,构建科研优势

2009年以来,区域内企业在景芝酒业的率领下,在先后建立了山东省芝麻香型白酒发酵工程技术研究中心、省级企业技术中心的基础上,陆续建立了中国芝麻香型白酒研究院、国家博士后科研工作站、中国技能大师工作室等平台,并与中国科学院、中国食品发酵工业研究院、齐鲁工业大学、江南大学等院校、科研院所在白酒酿造、微生物研究、分析检测等领域建立了长期稳固的产学研用合作关系。

2. 梯队式人才培养,助力科技体系建设

以景芝酒业为主的白酒企业,深入实施"人才兴企,科技强企"战略,不断落实和加快科技体系建设,完善引进、学习、交流、薪酬、考核、晋升、评价、表彰、淘汰管理机制,设立了专业总师、技术带头人、技术骨干、基础技术人员的科技人员晋升通道。

3. 科技创新,打造企业核心竞争力

景芝酒业各项技术工作走在同行业前列。2009年至今,完成技术研发和技术改造项目300余项,其中中国白酒169计划/158计划、省科技计划和创新计划项目20余项;授权专利200余件,其中发明专利14件;制定《白酒企业良好生产规范》《企业诚信管理体系》《芝麻香型白酒生产过程质量控制指南》《芝麻香型白酒设计开发质量控制指

南》等国家、行业和地方标准9项，总数达到19项；获省（部）市级奖励30余项。

4. 注重产品研发，不断适应消费者需求

景芝镇拥有一品景芝、景阳春、景芝白干、景芝年份酒、景芝滋补酒等系列产品。其中，一品景芝和景阳春为中国驰名商标，景芝白干为老字号北方传统大曲酒，获"八大大众名白酒"称号；景阳春酒为山东省第一个浓香型白酒，为山东省单品种销量最大的白酒品牌；一品景芝为芝麻香型白酒代表产品，在多次芝麻香白酒品酒会上感官品尝名列前茅，以其独特的景芝芝麻香风味而闻名；景芝年份酒是近年来景芝酒业开发的兼香型白酒产品，融合浓芝风格，风味独树一帜，既有浓香型白酒的窖香浓郁、绵柔净爽，又有芝麻香的优雅怡人、余味悠长的特点，投放市场后受到消费者的青睐，实现了产销两旺，成为公司新的经济增长点。

（六）创新生产经营体制，建立绿色生产链，提高食品质量安全保障水平

1. 强化经济合作机制，建立原料基地

多年来，景芝镇逐步打造绿色生态酿酒原料基地，实现粮食基地化供应，打造高标准原料，提升核心品系竞争力，形成了生态化全产业链。

2. 构建大质量体系

质量是企业的生命。以景芝酒业为首的白酒企业，以产品诚实、服务诚心、产业诚信的"三诚"理念打造品质景芝。完善白酒品质鉴别、品质提升、品质安全技术体系，落实食品安全企业主体责任，打造安全白酒、品质白酒；深入开展白酒健康度、舒适度研究，科普宣传健康饮酒、科学饮酒，提高与消费者的亲密度，夯实白酒的社会基础；积极参与规范产业准入、修订行业标准，实施阳光酿造，让消费者远程零距离见证品质。

（七）通过强化信息化工作，提高产业效益和市场竞争力

近年来，在景芝镇"十三五"白酒发展战略引领下，实施统筹规划、创新驱动、互联互通、高效协同信息化发展战略。以互联网思维创新为统领，全面实施组织创新、技术创新、营销模式创新。信息化建设覆盖公司采购、生产、销售、经营管理的各个环节，实现了各项信息化系统的数据互联互通，提高数据开发利用价值，推动数据、技术、业务流程、组织结构的互动创新和持续优化，整体提升协同办公效应，从而在信息化环境下不断打造新型能力，获得可持续性竞争优势。2015年，景芝酒业被工信部认定为两化融合质量标杆企业和两化融合体系贯标试点企业，成为我国白酒生产自动化、信息化、智能化标杆企业。

1. 生产信息化

景芝酒业利用现代信息化技术、高端装备制造技术，建立了自动化控制为基础的数字化酿造工艺管理平台、自动包装系统及立体仓储系统，以五码关联为核心的二维码防伪溯源管理系统。

2. 企业管理信息化

景芝酒业建立ERP管控一体化信息系统，整合物资资源管理、人力资源管理、财务资源管理、信息资源管理，实现信息数据标准化、系统运行集成化、业务流程合理化、绩效监控动态化、管理改善持续化。

3. 营销管理信息化

营销管理平台集成了基础数据管理、客户管理、渠道销售数据管理、市场促销管理、HR 模块五大模块。重点突出营销数据的管理以及订单的流程化。营销管理平台与 ERP 平台相交互，实现了基础数据的高度同步，订单流程的相互协作，形成了经销商、业务员、公司的订单流程一体化。

三、产区发展存在的问题

（一）白酒产业结构不够合理

从行业结构看，山东景芝酒业股份有限公司一枝独秀，其他酒类企业散而小，实力较弱。从产品结构上看，中高端品牌市场占有率较少，主要依托中低档品牌作为市场支撑。从企业组织机构上看，除山东景芝酒业股份有限公司外，其他企业规模偏小，创新能力差，抗风险能力不强，难以适应市场竞争的需求。

（二）企业经营管理水平较低

中小白酒企业多为家族式、作坊式管理，没有建立现代企业管理制度，现代市场营销理念和手段缺乏，难以适应现代酒类企业发展的要求。

（三）人才结构不够合理

白酒生产、勾调技术人才济济，但营销人才、策划人才和管理人才相对缺乏，严重制约着酒类企业的快速发展。

（四）原料基地建设滞后

区域化、规模化、标准化、专业化的原料基地缺乏，酿酒用粮缺口较大，难以满足企业生产需求。

（五）酒业集中区建设步伐缓慢

镇区至今仍未建立酒类工业集中区，与打造白酒区域基地不符，严重阻碍本土酒类生产企业扩张和吸引外来投资者入驻。

（六）资金投入匮乏

企业的建设、产品更新、品牌培育因资金不足进展缓慢。

四、促进产业发展的对策

白酒产业是景芝镇国民经济的重要组成部分和关系景芝镇经济社会发展的一号支柱产业。发展白酒产业对推动工业经济发展和农业产业链作用巨大，是增加农民收入，解决"三农"问题和建设美好景芝的有效途径。根据市委市政府《关于进一步做强做大景芝镇白酒产业的意见》，制定《景芝镇白酒产业 2016—2020 年发展规划》。

1. 产业发展趋势分析

随着经济的发展，城乡居民收入普遍提高，生活质量不断改善，对白酒产品在数量和质量上都提出了更高的要求，为白酒工业的发展提供了广阔的空间。在未来数年内白酒工业的发展将呈现如下趋势：

（1）食品安全至关重要　食品安全是公共安全的重要组成部分，直接关系到人民群众的身体健康和生命安全，党和政府历来高度重视。为了加大监管力度，《食品安全法》等法律法规也相继出台，深入落实了生产企业质量安全主体责任。随着消费者对食品安全意识的不断增强，食品安全问题越来越受到全社会的广泛关注，整个行业也将采取更加严格的措施，切实保障食品安全。

（2）消费结构不断升级　随着人们生活水平的不断提高，人们对白酒的消费由量的需要向质的追求转化，呈现出绿色、低度、品牌、多样、优质的特点，对白酒的消费越来越注重品质、安全、品牌、低度等，也对白酒工业提出了更高的要求。

（3）产业集聚快速发展　产业集聚是工业化发展到一定阶段的必然趋势。以酒类生产大企业、大集团为龙头，以各类开发区和工业集中区为依托，以区域化聚集、专业分工和社会化协作为特点的食品产业集群将成为现代食品工业的发展趋势。

2. 战略定位、指导思想

（1）战略定位　立足自身优势和区域内酒业发展态势，未来我镇酒业总体战略定位是：中国芝麻香白酒生产基地、山东酒类物流交易中心。

（2）指导思想　高举邓小平理论和"三个代表"重要思想伟大旗帜，坚持以科学发展观统领酒业经济全面发展，以市场需求为导向，以优化结构、提高效益、促进农民增收、解决"三农问题"、确保酒类食品质量安全为目标，以实施大集团战略和品牌战略为核心，着力推进结构调整、企业创新、科技进步和质量监管，加快酒类工业发展由量的扩张向质的提升转变，实现高起点、高水平的可持续发展，为工业经济强镇做出更大的贡献。

3. 发展重点和布局

根据产业基础和发展实施，以山东景芝酒业股份有限公司为镇区白酒产业重点布局区域，做大做强景芝白酒产业。切实抓好两大园区、三大工程、四大平台建设。

两大园区：推进景芝酒生态酿酒产业园和景芝酒生态藏酒文化园两大园区建设，全面提升酿造、包装、储酒和检测能力，进一步改善生产环境，扩充生产能力。

三大工程：全面实现经销商培育工程、"山东是中国白酒发源地之一，景芝是山东白酒重要发源地之一"的文化挖掘工程和"百亿景酒"的战略工程。

四大平台：科学构建人力资源平台、营销平台、技术平台和信息平台。

积极开展申报"中国芝麻香型白酒第一镇"工作，加大弘扬酒文化，实施品牌战略，整合景芝酒资源，带动酒类相关产业发展，打造生态白酒酿造基地。

重点发展景芝、景阳春品牌系列白酒，壮大市场竞争优势，形成稳定的经济增长点。

中国白酒原酒之乡——四川省邛崃市

敖成

一、邛崃白酒产业发展概况

(一) 邛酒发展运行基本情况

邛酒产业是邛崃的特色优势产业,拥有"中国最大的白酒原酒基地"和"中国白酒原酒之乡"这两大金字招牌,是国家地理保护标志产品,在四川乃至全国酒业及酒文化发展史上有着重要地位。邛崃拥有规划面积5平方公里的成都市唯一的酒业园区,全市白酒生产许可证持证企业159家,国省级白酒专业人才61人,省级以上著名品牌产品23个,拥有省级技术中心1个,成都市级技术中心3个。已建窖池23741个,其中窖龄10年以上的12018个、5年至10年的4990个、5年以下的6733个,年白酒生产能力30万千升。2016年,规模以上邛酒企业完成工业产值25.27亿元,同比增长12.5%,实现主营业务收入23.03亿元,同比增长17.2%,酒企入库税收2.41亿元。2017年,19户规模以上白酒企业实现产量8.05万千升,同比增长9.3%,实现工业总产值33.7亿元,同比增长33.2%,实现工业增加值15.8亿元,同比增长33.9%。2017年全市酒类企业实现入库税收收入3.91亿元,同比增长72.8%,其中国税3.35亿元,地税0.56亿元。

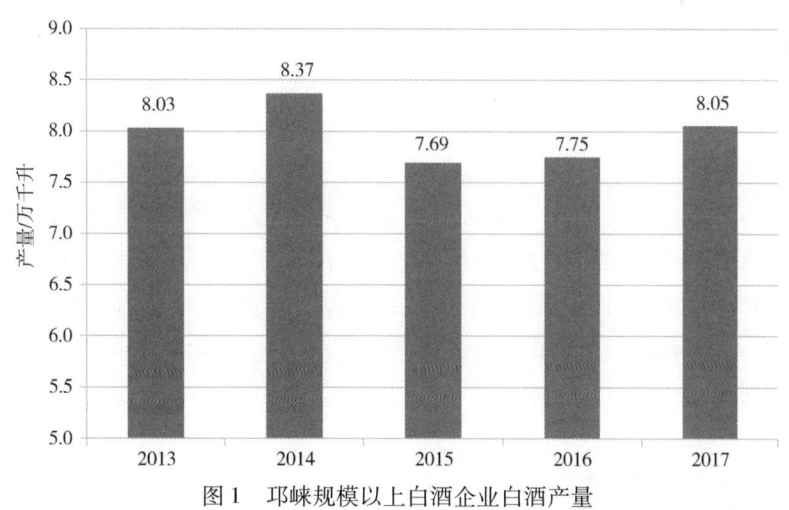

图1 邛崃规模以上白酒企业白酒产量

总体来看,近几年邛崃规模以上白酒企业白酒产量变动较为缓和,变动幅度不大,受行业因素影响,14年产量出现了负增长;近两年白酒行业复苏,产量有小幅回升。从产量上来看,邛酒的产能优势没有发挥出来,受行业因素影响是一方面,原酒没有得

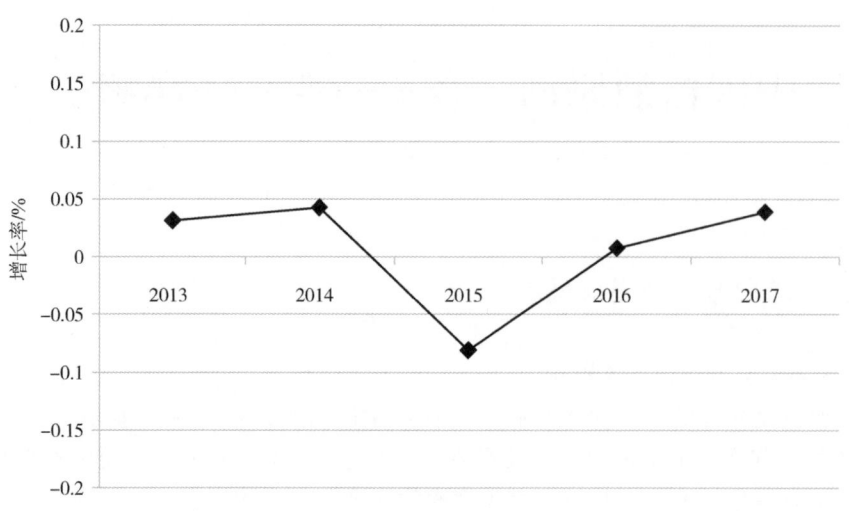

图 2 邛崃规模以上白酒企业产量增长率

到广大消费者的正确认识是另一方面。有句老话说的是"酒香不怕巷子深",但将这句话放在产品同质化严重、竞争异常激烈的今天,也许我们应该重新审视一下其合理性,酒香是否真的不怕巷子深。

2017 年,邛酒产业积极适应全国白酒行业发展新常态,紧紧抓住行业复苏新契机,大力加强资源整合、产业扶持、品质提升,邛酒产业实现稳步发展,为适应白酒产业发展新常态,2017 年初,邛崃市调整了白酒产业发展领导机构,将原邛酒产业发展领导小组更名为邛酒产业创新发展领导小组;在品牌重塑方面,通过兼并重组、与知名白酒品牌企业合作等方式,整合邛酒产业资源;在创新发展方面,举办了白酒产业创造高峰论坛活动,围绕"新变革、新消费、新发展",就新常态下,白酒产业如何稳中求进、创新绿色健康发展、融入"一带一路"等展开研究,配套邛酒创新展示,创新"邛酒+"业态发展;在品质提升方面,全面完成《邛崃浓香型白酒原酒生产技术规范》《邛崃浓香型白酒原酒》编制、备案工作;环境治理方面,由水务局牵头实施第四污水处理厂出水排水管道工程,目前已完成工程量 80%,已建成污水管道约 25 公里;宣传营销方面,积极指导邛酒企业参加糖酒会、农博会等重大展示展销活动,并组织渔樵集团、文君酒业等企业参加成都造中国行、贵州酒博会、俄罗斯食品展等国内外市场拓展活动;同时还积极推动产业链发展,邛崃市以"邛酒文化"为核心,积极挖掘邛酒文化底蕴,打造邛酒文化旅游产业,继续抓好"中国酒村——邛酒文化风情旅游村落景区"提档升级工作。

(二)邛酒发展影响力事件记事

1. 剑南春全资回购文君酒厂

"一曲凤求凰,千载文君酒",文君酒是与一段优美的爱情故事联系在一起的:西汉才女卓文君为了追求真爱,离开权贵之家,与大才子当垆卖酒,成为千古佳话,令无数文人墨客神往。而近 30 余年,这一老牌酒企的命运却比故事中的女主角更波折,突围之路更看似遥遥无期。

文君酒是我国白酒业最具历史文化价值的品牌之一，20世纪80年代曾声名显赫。但是自20世纪90年代以来，由于经营不善，企业和产品每况愈下，资不抵债。文君酒开始走在它命运多舛的路上，2000年，文君酒厂由蓝剑出资1.2亿元收购；2001年，剑南春凭借持股62%成为文君酒厂的控股方；2004年，文君酒厂扭亏为盈，实现利税2000多万元，净利润600多万元；2007年5月份，轩尼诗斥资2500万欧元收购文君酒业55%的股权，剑南春集团仍保留文君酒业45%的股份，轩尼诗控股文君的这十年，文君酒的市场形势未能发生根本性扭转。

文君酒在轩尼诗经营下的十年间尽管没有骄人的业绩，但"内功"修炼得更为扎实，软、硬实力得到了夯实，为今后的发展奠定了基础：

（1）产能上大大提升　目前文君酒厂产能6000吨，而轩尼诗接手文君酒厂时，文君酒厂的产能仅有2000多吨，真正可以用于生产文君酒的大概只有500~600吨。在轩尼诗接手文君酒厂第二年之后，文君酒厂绿色环保锅炉房便已竣工，提高了能源利用效率。2013年，文君酒厂生产区二期工程已正式竣工，提升了60%的产能，并持续投资于基础建设。

（2）酒质得到改善　轩尼诗接手文君酒厂之后，通过改善品质，将原本售价几十元的产品提高到了1000元以上。与此同时，轩尼诗请来了声望卓著的酿酒大师吴晓萍进行勾调，推出了天弦、大师甄选55等超高端产品。

（3）品牌建设、消费者体验建设成为其他白酒学习模范　经销商表示，"文君酒的品牌建设、消费者体验工作方面做得很好，有很多值得白酒学习的东西。"轩尼诗接手文君酒厂之后，深度挖掘文君故事，耗资数亿建成文君酒庄，用材考究，力推调酒师，用洋酒的方式给消费者讲故事，营造文化氛围，让消费者产生好感。

除此之外，文君酒还拥有支撑品牌建设的历史文化和符合当下消费者的独特的口感，是文君酒巨大的竞争优势。

剑南春此番回购文君酒厂，可借助卓文君和司马相如的千古佳话重新打造一番，重新定位文君酒，不做高端，做中低端白酒，价格定位在200~300元，满足大部分中产者的生活及消费需要，充分发挥文君酒的产量、口感及品质优势，把销量走上去。

2. 中国石油四川销售非油品分公司与有缘坊达成战略合作

有缘坊酒业，源自清代集成烧酒作坊和90年代初的集体所有制企业（邛崃市蜀粮液酒厂），历经公私合营、兼并重组、迁入酒业园区等历程，经年不衰。现拥有浓香型人曲泥窖池3000余口，年产浓香型原酒9000多吨；更兼有酱香型和小曲清香型生产车间，是白酒行业最先倡导多香型融合的企业之一。目前，公司各种香型的优质原酒储存量达6万余吨，以古法陶坛储存，吸天地日月精华，历久弥香，优雅醇厚，彰显出独特的有缘坊风格。因为以高性价比著称，有缘坊在1919酒类直供等销售平台，一直保持着不错的销量。

在请辞水井坊董事长后，黄建勇也就离开了奋战30年的全兴集团和水井坊，此后为人低调，极少在公开场合露面。历时三年多的"苦练"后，1月18日晚间黄建勇再次回归舆论视野，而此次亮相的身份则是有缘坊酒业董事长。当天，黄建勇携全新打造的白酒品牌"有缘酒"与四川非油签署战略合作。

根据战略合作协议，有缘坊酒业已开发三款专属定制产品及两款标品酒进入非油销售系统；下一步，双方还会打造共有品牌，凭借有缘酒优质的酒体和中石油强大的销售网络，进行市场推广布局。有缘坊酒业总经理李恋透露，有缘酒定位于中高端市场，2017年整体销售额在5亿元左右，未来将重点打造四川、上海、江苏、广东、山东等市场。

黄建勇此次重出江湖"再创业"，选择在原酒基地邛崃，对邛崃白酒产业的发展而言，不可谓不是一件好事。不仅自己来了，还带来了合作伙伴，订立共同发展计划，此举势必会对邛酒发展起到举足轻重的作用。

3. 邛酒集团的建立及发展

2016年6月，由邛崃市建投集团牵头与8家白酒骨干企业共同出资组建成立了国有控股和民营参股的混合所有制企业——四川邛酒集团有限公司。组建国资主导的产业龙头公司，旨在引领邛崃白酒企业创新发展，整体升级，激活百亿产业的市场主体，形成国有控股和民营参股的混合所有制企业。相对于邛崃当地数量庞大的生产企业而言，其目前容纳的成员并不多。

2016年8月，邛酒集团联手川发展设立原酒产业基金管理公司，涉足白酒金融，开展原酒收储与销售、股权投资、技术服务、原酒仓储的业务，为白酒企业发展提供资金支持。同时，邛酒集团还与1919达成合作，借助1919线上线下渠道和会员数据库推广邛酒。此外，打造"邛崃创意白酒小镇"探索"酒+旅游"的发展模式。

虽然邛酒集团在多元化发展层面做了诸多探索，但真正落实到邛酒基酒品牌构建和打通销售渠道上还是在与互联网白酒品牌燃点达成合作之后才有实质动作。2017年3月，邛酒集团和合作伙伴"燃点"一起推出了"邛酒+"平台，以邛崃产区为优势，为行业输出集品牌营销、产品开发、线上销售于一体的综合型互联网服务平台。"邛酒+"平台主要是为了完成三方面职能：一是基于互联网内容营销的邛酒品牌升级传播；二是从产品定义、设计到营销的专业化；三是通过燃点酒仙网、天猫、京东等线上旗舰店以及线下代理商渠道完成销售。

邛酒集团此番整合，对邛酒企业抱团发展，具有相当积极的推动作用，对寻求突围之路具有积极的开创意义。近两年，产业链、生态圈等概念反复被提及，整个白酒行业均在积极布局，行业内及跨行业的强强联合就成为实现资源最大化的有效方式。"邛酒+"的诞生，基于白酒产区与新兴白酒品牌的优势互补。与此同时，作为衡量消费者口碑、行业地位与企业经营情况的晴雨表，"品牌"在白酒行业内的重要性不言而喻，这也是每年都会出现类似"中国十大白酒品牌"榜单的原因所在。虽然邛酒原酒的品质出众，但相较于宜宾的五粮液、泸州的泸州老窖而言，邛崃至今尚未拥有一个在全国叫得响的品牌。"邛酒+"的出现，将有助于在邛崃产区品牌的基础上构建强大的产品品牌，为在白酒行业内打造、强化品牌提供新的思路。

二、邛酒产业发展面临的问题

(一) 邛崃酒企税负过重

邛酒陷入困境还有一个重要原因,是高达近43.7%的税负。白酒在我国是限制性行业,税率较高,各地为保护地方税源,在执行过程中,都采取了"征税包干""放水养鱼"的政策。起初邛崃也采取这一政策,促进了当地白酒产业的发展。但2002年"查税事件"后,邛崃停止了"税收包干",并开始对此前偷漏税的酒企补缴税款。相比于宜宾、泸州等其他白酒产区,邛崃白酒企业在2002—2010年间,没有享受到税收优惠,这无形中加重了企业成本、严重弱化了产业的市场竞争力。

(二) "小、散、乱"和高库存低创新的问题

邛酒在发展中,长期存在"小散乱"问题。一是企业规模小。在邛崃当地159家持证企业中,年销售额在2000万以上的仅有23家。二是地域散、结构散。目前,邛崃除26家企业入驻酒业园区外,其他142家仍分布于邛崃各地,难以形成规模。同时,邛崃90%以上的酿酒企业以生产原酒为主,瓶装品牌酒占比很少。三是市场秩序乱。邛崃白酒企业大多目光短浅,各自为政,缺乏合作精神;而且生意场上相互倾轧杀价严重,恶性竞争导致产区溢价能力较弱。可以说,邛酒当前困局除了环境因素,更多的是内部不团结造成。

同时,经济下行后,"黄金十年"迅速扩张原酒产能,给邛崃白酒企业带来的是逐年攀升的产品库存。发展理念相对落后,应对市场能力弱。重销售、轻服务,重经销商、轻消费者,不能借助现代化的营销理念及方法来扩大市场份额。技术创新较少,品质不够稳定,缺乏核心关键技术,产品与市场创新不足,制约了邛酒转型升级发展。

(三) 附加值低,利润空间小

邛崃虽然是"中国原酒之乡",拥有规模庞大的白酒生产窖池,却一直没有一个全国驰名的原酒品牌,致使邛崃原酒对外缺乏应有的市场话语权和定价权,只能当作工业原材料售卖。同时,邛崃没有像茅台、五粮液这样的品牌龙头企业带动邛酒产业整体发展。目前仅有的古川、文君等瓶装酒企业,多为区域性品牌,市场占有率较低。引进的金六福、枝江等也只在邛崃生产原酒,并不在当地进行灌装。

(四) 融资难,发展乏力

邛崃酒业鼎盛时期,邛崃是典型的"吃饭财政",根本没有"余粮"支持酒业的产业化,1000多家酒企无序竞争、恶性竞争,失去了产业化的第一波战略机遇期。与宜宾、泸州"举全市之力"打造"首席产业"相比较,邛崃获得四川省成都市两级部门支持较少,更无高层面的白酒产业发展规划及配套产业政策支撑。

其中,"融资难"成为当下酒企老板最头疼的事。邛崃酒企的融资模式单一,主要以银行信贷为主。2013年以前,金融部门对白酒行业很是厚爱,争相贷款。2013年白酒行业调整后,银行开始收贷停贷。有酒企老板说,从2015年9月起,很多银行不管企业经营好坏,都"一刀切"停止了贷款,融资难是制约邛酒发展的一大难题。

（五）人才匮乏，难以满足原酒企业长远发展要求

邛崃作为中国最大的白酒原酒基地，处于白酒产业链上游，原酒生产分散，存在大量酿酒作坊式企业，没有形成影响力足够的大企业，且地缘优势不够明显，难以吸引到人才，尤其是高端人才的到来。且基于散酒产地的优势，却没有形成自己的人才培养机制，人才自给自足更是无从谈起，在如今的市场条件下，人才的匮乏成为制约原酒产业发展的一大因素。

三、邛崃白酒产业发展的对策建议

（一）邛崃白酒行业

1. 规范白酒市场，消除恶性竞争，形成行业合力

国内的白酒产业目前都存在一个问题就是"各自为战"，各个酒企都只顾自己，不顾别人，不懂得合作与共赢，难以形成合力。虽说2016年建立了邛酒集团，但整合的仅仅是一部分酒企（8家），不能从根本上消除内耗问题。邛酒下一步需要做的事情就是协调各个企业，大家坐在一起共谋发展，消除恶性竞争、减少内耗，尽快形成行业合力、凝聚力。共同将"邛酒"这一原酒产区打造更好，打造原酒品牌，抢占消费者心智，让人一想到原酒就想到"邛酒"，让邛酒成为原酒的代名词，从而提升原酒品牌化率和议价能力。

2. 重塑消费者认知，重新定位邛酒

邛酒作为原酒产区，在消费者的心智中有着怎样的认知？这是一个需要解答的问题。重新定位，就是要抢占消费者的心智阶梯，重塑消费者认知，以一个新概念或新认知打入消费者心智。

目前大多数的原酒企业将自己的营销集中于价值链的下一个环节，即自己的直接客户（成品酒制造商），而不是向最终消费者宣传，因此，面临无人知晓、易被替代、关系营销风险等三大困境。现在，随着市场竞争越来越激烈，原酒企业迫切需要消费者感知到自己的产品、服务与竞争对手的差别，并以此建立客户关系。既然原酒的价值已被业内人士认可，索性打开瓶装酒的枷锁，向消费者普及和宣传原酒对于成品酒的重要性，让消费者达成好酒源自好原酒这一认知，直接建立消费者对于白酒品质的重新认知。

（二）企业自身

1. 品牌营销

白酒的品牌不同，营销的目的和手段就有所差别。在产品质量趋同、竞争激烈的今天，要想赢得更多的市场份额，白酒企业的品牌营销便成了不可或缺的一环。品牌营销策略的选择应根据酒企自身的定位、产品特色等方面来制定，对于邛酒而言，既有瓶装酒企也有散酒酒厂，在此分别进行论述。

（1）对于古川、渔樵、文君这样的优势企业，可以打造一些单品，讲好品牌故事，定位就是中低端，做货真价实的浓香型白酒，以单品打入市场，满足目标消费群体的需求，争取成为目标消费群体消费量最大的酒品，从而提升品牌知名度，让其区别于自己

的竞争对手。

（2）对于生春、宏达等原酒企业可以打游击。品牌建立的过程，不是一个简单的过程，需要花费时间金钱，还对专业、技术等有相当的要求。不单要建立起从企业理念、企业文化、品牌策划、品牌管理、品牌营销到市场营销管理的系统机构，而且还要以一套系统、完整、科学、严格的制度予以约束。原酒企业要单打独斗建立起品牌优势是比较难的一件事情，所以可以联合起来，组建集团化、规模化的企业，放弃各自为战的策略，联合起来走向品牌化经济。

2. 开辟新渠道

（1）推动"直供＋互联网＋邛酒" 促进1919、环球佳酿与邛酒集团联手，推动原酒生产端、金融资本端、产品销售端有机链接，加强邛酒产业链垂直整合，激发邛酒发展活力。深化与燃点酒业的合作，开发"互联网＋邛酒"平台，引入不同的创业团队或项目组，基于互联网创新，探索个性化定制产品服务、产品众筹、窖池众筹、酒类投资收藏、G2M（用户直连制造）互联网时代商业模式，形成面向新兴消费群体的新业态。

（2）探索"一带一路"市场 积极融入"一带一路"和"蓉欧＋"战略，面向国际化市场尤其是华人聚集较多的"一带一路"沿线国家，厘清准入条件、消费需求、介入平台，充分利用国际电商和中介渠道，探索开发针对新加坡、泰国等境外华人消费圈的特色产品和适合俄罗斯等国家消费群体的创新产品，让邛酒在更大程度上走向国际市场。

（三）政府部门

1. 打造"一区一谷两平台"

一区，即5平方公里的酒业园区，优化空间布局，完善功能分区，加大企业培育和招引力度，推动形成产业集群效应。对邛崃境内园区外酒企，其搬迁入园腾出的土地政府实行优先收储。对邛崃市外搬迁入驻酒企，对企业所在地政府给予一定年限转移支付支持，对新入园企业实施税收返还、社保缓缴等特殊优惠政策，尽快实现酒企入园"应入尽入"。增强园区土地、能源、人才等要素保障。一谷，即菁蓉酒谷，整合各类资源将菁蓉酒谷打造成国内一流的白酒专业孵化器。两平台，即交易平台和金融服务平台，在交易平台方面，探索在邛崃设立成都白酒交易中心；在金融服务平台方面，按照市场规则开展原酒收储、白酒金融、股权投资、原酒质押等业务，为白酒企业发展提供资金支持。

2. 丰富白酒文化载体，加强品牌背书

以创建国家全域旅游示范区和打造平乐古镇·天台山国家5A级景区为契机，推动邛酒与文化旅游产业深度融合，促进邛酒品牌与邛崃旅游品牌互补发展。加快"名酒—名镇—名街"建设，推进邛酒会展、文化展示、体验旅游等关联产业发展，打造平乐、卧龙白酒特色小镇。到目前为止，邛崃之于全国的符号价值仍在原酒，应当将邛崃从酿酒到风土人文都融入产品的背书，从而构建一批有背景、有故事、清晰表达又不失特色的差异化品牌。

单方面来看，一坛好酒、崃一口等品牌都在挖掘产区价值，增添市场竞争的筹码；

不过我们也应该看到，第一，这些品牌带着邛崃符号的持续传播会随着销量增加从而扩大产区的美誉度，就如茅台品牌之于茅台镇的价值放大；第二，随着这些更懂新一代消费群体的品牌在全国不同区域市场的销售输出，邛崃产区的符号也会增加这些品牌自身的文化，正如一坛好酒高大上的"国际范儿"形象和崃一口彰显本土慢生活的好玩儿气息，也会随着品牌成长，量变累积到反哺产区品牌。

3. **重塑人才理念，推动产学研结合**

若只是以邛酒企业本身，确实很难在吸引人才方面有所突破，因此要在人才吸引和培养两个方面做文章。首先在人才吸引方面，给予优秀人才以编制，以此岗位服务于地方白酒企业，吸引并留住人才。其次在人才培养方面，建立产学研发展模式，为企业与高校搭建合作平台，建立企业需求导向——院校对应培养的模式，开设相应特色专业，根据本土企业需求培养相应的人才，从本质上解决人才缺乏问题。同时推动生产与研究的结合，促进学校等科研机构与企业进行技术创新交流，增强企业的创新能力，推动产业转型升级，渠道转型升级，从而提高产品附加值，提升利润空间。

4. **探索新的融资渠道及税收支持**

兵家有云：兵马未动，粮草先行。企业的发展和创新都离不开资金的支持，许多中小白酒企业就是因为资金问题而得不到良好的发展。因此，政府和企业要探索新型融资渠道，可以实行白酒抵押贷款等模式，扩大对白酒企业特别是成长型企业的信贷支持力度，鼓励企业技改扩能，帮助企业快速成长。在税收政策上建立相应的激励机制，降低白酒企业生产税赋，提高中低档白酒的市场竞争力。此外还应建立相应的财政、金融、税收支持政策。

中国白酒名城——湖北省枝江市

谭崇尧　闫友华

枝江市地处长江中游北岸，江汉平原西缘，西汉设枝江县，因"长江至此如乔木分枝"而得名，因枝江酒而闻名。全市国土面积1310平方公里，辖8个镇1个街道办事处，198个行政村，总人口约50万人。枝江是宜昌的东大门、经济发展增长极，是省级重点开发区域、全省一类县，是长江经济带全域开放开发重要节点城市，连续14年被评为"全省县域经济发展先进县市"，全国百强排名持续进位至121位。2017年，我市奋力夺取"冲刺全国百强、建成中等城市、实现全面小康"三大目标，加快转方式、调结构、促发展、惠民生，经济社会保持良好发展态势。2017年，预计全年实现生产总值480亿元，同比增长2%，规模工业总产值414.6亿元，同比增长1.4%，地方公共财政预算收入17.8亿元，固定资产投资总额343亿元，社会消费品零售总额142亿元。

一、枝江白酒产业发展的主要优势

悠久的酿酒文化、独特的区位优势、得天独厚的酿酒环境、精湛的酿酒技艺、良好的市场品牌，支撑枝江白酒迅猛发展、长盛不衰。全市现有白酒生产企业4家，其中枝江酒业是全国民营企业500强、湖北省百强企业。2017年，全市白酒规模工业企业实现产值14.7亿元，商品白酒产量25万千升。

（一）酿酒历史悠久

枝江是大溪文化的发祥地，具有悠久的稻作文化和酿酒文化，关庙山遗址出土了很多与酒的生产、饮用相关的石器、陶器。枝江依水而居，物产丰富，独特的港口码头优势转化为商贸经济优势，酿酒业随之而兴，明清以来日益繁荣。20世纪90年代以前，枝江境内村村有糟坊、镇镇办酒厂。枝江酒业的前身"谦泰吉"糟坊，创办于1817年，具有200年酿造白酒的历史。

（二）区位优势独特

交通网络便捷。枝江临空临江临港临铁，是全国区域性交通网络的重要节点。长江黄金水道横贯东西，拥有自然深水岸线111.5公里，拥有码头5个，其中三宁综合码头规模较大，年吞吐量500万吨。国家投资建设的七星台港口新城进展顺利。从北向南，有焦柳铁路、宜张高速和鸦来、雅澧省道，北可通河南、河北，南可通湖南、广东，连接中原经济区、珠三角；从东向西，有沪蓉高速公路、汉宜高速铁路和318国道，东可通安徽、江西、上海，西可通重庆、四川，连接长三角、成渝经济区。三峡机场距市中心25公里。依托良好的交通区位优势，枝江正在规划区域大物流，努力建设长江经济带区域性物流集散中心。四通八达的交通网络便于枝江白酒的原料、产品流通，有利于枝江白酒产品和品牌向华中及周边区域扩展，增强辐射力和影响力。

地域条件优越。长江中游地区是国家重点开发区域。枝江是长江经济带新一轮开放开发的重要地段，是湖北省除武汉城市圈和地市州所在地区以外唯一的省级重点开发区域，为白酒产业发展提供了有利的基础条件和政策环境。

酿造原料丰富。枝江所处的江汉平原历来是全国粮食主产区。枝江是传统农业大市，是全国产粮大县、全国双低油菜大县、全国生猪调出大县和全省水产大县、全省水果大县，素有"鱼米之乡"的美誉。2017年，全市粮食作物总产量达到33万吨。丰富的粮食资源，为优质基酒的酿造提供了充足原料。

（三）品牌知名度高

枝江拥有多个国家和省级白酒名优品牌，全市酒类注册商标125件、专利120件。其中，"枝江"是中华老字号、中国驰名商标，"枝江"系列白酒是国家地理标志产品、湖北名牌产品，"谦泰吉"是湖北省著名商标，"西陵""香帅"是宜昌市知名商标。枝江酒业先后聘请成奎安、曾志伟、孙红雷担任形象代言人，从"酒是陈年好，百年老字号"到"来来往往，喝杯枝江"，从"越来越好，越来越近""知心知己枝江酒"到"同心同享，百年枝江"，"枝江"品牌在全国的知名度和市场美誉度不断提升。

（四）规模优势明显

2017年，枝江4家白酒规模工业企业年产量达到25万千升，枝江白酒企业坚持错位发展、差异发展战略，不断丰富全市白酒品种和产品层次。枝江酒业"枝江王""谦泰吉""百年枝江""大师原酎"等系列浓香型白酒涵盖了中低端到高端市场；西陵酒业"西陵特曲"系列兼香型白酒、"三游春"系列露酒，鸿岭酒业"鸿岭"系列酱香型白酒、"枝江小曲"系列清香型白酒，香帅酒业"金枝大曲"和"香帅特曲"等浓香型白酒，受到越来越多消费者的喜爱。

（五）市场网络健全

枝江酒业已逐渐形成了以湖北为中心，以湖南、河南、江西、安徽为重点，东至上海、北至黑龙江、西至新疆、南至海南的全国化大市场战略构架，省外河南、湖南、江西、安徽、江苏、北京、河北等市场销售收入突破亿元。

二、2017年枝江酿酒行业发展的主要特征

（一）产业规模不断扩大

枝江拥有酿酒车间总面积10余万平方米，7000多口大型发酵窖池，优质商品白酒年产能达15万吨。2017年，白酒相关产业链累计产值达20亿元。其中，枝江酒业产业集群得到迅猛发展，投资2亿元的曲房仓库建设项目建成投产，该项目采用伺服跟踪技术的定量加水，拥有先进可靠的控制系统和强大的后台数据功能，生产作业环境得到极大改善，劳动强度大幅降低，其规模效应进一步显现。

（二）产业地位举足轻重

2017年，枝江市规模以上白酒工业企业实现工业总产值14.7亿元，占全市规模以上工业企业总产值的3.5%；实现白酒商品量25万千升，入库税收1.5亿元，占全市规

模工业企业税收的 16%。

（三）品牌建设成效显著

枝江市拥有多个酒类注册商标，其中"枝江"是中国驰名商标、中华老字号、湖北省著名商标、湖北省名牌产品。枝江酒类企业品牌建设已经有一定的影响，"枝江""西陵特曲"等白酒品牌在全国消费者中拥有较高的知名度和美誉度。

（四）营销网络不断健全

目前，枝江白酒经销网络已遍布全国 20 多个省（自治区、直辖市）400 多座城市和广大农村，拥有一级代理商 600 多家、二级网络 35600 多家。2017 年，枝江酒业产品省内、省外的销售比重为 1∶1，与全国同等规模白酒企业相比，市场结构更加合理。

（五）销售转型取得进展

2017 年，枝江市白酒企业普遍开展产品品种、市场布局和渠道建设的销售转型。首先是产品品种的转型。枝江酒业按照大单品战略持续推进，确定清坊、柔雅系列（含柔雅 18 系列）、新十年、方盒二代、蓝柔特曲、老枝江、小特酿作为公司主推的主导品种并确定指导价格体系，各市场严格围绕上述品种配置资源。然后是市场布局的转型。从之前广撒网式的市场布局逐渐调整为重点攻破，2017 年枝江市内白酒企业在湖北省内和江西、河南、江苏、安徽以及湖南的部分市场均呈现出"趋稳向好"的局面，特别市江西市场，"柔雅枝江王"全年销售 4 万多件，同比增长 317.51%；"红十年枝江王"和"新十年枝江王"2 款产品合计发货 15 万件。三是渠道建设的转型。通过综合评估市场基础、产品结构、客户软硬件等要素，把南阳、信阳、枝江、鹰潭、常州、玉山等地列为样板市场，进行升级再造。四是散酒销售的转型。2017 年，枝江酒业将散酒的招商、销售逐步向枝江周边推广，目前县市总代理和加盟店开业 60 家，2018 年计划加盟店总数达到 200 家，销售总收入 1 亿元以上。

（六）科研实力全国一流

枝江白酒企业一直高度重视科技发展，先后与湖北工业大学、三峡大学、华中农业大学、中国食品发酵研究院、710 研究所等高校和科研院所签订长期技术合作协议。枝江酒业建立了湖北省唯一的博士后创新实践基地和酿酒工程技术研究中心及中南地区首屈一指的质量检测中心。枝江白酒企业累计获得 100 多项专利，《智能信息化在白酒制造业中的应用研究》被湖北省政府纳入重点支持项目；《浓香型白酒酿造微生物及其发酵技术的研究与应用》荣获湖北省科技进步二等奖；《储存对浓香型基酒品质的影响研究》和《浓香型枝江白酒风味物质剖析技术的研究与应用》成功入选中国白酒科技攻关"169"计划。2017 年，枝江酒业与中国食品发酵研究院合作开展《柔雅枝江白酒风格剖析及关键酿造技术的研究》科研项目，10 月通过中国轻工业联合会组织鉴定。"柔雅香型白酒研究院"2017 年正式成立，"枝江酒"的酒体正在从浓香型大曲逐渐向"柔雅香型"进行转型提升。

（七）人才培养实力雄厚

全市白酒企业拥有各类专业技术人才 300 多名，中高级职称技术人才 200 多名，研究生 21 名，享受国务院特殊津贴的白酒专家 3 名，中国酿酒大师 2 名，中国白酒大师 2 名，中国首席白酒品酒师 1 名，国家级白酒评委 9 名，国家级果露酒评委 5 名。枝江酒企在培育人才的同时还注重引进智力资源,先后聘请周恒刚、沈怡方、梁邦昌、高景炎、高月明、栗咏清等国内外知名白酒专家为顾问。

(八) 产业集群配套完善

枝江市在加强白酒产业发展同时也注重配套产业发展,形成以白酒酿造为主,配套产业集聚发展的格局。目前枝江拥有陶瓷、玻瓶、酒盖、塑料制品、包装印务等 40 多家配套企业。此外枝江市还在江口、顾家店、七星台等镇规划建设高粱原料基地近 10 万亩。

三、影响枝江产区发展的主要问题

(一) 品牌意识不强

枝江白酒虽具有一定的优良品质,但在文化内涵挖掘、广告营销推介等方面还有很大的发展空间,普遍存在品牌知名度不够高,影响力不够强等制约发展的问题,难以在市场上形成强势的竞争优势。目前,仅有湖北枝江酒业集团 1 家企业获得中国驰名商标、中华老字号、中国地理标志产品保护称号。

(二) 洼地效应不够

枝江作为中国白酒名城,其优质白酒品牌建设和生产地位很不相称,中小白酒企业普遍具有小、弱、散的特征,在全国市场上形成的强势品牌仅"枝江"一家。

(三) 宣传力度不大

白酒市场竞争日趋激烈,但纵观枝江白酒市场的运作,大部分企业仍处于粗放式状态,特别是中小白酒企业,很少进行精耕细作,大部分营销宣传意识不够,"走出去"观念不强。与枝江酒业一同入围 1988 年湖北省首次也是唯一一次"八大名酒"的西陵特曲营销宣传意识有待加强。鸿岭酒业、香帅酒业等一些具有竞争实力的白酒企业虽考虑了营销宣传的策略,但投入力度不够,缺乏整体性。

(四) 开放意识淡薄

枝江白酒企业大开放的经营观念不足,引导市场的意识不强,发展中往往安于现状。中小企业间低水平重复建设和简单的价格竞争现象明显,龙头企业在对中小企业品牌建设方面带动和扩散效应有限,造成产业的开放度不高,竞争力偏弱,经济外向度偏低。

四、促进枝江白酒产业发展的主要措施

枝江市委市政府高度重视白酒产业发展,2017 年,市委成立了枝江市产业发展领导小组,市委书记刘丰雷同志任组长,市长丁庆荣同志任第一副组长。其中高端食品制造产业由副市长姚迎九任组长,负责白酒相关产业发展工作。

(一) 坚持产业倍增,着力壮大百亿产业集群

积极引导资金、技术、人才等要素向白酒产业集群集中,完善配套公共服务体系,引导集聚发展,形成规模效应。支持枝江酒业加快转型升级,拓展配套产业,打造全国

最大的新名酒品牌；扶持西陵酒业、鸿岭酒业、香帅酒业等中小白酒生产企业丰富产品线、开拓市场，开发定制白酒；引导白酒企业加强合作，通过品牌授权、共同研发等方式实现差异化共赢发展；加快发展酒类配套产业，积极延伸产业链条，做大做强集种植、酿造、储藏、灌装、包装、物流、会展、旅游休闲为一体的白酒产业集群。力争到2020年，商品白酒产能达到20万千升，白酒企业实现销售收入200亿元，实现利税10亿元，带动就业万人以上。

（二）坚持创新驱动，着力增强内生动力

建立和完善以企业为主体，科研单位、大专院校为依托，产学研相结合的自主创新体系，促进科技成果的产业化。以枝江酒业省级酿酒工程技术中心为平台，加快开发具有自主知识产权的核心技术和产品，提高白酒的科技含量和产品档次。加强对酿酒加工领域关键技术及共用技术的集成研究，开发、引进、推广一批食品加工重大关键技术、工艺和装备，突破食用农产品精深加工和综合利用方面技术瓶颈的制约，全面提升食品加工业的技术水平和装备水平，建设一批科技创新基地和产业化示范基地。支持白酒生产企业电子商务建设，电子商务信息化平台建设，引导企业发展官网直购平台、移动互联、O2O营销等。

（三）坚持项目支撑，着力延伸白酒产业链条

进一步完善白酒工业园基础设施，深化对在建项目的跟踪服务，推进各项白酒产业项目尽快建成投产、达产达效，推动枝江白酒产量、产值等经济指标不断提升。重点筹划实施白酒酿造基地、枝江物流园、农产品物流园等项目，延伸白酒、包装、物流等产业链，加速产业聚集，进一步提升白酒产业规模和层次。

（四）坚持品牌先行，着力提升核心竞争力

积极支持枝江白酒企业争创中国驰名商标、湖北省著名商标、湖北名牌产品。重点支持"谦泰吉""西陵特曲""三游春"争创中国驰名商标，支持"鸿岭""香帅"争创湖北省著名商标。深入挖掘枝江白酒文化历史，争取将枝江酒酿造技艺列入国家级非物质文化遗产名录。积极推广枝江酒业可追溯体系建设实践经验，充分发挥枝江酒业质量检测中心辐射作用，确保白酒食品质量安全。

（五）坚持绿色生态，着力发展循环经济

加大科技投入，支持白酒企业加强循环化改造，采取资金补助、贷款贴息等方式，对循环化发展的重大项目和技术示范产业化项目进行资金扶持。支持白酒企业采用清洁低耗工艺，加快推进资源节约型白酒产业建设。支持白酒企业农业产业化发展，延伸产业链条，壮大产业集群，力争到2020年，新增国家级农业产业化重点龙头企业1家，湖北省农业产业化重点龙头企业2~3家。

（六）坚持政策扶持，着力破解发展难题

设立产业发展调度基金，对于白酒龙头企业给予重点支持，对于白酒成长型企业给予一般性支持。搭建中小企业融资平台，帮助白酒企业解决急需流动性资金。保障发展供地，对于重点白酒企业扩规升级用地，予以优先保障。落实税收优惠政策，对酒类生产企业开发新技术、新产品、新工艺发生的研发费用按有关政策实行摊销。支持白酒产品营销，鼓励白酒企业参加国内省级以上展会或境外展会，广泛宣传白酒产品。

中国白酒原酒基地——山东省高青县

李永训

一、高青县白酒产业发展情况

（一）产业概况

高青县物产丰富，地理环境优越，具有得天独厚的酿酒自然条件，自古以来酿酒业十分发达。这里地处黄河下游，境内多湿地、多温泉，特有的地理位置、地域环境、气候条件和文化氛围等，造就了国井扳倒井白酒独特的品质和风格特点。近年来，高青县白酒产业发展不断实现大幅增长，国井扳倒井作为骨干企业，在品牌提升、科技创新、技术改造、品质提升和市场开拓等方面都取得重大突破。

（二）产业优势

高青县临近"古之四渎"之一的济水，酿酒文化源远流长，自然条件得天独厚，是国家地理标志产品保护示范区域，中国白酒的重要产区之一。加之山东扳倒井股份有限公司传承井窖工艺，酿造技艺精湛，技术力量雄厚，研发检测能力领先，为高青白酒的产业发展提供了重要的科技保障。

（1）中国酿酒文化起源地、酒祖仪狄故里、中国白酒名城，酿酒历史源远流长。

境内陈庄西周城遗址出土大量酒器酒具，反映了西周时期当地酿酒业的繁荣盛况。2012年，高青县被中国酒业协会授予"中国白酒名城"称号。2013年，经过中国殷商文化学会等国内外权威机构的专家学者综合考古论证，认定高青是中国酿酒文化起源地和酒祖仪狄故里，印证了高青县自酒祖仪狄至今三千余年的酿酒历史。

（2）黄河三角洲腹地、国家地理标志产品保护区域，酿酒环境得天独厚。

高青特有的沿黄湿地气候，为酿酒提供了良好的气候环境。这里属北暖温带大陆性气候，属于黄河三角洲冲积平原，土地资源丰富，耕地肥沃，是各类酿酒农作物生长的绝佳地带。

高青特殊的地理环境，造就了适宜酿酒的湿地生态。纵横的沟渠、摇曳的芦苇荡，为某些特殊的水生、陆生动植物和微生物的栖息繁衍提供了良好的自然条件。数据显示，高青比周边地区湿润很多，年平均相对湿度为76%～81%，这一独特的湿地自然环境特别适合各种酿酒微生物的培养和繁殖，是酿酒生产的风水宝地。据统计，有100多种酿酒微生物在这里和谐共生，成就了"高青湿地"独一无二的酿酒生态环境。

2010年9月30日，国家质量监督检验检疫总局对扳倒井酒实施地理标志产品保护进行了批准公告（总局2010年108号公告），扳倒井酒正式受到保护。扳倒井酒地理标志产品保护产地范围为高青县现辖行政区域。

（3）井窖工艺等白酒酿造工艺千年传承，技艺精湛。

山东扳倒井股份有限公司原酒酿造工艺精湛，井窖工艺酿酒传承千年，入选山东省非物质文化遗产名录。扳倒井传统的酿酒窖池为井形窖池。传统的井窖深2.0～2.2m，井壁为青砖砌成，井底为自然泥底，井口1米以下至井底，终年湿润，温湿度周年变化不大，受地表影响较小，微生物区系相对稳定，井窖间独立性较好。

扳倒井传统井窖酿造技艺历史悠久，在千年传承中形成了自身的特色：①采用"五步培曲法"。②特有的井窖窖池发酵。③独特的窖泥配方及培养方式。④高温堆积成香。⑤分级摘酒。井窖工艺酿造的扳倒井酒质量稳定，具有适度的窖香、轻微的酱香、淡淡的清香、突出的焦香及幽雅的焙炒芝麻香，具有"多香韵、多滋味、多层次"的特点，被有关专家誉为"香型融合的典型范例"，具有较高的知名度和美誉度。

（4）山东扳倒井股份有限公司技术力量雄厚，研发检测能力具备国内先进水平。

2011年，经山东省质量技术监督局批准，山东省白酒质量检验中心在高青创立。中心设在高青，充分说明了高青作为鲁酒核心产区的地位和影响。2011年，山东扳倒井股份有限公司、中国食品发酵工业研究院、山东省食品发酵工业研究设计院建立战略合作，成立第一家中国芝麻香白酒研究院、中国芝麻香白酒研究基地、中国芝麻香白酒微生物联合实验室等，共同开展科研项目，承担课题研究，加强科技攻关，推动芝麻香白酒的深度研发。

2012年9月，由中国食品行业唯一院士孙宝国加入，山东扳倒井股份有限公司建立了中国白酒行业首个院士工作站。这标志着中国白酒行业以院士及其团队为核心，依托国家大型酿酒企业联合进行科学技术研究的高层次科技创新平台正式建成。

2013年1月，经国家人力资源和社会保障部批准，以公司总工程师张锋国命名的，中国白酒行业首个国家级技能大师工作室在山东扳倒井股份有限公司建立。

2013年8月，经国家人力资源和社会保障部批准，山东扳倒井股份有限公司建立国家级博士后科研工作站。这些重大举措，为中国白酒尖端科技人才的培育营造了良好的工作环境，极大地提升了企业科技水平和自主创新能力。

（三）产业前景

山东是白酒生产和消费大省，有悠久的酿酒历史和深厚的酿酒文化。目前，高青县白酒企业积极贯彻落实省政府关于"发展山东特色白酒、全面振兴鲁酒"的指示要求，以全面建设中国白酒名城为契机，制定中国白酒名城全面发展规划纲要及实施细则，整合区域内白酒产业资源，夯实白酒质量根基，加强白酒原酒质量管控，提高白酒产品品质，加快国井扳倒井等品牌全国化的步伐，提升区域白酒产业的整体竞争力，加快实现高青白酒产品、产业结构全面优化和产业提升。

二、"中国白酒原酒基地·高青"的建设进度

多年以来，高青县积极筹备谋划中国白酒原酒基地建设，先后赴国内名酒企业、建设较早的原酒基地等考察学习，制定出《关于中国（高青）白酒研究基地规划建设纲要》，并在工作实施开展中不断修正与完善。目前，高青县原酒基地建设在产能规模、储酒能力、科研水平等方面已取得一定的成果。

1. 建成中国最大的纯粮固态酿酒车间

扳倒井第九纯粮固态发酵酿酒生产车间，建于 2006 年，面积 48262.5m²，车间内有窖池 2916 个，蒸酒用甑 42 个。2007 年，第九纯粮固态发酵酿酒车间被上海大世界基尼斯总部认定为"最大的纯粮固态发酵酿酒生产车间"，创造大世界基尼斯记录，成为迄今最大的纯粮固态白酒酿造车间。

目前，山东扳倒井股份有限公司对酿酒车间的结构，以及车间内老窖的维护，新窖的培养，窖池形状、结构、大小有了更深的研究，积累了很多经验，进行了提升改造，使第九车间布局结构更科学、更合理，更有利于酿酒有益微生物群生态体系建设，更有利于纯粮酒的酿造和研究，成为集生产、科研、文化旅游等为一体的最大纯粮酒酿造生产车间。

2. 建成中国白酒第一酒庄——国井 1915 酒庄

国井 1915 酒庄已正式投入使用，该酒庄是目前国内原酒储藏空间最大的酒庄，被业界称为"中国白酒第一酒庄"。山东扳倒井股份有限公司在发挥酒庄白酒储藏功能的同时，充分利用这一平台，探索全新的白酒原酒收藏营销模式，于传统成品酒营销之外，从本县，到全市，再到全省，辐射全国，形成新的原酒营销体系，将国井扳倒井多年积累的产能、质量、文化、旅游、品牌等优势资源与经济效益结合在一起，培养新的客户群，培植新的增长点。

3. 建成了三大国家级白酒科研平台

特邀中国工程院院士孙宝国等知名专家学者加盟，建立了中国白酒行业首个院士工作站；整合国内一流白酒科研专家团队，建立了国家级博士后科研工作站；依靠企业自有技术团队，建立了国家级张锋国技能大师工作室。这三大国家级白酒科研平台的搭建，为山东扳倒井股份有限公司创造了多项高端科研成果，也借此跃升为中国白酒科研高地。

4. 高青成为工信部"全国产业集群区域品牌建设（白酒产业）试点地区"

2013 年，中国酒业协会授予高青"中国白酒名城"称号。2016 年，工业和信息化部 2016 年产业集群区域品牌建设工作座谈会在山东威海召开，高青县被国家工信部确定为"全国产业集群区域品牌建设（白酒产业）试点地区"，成为山东省白酒行业唯一的全国产业集群区域品牌建设试点地区。这是高青获得的又一国家级产业名片。

三、高青县关于"中国白酒原酒基地"未来建设规划

多年来，尤其是被授予"中国白酒名城"后，高青县积极谋划，全面推进高青白酒产业的全面发展，加快建设"中国白酒原酒基地"。

（1）将高青中国白酒原酒基地建设列为中国白酒名城全面发展的核心内容。自 2012 年高青被授予"中国白酒名城"、2014 年被授予"中国白酒原酒基地"以来，县委县政府将中国白酒名城的发展列入高青县白酒产业未来发展规划，积极推进白酒原酒基地、芝麻香生产基地、浓香生产基地、其他香型生产基地的建设。

（2）加快白酒产业园区建设，扩大白酒产业规模。实施强企带动战略，举全县之

力扶持国井集团做大做强。其中集中实施百亿级白酒产业园建设，使国井扳倒井不断扩大白酒生产规模、提高原酒质量、夯实白酒质量等，加强建设中国白酒原酒基地，进一步推进中国白酒名城建设。

（3）加强窖池群建设，扩大原酒酿造基地规模，夯实产能基础。在大世界基尼斯之最酿酒车间的基础上，大幅提升原酒产能，储存大量上好原酒，加大原酒酿造基地建设，新上更大酿酒车间，增加酿酒窖池数量，努力打造以大世界基尼斯之最酿酒车间窖池群为核心的窖池群落。

（4）加强地下酒窖、储酒库等储酒设施建设，增强原酒基地的储酒能力，提升原酒品质。依靠国井1915酒庄等巨大的储酒规模，加强地下酒窖、储酒库等储酒设施建设，形成"一庄多库"模式，建设千个规模酒窖、千个高标准储酒库等，增强原酒基地的储酒能力，增强储酒周期，提升原酒品质。

（5）依托三大国家级白酒科研平台，加大科研投入力度，引进培育高技能科研人才，增强原酒基地的科研能力。目前，山东扳倒井股份有限公司拥有中国酿酒大师、中国第一品酒师、中国白酒酿造科技专家、国家级白酒评委、全国技术能手等一大批品酒、酿酒科技专家和技术人才，以此为基础，依托孙宝国院士工作站、中国芝麻香研究院和博士后工作站等国家级白酒科研平台，借助国内一流的专家技术队伍，增强了原酒科研基地的科研能力，提高了检疫检测、化验水平，稳定了产品品质。

（6）抓好品牌文化建设，形成以白酒原酒基地为核心的多产业互动发展。借助建设中国白酒原酒基地的契机，积极推进国井驰名商标、名牌产品、国家地理标志保护产品、非物质文化遗产名录等申请认定工作，借助国井1915酒庄、酒文化博览园、齐鲁酒文化博物馆等，为中国白酒原酒基地的推广展示、交流交易提供强有力的支撑与服务，加快中国白酒名城白酒产业的快速发展。

（7）国井白酒小镇：开创中国白酒特色小镇。国井白酒小镇项目依托国井白酒产业园建设，占地5000亩，小镇坚持"有核无边"的空间布局。国井白酒小镇建成后将形成集生产、生态、生活、观光、体验、休闲于一体的产业集聚区，推动产业链条向上下游延伸，构建高价值全产业链，实现跨界融合化，产业高端化，开启中国白酒发展的新时代。

目前，高青县正在全面推进"中国白酒名城""中国白酒原酒基地""国井特色小镇"等项目的建设，不断加快高青白酒产业发展，按照规划建设方案积极推进落实，支持国井集团做大做强，推动高青白酒产业结构调整和品质提升，为中国白酒的繁荣发展做出新的贡献。

中国东南白酒名城——福建省建瓯市

朱榕光

一、产区特色优势综述

（一）自然环境优势

建瓯市地处东经117°58′~118°57′、北纬26°38′~27°20′之间，属亚热带海洋性季风气候，年平均气温19.3℃，雨量充沛，年降雨量1600~1800毫米，日照1612小时，无霜期286天。生态环境良好，空气质量高，素有"天然氧吧"之称，全市水、大气和生态环境质量名列全国前茅。水资源丰富，地下水水质清纯甘冽，富含矿物质和多种微量元素；土壤优质，物种丰富，全市森林覆盖率达81.5%，气候温湿，特别适宜各类微生物聚集和繁殖。不可复制的气候、土壤、水质和多样性的微生物种群等自然资源优势，为白酒酿造提供了得天独厚的生态环境。

（二）深厚的历史传承

建瓯的酿酒业，是一个历史悠久、酿造有术、生意稳定的传统产业。迄至清代，手工酿酒工艺已臻精良之境。据考，明清时期，建瓯已有"犁花春""清河""西施红""状元红""金盘菊"等名品行销于世，其中又尤以"清河"为著，其味沉厚，余韵悠悠，颇得时人喜好。当年曾有诗评赏建瓯清河诸酒道："建州（建瓯的前身）曾习梨花春，所以河清润绛唇，西子状元红孰胜，由来尤物也难伦。"长期以来，建瓯传统酿酒业生意兴隆，利润甚丰，故建瓯有俗曰："第一富，酿酒库"。此语高度概括了历史上建瓯传统酿酒业的繁华景象。建瓯传统的酿酒业，在改革开放的今天，又注入了新的活力和生机。如今，建瓯以"福矛"为代表的白酒行业，在福建省内起着绝对领导作用。

（三）强劲的旗舰品牌

经过多年培育，建瓯涌现了一批白酒品牌，在全国尤其是省内具有较高知名度。"福矛"被誉为"山海生态酱香典范"，荣获"1992年巴黎国际名优酒博览会金奖"，被评为中国驰名商标、福建名酒、中国白酒著名品牌、全国酿酒明星企业等称号，是福建省首家同时通过ISO9001、IOS14001、OHSAS18001、ISO22000质量体系认证的白酒企业，还是北京奥运会国家举重队、第二届亚太农贸会指定用酒，福建省政府贵宾接待用酒。福矛、特醇、米烧三大系列产品获国家质量达标食品和福建省地产畅销产品（地产名货）称号。2010年福矛窖酒荣耀进驻上海世博会福建馆；2011—2013年，福矛集团携手神舟系列飞船三度飞天，支持中国航空事业发展；2017年，其核心产品福矛窖酒荣膺厦门金砖国宴用酒。作为福建白酒协会会长单位的福建福矛酒业集团，不仅是福建白酒行业的龙头企业，也是福建香型最多、产销量最大的白酒企业。

（四）充裕的酿酒原料

建瓯市是传统农业大市，国家商品粮基地市，大米、糯米、玉米、红薯等粮食产量大、小麦、红粮等制酒原料通过了国家论证并获得有机原料绿色证书。同时，高粱是一种抗旱、抗涝、耐盐碱、耐瘠薄、耐高温、耐冷凉的作物，对土壤的适应范围很广，可大面积推广种植，能为白酒生产发展提供原料保障。

（五）巨大的发展空间

建瓯白酒是一个集传统性、区域性和特色化于一体的潜力优势产业，在一定的区域内具有广泛的市场辐射力与文化影响力，是珍贵的产业、历史和文化资源，蕴藏着巨大的现实和潜在发展优势。与省内同行业比较，建瓯是福建省的白酒产量大市。如果注重开发高端产品和提升品牌价值，带动低端白酒价值上升，将为建瓯白酒提供极大的发展空间。从税收贡献，特别是发展的前景看，产业的效益优势将非常显著。

二、2017年产区酒类行业发展特征分析

随着经济的发展，城乡居民收入普遍提高，生活质量不断改善，对白酒产品在数量和质量上都提出了更高的要求，为白酒工业的发展提供了广阔的空间。在2017年内白酒行业的发展将呈现如下趋势：

（一）食品安全至关重要

食品安全是公共安全的重要组成部分，直接关系到人民群众的身体健康和生命安全，党和政府历来高度重视。为了加大监管力度，《食品安全法》等法律法规也相继出台，深入落实了生产企业质量安全责任。随着消费者对食品安全意识的不断增强，食品安全问题越来越受到全社会的广泛关注，整个行业也将采取更加严格的措施，切实保障食品安全。

（二）消费结构不断升级

随着人们生活水平的不断提高，人们对白酒的消费由量的需要向质的追求转化，呈现出绿色、低度、品牌、多样、优质的特点，对白酒的消费越来越注重品质、安全、品牌、低度等，也对白酒工业提出了更高的要求。

（三）产业集聚快速发展

产业集聚是工业化发展到一定阶段的必然趋势。以酒类生产大企业、大集团为龙头，以各类开发区和工业集中区为依托，以区域化聚集、专业分工和社会化协作为特点的食品产业集群将成为现代食品工业的发展趋势。

三、产区发展存在的问题

（一）白酒产业结构不够合理

从行业结构看，建瓯福建福矛酒业集团一家独大，其他酒类企业小而散，实力较弱。从产品结构上看，中高端品牌市场占有率较少，主要依托中低档品牌作为市场支撑。从企业组织机构上看，除福建福矛酒业集团外，其他企业规模偏小，创新能力差，抗风险能力不强，难以适应市场竞争的需求。

（二）企业经营管理水平较低

中小白酒企业多为家族式、作坊式管理，没有建立现代企业管理制度，现代市场营销理念和手段缺乏，难以适应现代酒业发展的要求。

（三）人才结构不够合理

白酒生产、勾调技术人才济济，但营销人才、策划人才和管理人才相对缺乏，严重制约着酒类企业的快速发展。

（四）原料基地建设滞后

目前各企业多采取分散收购的方式采购原材料，缺少对原料基地区域化、规模化、标准化、专业化规划。

（五）酒业集中区建设步伐缓慢

建瓯至今仍未建立酒类工业集中区，与打造白酒区域基地不符，严重阻碍本土酒类生产企业扩张和吸引外来投资者入驻。

四、促进产业发展的对策

（一）大力推进技术创新

依靠科技创新，改造提升行业水平，提高产品质量。要加大推广新技术、新工艺、新设备，加快白酒工业现代化进程，以企业为主体，加大技术创新和技术改造力度，积极推进原始创新、集成创新和引进消化吸收再创新，组织企业围绕对产业发展有重大推动作用的行业关键技术、共性技术和前瞻性技术开展攻关，实现重点突破。加强产、学、研的有机结合，促进科研成果向现实生产力的转化，企业应自发创建各级白酒工程技术研究中心、技术中心、质量检测中心。

（二）大力实施名牌战略

实施名牌战略，是推动企业走质量效益型发展道路的重要途径。品牌体现竞争力，要把打造名牌作为提升竞争力的重要手段，作为增强区域要素聚集能力的重要举措，走品牌经济之路。应充分发挥在龙头企业实施名牌战略中的主体作用，引导和鼓励不同规模的酒企树立名牌意识，加快技术进步，加强质量管理，培育一批具有竞争优势的驰名商标和福建名牌、省著名商标。着力打造"东南白酒名城"名片，加大整体宣传力度，强化建瓯白酒优质形象。

龙头企业应组织好各种形式的产品展销会、推介会、品鉴会。充分利用会展平台、旅游平台、文化平台、网络信息平台把企业推向国际国内市场，提高建瓯白酒市场占有率。

（三）加强人才资源开发

企业应积极培养和引进高素质人才，增强科技人才、管理人才和营销人才队伍的实力，提高技术人员的水平，发挥研究开发人员、产品设计人员的创造力，提高经营管理人员的科学管理水平。积极与高等院校协作，培养一批高级管理、营销和研发人才，打破人才流动中的部门、身份和地域常规，实现人才开放性流动。大力开展职业技术教育，通过企业与学校联办的形式，设立培训中心，定期为企业培训员工，提高员工素质,培养一大批适应建瓯酒产业发展的专业技术人才。

(四) 抓好产业集群建设

酒类食品工业集中区的建设要充分利用地域资源优势,培育产业群体。按照现代生态工业园标准,超前规划、高标准建设酒类食品工业集中区,促进白酒工业由粗放式向集约化转变。集中骨干项目和骨干企业,政策上支持,设施上配套,资金上优先,把集中区建成当地的经济支柱。推进酒类食品工业强市建设,促进地域经济发展。

(五) 大力发展循环经济

以科学发展观为指导,促进观念转变和创新,把经济增长的着力点更多地放在运行质量和效益上来,注重环境保护和循环经济的发展,实现经济增长方式的根本转变。

转变增长方式,着力推进生产节约型酒类企业建设。坚持开发与节约兵种,把节约放在首位的方针。依靠科技创新改造传统产业,构建"低投入、低消耗、多产出、高效益、生态化"的节约循环经济发展模式。

强化环保措施,健全酒类食品环保监管体系。严格执行《环境保护法》,加大环境污染企业的监管整治力度。加强宣传交易,增强酒类企业环保意识,建立完善企业环保自我约束机制。应用生物工程技术,加强对生产过程中产生的固体废物和废水的综合利用。酒类食品企业排放的水、大气污染物要做到达标排放;化学需氧量、二氧化硫、烟尘主要污染物排放量逐年下降,工业固体废物转化利用率达到100%。

(六) 积极优化环境

切实保护和改善生态环境,为建瓯酒业健康发展提供保障。着力打造好建瓯酒文化产业集中区,形成良好的文化环境,统筹策划和宣传建瓯酒类资源、历史文化,将酒文化与地方民族文化、闽源文化、旅游文化有机结合,形成独特的建瓯酒文化,扩大建瓯酒的影响力,促进酒类产业的健康协调发展。

第五篇

专题篇

树立全球意识,团结各方力量
推动中国白酒国际化进程

王延才

中国白酒历史悠久,文化积淀深厚,生命力旺盛,是中华民族宝贵的文化遗产。中国白酒以其独特的风味、酿造工艺和蒸馏技术,在世界蒸馏酒类产品中独树一帜,与白兰地、伏特加、威士忌并列为世界四大著名蒸馏酒。从酿造学的角度来讲,白酒是我国最早的生物技术产品之一,是对世界科学技术的重大贡献。它作为我国民族传统产品的代表之一,是中国文化和中国制造的最好体现。近年白酒国际化已为业内外关注,即此谈一下我们的几点认识。

一、中国白酒国际化进程任重道远

随着我国改革开放的深入,中国市场越来越被国外企业看好,酒类产品的国际贸易表现活跃,进出口贸易保持了较高的增长速度。包括烈性酒在内的许多国际酒类产品均进入中国市场,如白兰地、伏特加、威士忌、清酒、真露等,分别占有不同的市场份额。相比之下,中国白酒国际化虽然取得了一定进展,但走出国门的步伐仍然缓慢。

根据海关总署数据,2015 年 1~12 月份饮料酒及发酵酒精制品累计进出口总额 49.50 亿美元,同比增长 34.32%。其中,累计出口额 11.40 亿美元,同比增长 34.69%;进口额 38.10 亿美元,同比增长 34.21%。白酒商品累计出口总额 4.49 亿美元,同比增长 37.21%;累计出口白酒数量 16188.83 千升,同比增长 22.56%。

2016 年 1~7 月份饮料酒及发酵酒精制品累计进出口总额 33.27 亿美元,同比增长 27.96%。其中,累计出口额 8.24 亿美元,同比增长 38.80%;进口额 25.03 亿美元,同比增长 24.76%。白酒商品累计出口总额 2.58 亿美元,同比增长 7.04%;累计出口白酒数量 9055.87 千升,同比增长 0.80%。

分析中国白酒出口情况可以看出,白酒的年出口量不到 2 万千升,占我们总产量 1300 多万千升的 0.12%,年出口额不到 5 亿美元,占当年白酒工业销售收入 5550 多亿的 0.5%。中国是世界酒生产大国、酒消费大国、酒文化大国。世界卫生组织 WHO 相关数据统计显示,中国作为世界上最大的蒸馏酒生产国,年平均产量占世界蒸馏酒总产量的 30% 左右,消费量约占世界蒸馏酒总销量的 28.5%。以全球视野横向比较,我们应该清醒地认识到,在国际市场上占有明显优势的却是欧洲烈性酒,英国威士忌在国际酒类贸易中占有率最高,达到 30.25%;法国白兰地位列第二,占有率在 11.5%~13%;瑞典伏特加排名第三,约为 4%,而中国白酒在国际市场贸易中的占有率只有 0.76%。

可见，中国白酒国际化进程任重道远，如何拓展国际市场，在加快国际化进程方面取得突破性进展，值得行业深刻思考。

二、关于白酒国际化拓展基本定位的认识

（1）产品体系定位应在坚守风格的基础上做适应性调整，同时制定适应国际贸易的标准体系。

民族的，就是世界的。对于酒类产品而言更是如此。对于嗜好性风味食品而言，生命力和魅力更是建立在特有的风格上，国外烈性酒的推广同样是坚守和宣传自己的风味特色和风格特点，进而传递着本国的文化、情感、消费理念和生活方式。中国白酒的国际化，要旗帜鲜明地树立中国白酒的典型特征，在工艺上要传承，在风格上要坚守，结合口感上适应性创新和调整，清晰中国白酒与其他烈性酒的区别。坚守中国白酒风格特点是我们立于世界酒业之本，产品风格方面的任何效仿没有出路，丢失自我即丢失核心竞争力。

在技术支撑方面，应注重中国白酒标准体系建设，明确中国白酒（China baijiu）的概念。通过中国白酒标准展示白酒的品质价值，可以与国际烈性酒组织进行广泛深入的交流与互动，规划与建设与国际接轨的、完整、安全的标准化体系，形成国际认可的中国白酒国际标准，赋予白酒独一无二的属性，获得合理的分类和身份定义，获得法律意义上的产品地位，使中国白酒在国际上与同类产品展开公平竞争。建立符合国际贸易要求的全系列标准是必须完成的基础工作。用国际惯用的表述方式准确定义中国白酒的概念和内涵，如对白酒的名称、成分、酒精度、理化指标、微量成分等的定义。运用"中国元素国际表达"的方式，使产品的包装、酒精度、宣传推广适应国际习惯。这方面帝亚吉欧公司在水井坊白酒国际市场推广中做了有益尝试，值得我们学习借鉴。汾酒在白酒标准国际化对标中也取得了显著的成绩，积累了丰富的经验。

宣传和推广中国白酒的风格特点也要注重消费方式的引导与迎合。消费方式与饮酒习惯是一个民族长期形成的客观存在，中国白酒应该处理好引导与迎合的关系，注重引导，适度迎合。在引导消费的基础上，适度调整口感、大胆降低酒度、适当降低香气物质含量等，做到既保持白酒民族风格，又适应国际消费者对酒精饮品的习惯口感。改变"下酒菜"的饮酒习惯，推广"佐餐酒"的消费方式。

围绕这一系列工作，中国酒业协会正在会同国家酒类标准化中心，全面修订国家酒类分类标准，确定中国白酒、黄酒的国际通用名称。协会还启动了"中国白酒溯源体系建设"，包括"建立中国白酒溯源技术指南""开发白酒溯源模板""建立中国白酒溯源认证体系标准"等多个方面的工作；《中国酒业"十三五"发展指导意见》也明确提出要注重中国白酒文化体系、标准体系和消费方式的系统建立，通过中国白酒标准展示白酒的品质价值，通过中国白酒消费方式展示白酒的消费价值。

（2）市场定位应以主流社会接受为目标，借势而发整合多渠道支撑。

产品和品牌的国际化程度取决于在不同文化背景的社会认可的广泛程度。对于酒类产品这样文化背景强烈，与消费方式、生活理念、饮食习惯密切的产品更是如此。白酒

国际化的目标定位，应以主流社会认知为目标，而不应限于一种文化和社会层次的范围之内。

现在我们中国白酒国际化还处于初始阶段，借势和整合多通道支持也势在必行。要整合资源，通过遍布全球的华人圈渠道不失为一种有效的推广途径。有数据统计，目前海外华人总数约为五千万。华人移民带去了中国的传统文化、习俗、生活方式、饮食习惯，也为中国白酒走出去提供了媒介，他们都是中国白酒的消费者，更是中国白酒国际化的使者。其主动与全球126个国家（地区）的475所孔子学院和851个孔子课堂合作，加强境内外文化交流与合作，通过"借船出海"，扩大中国白酒的国际影响力，达到使不同文化背景的消费者认知、认可的目标。白酒应该充分利用这些契机，为进入世界烈性酒商圈的国际化目标创造条件。

充分运用资本运作加快国际化进程也是一种有效的方式。轩尼诗和帝亚吉欧成功进入中国白酒市场启发我们，通过收购兼并的方式，快速建立销售渠道和合理的品牌运作模式，是进军国际市场的有效方法。因此要鼓励国内成熟的、有实力的大型白酒企业开展海外并购，通过工艺传承与技术创新，生产出既具有中国白酒独特风格又适合国外消费者口感的产品；要主动与国外大型的酒类贸易商形成战略联盟，借助他们的渠道进入国外的流通市场。利用国外企业成熟的品牌和原有的渠道资源，让国内白酒产品在国外得以展示。有了渠道的支撑，才能真正建立中国白酒国际影响力，国外消费者才能够更大范围地接触中国白酒。

三、完善中国白酒现代文化体系建设，构建全面的文化支撑

酒类产品作为同时满足人们精神和物质需求的风味食品，世界各国的酒种都与本国、本地区、本民族文化紧密相连，让国际社会熟悉中国，了解中国白酒，接受白酒文化，是我们走向国际的重要支撑。

因此要注重中国白酒文化体系建设，通过中国白酒文化展示白酒的酿造价值。白酒的意义其实是大于酒体本身，更多的是一种文化和生活方式的符号。弘扬中国酒文化既要讲传统，更要讲创新；既要讲历史，更要讲当代；既要讲今天，更要讲未来。要通过中国历史的更迭，梳理白酒文化的传承过程，通过严谨的考证，明确和统一中国白酒的产生时间、地点、方法、名称来源及主要传说故事；更要讲清楚白酒与当代社会、政治、经济、民生的新文化，通过反映现代中国人的生活方式和消费理念，描述中国人精神与情感世界对白酒新文化所予以的寄托。

四、搭建共同拓展国际市场的平台，建立切实可行的对外合作机制

中国白酒走向国际是一项长期复杂的工作，需要争取国家相关政策的支持，需要相关政府职能部门的帮助，更需要行业组织的协调与推动，加快建立中国白酒走出去的联动机制。搭建标准、文化、商务、海关、出入境检验、行业协会等多部门参与的平台，整合国际贸易信息资源，可以更好地使用国家鼓励中国制造与中国产品走出去的政策保

障、法规支撑、经费支持等条件。

国内白酒开拓海外市场，目前都是企业个体的单打独斗，部分骨干白酒企业可以利用自身的人力、财力优势开拓海外市场，更多的中小型企业还难以做到。缺乏战略规划和行业组织的整体部署，难以形成合力，也不利于中国白酒整体形象在国际主流市场的树立，同时加大了企业开拓海外市场的难度。有组织、有计划地开展国际交流活动，推动白酒的整体"出海"，国外同行的经验非常值得我们学习和借鉴，法国葡萄酒在中国的成功与法国食品协会多年的推广工作密不可分，波尔多葡萄酒地区各个协会组织带领相关酒庄在中国的各种品鉴会、推介会都起到了关键的作用。

近些年，中国白酒实施国际化战略的步伐从未停止。"十二五"期间，随着本土白酒品牌做大做强，国际化上升到了战略高度，成为白酒行业共同思考的课题。经过多年努力，白酒行业在产品国际化、品牌国际化、文化国际化、市场国际化等诸多方面勇于探索，大胆尝试。白酒龙头企业从文化交流与输出、品牌建设和营销渠道发力，主动拓展海外市场，已经取得了初步成果。茅台集团专门为海外免税市场推出"小批量勾兑茅台酒"，借助卡慕酒业的市场网络及成熟的管理经验，已进入30多个国家的60多个国际机场，销售茅台酒的国际免税店超过300家，海外经销商超过80家，分布在数十个国家和地区。五粮液以"世界名酒，全球共享"为主题实施国际化落地战略，在澳大利亚、英国、意大利、韩国等举办新品发布及高端品鉴会。洋河酒业也发力在欧洲布点开拓市场。企业"走出去"战略实施，助力了全行业走向国际，融入世界的步伐，推动了中国白酒行业的国际化进程。

中国酒业协会编制的《中国酒业"十三五"发展指导意见》的发展理念是"坚持创新发展，实现质量效益共赢。坚持协调发展，推动产业结构平衡。坚持绿色发展，改善自然生态文明。坚持开放发展，参与国际酒业竞争。坚持共享发展，促进酒与社会和谐。"其中"坚持开放发展，参与国际酒业竞争"就是要鼓励白酒向全世界传播中国酒文化，让中国智慧酿造技术走向国际，让中国民族产品跻身世界消费舞台。中国白酒的国际化，不仅仅是产品本身的外销，更是传播文化的重要组成部分，前景广阔。

全球化时代，中国文化的影响与传播不断深入，富有中国文化特色的白酒产品对于全球市场的吸引力也会不断加强。我们在继承和弘扬中华民族优秀传统文化的同时，要以开放的姿态、包容的心态、世界的眼光和全球的高度，构筑中国白酒在世界酒文化中的优势，树立中国白酒的地位，推动中国白酒走向世界。

中国白酒产业分析与预测

胡建中

一、中国白酒产业发展综述

白酒是以含淀粉或含可发酵性糖等物质为原料,经过发酵、蒸馏而制成的一种蒸馏酒。

白酒种类很多,通常根据产地或采用的原料来命名。如茅台酒、汾酒、西凤酒都是以产地命名的;高粱酒、苞谷酒、大麦烧等则是根据采用的原料命名的。我国白酒的生产技术在世界发酵工业的发展中起到了重要的作用。

(一) 新中国成立以来中国白酒发展阶段

随着人们生活水平的提高,人们更加注重身体的健康,白酒行业每一次重大事件都对白酒产业造成巨大影响,从 1998 年"山西朔州假酒案"到 2012 年"白酒塑化剂事件"都对当地白酒产业造成重大打击,进而影响到全国整个白酒产业的发展。另外,随着国民经济的发展,为适应经济发展的需要,国家在宏观政策、法律法规上也对白酒产业进行相应的调控。白酒自身的质量问题对白酒产业的影响可能是局部的或者是有局限的,而国家产业政策、法律法规对白酒行业的影响更加深远,根据国家宏观经济政策、白酒产业政策的不同,我们可以大致将新中国成立以来我国白酒产业的发展划分为以下几个阶段。

1. 产业发展初期(1949—1978 年)

在这段时间里,国家领导人对传统白酒的发展十分重视,白酒产业是国民经济的重要支柱,白酒产业为国家提供了大量的财政收入,白酒产业的税收占国家税收的比例相当大,这一阶段白酒行业取得了巨大的成果,白酒的技术改造取得许多突破性的进展,茅台试点、汾酒试点、周口试点等项目的开展,为白酒的快速发展奠定了坚实的基础。"五五"期间白酒产量增长了 69%,"六五"期间增长了 57%。

2. 粗放快速发展阶段(1979—1996 年)

这段时间我国开始改革开放,经济体制开始由计划经济向社会主义市场经济转变,这期间,农业包产到户,农业快速发展,粮食生产由短缺到逐渐过剩,由于酿酒行业进入门槛低,白酒产业得到空前高速发展。"七五"期间白酒产量增长了 52%,"八五"期间增长了 50.6%。"九五"初期,我国白酒产量达到历史高峰,总产量达到 801.3 万吨。这种高速发展是一种粗放的发展,缺少统一标准,这给白酒行业的规范以及市场的良性竞争带来了隐患。

3. 调整发展阶段(1997—2003 年)

"九五"以来,为适应国民经济建设的总体要求,为了促进白酒产业健康发展,国家通过政策手段对行业进行了规范，通过一系列的政策措施对白酒行业的发展进行调整引导。在这种背景下，白酒行业进入了调整阶段，白酒行业进行了重新洗牌。白酒产量从1996年的历史高峰801万千升，下降到2003年的331万千升，下降了58.7%。

4. 高速发展阶段（2004—2011年）

白酒产量在2003年触底后，慢慢开始逐渐回升，白酒产业进入业界所说的"黄金十年"高速发展阶段。这段时间不管是白酒产量还是酒企的产值都迅猛攀升，白酒产量从2004年的311.68万千升增加到2011年的1025.55万千升，增长了3倍多，年均增速达到18.6%。销售收入从2003年的612.3亿元增加到2011年的3618.4，增长了5.9倍，年均增速达到28.9%。行业龙头茅台股份营业收入由39亿元增长到184.02亿元，增长了4.7倍。五粮液股份营业收入从62.98亿元增长到203.51亿元，增长了3.2倍。这一阶段，不管是知名白酒企业还是地方品牌都大肆扩张产能，进入飞速的发展阶段，白酒价格的不断提升也为白酒企业扩充产能提供了有力的支撑。

5. 衰退调整阶段（2012年至今）

十八届三中全会后，"限制三公消费"和"禁酒令"等相关政策实施以来，加上我国经济进入"新常态"，产业结构转型，经济增速放缓，政商等接待用酒受到抑制，高端白酒需求骤降，市场供大于求，各品牌高端白酒纷纷降价，全国各大酒企纷纷调整自身的产品结构和营销策略，陆续抢占国内或地区中低端市场，白酒行业进入衰退调整期，各个酒企的销售收入和利润增速放缓，甚至出现负增长。各大酒企为了延缓下降趋势，纷纷转变营销思路，各大品牌都在渠道模式上做了很多探索，如深度分销、定制酒、互联网盘中盘以及最新的社群盘中盘等，意图挽救迅速下滑的业绩。2016年，这种下滑趋势有减缓的迹象，各白酒主产区和知名酒企产销量都有回升，白酒的价格也随之回暖，白酒行业又迎来了一丝曙光，如图1所示。

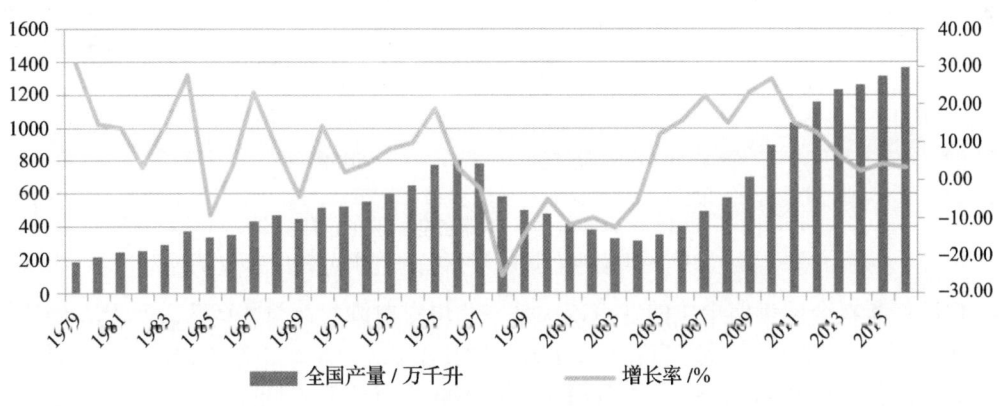

图1 中国白酒历年产量与增长率

（数据来源：根据国家统计局、历年中国酒业协会白酒分会工作报告等）

（二）中国白酒产业2016年总体运行状况

2016年，白酒行业开始回暖，是白酒产业从2011年开始进入衰退期以来首次实现两位数的增长，是2015年增速的5.22倍，基本实现了增速的翻番。尤其是规模以上企业在这一轮调整中取得了不错的成绩。2016 年下半年开始延续至今的"涨价潮"就是白酒产业形势改善的一个重要表现。根据国家统计局数据,2016 年全国规模以上白酒企业完成酿酒总产量 1358.36 万千升,同比增长 3.23%。根据海关总署数据,全年白酒商品累计出口总额 4.69 亿美元,同比增长 4.34%;累计出口白酒数量 1.61 万千升,同比下降 0.73%。

白酒行业止跌回升,经济效益逐步好转。2016 年,全国规模以上白酒企业 1578 家,其中亏损企业 113 个,企业亏损面为 7.16%。规模以上白酒企业累计完成销售收入 6125.74 亿元,同期增长 10.07%;累计实现利润总额 797.15 亿元,同期增长 9.24%;亏损企业累计亏损额 10.54 亿元,同期下降 15.92%。

从产量来看,2016 年度,全国白酒产量达到 1358.4 万千升,从各省市区的白酒产量来看,2016 年,白酒产量增长率超过 10% 的共有 7 个省市区,包括:青海省白酒年产量 2.6 万千升,增长 42.2%;湖南省白酒年产量 30.7 万千升,增长 29.1%;山西省白酒年产量 10.3 万千升,增长 23.5%;吉林省白酒年产量 78.2 万千升,同比增长 15.4%;贵州省白酒年产量 49.0 万千升,同比增长 14.5%;天津市白酒年产量 2.7 万千升,同比增长 12.7%;北京市白酒年产量 31.0 万千升,增长 12.3%。2016 年白酒产量增长率排在全国前十位的省市如图 2 所示。

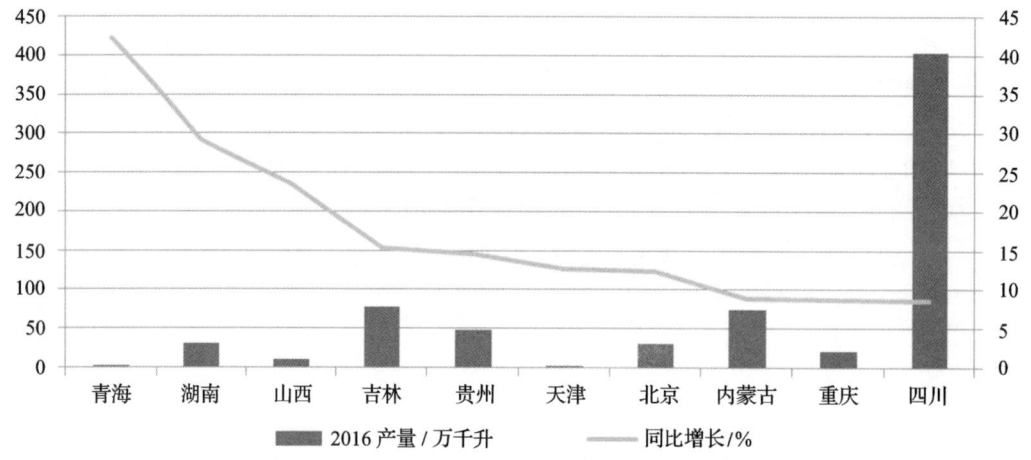

图 2　2016 白酒产量增长率排在全国前十位的省份
(数据来源:根据国家统计局、历年中国酒业协会白酒分会工作报告等)

白酒产量在全国排前十位的省市依次是:四川省白酒年产量 402.7 万千升,同比增长 8.6%;河南省白酒年产量 117.5 万千升,同比增长 6.4%;山东省白酒年产量 112.6 万千升,同比下降 0.4%;江苏省白酒年产量 106.9 万千升,同比增长 7.8%;湖北省白酒年产量 90.3 万千升,同比增长 2.7%;吉林省白酒年产量 78.2 万千升,同比增长 15.4%;内蒙古白酒年产量 75.1 万千升,同比增长 8.9%;黑龙江白酒年产量 60.9 万千升,同比增长 6.1%;贵州省白酒年产量 49.0 万千升,同比增长 14.5%;安徽省白酒年产量 44.9 万千升,同比下降 3.4%;北京市白酒年产量 31.0 万千升,同比增长 12.3%。如图 3 所示。

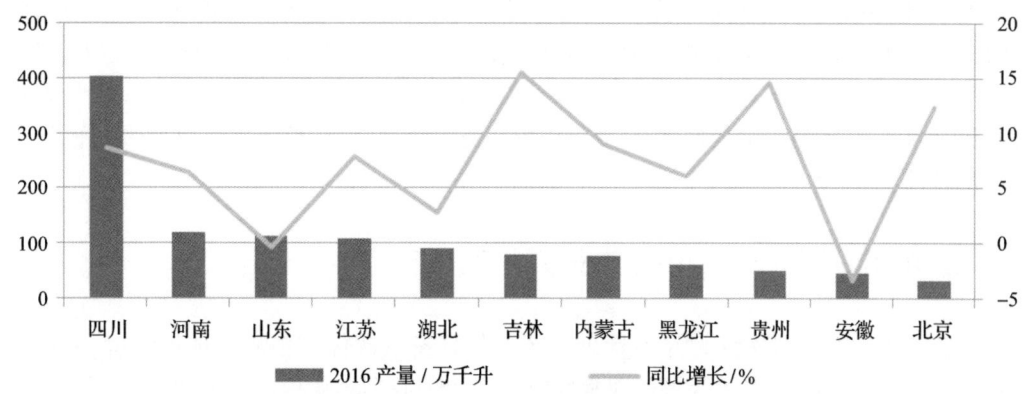

图 3　2016 年白酒产量排全国前十位的省份
（数据来源：根据国家统计局、历年中国酒业协会白酒分会工作报告等）

2016 年，白酒产量下降最厉害的省是辽宁省，其白酒年产量 8.2 万千升，同比下降 82.1%；其次是浙江省，其白酒年产量 1.1 万千升，同比下降 21.5%；第三是江西省，其白酒年产量 16.0 万千升，同比下降 12.2%；第四是宁夏，其白酒年产量 0.8 万千升，同比下降 11.2%。2016 年白酒产量下降率排在全国前十位的省市如图 4 所示。

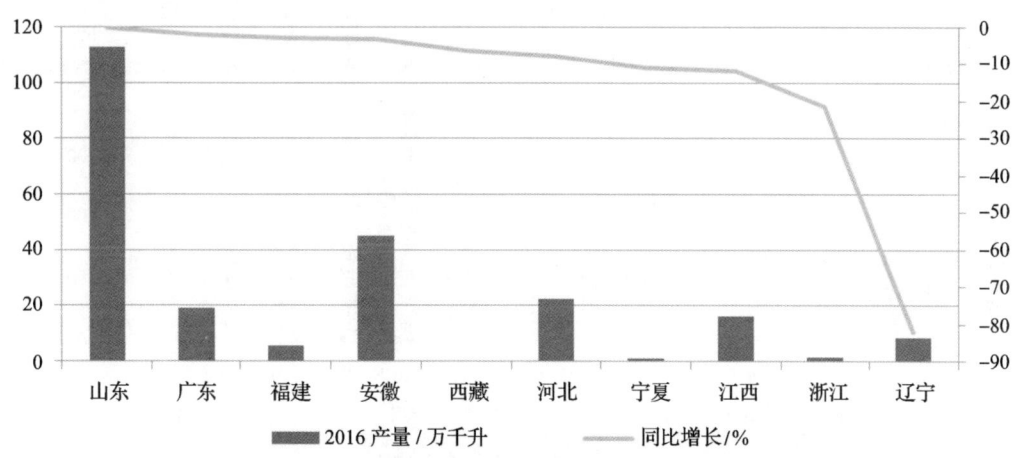

图 4　2016 白酒产量下降率排在全国前十位的省份
（数据来源：根据国家统计局、历年中国酒业协会白酒分会工作报告等）

从各省的销售收入来看，2016 年，四川省白酒营业收入为 2176.11 亿元，稳居全国第一，占全国白酒销售总额三分之一还要强。其次是贵州省，其白酒营业收入为 635.8 亿元；排在第三位的是山东省，其白酒营业收入为 435 亿元；第四是江苏省，其白酒营业收入为 305.62 亿元；排在第五、第六名的是河南和安徽，其白酒销售收入分别为 300.1 亿元和 228.8 亿元。

从单个白酒企业营销情况来看，2016 年全国共有 19 家白酒上市公司，其产量总和为 135.48 万吨，占全国产量 10%；19 家白酒上市公司主营业务总收入为 1202 亿，净利润为 364.55 亿，平均毛利率为 67.07%，平均净利润率为 18.57%。2016 年，

19家白酒上市公司,行业收入平均同比增长8%,销量平均同比增长0.1%,而净利润同比增长16%。进一步分析发现,在19家白酒上市公司里面,贵州茅台以0.44%的产量占据了整个白酒行业利润的21%,从零售价格来看,茅台在中国高端白酒市场上独占鳌头。不论在销售收入,净利润率等方面都把五粮液、洋河和泸州老窖等远远甩在后面。

二、中国白酒主产区2016年发展情况分析

由于白酒生产的特殊性,并不是每个区域都具备生产优质白酒的地理环境和条件。因此,受气候、土质、水质等自然因素影响,历史上我国名优白酒主要集中在各大流域及其周边地区,如长江流域上的川黔、黄河流域的鲁豫、淮河流域的苏皖等。历年白酒行业统计数据也进一步印证了这一事实,四川、贵州、山东、安徽、河南、江苏等六省白酒的生产量和销售收入均占据了整个行业的半壁江山,如图5所示。

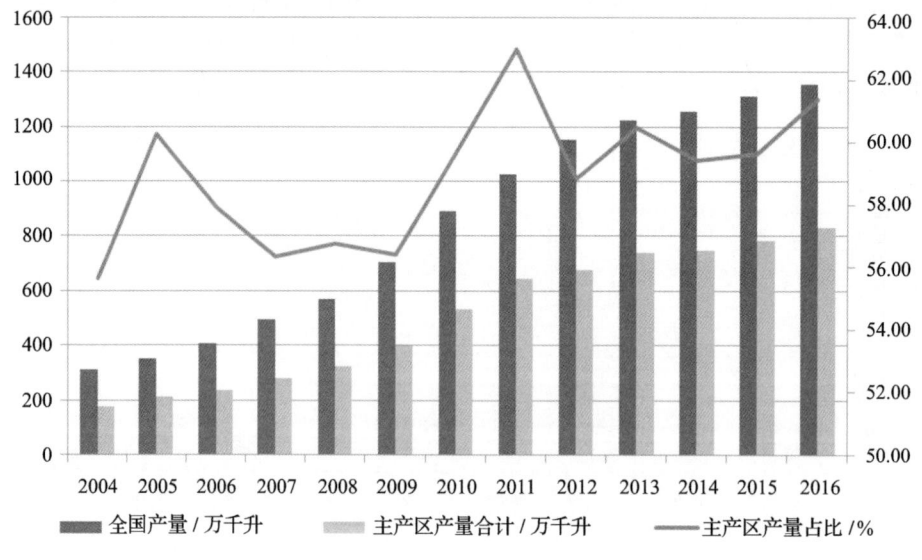

图5 六大主产区白酒产量与全国白酒产量

从最近十多年的白酒的生产情况来看,六大白酒主产区白酒产量占全国白酒产量的比重都是逐年上升的,最高时占到全国白酒产量的63.0%,最低年度也占到全国的55.7%,如图6所示。

从最近十多年白酒销售收入情况来看,六大白酒主产区白酒销售收入占全国白酒销售收入的百分比更高,最高占到全国白酒销售收入的83.0%,最低年度占到全国的68.8%,平均占比为71.7%。因此,六大白酒主产区的情况就是全国白酒情况的一个晴雨表,能反映出全国白酒的生产销售情况。

为了更好反映不同区域之间白酒生产、销售的情况以及近年来的发展态势,根据地域、文化和消费习惯等因素,我们将六大白酒主产区分成川黔、鲁豫和苏皖三大板块来进一步深入分析。

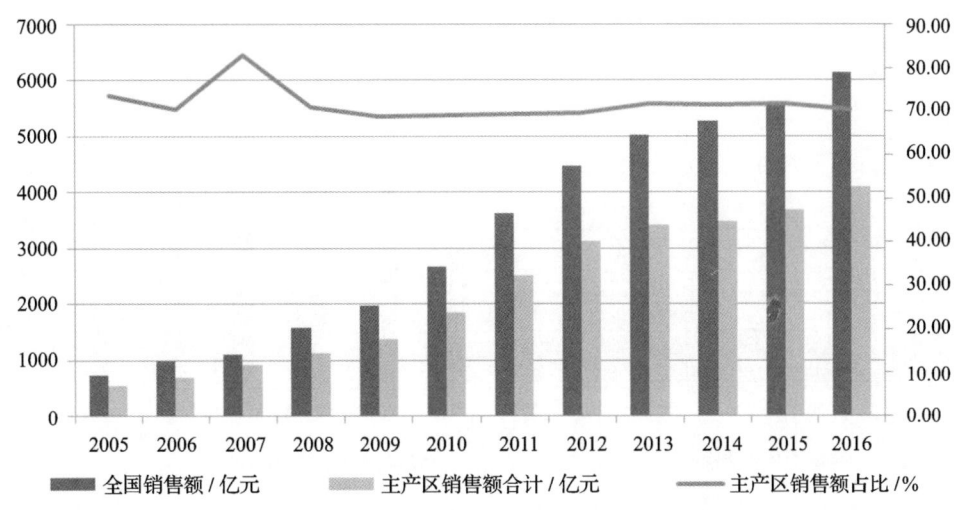

图6　六大主产区白酒销售额与全国白酒销售额

（一）川黔板块（四川、贵州）

川黔板块是传统名优白酒聚集地，有着全球规模最大、质量最优的蒸馏酒产区，是中国优质白酒的主要产区之一。川黔二省的宜宾、泸州、遵义可以说是中国白酒金三角、中国白酒产区中的"波尔多"。该地区孕育了一批世界知名白酒品牌和世界级酿酒大师，白酒产量占全国的三分之一以上，销售额占全国的百分之四十以上。如图7、图8所示。以五粮液和贵州茅台为代表的全国性传统名优白酒主要集中于此，还有泸州老窖、剑南春、郎酒、沱牌曲酒、全兴大曲等众多国家名酒。

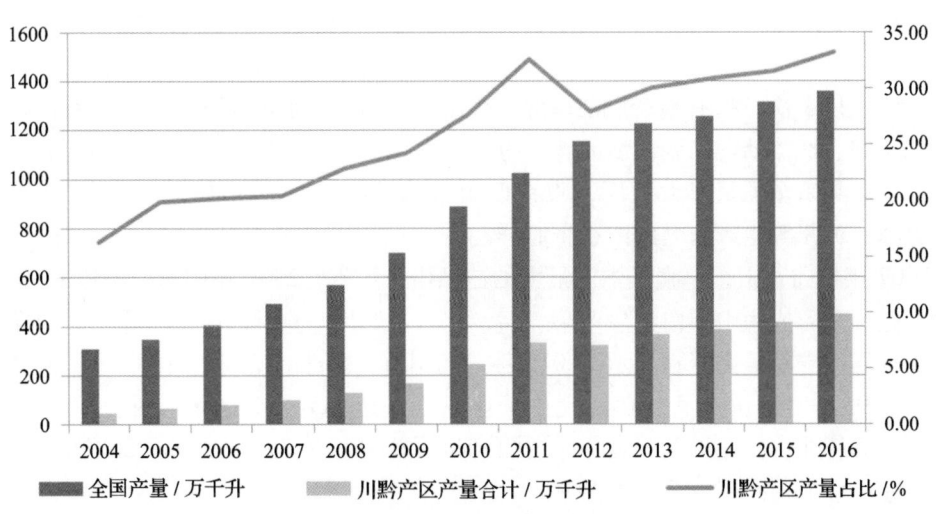

图7　川黔产区产量与全国产量

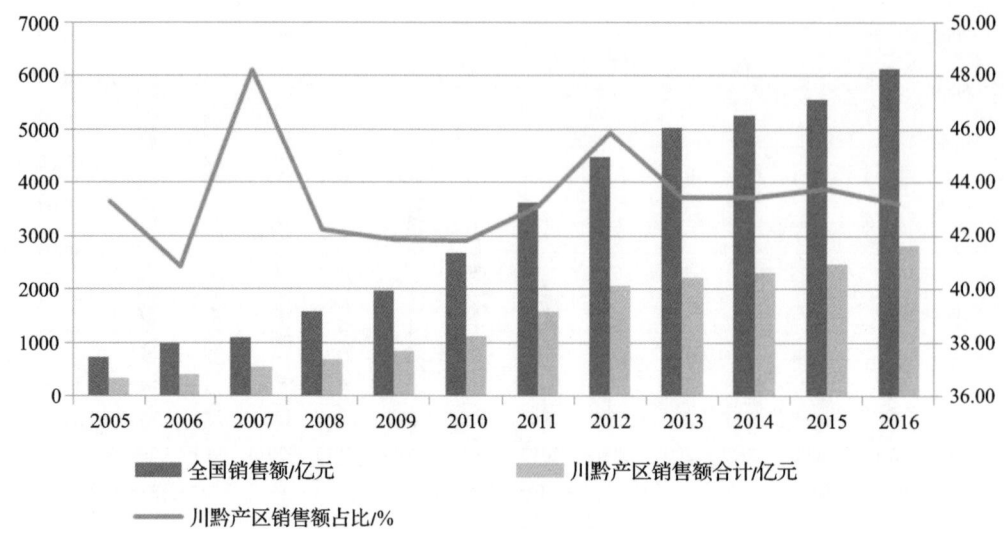

图 8　川黔产区销售额与全国销售额

1. 四川

四川是中国著名的名酒之乡，因其独特的地理位置，酿酒业历史悠久，最早可以追溯到约四千年前的古蜀时期。在全国所有的白酒生产区域中，川酒一直得到了较好的、持续性的发展，酿酒工艺也因此稳定而没有被破坏。随着全国白酒业的蓬勃发展，四川白酒业也迎来了自己的春天。全国十七大名酒中有六个名酒出自四川，拥有五粮液、泸州老窖、水井坊、沱牌舍得四家上市公司，四川白酒主产区主要分布在川南的宜宾、泸州以及川西的邛崃、大邑、绵竹、绵阳等地。

（1）区域概况　四川是中国白酒金三角，名优品牌聚集地。四川是众多名优白酒的聚集地，在历史5次国家评酒会上，"六朵金花"都曾被评为国家名酒，其中五粮液上榜4次、泸州老窖上榜5次、剑南春上榜3次、郎酒上榜2次、沱牌曲酒上榜1次、全兴大曲上榜3次，另有地产酒江口醇、小角楼、高洲、仙潭等年收入均曾突破10亿，近年来丰谷、红楼梦等二线白酒品牌也纷纷进入高速发展通道。此外，四川还是优质原酒基地，多年来全国很多大酒厂一直在四川采购原酒，形成了邛崃、崇州、大邑、绵竹、宜宾、泸州等生产原酒的中小企业群。

2007年以前，山东一直是中国最大的白酒生产大省，2007年四川白酒以86万吨的产量反超山东省成为中国白酒生产第一名，此后，四川一直延续中国白酒产销量第一的优势。据四川省经信委资料显示，2016年，四川有白酒生产企业约1987家，其中重点监测企业95户。四川白酒企业实现主营业务收入达2176.11亿元，利润211.6亿元，在全国白酒行业占比超过四分之一；白酒产量同比增长8.7%，达到402.7万升，四川白酒产业已经成为四川省第二大产业。

（2）四川白酒产业2016发展状况分析

① 四川白酒产业发展现状：四川白酒产业以得天独厚的地缘优势和世代相传的酿

造工艺技术经过十几年高速发展,在拉动投资与消费、促进地方经济发展、解决劳动就业以及农民增收、新型城镇化等方面,为四川省经济社会发展做出了重要贡献,进一步奠定了领先全国的优势。目前,四川有四家白酒企业在沪深股市上市交易,它们分别是五粮液、泸州老窖、水井坊、沱牌舍得。

受益于白酒行业黄金十年发展热潮,四川白酒也从2004年的50.64万千升,增长到2016年的402.67多万千升,13年增长了8倍,年均增长18.9%;规模以上白酒企业销售收入从2004年的232.4亿元,增长到2016年的2176.11亿元,13年增长了近10倍,年均增长20.5%,如图9、图10所示。

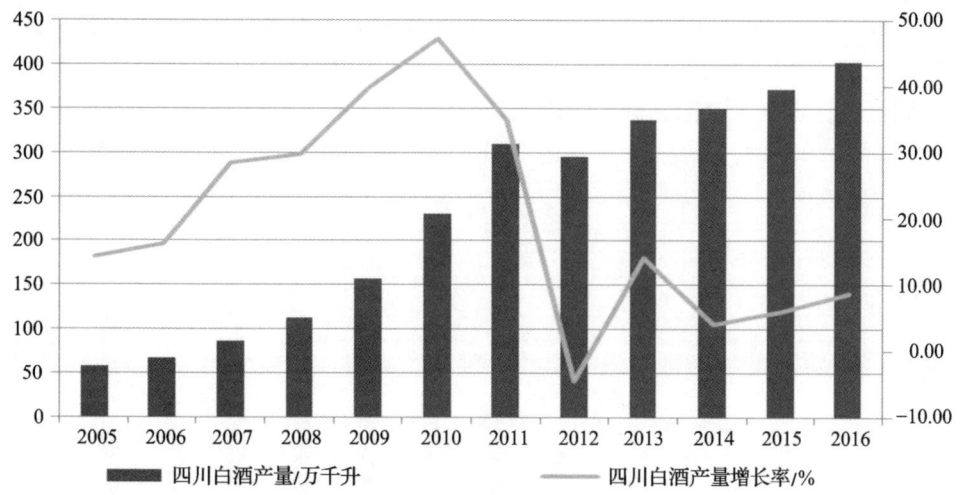

图9 四川2005—2016白酒产量

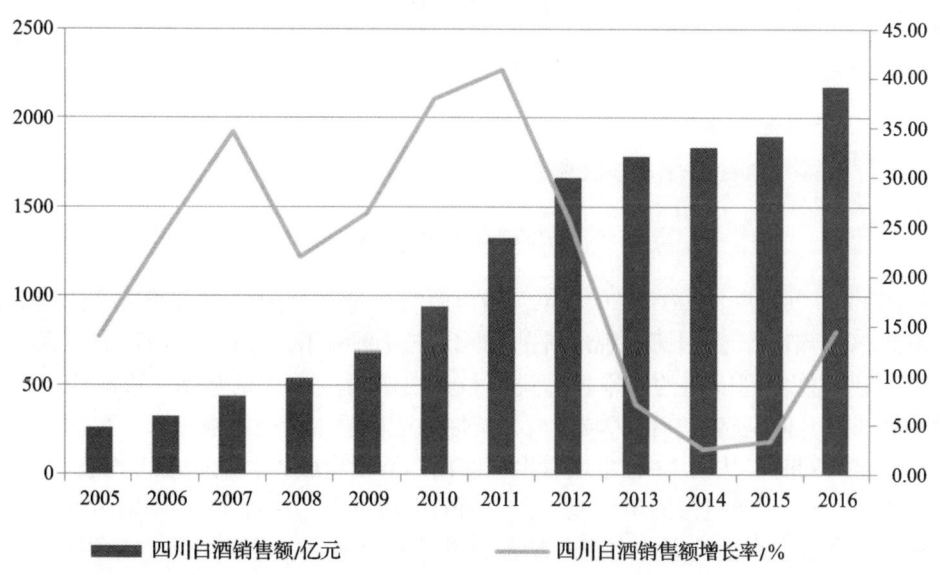

图10 四川2005—2016白酒销售额

从图9、图10中我们也可以看出，四川白酒产量和销售收入从2005年开始持续增长，不管是绝对数还是相对数都是不断增长的。但由于受国内外宏观经济的影响以及国家限制"三公"消费的影响，从2010年开始，白酒行业进入调整期，四川白酒产量增速迅速下降，2012年甚至出现负增长；同样，四川白酒销售收入增长率也快速回落，从2011年鼎盛时期的40.8%增速，下降到2014年最低谷的2.6%增速，销售收入增速3年间回落了38.2个百分点。虽然2015年后形势有所好转，但是增速还是不到原来最高峰的二分之一。

横向比较来看，近10年来，四川白酒产业不管是产量还是销售收入都一直是全国第一名。2016年四川白酒产量占全国白酒总产量的29.6%，四川白酒销售收入占全国白酒销售收入的35.5%。从2004—2016年这13年间的平均水平来看，四川白酒产量和销售收入分别占全国总产量和总销售收入的23.3%和35.8%，四川以平均不到四分之一的白酒产量，占据了全国三分之一以上的销售收入，这从一个侧面反映出四川作为全国的名优白酒产地和优质原酒生产基地得到全国认同，如图11、图12所示。

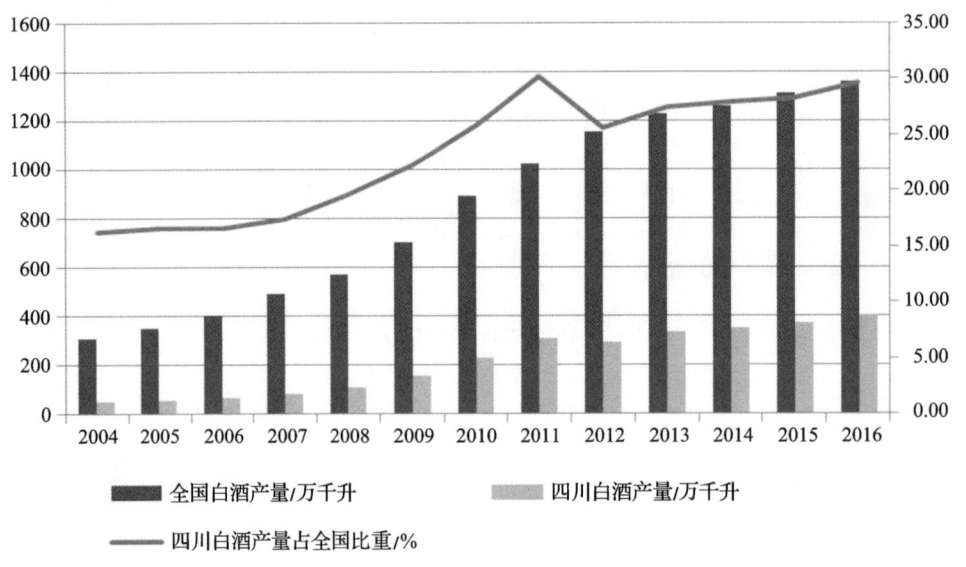

图11　四川白酒产量占全国白酒产量比重

从图11可以看出，2005—2016年，四川白酒产量占全国白酒总产量呈持续上升趋势，虽然2011年后，受国家宏观经济的影响占比有所下降，但是下降比例不大，并且2016年又迅速恢复到以前的水平。这说明虽然白酒行业进入调整期，影响四川白酒产业的发展速度，但是相对其他区域来说，其他地区白酒生产受影响更大，白酒生产下降得更加厉害。同时，从图12也可以看出，四川白酒销售收入在全国的占比波动比较大，特别是2012年后，四川白酒销售收入在全国的占比下降到接近13年来的最低水平，虽然四川白酒产量在全国的占比在逐年增加，并很快恢复到白酒产业调整期以前的水平，但是其市场占有率却很难恢复到以前水平，这说明其他区域的白酒在迅速崛起，并逐渐蚕食、挤占四川白酒的市场。

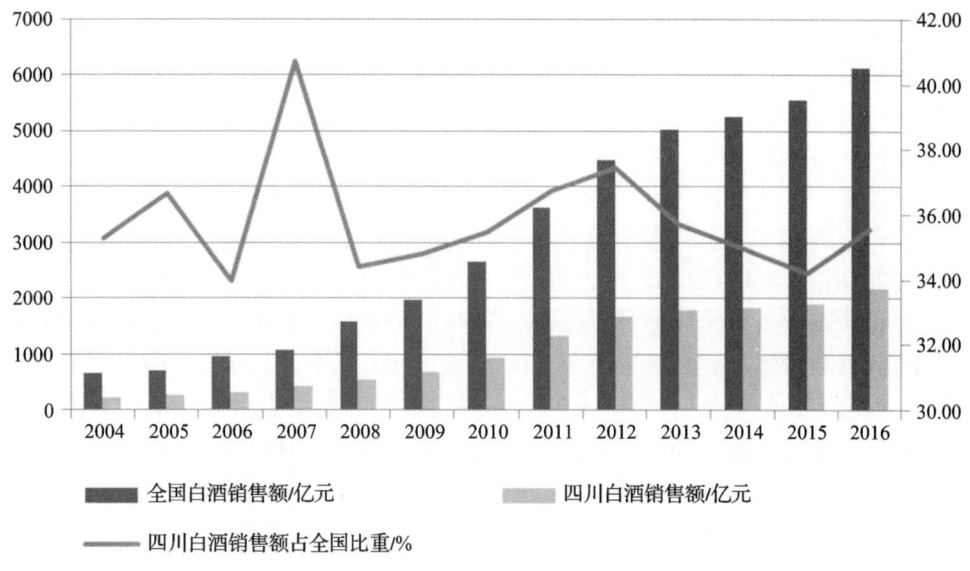

图 12　四川白酒销售额占全国白酒销售额比重

②四川白酒产业的发展方向：第一，必须抓住当前行业调整转型机遇，推进白酒结构调整和转型升级，加大优势企业的整合，支持"六朵金花"和地方骨干企业对白酒行业的兼并重组，整合资源，淘汰落后产能；同时鼓励四川优秀的白酒企业走出四川与其他区域地方白酒品牌进行兼并、控股，占领更大的市场份额。

第二，以宜宾、泸州白酒产业为基础，出台相关政策，为四川白酒产业发展创造有利的条件，打造"中国白酒金三角"千亿产业带，为全省多点多极跨越发展提供强有力支撑。

第三，要加快建立四川原酒要素品牌。虽然四川是全国优质原酒的生产基地，全国很多大酒厂都到四川采购原酒，但是自从"秦池"事件发生后，白酒行业都对此讳莫如深，不愿公开承认自己的基酒是从四川采购的。因此，四川要从战略的高度，加快四川优质原酒的宣传，在公众中树立起四川原酒"优质"的品牌形象，用四川原酒来做基酒不是"造假"，而是高档、优质白酒的"必备要素"。

2. 贵州

贵州地理纬度较低，常年处于亚热带地区湿润季风气候，平均气温 15℃ 左右，四季分明，冬无严寒，夏无酷暑，得天独厚的地缘优势，使中国遵义享有与法国科涅克、英国苏格兰齐名的荣誉，并称为"世界三大名酒之乡"。1915 年贵州茅台酒荣获巴拿马万国博览会金奖，从此中国贵州茅台酒蜚声中外，被誉为"国酒"。

（1）区域概况　贵州悠久的酿酒历史、独特的气候、微生物资源、良好的水质等条件，有利于发展酿酒工业，尤其是仁怀市茅台镇，与四川古蔺二郎镇同处赤水河流域，具有发展酿酒工业不可复制的地理资源条件。

得益于良好的白酒产业基础，经过多年的发展，白酒产业已成为贵州省的支柱产业，质量效益显著提升。

2016年,贵州规模以上的白酒企业累计产量49万千升,同比增长10.5%;完成产值884亿元,占全省工业产值的7%;实现主营业务收入635.8亿元,同比增长21.1%;实现利润总额263.4亿元,同比增长11.2%。其中,茅台集团累计完成产值511亿元,同比增长15%,占全省白酒产业的57.8%;实现主营业务收入491亿元,同比增长21%,占全省白酒产业的77.2%;利润总额达251亿元,同比增长10.5%,占全省的95.2%。除茅台之外的其他白酒企业累计完成产值373亿元,同比增长9%,占全省白酒产业的42.2%;实现主营业务收入144.8亿元,同比增长10.5%,占全省白酒产业的22.8%;实现利润12.4亿元,同比增长9.5%,占全省白酒产业的4.8%。

通过对最近十多年的数据分析发现,贵州白酒产量和销售收入均保持持续增长,但是,其白酒产量增长速度不高,从2004年15.04万千升,增长到2016年的49.0万千升,年均增长仅为9.54%,低于全国平均水平3.6个百分点;其销售收入增长速度非常高,销售收入从2004年的38.5亿元,增长到2016年的635.8亿元,年均增长34.1%,高于全国平均水平13.7个百分点,是全国销售收入增长最快的省份,如图13、图14所示。

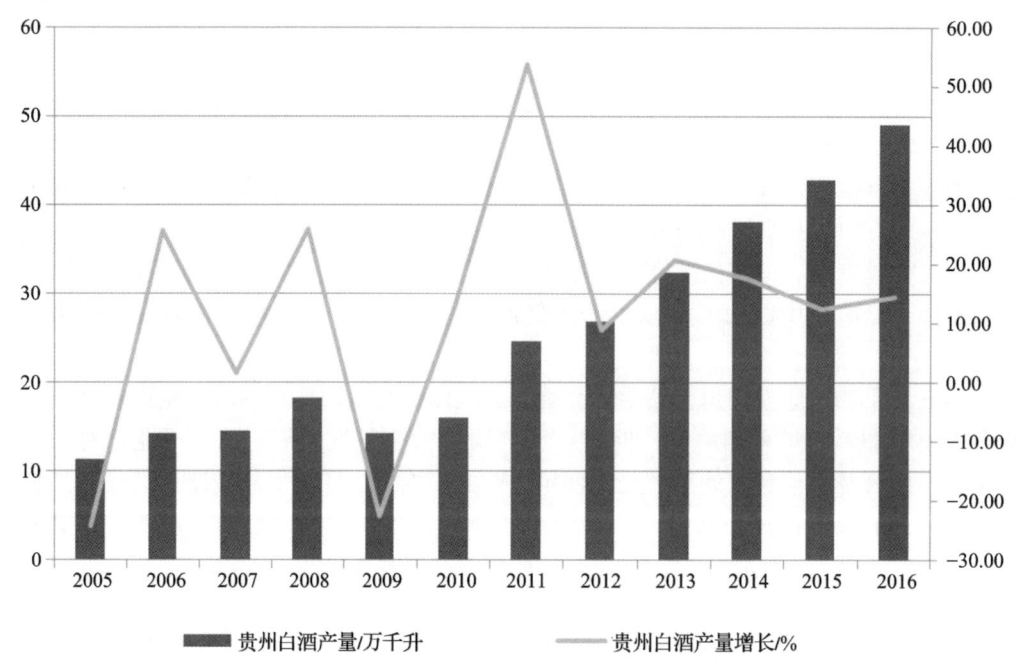

图13 贵州白酒2004—2016年产量

从图13中我们还可以发现,虽然最近十多年贵州白酒产量绝对数都是持续增长的,但是其增长率波动比较大,特别是2005年和2009年,这两年贵州白酒出现负增长,白酒产量分别下降24.1%和22.4%,如果与产量增幅最高的年份2011年比较,其波动幅度达79.9%。这段时间是我国白酒产业发展的黄金十年,其他白酒主产区利用这段时间进入白酒产业高速发展阶段,特别是四川,通过这段时间的发展,在2007年夺得中国白酒产业第一大省的殊荣,说明贵州在白酒产业发展方面还存在一定问题,导致白酒产量大起大落。

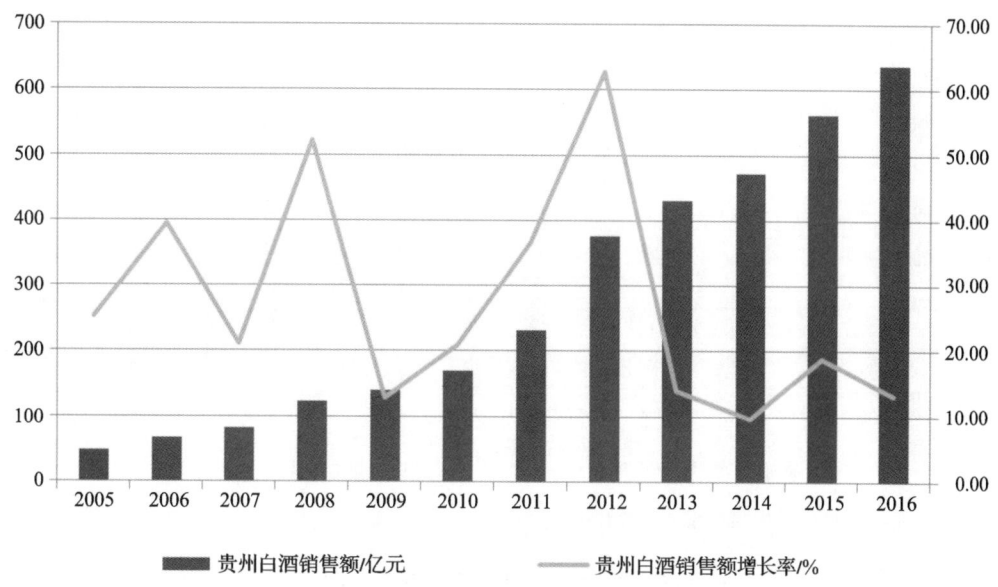

图 14 贵州白酒销售额

从图 14 来看，贵州白酒销售收入不管是绝对数还是相对数都增长较快，特别是我国白酒黄金十年的发展阶段，2012 年贵州白酒销售收入增长率达 62.7%，其后受国家宏观政策的影响有所下降，但年均增长也维持在 10% 以上。

横向比较来看，2016 年贵州白酒产量在全国的占比并不高，近年来虽然其占比在不断上升，但是最高也仅为全国白酒产量的 3.6%，在六大主产区排名倒数第二，仅仅比安徽稍多一点，其销售收入却占全国销售收入的 10.4%，在六大主产区排名第二，仅比四川少。如图 15、图 16 所示。此外，根据贵州省经信委的统计资料显示，2016 年，贵州白酒以全国 3.6% 的产量实现了全国 32.5% 的利润总额，其利润率较高，这一点全国没有其他省能够与其匹敌。从这一点说明贵州茅台在全国的知名度和认同度越来越高，虽然茅台的价格在白酒中是最高的，但是消费者众多，大家都把喝茅台酒当作身份和地位的象征。

从图 15 和图 16 可以看出，贵州白酒在全国白酒市场占有率较低，2005—2010 年这段时间，其全国市场占有率是呈逐年递减的，2010 年后其在全国市场的占有率才逐年递增，但最高也仅有 3%；不过 2005—2016 年期间，其销售收入整个趋势是逐年递增的，这一方面说明酱香型白酒的价值逐渐得到市场的肯定，酱香型白酒市场在逐步扩大；另一方面也跟茅台的营销策略有关，近年来，茅台主打生态白酒，对健康有益。

（2）贵州白酒产业发展形式分析

① 贵州白酒产业发展现状：酱香型白酒由于生产工艺复杂，生产周期长，需经历两次投料、九次蒸煮、九次加曲、七次取酒，高温发酵，高温出酒，再储藏 5 年，完成勾兑后方可上市销售；因此，酱香型白酒产量无法向浓香型白酒一样快速增长，一定程度上限制了酱香型白酒的规模化。与其他香型的白酒相比，酱香型白酒从酿造到出售平

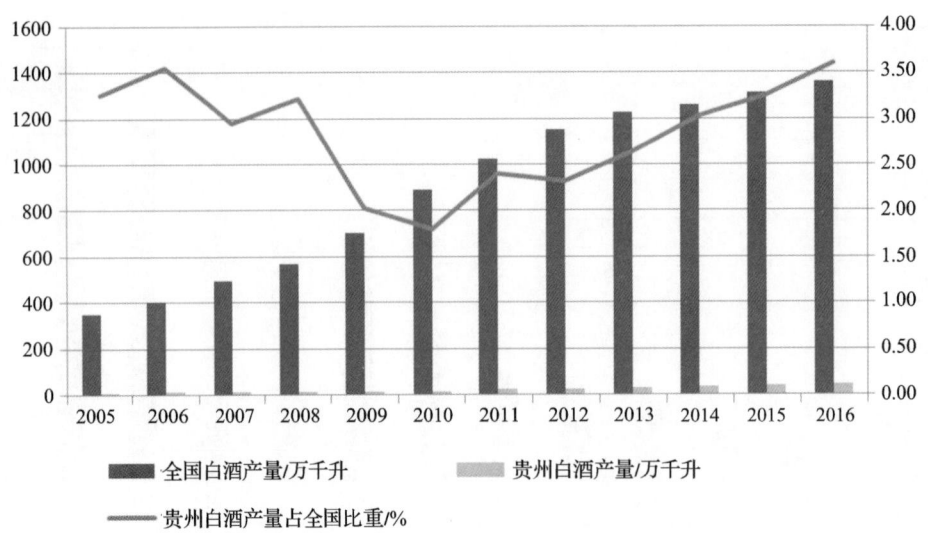

图 15 贵州白酒产量占全国白酒产量比重

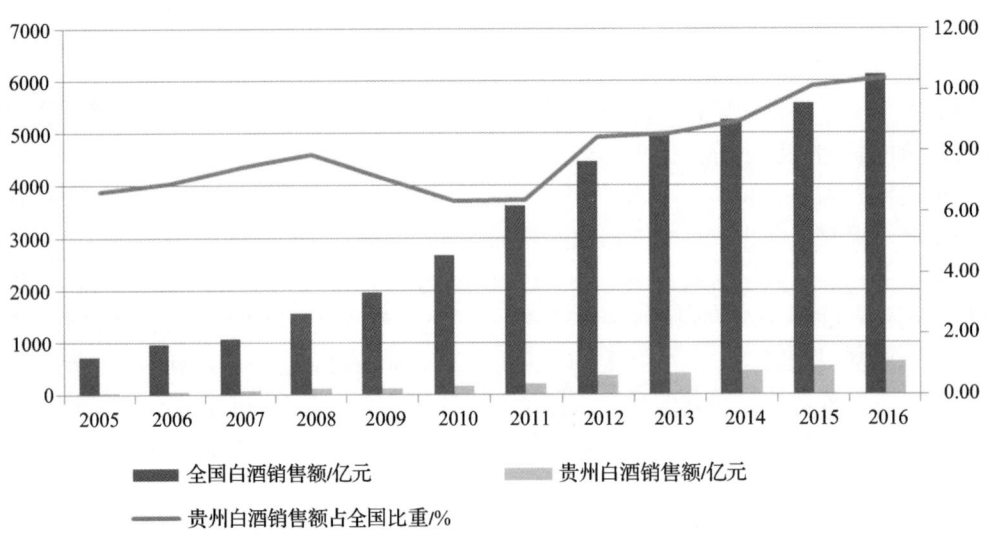

图 16 贵州白酒销售额占全国白酒销售额比重

均需要 5 年,而浓香型白酒需要 3 年,清香型白酒只需要 1 年。由于上述原因,导致贵州大部分酿酒企业规模小,产品结构单一,白酒生产总量偏小,产值和销售收入不高。这一点从 2016 贵州白酒的统计数据就可以看出,2016 年贵州白酒总产量 49 万千升,总的销售收入为 635.8 亿元,实现利润总额 263.4 亿元,而仅茅台集团就实现销售收入 491 亿元,占全省白酒销售收入的 77.2%;利润总额达 251 亿元,占全省白酒产业利润的 95.2%;其他白酒企业 2016 年仅实现销售收入 144.8 亿元,占全省白酒销售收入的 22.8%;实现利润 12.4 亿元,仅仅占全省白酒产业利润的 4.8%。

茅台集团"一酒"独大,其他品牌如董酒、青酒、鸭溪窖、珍酒、贵州醇、金沙窖等传统名优白酒都被茅台光环遮蔽,无法在市场突围。而青酒、国台酒、钓鱼台酒、贵州醇、酒中酒、小糊涂仙酒、百年糊涂酒等新兴名优白酒也是昙花一现,在市场上步履维艰。这一方面与地方产业政策有关,茅台在贵州省举足轻重,地方产业政策会向茅台倾斜;另一方面,还是与市场的消费习惯有关,酱香型白酒市场受众比较窄,仅占全国白酒市场的3.6%左右。不过随着人们对健康饮酒的需求越来越高,人们对纯粮食酒的需求也越来越大。从生产工艺上来看,酱香型白酒无法用液态法进行生产,或者使用酒精来进行勾兑,所以,人们对酱香型白酒的消费观念正在改变,认为酱香型白酒是纯生态的,市场对酱香型白酒的接受度会越来越高。

② 贵州白酒产业发展方向:多年来,贵州白酒一直是茅台一酒独大,其他品牌的酒市场份额很小,并且这种趋势还在逐渐加强,贵州原来很多的传统名优酒在全国市场上逐渐销声匿迹,成为地方酒,人们提起贵州只知道有茅台,不知道有习酒、董酒。因此,贵州白酒产业的发展,首先继续加大对酱香型白酒的"生态、健康"形象的宣传,让更多的人了解酱香型白酒与其他香型白酒的区别,了解酱香型白酒的益处;其次,加快整合二三线品牌企业,加大龙头白酒企业对小酒厂、小酒企的兼并力度,培育几个有实力的白酒龙头企业。第三,细分消费市场,引导企业多推出腰部产品,以占领不同层级的消费市场。目前,贵州能家喻户晓的白酒就只有茅台酒,茅台酒已经成了贵州的标志,但是茅台酒其定位高,比全国同处一线品牌的五粮液、泸州老窖、洋河等品牌定价还要高,属于一线品牌的领头羊,一般消费者是可望而不可求。因此,茅台酒的细分市场很窄,市场受众很少。要想扩大贵州白酒的消费市场,必须推出适合中端客户消费的腰部白酒产品。第四,规范市场,整合品牌。目前贵州很多白酒都打茅台的旗号或者宣称是茅台镇的酒,"茅台"品牌几乎泛滥成灾,这类产品价位很低,主要针对低端市场,质量也参差不齐,长此下去势必影响茅台(茅台镇)的声誉。因此,必须对那些号称"茅台"的酒进行清理,进一步规范"茅台"白酒市场,对各种号称"茅台"酒的品牌进行整合,对与茅台没有关系的白酒品牌进行清理,以正视听,维护茅台酒(泛指茅台镇)良好的市场形象和美誉度。

(二)鲁豫板块

鲁豫是中原文化的核心地区,中华文明史的发祥地,五千年的中华文明博大精深、源远流长。儒家文化历经千年,是中国传统文化的主体和核心。山东、河南既是产酒大省又是消费大省,地产酒品牌众多,但总体而言两省地产白酒的品牌竞争力不强,地产白酒主要盘踞中低端市场,中高端白酒消费市场成为众多省外名酒争夺最激烈的区域。

1. 山东

(1)区域概况 鲁酒在中国几千年的白酒历史上一直占据着举足轻重的地位,"兰陵美酒夜光杯,玉碗盛来琥珀光"作为鲁酒的代名词,兰陵美酒拥有三千多年厚重的文化底蕴。而产于齐鲁三大古镇之一"景芝镇"的景芝景阳春酒,自元末清初伊始,也有千年历史;孔府家酒始酿于孔府内的酒坊;扳倒井始于唐末;就连泰山酒也是历代皇帝祭祀的泰山脚下的酿酒坊酿造。

(2)山东白酒产业发展形势分析

① 山东白酒产业发展现状：白酒产业是山东省的传统优势产业，在全国同行业中处于领先地位。山东作为白酒的生产大省和白酒消费大省，从传统的"四大家族"的兰陵、景芝、孔府家、泰山，发展到如今的"九大集团"兰陵、景芝、孔府家、泰山、扳倒井、古贝春、琅琊台、趵突泉、花冠等。

据相关资料显示，截至 2016 年末，山东省有白酒企业 600 多家，其中规模以上白酒企业 166 家。2016 年山东省白酒年产量 112.64 万千升，同比下降 0.72%；白酒销售收入 435 亿元，同比增长 7.5%。近年来，山东白酒产量呈逐年下降趋势，销售收入下降趋势在 2016 年得到了抑制，出现了反弹，如图 17、图 18 所示。

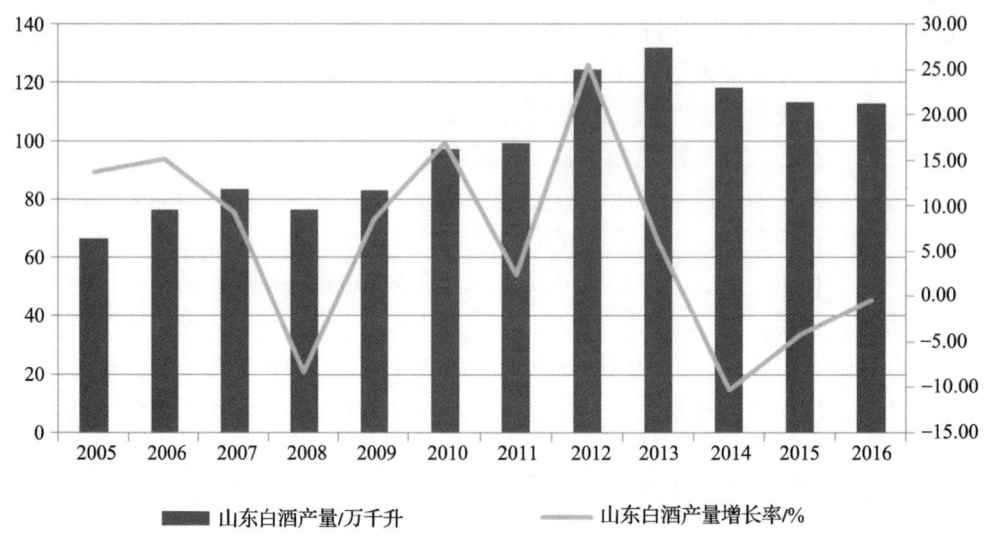

图 17　山东历年白酒产量

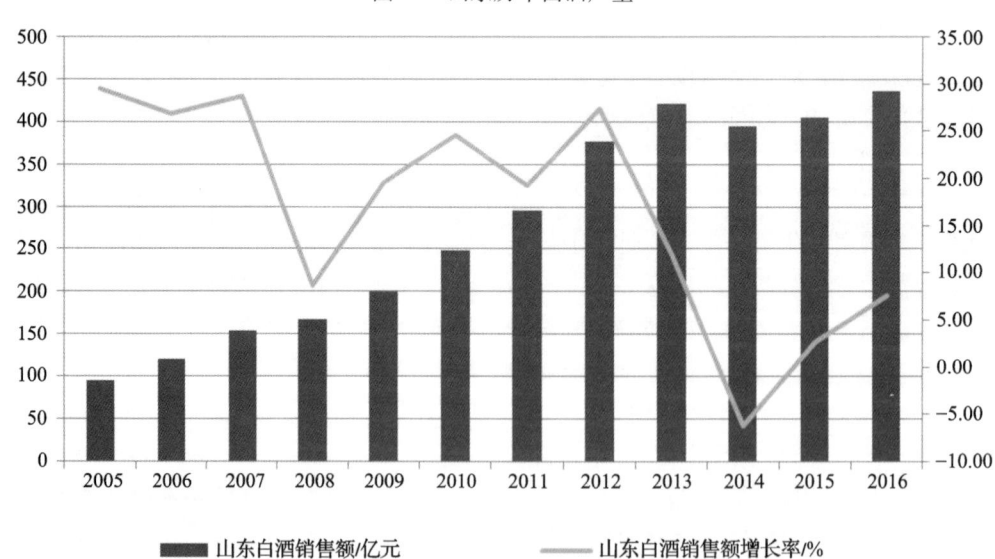

图 18　山东历年白酒销售额

从图 17 可以看出，山东白酒产量从 2005 年至 2013 年，其绝对数是不断上升的，但是增速波动比较大，2008 年、2013 年这两年白酒增速下降比较大。2012 年后，由于受国家宏观经济的影响和中央"八项规定"的影响，山东白酒产业受到冲击比较大，2013—2016 年这几年山东白酒产量不管是绝对数还是增长率都是逐年下降，呈负增长。这与山东白酒主要在省内市场销售有关，鲁酒 20 世纪 90 年代曾红遍全国，但是后来受"秦池"事件影响，几乎全线退出省外市场，这么多年后，鲁酒在省外市场仍然鲜有作为。山东传统上喜欢饮酒，因此受"八项规定"影响更甚，鲁酒首当其冲。

从图 18 可以看出，山东白酒销售收入绝对数是逐年上升的，虽然，2013 年后受宏观经济影响，销售收入有所下降，但是上升趋势没有改变，但是如果看山东白酒销售收入增长率的变化，是呈一个明显的下降趋势，如果按照这种趋势发展，到某一阶段，山东白酒销售收入增长会趋近于零，直到停止增长。

横向比较来看，2007 年以前山东白酒生产量一直在我国排名第一，直到 2007 年才被四川超越，排名第二。到 2016 年，河南经过多年追赶，一举超过山东排名全国第二，山东下降到全国第三。2016 年白酒产量排名全国前 5 名的依次是：四川 402.7 万千升、河南 117.5 万千升、山东 112.6 万千升、江苏 106.9 万千升、湖北 90.3 万千升。按照现在的趋势来看，未来几年，江苏很可能赶超山东，目前江苏山东的差距仅有 5.7 万千升。

通过对最近十多年的统计数据分析，我们发现山东不管是白酒产量还是销售收入在全国白酒产业中的比重都呈逐年下降的趋势。2007 年是山东白酒的一个分水岭，此后，山东白酒在全国的份额和市场占有率上都逐年下滑，趋势非常明显。山东白酒产量从最高峰时，2005 年曾占全国白酒产量的 19.0%，一路下滑，到 2016 年仅占全国白酒产量的 8.3%，11 年下降了近 50%；山东白酒销售收入在全国的份额也从最高峰，2007 年的 14.1% 下降到 2016 年的 7.1%，也下降了 50%，如图 19、图 20 所示。

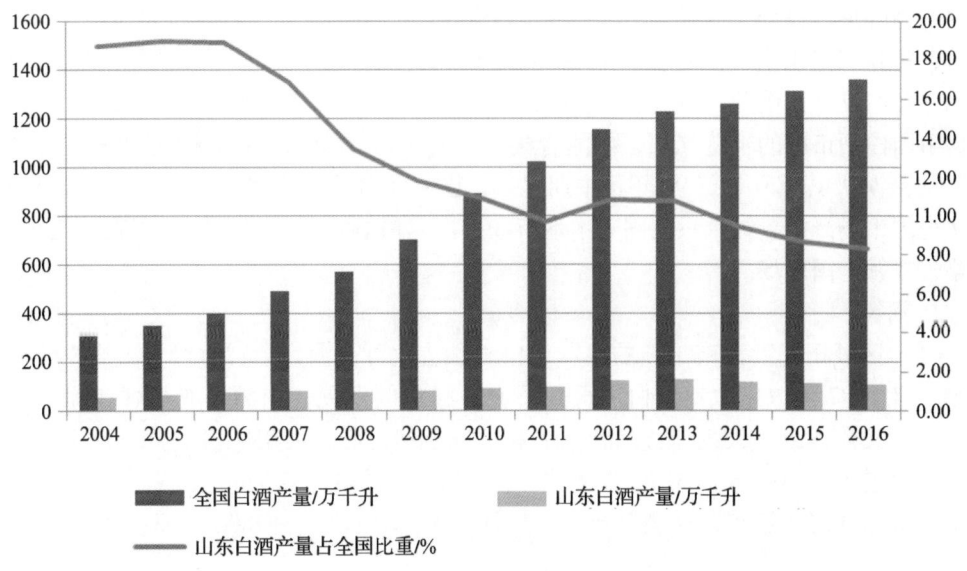

图 19　山东白酒产量占全国白酒产量的比重

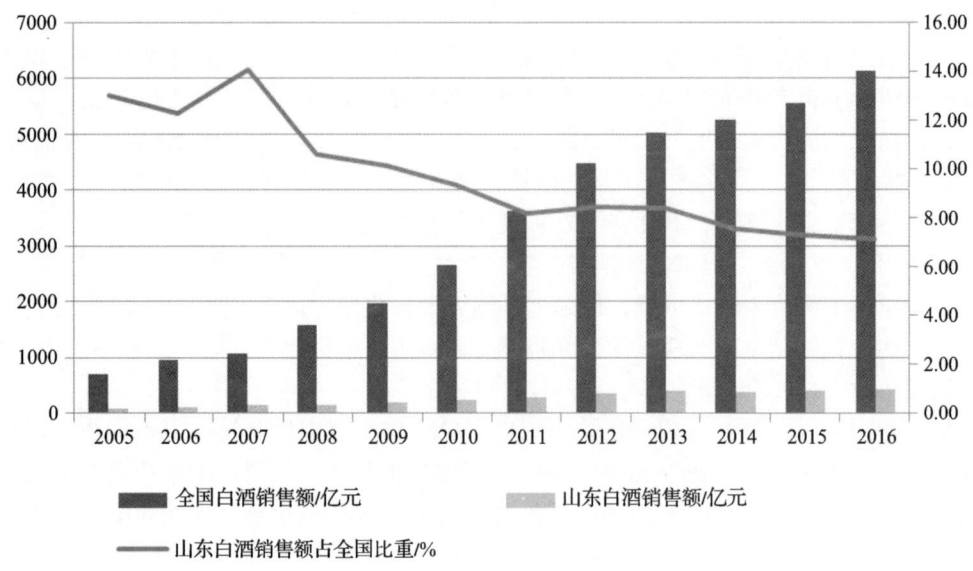

图 20　山东白酒销售额占全国白酒销售额的比重

② 山东白酒产业发展方向：第一，尽快树立鲁酒的品牌形象。鲁酒经历秦池风波后，白酒品牌的美誉度、忠诚度都严重下降。在消费者心目中一直形成了"山东无好酒"的错误认知印象。因此，如何提升品牌形象就成为鲁酒崛起的关键问题。第二，对区域品牌进行兼并、整合，打造白酒龙头企业。山东是中国白酒企业最多的省份，产销量都处于中国前列。目前山东几乎每个县都有不同的强势品牌，但还没有一个品牌在三个以上地级城市都处于领先地位。这种状况肯定无法让鲁酒做大做强，因此，必须对区域内的品牌进行整合，形成合力，打造几个资金实力雄厚、技术过硬的白酒龙头企业。第三，实施"走出去"战略。20世纪90年代初，孔府家、景芝、景阳春、泰山特曲、秦池、孔府宴、扳倒井、董公酒、喜临门等诸多鲁酒品牌都在这时大步走向全国，并且占据中国白酒市场的半壁江山，但随着秦池"标王"的负面效应以及消费者"川酒鲁卖"的错误认识，20世纪90年代中期之后，鲁酒开始呈现严重的下坡之势，白酒市场也从全国市场严重萎缩到只能固守本地市场。山东白酒要振兴，必须要实施"走出去"战略，战领全国市场。

2. 河南

（1）区域概况　河南是酒的故乡，白酒酿造业可上溯到远古时代，白酒文化底蕴深厚。自 1997 年以来，河南白酒得到了突飞猛进的发展，白酒企业品牌在原有名牌基础上，又涌现出一大批地方品牌白酒和区域名牌白酒，河南的白酒企业也由原来的几十家猛增到近 200 家。20 世纪 80 年代，河南白酒的代表是"张、宝、林"，即张弓、宝丰和林河，近年，豫酒又形成了宋河、宝丰、杜康、仰韶、赊店、张弓"六朵金花"。

（2）河南白酒产业发展形势分析

① 白酒产业发展现状：河南地产酒主要有浓香、清香两大香型，近年来仰韶酒又创新了一种香型称为陶香型，陶香型白酒的工艺特点概括为"九粮、四陶、多香融合"，风格特征为"雅、醹、融"，品质核心为"融"。不过河南市场上消费最多的白酒还是浓香、清香型产品，酱香和陶香型产品占比不多。河南白酒品牌众多，豫东地区的宋河、四五老酒、鹿邑大曲、张弓酒；豫西地区的仰韶酒、杜康酒；豫南地区的宝丰酒、赊店酒；豫北地区的红旗渠酒、梨园春酒四强分割，互有渗透。豫酒本身无强势品牌，绝大多数属于中低端价位的白酒，仅在省内市场发展，在全国其他区域难觅豫酒踪迹。

2016年，河南省白酒产量再创纪录，达到117.5万千升，仅次于四川省，首次超过山东省，位居全国第2位。根据最近十多年的数据来分析，我们发现豫酒产量绝对数每年都在增加，但是增长的速度越来越缓慢，是逐年降低的。特别是2011年后，由于受国家宏观政策的影响，以及中央"八项规定"的影响，豫酒产量和销售收入增速下降非常厉害，增速接近零，有的年份甚至是负增长。2014年后，豫酒产量增速下滑的局面有所好转，出现温和回升，不过豫酒的销售收入增速却没有随产量一同回升，而是继续下滑，增速几乎为零，如图21、图22所示。

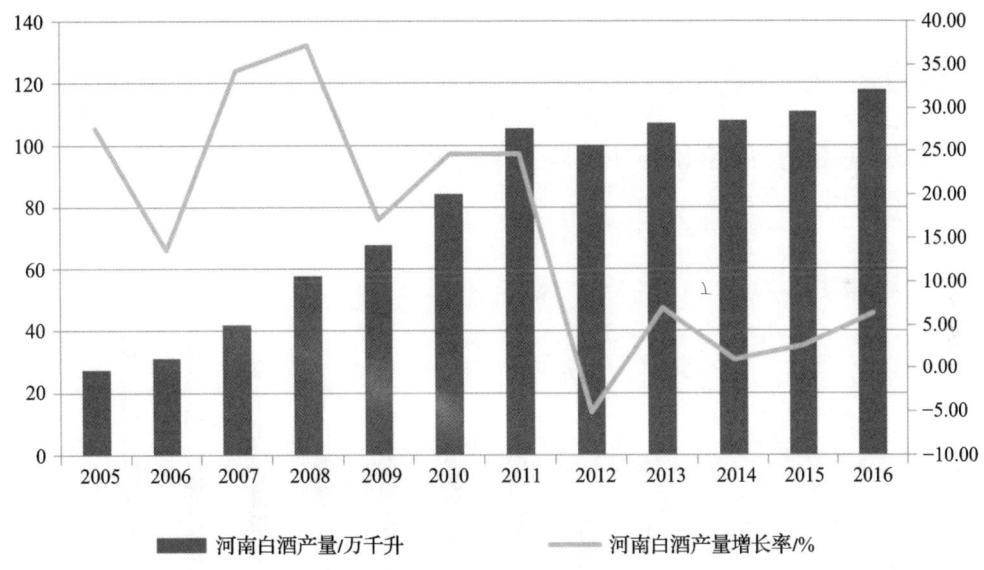

图21　河南白酒历年产量

横向比较看，通过对2004—2016年这段时间的分析，我们发现河南白酒在全国白酒中的位置可以划分为3个明显的阶段，一个阶段是2004—2008年这段时间，河南白酒无论是产量还是销售收入在全国市场的占有率都逐年上升；第二个阶段是2008—2012年这段时间，河南白酒产量和销售收入在全国的占比都呈下降趋势，特别是白酒的销售收入在全国的占比下降明显；第三个阶段是2012—2016年这段时间，由于众所周知的原因，全国白酒产业遭受了前所未有的冲击、白酒行业进入调整阶段，河南白酒产业虽然同样遭受到了冲击，但是其在全国白酒行业中的地位却意外保持了一种相对稳定的状

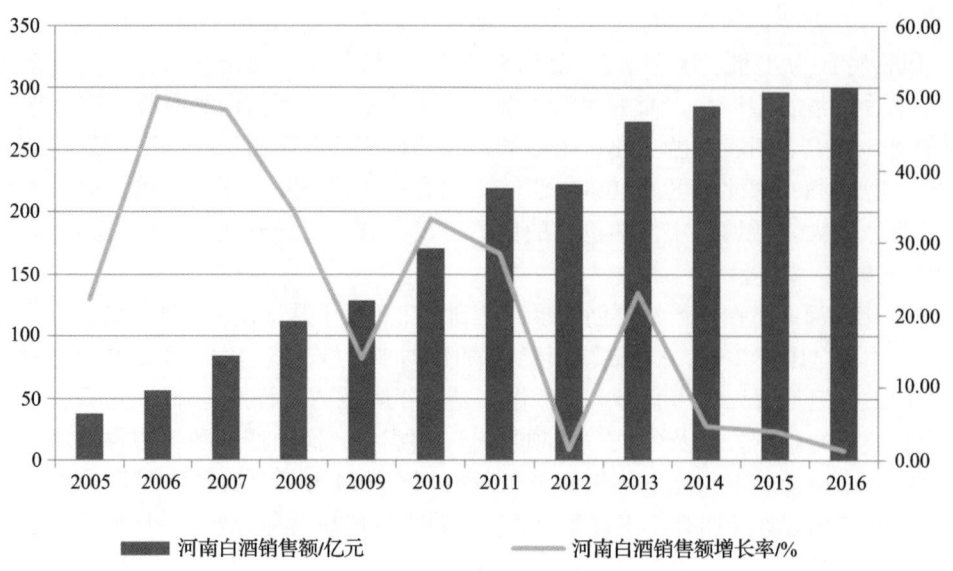

图 22　河南白酒历年销售额

态,河南白酒产量占全国白酒产量比例和河南白酒销售收入占全国白酒销售收入分别维持在 8.6% 和 5.2%,这说明河南白酒在这段时间遭受的冲击相对其他地区较小,或者从一个侧面说明河南白酒利用白酒产业进入调整期这一机遇逆流而进,取得了一定的成绩,如图 23、图 24 所示。

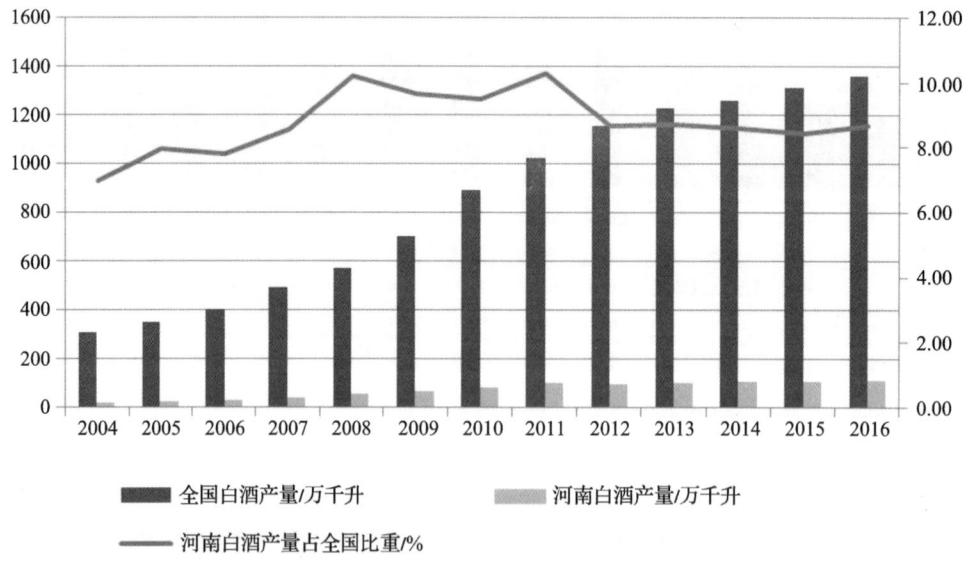

图 23　河南白酒产量占全国白酒产量的比重

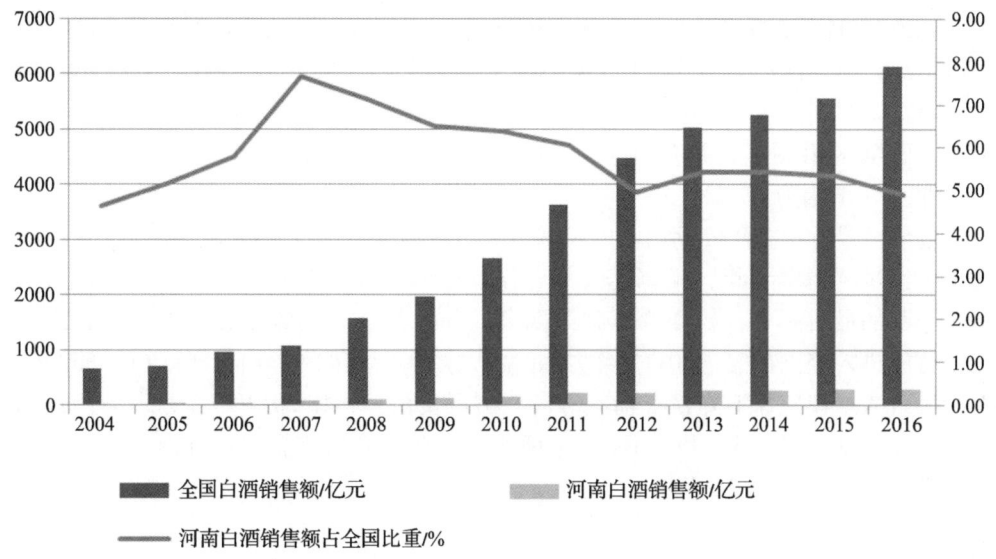

图 24　河南白酒销售额占全国白酒销售额的比重

从图 23、图 24 也可以看出，河南白酒现在最大的问题与山东的问题比较相近，一是缺乏白酒龙头企业，存在诸侯割据的现状；二是缺乏全国性的白酒品牌，主要以地产酒为主，价位较低；三是白酒销售收入无法迅速扩大。河南白酒市场主要以省内市场为主，虽然河南白酒产量上有所突破，位居全国第 2 名，但是销售市场无法打开，无法随产量同步上升，这也是河南白酒产业面临的最大问题。

② 白酒产业发展方向：第一，结合地域文化，提升品牌形象。河南白酒消费市场巨大，每年的消费额都在 100 亿元以上，得中原者得天下，河南白酒市场，一直是白酒行业众多品牌的必争之地。但是这么大的"蛋糕"都被外来品牌瓜分，本土品牌收获有限。因而，结合本土文化，提升本土品牌形象是豫酒发展壮大的必经之路。第二，整合现有资源，打造 1~2 个白酒龙头企业或者集团。在本区域内，树立 1~2 个区域市场内的龙头企业或者集团，先建立自己的大本营，打造根据地市场，壮大自身实力，做好到省外去开辟战场的准备。第三，积极开拓省外市场。河南白酒发展目前最大的问题是市场销量无法打开，几大本土品牌都局限于本省市场"内斗"，建议以河南为核心，逐步发展河南临近省份白酒市场，因为与河南相邻的省份有些地方在文化、饮酒习惯上与河南有相似的地方，开拓市场相对容易成功。

（三）苏皖板块

苏皖地区经济水平高，白酒市场容量大，是传统的白酒生产大省，白酒生产历史也很悠久。由于两省地域上相邻，两省白酒品牌相互渗透，竞争比较激烈。

1. 江苏

（1）区域概况　江苏省地处我国东部沿海，交通便利、经济活跃，酒业发达，生产企业众多，是我国人口密度最大的省区之一，也是我国重要的白酒产销大省。以洋河、今世缘、双沟、汤沟、梅兰春等为代表的江苏白酒企业最近几年的发展势头良好。

（2）江苏白酒产业发展形势分析

① 江苏白酒产业发展现状：江苏经济发达，是白酒产销大省，消费水平高，市场竞争激烈。目前，江苏省有1000多家酒类生产企业，规模以上企业共有41家。据统计，2016年，江苏省41家规模以上白酒企业生产总量达到106.89万千升，同比增长7.83%，居全国第四名；销售收入实现305.62亿元，同比增长7.25%；利润达到109.45亿元，增幅为11.2%。

通过分析最近十多年江苏白酒的发展数据，我们会发现，江苏白酒情况与全国的情况类似，经过"黄金十年"的高速发展，江苏白酒产业上升到了另一个台阶。从六大白酒主产区的最后一名，如今晋升到第四名，并且其上升趋势还在持续之中，假以时日，很可能进入全国前三。2011年开始，受国家宏观政策的影响，江苏白酒的产量增速和销售收入增速急速下降，个别年份甚至出现负增长，如2014年江苏白酒产量和销售收入同比分别下降4.5%和7.1%。近两年，情况又有所好转，江苏白酒行业在慢慢触底回升，如图25、图26所示。

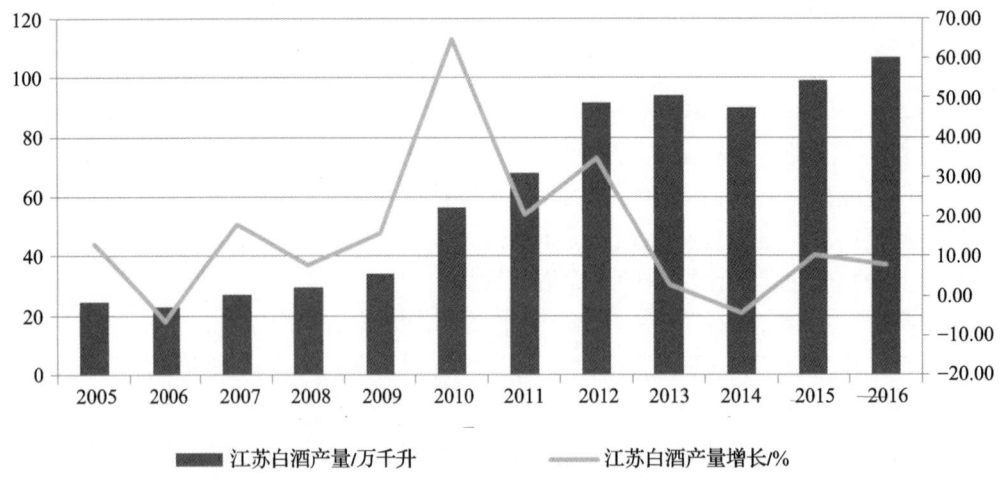

图25　江苏白酒历年产量

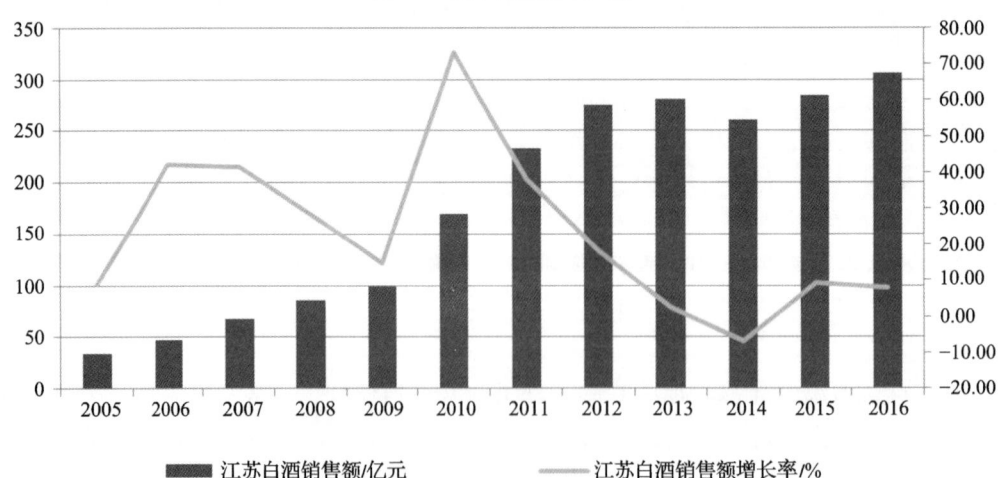

图26　江苏白酒历年销售额

从 2004—2016 年这一阶段的数据分析来看,江苏白酒产量在全国白酒市场的占比稳中有升,中途虽有波折但是并不能改变其上升的总趋势,从 2004 年的 7.05% 上升到 2016 年的 7.87%;江苏白酒销售额占全国白酒销售情况也是如此,始终在 4.6% ~ 6.4% 波动,2004—2011 年逐年上升趋势很明显,但是 2011—2016 年处在一个横向整理态势。2010 年 4 月,洋河、双沟强强联合,组建苏酒集团后,江苏白酒进入了一个快速发展的阶段,不过由于受国家宏观政策的影响,其销售收入表现比起白酒产量来看还稍显逊色,如图 27、图 28 所示。

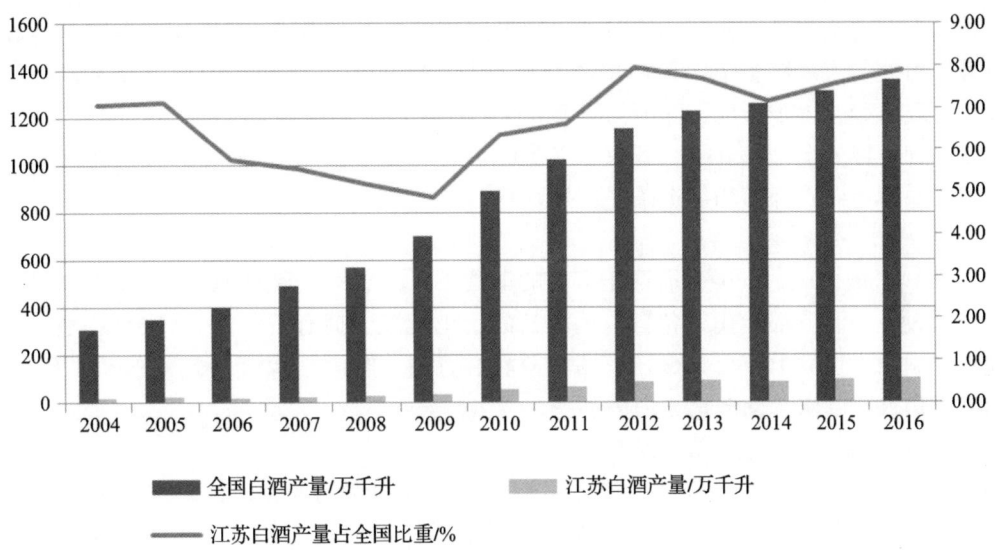

图 27　江苏白酒占全国白酒的比重

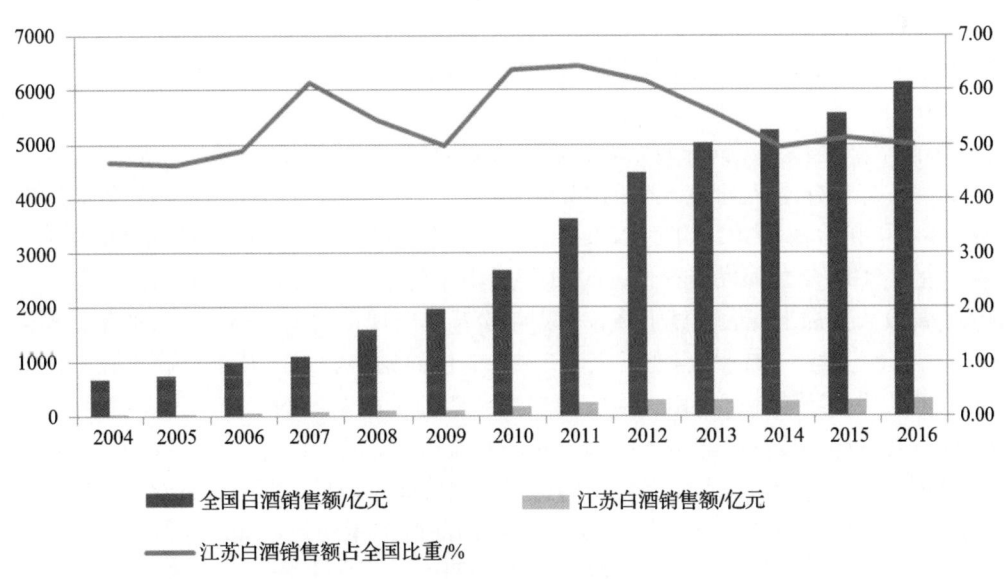

图 28　江苏白酒销售额占全国白酒销售额的比重

② 江苏白酒产业发展思路：第一，继续加大品牌营销，树立高端品牌形象。通过品牌构建，使"好酒品质"在消费者心中进一步留下深刻印象。过去几年，江苏白酒企业苦练内功，在品牌价值塑造、新产品概念提炼、产品质量保证等方面都有了根本性改变，具备了做高端白酒的条件。虽然近几年苏酒在全国的市场份额逐步回升，但这与五粮液、茅台提价有关，苏酒在中端价位迅速占领市场。随着五粮液、茅台价格的回落，会挤占一部分中端价位市场。苏酒通过品牌营销，树立高端品牌形象，强化"好酒品质"特质，才会在与五粮液、茅台竞争中立于不败之地。第二，继续支持苏酒集团做大做强，苏酒集团作为江苏白酒的领头羊地位已经确立，在白酒产业界已经确立了"茅五洋"三足鼎立之势，不过与茅台、五粮液这些老牌酒企相比还有一定的差距，不管是资金实力还是人才储备上，苏酒集团都还有相当大的发展空间。第三，要大力培育二线、三线品牌，逐步形成以洋河为行业龙头，以今世缘、双沟、汤沟、梅兰春等品牌为二线品牌，以分金亭、五醍、五琼、水明楼、大风歌等为三线品牌的梯度产业格局，为二三线品牌走向省外市场创造条件，打好基础。

2. 安徽

（1）区域概况　安徽有着两千多年的酿酒历史，亳州一带的酿酒历史已有2000年，全省大大小小酒厂都能找出各自源远流长的历史记载。拥有古井贡、口子窖、金种子、迎驾贡酒四大白酒上市公司，还有诸如双轮、宣酒、皖酒、沙河王、文王、中华玉泉、明光、焦坡、临水等众多地方白酒品牌。

（2）安徽白酒产业发展形势分析

① 安徽白酒产业发展现状：安徽是白酒生产和消费的大省，白酒产业是安徽传统优势产业，20世纪，徽酒几乎与川酒、鲁酒形成三足鼎立之势，白酒一度是安徽税收的主要支柱之一。早在20世纪90年代，以双轮池、种子酒、口子为主的白酒品牌快速发展扩张，曾经一度跃为中国白酒的前十强。现今，皖系白酒又发起了新的一轮市场冲击，以古井、口子窖、金种子、迎驾贡酒为主的白酒品牌又开始轮流向全国其他区域范围市场发力，成为国内白酒市场上极具竞争力的企业集团。

2016年末，安徽省规模以上白酒企业白酒产量达44.91万千升，同比下降3.3%，在全国排名第10位。纵向比较来看，近年来安徽白酒产量发展较快，白酒产量从2004年的20.71万千升增长到2016年的44.91万千升，年均增长6.7%；白酒销售额从2004年的44.4亿元增长到2016年的228.8亿元，年均增长14.6%。徽酒的发展也并不是一帆风顺的，2010年之间发展很快，2010年后由于受到国家宏观调控的影响，徽酒在产量和销售收入上都出现大幅度下降，个别年份甚至出现负增长。难能可贵的是，安徽以全国4.7%的白酒产量，却实现了全国5.4%的白酒销售收入。其销售收入在全国的占比与江苏相当，还略高于河南，但安徽白酒产能却是前两者的三分之一左右。所以说，徽酒能取得这样的成绩是非常不易的。通过前面几个白酒产区的分析，我们知道销售收入在全国的占比高于白酒产量在全国的占比这种情况原来只在四川和贵州出现过，要知道川黔可是中国白酒"金三角"，全国一线白酒品牌的聚集地，优质原酒生产基地。当然，安徽白酒能取得如此优异的成绩与安徽的四个白酒上市公司在全国开疆扩土有关，据上市公司年报资料显示，2016年，古井贡营收60.17亿元，增长14.54%；迎驾贡酒营收 30.38 亿元,增长 3.81%;口子窖营收 28.3 亿元,同比增长 19.53%;金种子营收 14.36 亿元,同比下滑 16.89%,这四家上市公司合计营收 133.21 亿元,占安徽全省白酒销售收入的 58.2% 左右,如图 29、图 30 所示。

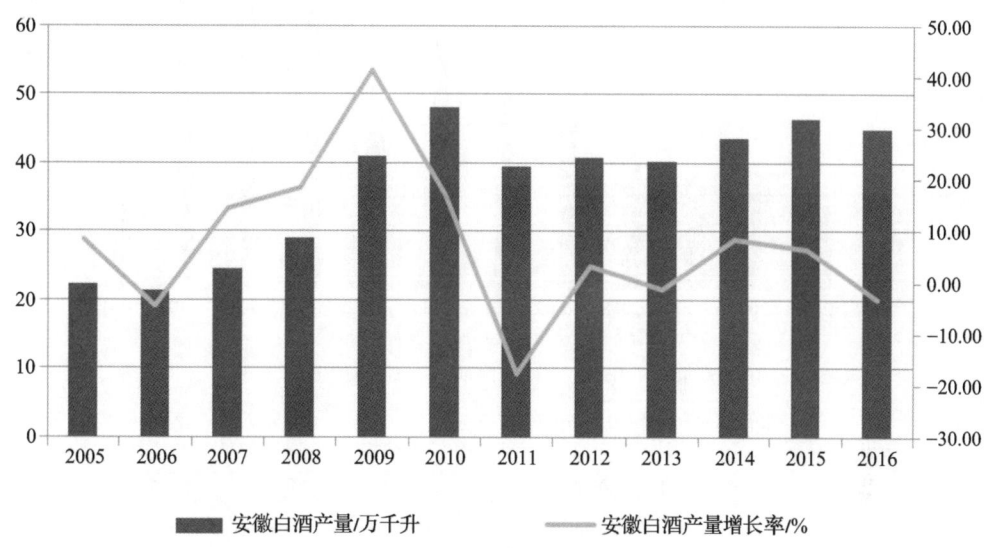

图 29　安徽白酒历年产量

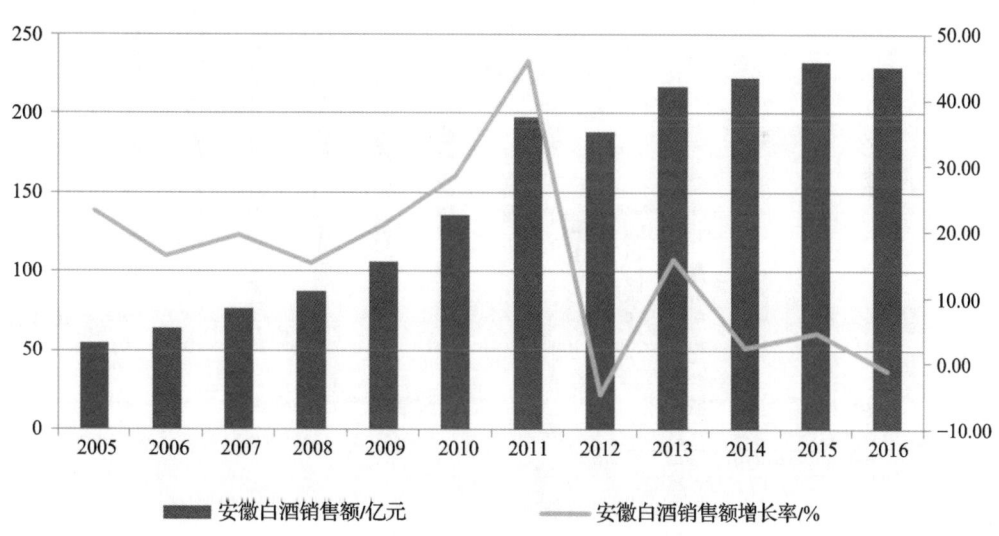

图 30　安徽白酒历年销售额

横向比较来看,安徽白酒产业在全国白酒产业中的地位呈逐年下滑态势。通过对 2004—2016 年的数据分析,我们发现安徽白酒产量占全国白酒产量的比重从 2004 年的 6.64% 下降到 2016 年的 3.3%,下降了 50% 以上;白酒销售额占全国比重从 2004 年的 6.7% 下降到 2012 年的 3.7%,下降了 45%,如图 31、图 32 所示。

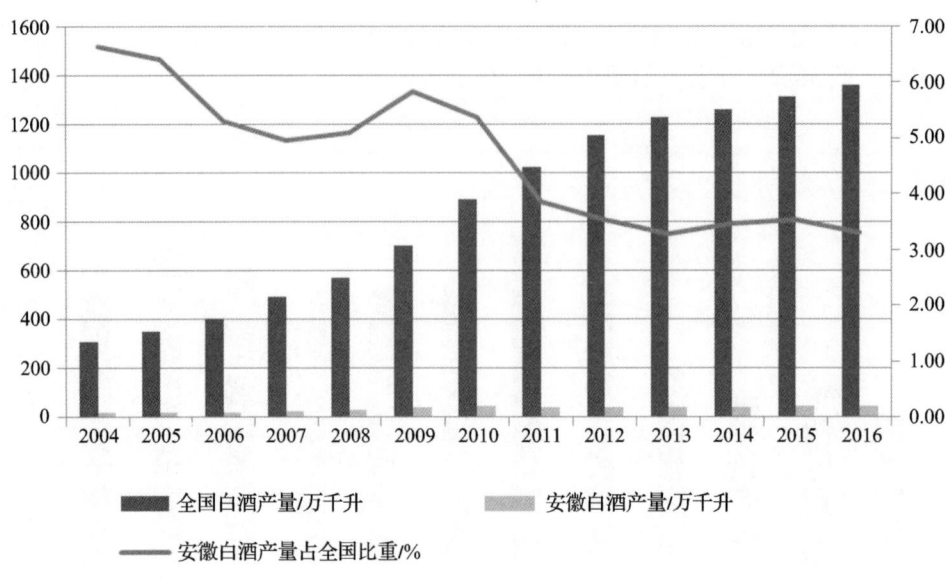

图 31　安徽白酒产量占全国白酒产量比重

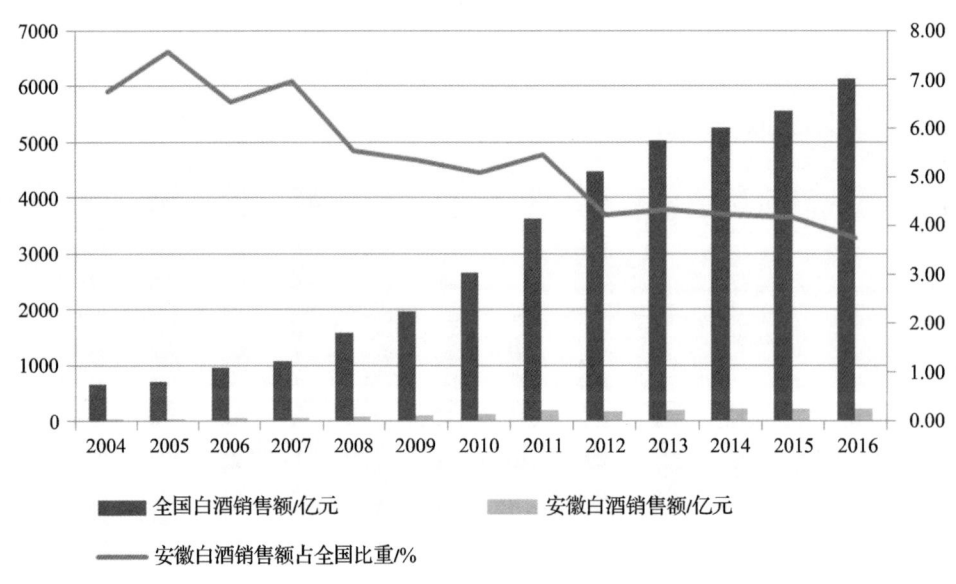

图 32　安徽白酒销售额占全国白酒销售额比重

② 安徽白酒产业发展思路：第一，支持古井贡、迎驾贡、口子窖和金种子四家上市公司做大做强，利用上市公司的融资平台，采取兼并、收购等方式迅速做大，成为徽酒产业的领头羊。第二，鼓励四大上市公司到省外继续开辟全国性市场，扩大徽酒的市场占有率。第三，整合安徽省内二三线品牌，减少省内品牌诸侯割据式的内耗，重点打造3~5个品牌，形成白酒产业梯队。例如，可以将宣酒、皖酒、文王、明光等品牌进行整合，形成两个二线品牌白酒企业集团；以沙河王、临水、焦坡、高炉家等品牌整合

形成三个三线品牌白酒企业集团。

三、中国白酒产业发展展望

(一) 品牌至上，强者恒强

随着我国社会生活水平的提高，白酒的消费也在升级，同时消费结构也在发生变化，新兴的白酒消费群体，如 80 后、90 后更加注重品牌，更加注重健康。这一点从最近 10 多年全国白酒数据就可以看出，四川、贵州是全国名优白酒聚集地，四川有"六朵金花"，其中有四家上市公司，贵州有国酒茅台。所以，近 10 多年来，四川、贵州无论是白酒产量还是白酒销售收入在全国的比重都是逐年递增，即使 2011 年白酒产业进入调整期，整个白酒行业一片萧条，四川、贵州白酒产量和销售收入占全国白酒产量和销售收入的比重却是上升的。其他白酒主产区，如山东、江苏、安徽、河南的白酒产量和销售收入占全国白酒产量和销售收入的比重都是呈下降趋势。究其原因，主要是这些省份没有全国知名的名优白酒或者全国知名品牌比较少。当然，江苏近年来随着洋河的崛起，表现还比较出色，但是一个品牌的兴起暂时还无法扭转其在全国的地位。从这些数据我们可以发现，白酒产业遵循强者恒强的定律，能在全国市场上生存下来的白酒企业，必定拥有全国知名的白酒品牌。

(二) 地产小酒，越走越窄

地产小酒主要是指那些在当地比较有名气，并且销售市场也局限于每个一定范围的区域内的白酒。由于白酒是一种文化的传承，且具有地域差异性，不同地区消费者饮用白酒的习惯、偏好的白酒度数、香型都各不相同，所以地产酒一般不会消失，但是，随着全国知名白酒四处攻城略地，地产酒的市场份额也会越来越小。这一点可以从我们前面的数据分析得到佐证，山东、河南虽然是白酒主产区，白酒生产大省，但是其白酒产量和销售额在全国市场的占比却是越来越小，主要原因就是这两个白酒大省没有全国知名的白酒品牌，全是地产酒，其销售范围基本不出本省，所以其他省份的知名白酒纷纷过来抢地盘，本地地产酒的市场也就越来越萎缩。

(三) 兼并整合，抱团发展

近几年，各地大牌白酒企业在资本市场上动作频频，如五粮液 2013 年出资 2.55 亿元，持股 51%，兼并河北永不分梨酒业；2014 年再出资 2.55 亿元，兼并河南五谷春酒业，持有公司 51% 股份。洋河 2013 年并购湖北梨花村酒业；2014 年先后并购湖南汨罗春酒业、哈尔滨宾州酿酒厂；2016 年以 1.9 亿全资收购贵酒。面对大牌酒企咄咄逼人的架势，地产酒不想被兼并就必须要相互整合，要放弃诸侯割据的思想，抛弃宁愿偏居一隅，小富即安的思想，抱团发展。对于那些白酒主产区，地产酒众多的省份，必须要走整合兼并的道路，不然，随着时间的流逝，对地方白酒产业发展越来越不利，地产酒的发展空间会被外省知名白酒品牌挤占，地产酒的发展空间会越来越窄。

(四) "互联网+"，插翅飞翔

传统的营销模式耗时耗力，随着互联网的发展，整合、跨界、颠覆成为未来酒水企业营销的主流，互联网思维将成为改造传统白酒行业的核心利器，各大酒企纷纷试水

O2O。传统营销理念和模式最多能控制到销售终端,随着信息技术的发展,智能手机的普及,O2O可以直接面对消费者,加上大数据应用,每个消费者的购买习惯、消费偏好都被平台公司尽在掌握之中。随着我国互联网、道路"村村通"工程的实施,O2O平台公司的触角可以以非常低廉的成本延伸到全中国的每一个角落,而传统的营销模式要延伸到这些地方,其人力、物力的投入是不可想象的。试想,白酒企业目前面对的主力顾客群体的70后、80后、90后又有谁不会用智能手机、有谁不会上网呢?所以,信息技术的创新正在推动传统零售业渠道变革,以后谁先掌握"互联网+营销",谁就把握了市场先机,也就控制了顾客群,得互联网者得"天下"。

(五)创新发展,百年辉煌

白酒产业是中国的历史经典产业,它不仅仅是一种饮品还是一种文化,一种传承。我们这样来阐释这一产业并不是说它就不需要创新,传承与创新从来就不是对立的,而是相互促进与发展的。所以白酒产业也亟需创新发展,只有那些既传承了白酒产业历史精髓的企业,同时又在时代中不断创新的企业才会持续发展,基业长青。白酒的创新不但包括技术创新,还包括口味、香型、度数、营销创新等。目前,很多白酒企业过多地沉迷于白酒外包装、酒瓶形态的创新,真正白酒产品的创新还很少。只有了解80后、90后,以及未来目标顾客群的2000后的消费偏好,创新白酒产品的形态,才能掌握白酒市场,立于不败之地。

对中国白酒业发展的再认识

曾祖训

中国白酒有着独特的属性、丰富的文化内涵,开发"低醉酒度"是健康白酒发展的新方向,而只有普遍提高白酒质量,不断创新白酒风格,明确酒质量风格的发展趋势,才能生产出使饮酒者能感觉到清新舒适、心旷神怡、唯美享受的白酒产品,让饮酒者达到人性化至高的精神境界。

一、加深对中国白酒业的认识

中国白酒是以谷物粮食为原料,利用经驯养的天然微生物,经固态发酵、蒸馏、勾兑而成,以乙酸酯为主体香,已发现十二种香味物质,多达千种香味成分,是世界风格独特、工艺独有的蒸馏酒。

中国白酒已由过去手工小作坊,成长出一批代表着世界先进水平的、有规模、有技术、有现代管理理念,有不同品种的、花园式、生态型的生物制造业。

白酒业是中华民族智慧的结晶,其工艺有巨大的包容性、生命力和自我创新能力,是民族工业的代表,是中国的国粹产业。

中国白酒工艺和风格世界独具,其醉酒度低是精神文化追求最佳的产品,是社会功能多样化的产品。

中国白酒是资源性产业,是生物制造业,是农业产业化的龙头产业,是文化属性大于物质属性的精神文化产品。

二、中国白酒主要的文化内涵

中国酒文化内容丰富,如前人描述的:美酒之源、酿酒之神、饮酒之道、敬酒之礼、品酒之艺等,它的发展既代表民族文化精神,又能与时代结合,树立健康、文明、高雅、时尚的酒文化,其酒文化的主要内涵如下。

1. 白酒的灵魂是"通"

中国白酒根深于社会的方方面面,正如贵州国台酒所题:"通自然""通文化""通正事""通朋友""通身心",说明白酒业与自然环境、社会交流、身心表现紧密相连,并有悠久的历史。

2. 白酒文化的气质是"包容"

如"名酒评论"于端所说,白酒的气质是"包容文化",它有多元博大的思想境界,能在时尚和传统中寻找平衡,在开放和坚守中张扬个性,为一个团队创造和谐自由的环境，运行不同的声音和行为，具有较强的亲和力、凝聚力和感召力。

这种"包容"文化的积极意义，是以人为本，多元并存，严于律己，宽以待人，以一种责任的姿态对待社会和人生，促进着社会的进步。

3. 饮酒的时代特征是"享受"与"和谐"

当前正处于奔向小康，走向富裕的新时代，对精神文化的追求会越来越多，白酒消费的增长是必然的，社会饮酒意识正在改变，为功利饮酒会逐渐减少，白酒消费更加贴近群众生活。

饮酒是对生活美好的追求，是对人们精神世界、心里情结的调适，是解决矛盾、增进友谊、促进团队和谐的主要载体，如何去满足当前饮酒的时代特征——享受与和谐，是我们努力的目标，也是我中华文化走向世界，有体验功能的助推器。"一带一路"构建开放的新格局，使中国的白酒业走入世界迎来重要契机。

4. 促进饮酒文化的进步是当务之急

白酒文化大体上包含：一是酿酒文化，二是饮酒文化，可如今饮酒文化进步较慢，与社会文明相差较远，很多饮酒场合不是轻松、自觉的气氛，而以攀比逼醉为快乐，如何促使饮酒从"豪爽·攀比"提高到"礼仪·享受"上来，是应大力提倡的。

三、白酒健康的新高度——低醉酒度

低醉酒度是指酒对人的精神激活的程度，既要满足美好的精神享受，又不至于对健康造成大的影响，进而影响到正常工作、生活。用白酒与纯酒精通过小白鼠的对比喂养实验，归纳出表示的程度和影响白酒醉酒度的诸因素，制定出生产规范与措施。

证明白酒中含有其他功能性成分，白酒与酒精在人体内的作用是不同的，经对比实验白酒醉酒度只有纯酒精的50%。

低醉酒度，不仅是饮酒体征表现"醉得斯文，醒得快，清心舒适又安全"，实际体现了白酒的高质量。

进一步实验证明，低浓度的白酒具有一定的抗氧化自由基的产生和抗衰老的作用，起保护细胞损伤的功能，使白酒健康因子上了个台阶。

中国白酒与世界上以杂醇油为主体香的酒，如与威士忌等比较，中国白酒醉酒度低，不会产生突发性的暴醉和某些甜酒的后醉现象，是精神文化追求的最佳产品。

四、白酒质量、风格的提高与创新

1. 市场上白酒质量普遍提高

一般都提高了白酒的总酸度，增强酒的清爽度，糙辣、刺喉、上头等弊端大为减少。普遍改进酒的单粮或多粮香，以及自然甜度，增加了档次，取得了市场的信任。

很多酒增加了陈香，以保证酒的醇和度，从而增加了基酒和调味酒的储存时期。生产上强化工艺的精心操作和管理水平，原酒质量普遍提高，酒体净爽度提高显著。有些企业注意了酒体的优雅度，如奇数碳酯的生成，或规定戊酸的含量要求。

2. 白酒风格的创新

四川浓香白酒是最经典的,随着市场变化的要求,一般要体现窖香清雅,醇和绵甜,丰满圆润,余味净爽的特点,不再强调"窖香浓郁"和"余味悠长",主要看重酒的适口性。

浓香酒在后味上突出"爽"的口感特点,这是浓香酒口感上的突破。

酱香酒要求充分发挥香味成分的平衡作用,尽量减少不适的焦、苦、涩味,使之形成优雅馥郁的酱香和舒适的陈香,酒体谐调细腻、丰满,体现酱香高雅的风格。消费者评议四川酱香酒醇和细腻,微带甜味,适口性好,在后味上突出"酸爽舒适"的特点,这是新的动向。

兼香型酒发展空间大,要体现兼香的舒适性和优美的陈香,叙府的柔雅兼香,"歪嘴郎"打开了一片世界。

川法小曲酒,解决了后味偏苦的问题,提高了酒体的醇厚度和以糟香为主的复合香。

五、当前白酒市场需求的分析

决定白酒消费的主要因素:一是社会发展的经济基础,即在解决人们生理生活需求之后如何来满足被尊重和自我实现的需要;二是生存的历史文化背景,包括人们文化意识、地域观念、风俗民情等,从目前社会进步和需要方面,对市场做出如下分析。

1. 经典型名酒消费

此类产品具有稀有的生产资源条件,每年只有一定的规模和产量,有全国性消费市场和品牌声誉,有现代科学管理和质量保证体系,以及相应的各类人才。

酒品是中国特色的传统纯粮固态发酵白酒,符合国家和企业质量标准。

酒质的感官要求:无色或微黄,清澈透明,视觉挂杯,酒香幽美,老陈舒适,醇厚丰满,谐调圆润,风格典型,有唯美享受的体验。

2. 时尚型白酒消费

此类产品是根据时代发展特点而发展起来的,有好的群众认知度,具有相应的生产经验和资源条件,已有一定的品牌声誉,有现代科学管理和质量保证体系,以及相应的各类人才。

生产的酒品是中国传统的纯粮固态发酵白酒,不添加非发酵性物质,并具有个性化的特点,符合国家卫生以及企业质量标准。

酒质的感官要求:清澈透明,酒香幽美,陈香舒适,醇厚绵甜,谐调柔顺,余味净爽,富有个性。

3. 舒爽型白酒消费

企业有一定的生产经验和资源,生产和销售有相当的规模,产品能紧跟基本群众需求,拥有省以上的消费市场,有质量检验和相应的技术和管理人才。

酒质具有中国传统白酒的风味特色,如工艺是串蒸或固液结合、使用添加剂等必须注明,并符合有关国家标准,酒质符合国家卫生和企业质量标准。

酒质感官要求：清澈透明，酒香优美，陈香显著，入口顺畅，醇和绵甜，余味舒爽，具有稳定的受人喜爱的香味个性。

六、白酒质量、风格的发展

白酒业的发展，进入稳定、理性、法制的新时代，市场经济也是法制经济，要有规律、有秩序地生产。在大众创业、万众创新的大好形势下，要认真贯彻讲政治、顾大局、尽责任的指导思想，本着创新、协调、绿色、开放、共享的发展理念，真正地沉淀下来，应用精雕细琢的工匠精神，生产出贴近广大消费者需求、富有个性化的产品。

白酒是精神文化产品，提倡适量饮酒，是最能激活人们的思维活性。品尝美酒，享受生活，注重生活价值，升至精神品位，体现"享受"与"和谐"，这是饮用白酒的重要文化价值。

白酒酒体从香味成分上树立以乙酸酯类为主体香的独特风格，从口感上传承了中国人喜欢的花香味、酱滋味和陈醇味。这些风格深深地扎根在消费者心里，这也是口感上努力的方向。

白酒是精神文化产品，它又依赖于白酒的物质属性，如何发挥出白酒的物质功能，使白酒的口感香雅、绵陈、舒爽、高雅。使饮者能感觉到：清新舒适，心旷神怡，唯美享受，这是人性化至高的精神境界，是未来白酒质量风格的发展趋势。

中国白酒产业转型升级的概念、目标和实施路径

杨柳　徐洁

随着内外部发展环境的变化,中国白酒产业进入了新的发展阶段,转型升级成为行业大势所趋。对于大多数产业来说,通过产业结构调整,使低附加值产业逐步向高附加值产业转移,是普遍的转型升级之路。而白酒产业有其特殊性,即高端产品较多,相较于其他传统产业,白酒产业本身就是一个高附加值产业。这一产业特性决定了白酒产业的转型升级,既要遵循产业转型升级的普遍规律,又要结合自身特色。基于此,需要在界定中国白酒产业转型升级概念的基础上,明确其目标,从而探寻符合中国白酒产业实际的转型升级路径。

一、产业转型升级的内涵

产业转型升级包括产业转型和产业升级两个内容,转型是为了实现升级,而升级需要通过转型,两者相辅相成,是增强产业核心竞争力、突破发展瓶颈、拓展产业空间的必然选择。

(一) 产业转型

"转型",其本义是"转变"或"变换",是对事物进行一种根本性的变革,即通过改变某事物的形态或性质使其更好地满足新的需要[1],如图1所示。

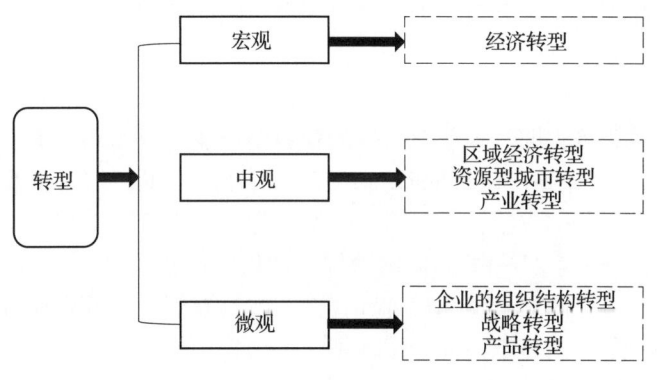

图1　转型的类型

关于产业转型的概念,国内学者尚存争议。张米尔(2001)认为,产业转型是一个动态的概念,由于城市内部产业在不断发展,其所面临的外部环境也在不断变化,所以需要根据自身条件和外部环境,选择合适的转型模式。梁启东(2001)认为,产业转型是一个结构调整的过程,也是一个制度创新和机制再造的过程,同时还是一个观念

转变的过程。潘伟志（2004）认为，产业转型是指三次产业在国民经济的主导作用发生决定性转变的过程，是生产要素的替代及其在变化环境下的一种重新组合。

（二）产业升级

产业经济学认为，产业升级是指在特定的国内外经济环境和资源条件下，按照一般的产业结构演变规律和产业发展的内在要求，采取一定的措施，不断提高产业的结构层次和发展水平，保障国民经济能够长期地持续增长的一种经济活动。从宏观层面来看，Porter（1990）认为，从理论本质上看，产业升级就是当资本（人力资本和物力资本）相对于劳动力和其他的资源禀赋更加充裕时，国家在资本和技术密集型产业中发展比较有优势。从中观或微观层面来看，Gereffi（1999）认为，产业升级是一个企业或经济体提高迈向更具获利能力的资本和技术密集型经济领域的能力的过程。

配第-克拉克定理论证了第一层面即三次产业的结构升级规律，指出随着国民收入水平的提高，劳动力在三次产业中的分布存在着依次此消彼长的演进规律，即劳动力将首先从第一产业流向第二产业，然后再从第二产业流向第三产业。霍夫曼定理描述了第二层面即制造业内部的产业结构升级过程，将工业化进程分为四个阶段：以劳动密集型产业即轻工业为主的第一阶段，以资本密集型产业即重工业为主的第二阶段，以重工业中的加工装配为主的第三阶段，和以技术密集型产业为主的第四阶段，四个阶段之间的依次转变分别称之为"重工业化""高加工度化"和"知识集约化"。吴敬琏（2006）认为，产业重型化是早期经济增长理论的观点，也是英国、美国、德国和法国等早期工业化国家在18世纪到19世纪后期的观点，基本上来自于第一次产业革命的观点。而从19世纪后期开始，先行工业国家增长方式已经转变了，而在20世纪中期，经济理论也已经刷新了。早期经济增长理论来自哈罗德·多马增长模式，主张依靠投资，而现代经济增长理论来自索洛增长模式，主张依靠技术进步和效率提高。

Gereffi（1999）较早认识到产业升级分析的层次问题，他认为产业升级可分为四个层次：一是在产品层次上的升级，即从简单到复杂的同类型产品；二是在经济活动层次上的升级，包括不断提升的设计、生产和营销能力；三是在部门内层次上的升级，如从最终环节的制造到更高价值产品和服务的生产，也包括供应链的前向和后向联系；四是在部门间层次上的升级，即从低价值、劳动密集型产业到资本和技术密集型产业。在这个分类的基础上，Humphrey 和 Schmitz（2002）明确提出了一种以企业为中心、由低级到高级的四层次升级分类方法：一是流程升级，通过重组生产系统或是引入高级技术将投入转化为产出；二是产品升级，根据单位增加值转向更高端生产线；三是功能升级，即获得链上新的、更好的功能，如设计和营销，或放弃现有的低附加值功能而集中致力于附加值更高的环节；四是部门间升级，把从一个特定环节中获得的能力应用于新的领域或转向一个新的链升级（GVC）。

苏东水（2000）认为产业结构的高度化体现在四个方面：一、二、三次产业在国民经济中权重的演化；产业结构在劳动密集型、资本密集型、技术密集型和知识密集型之间依次演变；产业结构从低附加值向高附加值的演化；产业结构从低加工水平向深加工水平的演变。厉无畏、王振（2002）把产业升级分为三个层次：三次产业的结构升级、制造业内部的结构升级、各行业内部的结构升级。

(三) 传统产业的转型升级

王稼琼（1999）、郑红（2000）等认为传统产业是相对于信息产业、新材料产业等新兴工业而言的，主要包括钢铁、煤炭、电力、建筑、汽车、纺织、轻工、造船等工业。刘世锦（2005）、台冰（2007）等认为传统产业是以传统技术进行生产和服务的产业，是指工业化过程中起支柱与基础作用的产业，主要是工业，也包括传统农业和第三产业的一部分。通过对上述研究的综合，朱永华（2005）认为传统产业是相对概念，它是国民经济的基础产业和主体，它多以常规能源为动力，以机器化生产为特征，多属于劳动密集型产业。

林毅夫等（1999，2002，2004）认为东亚国家（特别是日、韩）在经济发展中取得的成功是由于这些国家在产业发展上充分发挥了其比较优势。刘佳和陈飞翔（2007）认为发展中国家在经济发展过程中必须遵循比较优势理论调整选择产业结构。刘晓红（2008）则强调产业升级必须考虑动态变化的比较优势。郭炳南和黄太洋（2010）认为各国比较优势的差异导致了产业结构的不同，因此后发国家需要促进比较优势的跨越式演变以实现产业升级。徐朝阳和林毅夫（2010）更进一步的研究表明，经济发展的核心问题不是产业结构升级，而是要素禀赋结构升级。

杜修立和王维国（2007）、李小平（2008）等人的实证分析表明，中国制造业规模的扩大并没有对制造业的产业升级起到拉动作用。王兵和颜鹏飞（2007）、刘伟和蔡志洲（2008）证实了技术进步对中国以制造业为主的工业的产业升级具有显著作用。易先忠等（2007）的研究认为，自主创新对技术进步的作用会逐渐增强。罗斌和黄昭昭（2010）认为在出现技术突破或者政府政策扶持等外部冲击下，产业可能会发生跨越式升级。刘志彪（2008，2015）、芮明杰（2010）等提出要依靠科技创新来改造传统企业。张于喆（2014）认为中国制造业的发展主要集中于低技术制造业部分，应注重结合我国现有产业基础和创新能力，积极有序地加强传统产业创新。正如 Poter 所说，发展高新技术产业，传统产业才是关键。

谭力文等（2008）研究了中国服装业的转型升级。金碚（2011，2014）、吕铁等（2011）研究了工业转型升级的措施、发展趋势等问题。张学敏和王亚飞（2008）、刘志彪（2011）、马红旗和陈仲常（2012）从全球价值链、垂直专业化生产等角度分析了中国制造业产业升级路径。孙国辉（2007）、王生辉和孙国辉（2009）、杨桂菊（2010）、张珉和卓越（2010）从理论与实证的不同角度，研究了我国加工贸易产业转型升级的问题与出路。邹薇（2005）等分析了传统农业经济转型的多元路径。张怀英（2013）等提出旅游产业的纵向动态联盟模式。宋平和张燕（2010）对我国非金属矿产业链和价值链进行了分析，提出了我国非金属矿产业价值链的延伸策略。

（四）白酒产业的转型升级

白酒产业是传统产业的代表，具有以下特征：一是白酒生产机械化程度不高，劳动生产率较低；二是产品生产受自然环境影响较大，具有显著的地域选择性和空间依赖性；三是行业集中度不高，仍然存在大量小而散的企业组织。

根据白酒产业的特点，结合已有理论成果，本文认为：白酒行业转型升级，是通过结构调整、制度创新、机制再造、观念转变，形成合理的生产结构与消费结构，在此过程中，产业内企业组织也随之变化，实现更高的生产率、更科学的运营机制以及更高级的技术创新能力，最终表现为产业良性发展。

白酒产业的转型包括产业结构转型、产业组织转型和企业组织转型。白酒产业升级包括三个层次：一是技术改造；二是结构优化；三是模式创新。

二、中国白酒转型升级的目标

通过转型升级，改变白酒产业欠发达的现状，提高产业技术创新能力和市场竞争力，从而实现以下三个目标。

（一）合理的产业结构

1. 金字塔型的生产结构

白酒行业企业众多，品牌数量更是非常庞大，年产量维持在1000万千升以上，如果考虑未纳入统计数据的部分，白酒产能更是巨大（图2）。

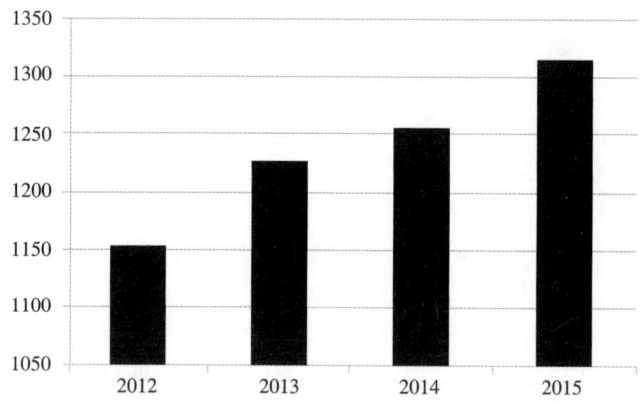

图2　2012—2015年中国白酒产量（单位：万千升）

根据生产要素与产品档次相匹配的原则，金字塔型的生产结构是白酒产业较为理想的状态，高端品牌、腰部产品、原酒比例合理，形成塔尖、塔中、塔基的稳定结构。如图3所示。

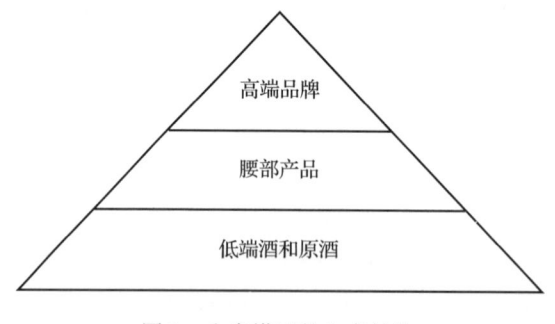

图3　金字塔型的生产结构

塔尖部分由少数高端品牌构成，其特征是在生产技术和文化内涵方面具有稀缺性，能给消费者带来更美妙的饮酒体验和更高层次的精神享受，如茅台、五粮液、1573 等。这些塔尖品牌代表着中国白酒的质量高度和文化深度，是中国白酒产业的价值体现，肩负着撑起中国白酒天花板的任务。

塔中部分由腰部产品构成，其特征是品牌影响力较高，以地域文化或消费情结为诉求，这部分产品因为受众面积广、市场空间大，成为中国白酒的中坚力量。

塔基部分由众多低端酒和原酒构成。低端酒因为性价比高而成为物质消费的首选，而原酒则是中国白酒地域垄断的产物，是产业链的上游。原酒的质量直接关系着成品酒的酒质，因而，真正的纯粮固态发酵的原酒产能仍然需要进一步扩大，使之成为维持白酒产业稳定的"塔基"。

2. 橄榄形的消费结构

白酒的消费包括物质消费、功能消费和价值消费，其消费目的和内涵各有不同（表1）。

表 1　不同白酒消费类型的目的与对应酒种

	消费目的	对应酒种
物质消费	满足对白酒本身的嗜好	性价比高的产品
功能消费	通过酒达到助兴、交际等目的	品牌价值高、具有特色的产品
价值消费	通过饮酒体现自身的社会地位、兴趣品位等	奢侈品白酒品牌

如表1所示，从消费者数量来说，功能消费的群体最多，价值消费的群体最少；从利润率的角度，功能消费和价值消费层次的产品利润较高，物质消费层次的产品利润较低。综合考虑上述两个因素，橄榄形的消费结构最有利于释放消费潜力，获取较大利润。（图4）

图 4　橄榄形的消费结构

（二）模块化的产业组织

2012年，《第三次工业革命——新经济模式如何改变世界》中文版的出版，"第三次工业革命"成为经济热点名词之一，随着新一代信息技术、物联网、云计算、新能源等发展，一场划时代的技术和经济大变革将席卷全球，在此背景下，制造业生产方式将由大规模标准化生产向大规模个性化定制转变，这一转变将塑造全新的产业组织形式。

放眼未来，白酒产业无可避免地会受到第三次工业革命的冲击，其产业组织也由当前小而散的形式向顺应信息经济时代产业组织形式转型，即呈现横向一体化形态，具有合作竞争性质的模块化产业组织。

模块化的产业组织由生产企业与模块供应商，以及生产性服务业、行业协会、中介组织、科研院所、政府机构等共同构成。各个市场主体之间相互合作、协同发展、整体推进，共同形成具有强大生命力和竞争力的产业网络，获得网络经济效益和整体竞争优势。

在这样的产业组织中，原先"大而全"的白酒生产系统变为由白酒企业和各级模块供应商共同组成的分散式的模块化网络系统,白酒生产企业的生产部分可以分割为多个"选择性模块",可以根据市场的反馈随时更改,如香型、口感、度数、包装等。白酒企业根据消费者需求设计产品,通过网络平台管理业务链上所有环节,包括采购、设计、生产、销售、售后服务等。

(三) 优化企业组织形态

企业是构成产业的细胞,企业组织形态落后,那么产业转型升级就无从谈起。企业转型是企业对其内部组织结构、生产经营方式和业务流程等进行重组和改造,以提高市场快速反应能力,增强集约效应[2]。当前白酒企业中间产品自制率高,生产力重复配置,既没有大企业的规模经济,又没有中小企业的低成本和专业化,这种组织形态亟须优化,白酒企业组织转型呈现几个方面。

第一,"金字塔"向"倒金字塔"的转化:当前白酒企业的组织结构基本上都是金字塔,根据权力的大小和职位的高低来设计,客户在最底端,但移动互联网时代的组织是以用户为导向的,用户在顶端,相应的谁为客户创造的价值最大,离客户最近,谁就在上面,谁的权力就最大。也就是说,企业组织架构由"金字塔型"向"倒金字塔型"转化。

第二,"中心化"向"多中心化"转化:转型后的组织形态,以为客户创造价值为导向,在某个为客户创造价值的节点上,这个节点的负责人就是中心,这也是所谓"人人都是CEO"。

第三,"实体化"向"在线化"转化:线上的沟通和协作会变成常态,大部分的工作都是在线上完成,大数据和信息化在企业中广泛运用。

三、中国白酒转型升级实施的路径

(一) 空间优化

空间优化,就是基于白酒的资源依赖性产业特色,在适合酿酒的区域优先发展白酒产业,通过人才、资金等高端要素的聚集,形成更合理的产业空间布局,主要从产业布局和产业集群两个层面对白酒产业的空间组织进行调整,形成产业空间内的更大生产力和更优发展潜力。

1. 产业布局:优势产区鼓励白酒产业发展

白酒产业是地域特色产业,具有显著的空间依存性和环境选择性。产品品质受水、土壤、空气及自然微生物群落影响很大,由于各地的地理位置、气候条件、自然资源蕴藏等方面的不同,导致了现今白酒产业的生产格局。即白酒产业在全国范围内呈版块形态分布,主要集中在四川产区、苏鲁豫皖产区、贵州产区(图5)。

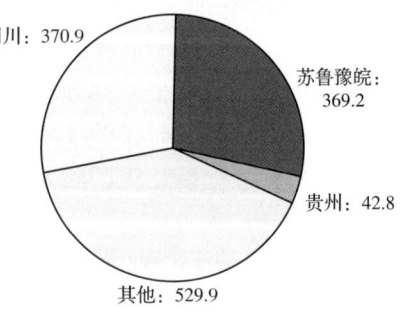

图5 2015年主要产区白酒产量(单位:万千升)

以上三个产区不仅占据了全国白酒产量的50%以上,而且集中了17大名酒中的13个(表2)。

表2　主要白酒产区国家名酒分布

产区	名酒	数量
四川	五粮液、泸州老窖、剑南春、水井坊、郎酒、沱牌	6
苏鲁豫皖	洋河、双沟、宝丰、宋河、古井贡	5
贵州	茅台、董酒	2

在这些地区，白酒是当地优势产业，具有强大的产业基础，以及产业发展优势资源，部分地区产业集群初步形成，同时，白酒产业对当地的经济发展也起到了非常重要的作用。以四川为例，2014年，四川全省的GDP为26260.77亿元，白酒产业创造的GDP就有1700亿元，占到了全省GDP的7%左右。如果用区位商来计算，2015年，四川规模以上白酒企业实现主营业务收入1900.54亿元，整个四川规模以上工业企业实现主营业务收入37876.3亿元；同期，全国数据分别为5559亿元和1103300亿元。从而：

$$\frac{1900.54/37876.3}{5559/1103300}=\frac{0.054}{0.005}=10.8$$

最后结果显示，四川白酒产业的区位商达到10.8，一般来讲，如果产业的区位商大于2，则该产业在当地就具有明显的比较优势，这一结果可以将白酒产业识别为四川具有显著优势的产业。

因而，无论是基于地方经济发展的需求，还是遵循区域优势产业选择所遵循的客观规律，在考虑白酒产业的综合布局之时，应该将上述地区作为白酒产业的重点发展区，对区内的白酒企业予以扶持。在这些地区，当地政府应积极推动产业政策调整，争取国家相关部门应该至少取消白酒产业政策方面"计划性"的管制，为白酒产业发展营造良好、宽松的政策环境。

2. 产业集群：发挥高端要素聚合作用，形成地理品牌

前文从宏观上论述了白酒产业在全国的空间布局，那么在微观层面，白酒产业空间集聚区域将成为创意经济乐园，并催生地理品牌。地理品牌是对一定地理区域的稀缺资源、区域特色、区域文化的提炼和总结。地理品牌有利于建立消费者对地域空间内生产同类产品的企业的信任和忠诚。地理品牌的这种正向外部效应，使区域内企业通过"搭便车"来共同分享利益，导致效用增加或成本减少，有助于本区域内所有企业的成长。

地理品牌的创建遵循产品品牌－企业品牌－产业品牌－地理品牌的途径。首先，市场会把某种产品和盛产该产品的企业所在区域联系起来，这是基于产业集群的地理品牌雏形；当产品品牌在企业经营战略之下，实现消费者与企业连接，向公司品牌输送品牌资产，反哺企业品牌，最终实现公司无形资产的积累，产品品牌就转化成了企业品牌；随着企业品牌的传播，产业集群效应被更大释放，更多相关企业和关联机构在区域内进一步集聚，产业集群发展到更高的阶段，这一阶段，区域内生产同类或关联产品的企业数量多，产品齐全，产业链完整，产品质量可靠，名牌产品也开始涌现，区域会由于产业集群的形成而著称，市场和消费者把某个地区同某种产业连接起来，促进相关生产要素进一步向区域集聚，这时候的地理品牌形象就比较鲜明了。

在地理品牌的创建过程中，企业集中资源实施企业品牌战略，集群协会集中资源实施集群战略，相互辉映，共同推动地理品牌建设（图6）。

（二）打造"一带一路"国家名片

"一带一路"是目前我国最高的国家级顶层战略，在这个战略下，中国民族品牌、中国文化将大规模地走向世界，这也为白酒的国际化发展和产业转型提供了更多的机遇。我国悠久的酿酒历史文化，不仅是中华民族多元文化的重要组成部分，同时也是我国所独有的资源。白酒是中国的"国粹"，是中华民族五千年历史传承下来的优秀民族文化符号，是具有悠久的历史文化和独特的酿造工艺的优秀民族产业。可以说是中国民族传统工业中最有实力叩关国际市场的产业，应该将中国白酒作为国家名片进行打造，使其成为国际市场具备比较优势认知的品牌，为行业发展开拓更为广阔的市场空间。

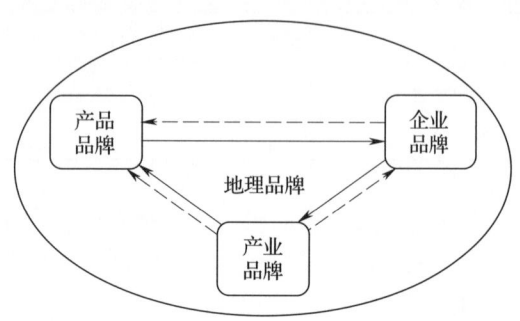

图6 地理品牌的创建

法国波尔多地区盛产葡萄酒，全世界普遍接受并在消费过程中首推的"波尔多葡萄酒"概念，这就是法国在葡萄酒产业这一典型细分领域打造出来、为全世界消费者认同的国家形象代表，是一种存在于消费者心目中的整体消费认知。中国白酒虽然具备了技术独特性、资源稀缺性、文化代表性等要素，但这些要素并没有转化为国际市场的竞争力，在全球消费者心中，没有建立起类似于"法国 – 葡萄酒文化 – 波尔多葡萄酒""瑞士 – 奢侈品 – 手表"这样的认知序列。因而需要用"中国优秀文化载体"这一概念去抢占消费者的心智认知，建立"中国 – 华夏文明 – 白酒"这样的认知序列。

要打造国家名片，需要注意以下几个条件：一是劳动者和科研力量；二是强硬的国内竞争者；三是挑剔、有经验的购买者；四是有竞争力的国内供应者，这四个要素形成一个十字形，如图7所示。

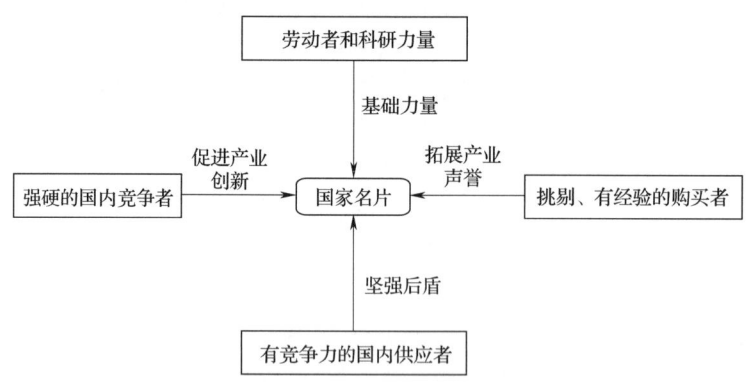

图7 "国家名片"创建模型

根据这个模型，我们认为将中国白酒产业打造成"国家名片"，需要从以下四方面努力。

1. 推动中国白酒基础科研

随着白酒工业的发展，白酒科研取得了巨大的进步，对行业发展起到了巨大的推动作用，但一些基础性研究仍然存在薄弱环节，例如，白酒的微量成分分析、白酒行业技术标准确立、国际贸易技术壁垒构建等。因而，应该在产学研协作的基础上，发挥企业技术创新优势，加强白酒基础科学研究，加大研发费用投入，健全人才激励机制。同时，针对一些费用投入大、研发时间长、对整个行业具有推动作用的项目，由政府相关部门牵头布局。促进全行业的技术进步。

2. 营造公平环境，竞争中发展壮大

公平竞争市场环境是经营者开展有效竞争，实现市场对社会资源优化配置的前提和条件。

作为白酒行业来讲，公平竞争市场环境的内涵体现在以下几个方面：首先，市场竞争主体要享有公平的竞争权利；其次，市场竞争主体要享有公平的竞争机会；再次，市场竞争主体要面对公平的竞争规则。

目前，白酒市场不公平竞争的问题仍然存在，主要表现在：一是地方保护、市场分割还一定程度上存在；二是假酒，尤其是假酒销售渠道问题没有得到彻底解决；三是经营行为不规范问题还在一定程度上存在。

为此，要充分发挥工商等相关部门的职能，大力整顿和规范白酒市场秩序。切实加大市场管理力度，净化市场环境。在公平的产业环境下，不断推进白酒产业内部新陈代谢，让各类产业微观主体在竞争中实现市场选择，从而让中国白酒这张国家名片保持最旺盛的生命力。

3. 增强买卖双方教育培训力度

对于白酒产业而言，各类酒企在"黄金十年"获得快速成长的机遇，因而多数企业对于现代企业精神的研究不够深入，这构成了酒企在整个产业进入正常发展期的一大隐患。因而，对于多数酒企而言，增加教育培训，使其发展充分吸收现代企业精神，让企业获得强大的技术人才、科研力量、营销模式等核心竞争力，是白酒产业新时期发展的一大要务。此外，沟通一直以来都是白酒行业的软肋，白酒品牌的强势让酒企几乎放弃同消费者的沟通，这是白酒行业承受诸多不公正待遇的根源之一，因而要发展中国白酒"国家名片"，对消费者的认知教育也是一项重要基础工作，这不光需要企业与消费者的沟通，政府、行业协会、中介组织也责无旁贷。

（三）以体验经济为桥梁，实现白酒业由第二产业向第三产业的跃升

英国经济学家科林·克拉克在威廉·配第的研究成果的基础上，通过整理、分析若干国家大量的时间序列的资料，概括并提出了在经济发展的过程中关于劳动力分布关系的演变规律，对劳动力就业结构的变化进行了历史经验的概括，该定律认为：尽管在一定的发展阶段，劳动力就业结构可能会因为国家的不同而呈现出较大的差异，但是其基本趋势是劳动力从第一产业向第二产业转移，并且随着经济的发展，又会出现劳动力由第二产业向第三产业转移的现象。并且第三产业的收入高于第二产业，第二产业的收入高于第一产业[3]。

按照克拉克定律，白酒产业要进一步优化升级，或者说白酒业的发展方向，应该是

向着第三产业发展，由制造业转向服务业。

派恩二世和吉尔摩在其著作《体验经济》中宣称，继产品经济和服务经济之后，体验经济时代已经来临，与之前的经济形态相比，体验经济最大的特点是具有互动性，因为任何一种体验都是某个人身心体智与那些筹划事件之间的互动作用的结果，顾客全程参与其中，从而打上深刻的烙印。体验经济理论从宏观上概括了经济形态发展的新趋势和基本特征，为中国白酒产业转型升级打开了新的思路。

1. 基于消费体验的产品设计

产品设计是工业革命的产物，它是时代经济、技术和文化的内在反映。作为经济提供物的基石——产品的属性也随着经济形态的变化而变化，相对于产品经济、商品经济、服务经济和体验经济，它的属性也由自然地向标准化再向定制化、人性化、互动化发展。

基于消费体验的产品设计，不仅考虑传统白酒产品设计所需的口感、包装、价格等因素，还要重点考虑消费者体验的好与坏，注重是否能给消费者带来更多的体验价值（图8）。

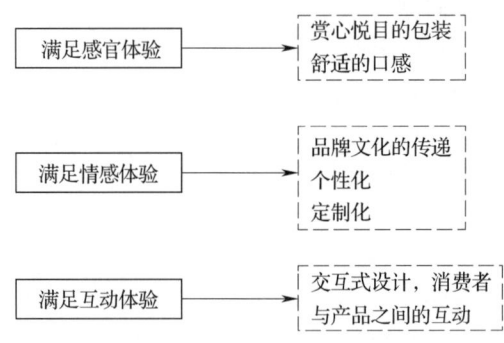

图8　基于消费体验的产品设计

2. 基于酿造体验的工业旅游

白酒的生产过程本身就具有很强的参与性，可以通过工业旅游、酿造体验等形式，让酒厂成为舞台，消费者成为参与者，白酒企业不仅生产产品，还能提供酿造的乐趣、窖藏的希望、鉴赏的愉悦，在此过程中，白酒产品的附加值大大提升，白酒企业的经营方式发生质变。

3. 基于文化体验的消费者培育

消费者培育关系到产业的可持续发展和未来竞争优势，优质消费者应该具备这样一些素质：对于白酒以及白酒文化有着由衷的热爱；具有一定的白酒鉴赏知识；乐意与周围的人分享白酒的购买以及品尝体验。这样的消费者，是酒文化传播的最佳载体，是白酒产业获取市场竞争力的基础力量。无论是行业协会，还是大企业，都应该有意识地培养这样的消费群体。一方面，充分利用发达的信息技术，建立传统媒体与新媒体相结合的信息平台，发布行业信息，传播酒文化；另一方面，有意识地组织专家，进行针对非专业酒类爱好者的培训活动；同时，充分利用酒文化旅游资源，如老窖池、出土文物、酒道馆等，开展工业旅游、酿酒体验活动。

参考文献

[1] 李烨,李传昭. 透析西方企业转型模式的变迁及其启示. 管理现代化,2004(03):42

[2] 曾荣平. 战后日本衰退产业转型研究——以纤维、钢铁和造船业为例. 辽宁大学,2008

[3] 喻桂华,张春煜. 中国的产业结构与就业问题. 当代经济科学,2004(05):9-13

中国白酒上市公司业绩分析与预测

杨柳　张雪彬

2003年以来，中国白酒行业伴随着政务商务消费带来的酒类消费结构升级以及酒类市场的开放，得到了迅速发展。2003—2012年，白酒行业产量由331.20万千升增至1153.16万千升，销售收入由545.32亿元增至4466亿元，利润由42.26亿元增至819亿元，被业界称为高速增长的"黄金十年"。但是，从2013年开始，由于受限制"三公消费"、禁酒令等政策的影响，白酒行业开始陷入低迷，进入了深度调整期。近几年，经过一段时间的深度调整之后，2015年整个白酒行业开始触底反弹，到2016年，白酒行业已经逐步适应了市场消费的"新常态"，实现了弱势回暖，行业景气度逐步回升。据国家统计局发布的行业数据，2016年，全国规模以上白酒企业完成酿酒总产量1358.36万千升，同比增长3.23%。其中规模以上白酒企业累计完成销售收入6125.74亿元，同比增长10.1%；累计实现利润总额797.15亿元，同比增长9.2%；而亏损企业累计亏损额10.54亿元，同比下降15.9%。

但是，由于国际环境的不确定性以及我国经济环境下滑的压力，未来白酒行业将如何发展仍存在很多不确定性。本文选取我国的19家白酒上市公司：贵州茅台、五粮液、洋河股份、顺鑫农业、泸州老窖、古井贡酒、山西汾酒、迎驾贡酒、口子窖、今世缘、老白干酒、金种子酒、伊力特、青青稞酒、金徽酒、沱牌舍得、水井坊、酒鬼酒、皇台，通过对这19家公司的业绩分析，来判断白酒行业未来的发展趋势。

一、白酒行业上市公司总体经营状况分析

（一）总体营收水平、净利润持续增长

近几年，随着一系列调整政策的出台以及塑化剂事件的影响，我国白酒行业结束了过去的"黄金十年"，从2013年开始进入了深度调整期。到目前为止，我国大部分白酒企业已经完成了转型调整，整个白酒行业呈现出了回暖迹象。数据显示，2015年，我国19家白酒上市公司整体上就已经实现了营业收入和净利润的双增长，相比于2014年，增长率分别为5.96%、10.65%；2016年，白酒上市公司总体营业收入和净利润继续增长，营业收入同比增长13.45%，净利润增长10.67%，均实现了两位数的增长。

从营业收入来看，经历了3年的萧条期后，中国19家白酒上市公司的营业总收入总和从2014年的1087.12亿元增长到了2015年的1151.90亿元，到2016年增长到了1306.87亿元，比2012年的营业收入水平还高了6.05%。其中，水井坊、酒鬼酒在2015年营业收入就实现了大幅增长，实现了扭亏为盈，并在2016年成功"摘帽"，实现了营业收入的持续增长。2016年年报显示，水井坊、酒鬼酒的营业收入分别为11.76

亿元、6.55 亿元，分别较 2015 年增长了 37.61%、8.92%。另外，白酒行业的几家龙头企业 2016 年也实现了营业收入的大幅增加，其中，贵州茅台 2016 年实现营业收入 388.62 亿元，同比增长 18.99%；五粮液 2016 年实现营业收入 245.44 亿元，同比增长 13.32%；泸州老窖 2016 年实现营业收入 83.04 亿元，同比增长 20.34%。2016 年，19 家酒企中仅金种子酒一家公司营业收入下降，全年实现营业收入 14.36 亿元，同比减少了 16.89%。

从净利润（归属母公司股东的净利润）来看，2015 年、2016 年白酒上市公司净利润以每年 10% 以上的幅度持续增长，2014 年，白酒上市公司的净利润为 298 亿元，2015 年为 329 亿元，到 2016 年增长到了 365 亿元；但是相比于 2012 年的净利润 401 亿元，还是下降了 9.08%。其中，水井坊、沱牌舍得 2016 年实现了净利润的大幅增长，分别较 2015 年增长了 155.52%、1025.11%。贵州茅台 2016 年实现净利润 167.18 亿元，同比增长 7.84%；五粮液 2016 年实现净利润 67.85 亿元，同比增长 9.85%；泸州老窖 2016 年实现净利润 19.28 亿元，同比增长 30.87%。19 家酒企中，伊力特、青青稞酒、皇台三家公司净利润下降，其中，伊力特、青青稞酒全年实现净利润 2.77 亿元、2.16 亿元，分别同比减少 1.82%、6.44%，而皇台在 2016 年又进入了亏损状态，继续面临退市压力（图 1）。

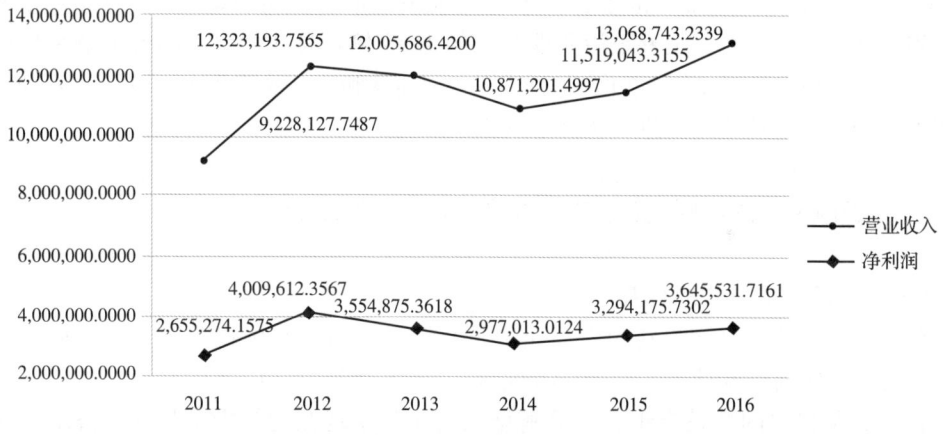

图 1　2011—2016 年 19 家白酒上市公司总体营业收入和净利润（单位：万元）
（数据来源：wind 资讯）

（二）行业税负过重

白酒行业一直以来都是税负较高的行业，税负过重在很长一段时期都是企业面临的一个很大的问题。目前白酒企业要缴纳的税费很多，包括消费税、营业税、增值税、企业所得税等，其中，消费税占总的税负金额比重较高。2001 年，财税［2001］84 号文件规定：对粮食白酒、薯类白酒在原按 25%、15% 征收消费税的同时再按实际销售量每 500 克征收 0.5 元的定额消费税，将消费税的征收方式变为了复合征收：既要从量、又要从价。以贵州茅台为例，2016 年其营业税金及附加一栏显示，消费税缴纳 50.95 亿元，而营业税金及附加合计为 65.09 亿元。消费税在企业总体"营业税金及附加一项"中的占比普遍在 7~8 成。

另外，白酒上市公司所缴纳的总体税费金额也相当高。统计数据显示，19家白酒上市公司2016年缴纳税费达到442.78亿元，实现同比增长16.63%，超过2016年全国税收4.8%的增速，白酒行业整体税负依然较重，税负贡献率明显高于一般行业。其中，2016年贵州茅台的净利润为179.31亿元，而总体税费高达175.11亿元；洋河净利润58.05亿元，税费高达57.58亿元；其余17家白酒上市公司2016年的总体税费都高于净利润，五粮液的净利润为70.57亿元，税费达到72.76亿元，相差2.19亿元。而顺鑫农业、古井贡酒、山西汾酒三家公司的税费高于净利润超过10亿元。

（三）业绩分化明显

白酒上市公司近几年的业绩逐渐回暖，但是业绩分化相当明显，"强分化"成为了白酒行业最显著的特征。不仅区域品牌白酒之间的分化越来越严重，一线名酒之间规模的分化也在不断拉大距离，过去白酒第一阵营的茅五剑或茅五洋，如今成为了茅台一枝独秀，其他酒企则被远远地甩在了后面，整个行业呈现出了强者恒强、弱者愈弱的局面。数据显示，2016年营业收入、净利润排名第一的贵州茅台营业收入就占了所有上市公司总体营业收入的29.74%，与排名第二、第三的五粮液、洋河股份一起共同占据了总营业收入的61.67%，比剩余16家上市公司的总营业收入还多了将近305亿元。而净利润，仅贵州茅台一家上市公司就几乎占据了所有上市公司净利润总和的一半，为45.86%，比排行第二的五粮液还多了99亿，是五粮液净利润的2.5倍；其营业收入也比五粮液多了143亿元，是五粮液营业收入的1.58倍。总体而言，随着消费结构的升级以及品牌效应的不断增强，白酒消费越发向中高端和高端品牌集中，营业收入和利润增速不断加快，行业集中度进一步提升（图2）。

二、影响我国白酒行业上市公司发展的因素分析

（一）经济发展方式的转变

在增长速度从高速增长转为中高速增长、经济结构不断优化升级、动力从要素驱动、投资驱动转向创新驱动的"经济新常态"的大背景下，白酒行业也迎来了发展的"新常态"，从过去的"黄金十年"高速增长转变为了现在的缓慢增长，经济结构面临转型升级，创新驱动成为了发展的主要动力。目前，虽然我国的宏观经济下行压力依然较大，但长期向好的基本面并没有改变，特别是中央在深化供给侧结构性改革、振兴实体经济、国企资改革、鼓励品牌"走出去"等方面的力度不断加大，是白酒行业持续发展的重大利好。

2012年，受中国宏观经济结构调整的影响，以及国家禁止"三公消费"等政策的影响，白酒需求量急剧下降，导致白酒行业产能过剩，高端酒的价格严重下滑，白酒行业受到重创，开始进入结构调整期。当然，白酒行业的发展在一定程度上会受我国经济发展态势的影响。在经济新常态下，我国经济并非衰退，而是发展速度有所放缓，居民的收入水平也会同步增长，因此，在白酒消费回归到理性状态时，白酒行业也会随着经济的发展有所回升。另外，不同档次的白酒对经济周期的敏感程度不同，其中中档酒多用于非商务性场合消费或中等收入消费者消费，受经济周期的影响较为明显，对经济周

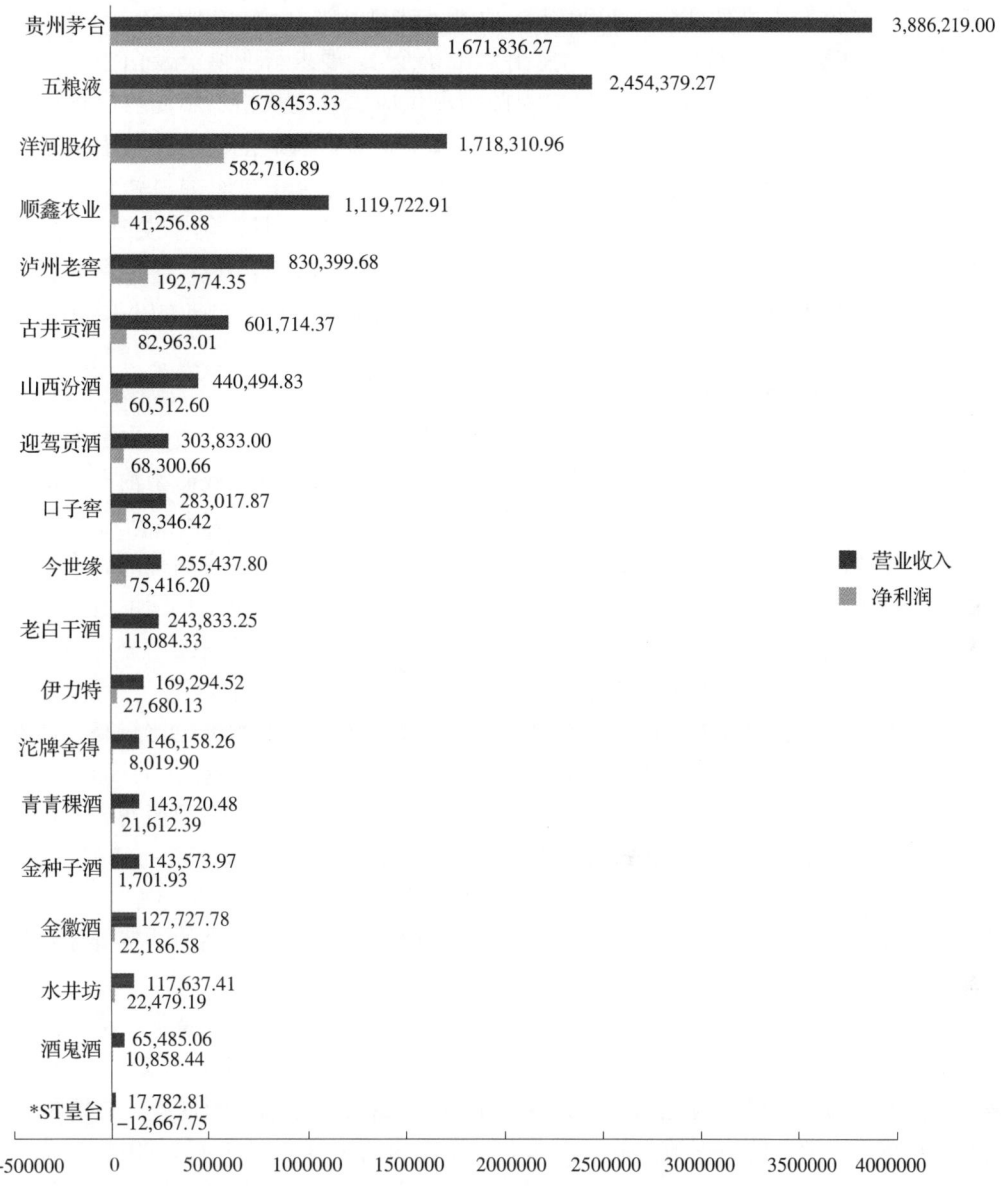

图2　2016年中国19家白酒上市公司的营业收入与净利润（单位：万元）

（数据来源：wind资讯）

期的敏感度最高。低档酒和高档酒对经济周期的敏感度都比较低，主要是因为低档酒的价格便宜，对收入的敏感程度较低，高档白酒主要针对的是商务政务消费以及高收入消费者，消费者对价格的敏感程度较低。

（二）产业政策的调整

产业政策是当今影响我国白酒产业发展的重要制度因素，限制型的产业政策会严重影响产业的发展，而利好型的产业政策会极大地推动产业的发展。2012年前后，白酒产业相关政策的出台，使我国白酒行业由"黄金十年"转折进入了"寒冬期"，行业的市场环境发生剧烈变化。2009年，白酒消费税从严征收；2010年，酒驾入刑；2011年，发改委约谈部分白酒企业，发出"限价令"，要求行业协会及白酒骨干企业要起到维护白酒市场价格的作用，同时保障市场供应、稳定价格、不能再出现涨价现象，加强行业自律，加强对经销商的管理；2012年，《关于禁止使用公款消费茅台酒的提案》《改进工作作风、密切联系群众的八项规定》与《中央军委加强自身作风建设十项规定》的出台，严重影响了白酒政商消费；2013年3月，国家发改委对茅台、五粮液开出4.49亿元的反垄断罚单；2013年，新的交通法规实施，各种宴会、聚餐对白酒的需求量大幅下降。上述产业政策的出台，无疑使得白酒产业的发展受到了严重的冲击。

（三）消费结构的升级

近几年，随着市场经济的调整，产业政策的转变，行业的转型升级，白酒的消费逐渐回归到了理性的状态。白酒行业的发展不再像过去那样过度依赖政商型消费，而是更加注重消费者的消费体验。从生产经营的角度来看，现阶段白酒企业要想不断发展壮大，就得抓住消费者、培育自己的消费群体、同时加强消费者对自身品牌的忠实度。目前，随着我国经济水平的不断提升、收入分配制度改革的不断深化，我国消费者的总体消费水平有了显著提升，消费层次也在不断升级。一方面，白酒消费的中坚力量——中等收入人群在不断地扩大与年轻化，白酒消费的核心力量不断向80后、甚至90后扩大，另一方面，中等收入群体的学历普遍较高，消费层次、消费水准也比较高，消费比较具有前瞻性，是白酒消费的中坚力量，会带动整个白酒行业消费档次的提升。另外，随着白酒的企业数量、种类的骤增以及消费者文化水平不断提高，白酒消费理念从原来的"盲目性功能消费"向"价值性品牌消费"转变，消费习惯从原来的"过度饮酒、比拼酒量"转变为了现在的"适量饮酒、科学饮酒、文明饮酒、健康饮酒"，大众不仅对品牌的认同度大幅度提升，而且开始关注白酒种类的健康性，白酒的消费群体不断向品牌企业聚集、向优质白酒聚集。

另外，白酒是一种比较特殊的商品，其消费群体具有年龄阶段性特征，会随着消费者的年龄变化而不断变化，总体来说，白酒的消费群体年龄主要聚集在25~40岁，但是目前我国面临着人口老龄化的问题，从2015年开始人口红利逐渐退减，白酒的消费人群开始减少，消费能力逐渐衰退。再加上，新起的消费群体"80后、90后"普遍缺乏对品牌的忠诚度，而且追求"时尚、感性、浪漫"的90后会觉得白酒过于古板、严肃，因此白酒市场可能会面临着"消费断层"的危机。未来白酒市场如何适应年轻人的口感、消费习惯将会是一个很大的挑战。

（四）技术水平的提升

从21世纪初开始，我国白酒行业依次开展了"中国白酒169计划"和"中国白酒158计划"，行业的科技水平得到了整体性地提高，传统白酒行业也走向了现代生物科技、新型工业化和机械化的发展道路。2015年1月召开的第二届中国白酒科学技术大会对2004年以来的10年间白酒科技工作发展总体情况进行了总结回顾，评选出63项具有代表性的优秀科技成果，其中包括：白酒产品食品安全风险控制和分析检测技术，白酒生产中原辅材料的储存、处理、制曲、发酵、蒸馏、酒体处理等方面的工业化、自动化和信息化技术，对酿酒关键微生物群系的认知、改造和优化，以及提升白酒质量风格的生物工程技术、白酒生物活性物质、风味物质和功能性因子研究，白酒包装接触材料和仓储物流，以及酿酒综合利用、生态建设和环境保护技术等，这些科技成果有代表性地反映了我国白酒行业和骨干企业10年来在技术进步和科技创新方面取得的重要成就。[1]同时，在国家的支持下，很多大型企业都成立了国家级技术研究中心，拥有自己的研发团队与机构，极大地促进了白酒界科技水平的提升。另外，物联网技术在白酒行业的应用：如基于无线传感网的酿酒生产过程自动化应用和基于RFID及二维码的防伪溯源应用等帮助白酒企业防窜货、防造假，有利于规范企业的发展环境。

三、白酒行业上市公司业绩水平评价

（一）业绩评价指标体系的构建

评价指标体系的构建是上市公司业绩水平评价的关键与核心，指标的选取直接影响综合评价结果的准确性。本文结合白酒行业上市公司的经营特点，以企业绩效评价体系为基础，选取了13个指标，分别从盈利能力、偿债能力、营运能力以及成长能力这四个方面来对白酒上市公司进行业绩评价，具体的企业经营业绩评价指标体系见表1。

表1　企业经营业绩评价指标体系

评价内容	评价指标	评价标准
盈利能力	基本每股收益	正
	净资产收益率	正
	总资产报酬率	正
	销售净利率	正
偿债能力	流动比率	正
	速动比率	正
	资产负债率	逆
营运能力	流动资产周转率	正
	总资产周转率	正
	存货周转率	正
成长能力	营业收入增长率	正
	净利润增长率	正
	总资产增长率	正

盈利能力是指企业获取利润的能力，也称为企业的资金或资本增值能力，通常表现为一定时期内企业收益数额的多少及其水平的高低。盈利能力评价指标主要包括基本每股收益、净资产利润率ROE、总资产报酬率ROA、销售净利率等，这几项指标都属于正向指标，表示指标值越大，企业盈利能力越强。

偿债能力是指企业偿还短期负债以及长期负债的能力，是企业持续经营的基础，反映的是企业运用其资产以及经营收益偿还债务的能力。偿债能力指标主要包括流动比率、速动比率、资产负债率等。流动比率、速动比率属于正向指标，表示指标值越大，企业偿还短期债务的能力越强；而资产负债率属于逆向指标，代表的是企业的长期偿债能力，指标值越小，表示企业偿还长期债务的能力越强。

营运能力是指企业的经营运行能力，反映的是企业对资金使用效率的高低，揭示了企业资金的周转情况。营运能力指标主要包括流动资产周转率、存货周转率、总资产周转率等。这些指标都属于正向指标，周转率越高，表示企业资产流动性越强，企业的偿债能力以及获取利润的能力也越强。其中，流动资产周转率与存货周转率反映的是企业流动资产的流动性，总资产周转率反映的是企业总资产的流动性。

成长能力是指企业通过生产经营活动所积累的不断扩大规模、增加利润的潜在能力，反映企业未来发展速度与发展前景。成长能力指标主要包括营业收入增长率、净利润增长率、总资产增长率等。这几项指标都属于正向指标，指标值越大，表示企业发展前景越好。

（二）白酒上市公司经营业绩的因子分析

1. 因子分析

因子分析是一种数据简化的技术。它通过研究众多变量之间的内部依赖关系，探求观测数据中的基本结构，并用少数几个独立的不可观测变量来表示其基本的数据结构。这几个假想变量能够反映原来众多变量的主要信息。原始的变量是可观测的显式变量，而假想变量是不可观测的潜在变量，称为因子。

因子分析的基本步骤如下：

（1）对数据进行标准化处理。

（2）估计因子载荷矩阵　因子分析的基本模型如下：

$$\begin{cases} Z_1 = a_{11}F_1 + a_{12}F_2 + \cdots + a_{1p}F_p + c_1U_1 \\ Z_2 = a_{21}F_1 + a_{22}F_2 + \cdots + a_{2p}F_p + c_2U_2 \\ \cdots \\ Z_n = a_{n1}F_1 + a_{n2}F_2 + \cdots + a_{np}F_p + c_nU_n \end{cases}$$

其中，Z_1、$Z_2 \cdots Z_n$ 为原始变量，F_1、$F_2 \cdots F_p$ 为公共因子，表示为矩阵形式为：

$$\underset{(n \times 1)}{Z} = \underset{(n \times p)}{A} \cdot \underset{(p \times 1)}{F} + \underset{(n \times n)}{C} \underset{(n \times 1)}{U}$$
$$\text{（对角阵）}$$

A 为因子载荷矩阵，估计因子载荷矩阵的方法有主成分法、映像因子法、加权最小二乘法、最大似然法等。

（3）因子旋转　建立因子分析数学模型的目的不仅要找出公共因子并对变量进行分组，更重要的是要知道每个公共因子的意义，以便对实际问题做出科学分析。当因子载荷矩阵 A 的结构不便对主因子进行解释时，可用一个正交阵右乘 A（即对 A 实施一个正交变换）。由线性代数知识，对 A 施行一个正交变换，对应坐标系就有一次旋转，便于对因子的意义进行解释。

（4）**估计因子得分**　以公共因子表示原因变量的线性组合，而得到因子得分函数。我们可以通过因子得分函数计算观测记录在各个公共因子上的得分，从而解决公共因子不可观测的问题[2]。

2. 白酒上市公司经营业绩的实证分析

（1）**数据搜集**　目前我国白酒行业共有 19 家上市公司，本文以这 19 家上市公司的 13 项财务指标为样本，对白酒上市公司 2015、2016 年的经营业绩进行因子分析并对因子分析结果进行对比。所有指标的原始数据均来源于上海证券交易所、深圳证券交易所公布的各公司 2015 年、2016 年的年报以及 wind 资讯（表 2，表 3）。

表 2　白酒行业 19 家上市公司 2015 年度财务指标

证券简称	基本每股收益	净资产收益率	总资产报酬率	销售净利率	流动比率	速动比率	资产负债率	流动资产周转率	总资产周转率	存货周转率	营业收入增长率	净利润增长率	总资产增长率
贵州茅台	12.3400	0.2642	0.2883	0.5038	3.2418	2.3435	0.2325	0.5942	0.4396	0.1539	0.0344	0.0114	0.3101
洋河股份	3.5600	0.2515	0.2224	0.3342	2.0284	0.9769	0.3225	0.8528	0.5127	0.5764	0.0941	0.1901	0.1774
五粮液	1.6270	0.1493	0.1527	0.2960	5.5973	4.5053	0.1561	0.5213	0.4378	0.7946	0.0308	0.0581	0.1323
今世缘	1.3656	0.1809	0.1779	0.2815	3.0400	2.0319	0.2547	0.6297	0.4887	0.5514	0.0105	0.0630	0.2050
口子窖	1.0600	0.2036	0.1913	0.2343	2.5763	1.4168	0.2630	0.9344	0.5983	0.5620	0.1441	0.4341	0.3591
泸州老窖	1.0500	0.1474	0.1447	0.2247	3.4544	2.4004	0.2139	0.7153	0.5237	1.2280	0.2889	0.5887	0.0008
迎驾贡酒	0.6900	0.1708	0.1501	0.1812	2.3980	1.3352	0.3040	0.9613	0.6409	0.8624	-0.0109	0.0901	0.3509
伊力特	0.6393	0.1628	0.1660	0.1724	3.1747	2.1093	0.2495	0.9119	0.6891	1.2455	0.0057	0.0501	0.0582
青青稞酒	0.5134	0.1011	0.1169	0.1664	3.8175	1.9964	0.1416	0.9348	0.5220	0.8271	0.0063	-0.2847	0.0881
金徽酒	0.7900	0.2355	0.1366	0.1402	0.7247	0.3757	0.5855	2.0291	0.6933	1.5982	0.1674	0.3295	0.1897
古井贡酒	1.4200	0.1588	0.1379	0.1362	2.0232	1.4114	0.3271	1.2183	0.7727	1.1506	0.1296	0.1985	0.1200
山西汾酒	0.6013	0.1252	0.1191	0.1312	1.9299	1.0619	0.3297	1.0231	0.6610	0.7061	0.0543	0.5140	0.1591
酒鬼酒	0.2726	0.0517	0.0458	0.1235	2.8362	1.3293	0.2294	0.4435	0.2740	0.2293	0.3476	1.7160	0.0826
水井坊	0.1801	0.0711	0.0602	0.1029	2.3428	0.9246	0.2860	0.7903	0.5004	0.2827	1.3429	1.2184	0.1064
顺鑫农业	0.6594	0.0718	0.0453	0.0398	1.6570	0.5242	0.6538	0.8869	0.6131	0.8093	0.0165	0.0508	0.0228
老白干酒	0.5400	0.0679	0.0836	0.0321	1.6597	0.6360	0.4495	1.3002	0.9258	0.7538	0.1075	0.2689	0.2492
金种子酒	0.0900	0.0234	0.0091	0.0303	2.4654	1.9745	0.3219	0.7538	0.5291	1.5488	-0.1674	-0.4089	0.0279
*ST 皇台	0.0100	0.0112	0.0344	0.0129	0.8063	0.3239	0.7698	0.3507	0.2025	0.2207	0.8251	1.0342	0.0817
沱牌舍得	0.0211	0.0032	0.0170	0.0062	1.7162	0.3155	0.4029	0.4532	0.3108	0.2742	-0.1999	-0.4676	0.0224

表3 白酒行业19家上市公司2016年度财务指标

证券简称	基本每股收益	净资产收益率	总资产报酬率	销售净利率	流动比率	速动比率	资产负债率	流动资产周转率	总资产周转率	存货周转率	营业收入增长率	净利润增长率	总资产增长率
贵州茅台	13.3100	0.2444	0.2402	0.4614	2.4360	1.8789	0.3279	0.5175	0.4031	0.1765	0.189917	0.089678	0.308605
洋河股份	3.8700	0.2379	0.2134	0.3378	2.0362	1.0535	0.3290	0.7346	0.4729	0.5314	0.070436	0.08196	0.146004
五粮液	1.7870	0.1501	0.1500	0.2875	3.9820	3.3056	0.2247	0.4953	0.4279	0.8146	0.133176	0.100816	0.183223
古井贡酒	1.6500	0.1591	0.1406	0.1413	1.7862	1.1080	0.3200	1.2907	0.7560	0.9573	0.145378	0.188295	0.216208
泸州老窖	1.3750	0.1810	0.1839	0.2348	3.9315	2.9214	0.1864	0.8714	0.6184	1.1666	0.203443	0.257582	0.035567
口子窖	1.3100	0.1981	0.1977	0.2768	2.7087	1.5151	0.2547	0.7946	0.5307	0.4920	0.095265	0.294133	0.143356
迎驾贡酒	0.8500	0.1801	0.1637	0.2249	2.4850	1.3033	0.3032	0.7760	0.5575	0.6447	0.038105	0.283301	0.076608
金徽酒	0.8500	0.1841	0.1446	0.1737	1.6029	0.9779	0.2731	1.5666	0.6213	1.4200	0.080232	0.338106	0.218511
顺鑫农业	0.7231	0.0679	0.0463	0.0379	1.6994	0.6877	0.6175	0.9274	0.6639	0.9548	0.161849	0.108009	0.102635
山西汾酒	0.6989	0.1318	0.1275	0.1456	1.8634	1.1165	0.3478	0.9734	0.6238	0.7192	0.066946	0.184135	0.105865
伊力特	0.6277	0.1479	0.1499	0.1638	2.9303	2.0038	0.2878	0.8231	0.6562	1.2607	0.033838	-0.017353	0.111518
今世缘	0.6012	0.1744	0.1701	0.2950	2.9570	1.9716	0.2521	0.5863	0.4403	0.5120	0.053387	0.103941	0.139257
青青稞酒	0.4803	0.0896	0.1017	0.1463	2.4354	1.4670	0.2208	0.9460	0.4884	0.7814	0.053874	-0.073508	0.161487
水井坊	0.4601	0.1634	0.1308	0.1911	2.1999	1.0919	0.3331	0.8464	0.5884	0.3688	0.37609	1.55522	0.227772
酒鬼酒	0.3342	0.0600	0.0478	0.1482	3.2337	1.6806	0.2143	0.4318	0.2822	0.2140	0.089195	0.307108	0.034996
老白干酒	0.2500	0.0704	0.0626	0.0455	1.5622	0.8516	0.4984	1.0738	0.8119	0.8282	0.043894	0.477084	0.143375
沱牌舍得	0.2378	0.0351	0.0528	0.0549	1.7327	0.4035	0.4136	0.5383	0.3783	0.2441	0.264197	10.251063	0.054177
金种子酒	0.0300	0.0076	-0.0062	0.0122	2.4270	1.8470	0.3139	0.6474	0.4363	1.3266	-0.16894	-0.665023	-0.011509
*ST皇台	-0.7100	-1.5045	-0.2209	-0.7124	0.6386	0.1470	0.8855	0.6533	0.3829	0.7984	0.70138	-95.243956	-0.268135

（数据来源：wind资讯）

（2）数据处理　首先对逆向指标进行正向化处理。在上述评价指标体系中，资产负债率是逆向指标，所以首先应对其进行正向化处理。"倒数逆变换法"是最常用的一种逆向指标正向化方法，但是该方法会改变指标值的分布规律，从而会影响综合评价结果的准确性。所以，为了不改变指标值的分布规律，本文采用"倒扣逆变换法"，即对逆向指标进行如下公式处理：

$$y_{ij} = \max_{1 \leq i \leq n}\{x_{ij}\} - x_{ij}$$

其次对数据进行标准化处理。为了消除不同量纲对指标的影响以及数量级的差异，本文运用 SPSS.21 统计软件对我国 19 家白酒上市公司 2015 年的财务数据进行无量纲化即标准化处理，计算得出每家上市公司每项财务指标的标准化数值。

（3）确定公因子数量，求解因子载荷　运用 SPSS 统计软件计算的特征值、特征值贡献率、累积贡献率见表 4，所采用的提取方法为主成分分析法，提取公因子的原则为：特征值大于 1，累积贡献率达到 80% 以上。由表 4 可知，前 4 个因子的特征值大于 1，且累积贡献率达到了 86.770%，因此，提取前 4 个因子作为主因子可以基本反映原指标的全部信息，并对问题做出很好的解释。

表 4　解释的总方差

成分	初始特征值			提取平方和载入			旋转平方和载入		
	合计	方差/%	累积/%	合计	方差/%	累积/%	合计	方差/%	累积/%
1	4.796	36.891	36.891	4.796	36.891	36.891	3.787	29.128	29.128
2	3.012	23.166	60.057	3.012	23.166	60.057	3.032	23.320	52.448
3	2.231	17.165	77.222	2.231	17.165	77.222	2.542	19.556	72.004
4	1.241	9.548	86.770	1.241	9.548	86.770	1.920	14.766	86.770
5	0.646	4.966	91.736						
6	0.324	2.495	94.232						
7	0.286	2.198	96.430						
8	0.165	1.266	97.696						
9	0.163	1.257	98.953						
10	0.103	0.792	99.715						
11	0.015	0.117	99.863						
12	0.013	0.099	99.961						
13	0.005	0.039	100.00						

（4）建立因子载荷矩阵并对因子命名　选定 4 个公因子后，采用 Kaiser 标准化的正交旋转法对因子进行旋转，得到因子载荷矩阵（表 5）。

表5　旋转成分矩阵1

项目	成分			
	1	2	3	4
基本每股收益	0.801	0.091	-0.318	-0.191
净资产收益率	0.875	0.195	0.323	-0.057
总资产报酬率	0.913	0.307	0.112	-0.094
销售净利率	0.848	0.473	-0.139	-0.059
流动比率	0.093	0.957	-0.152	-0.097
速动比率	0.145	0.929	-0.055	-0.154
资产负债率	0.223	0.852	0.004	-0.015
流动资产周转率	0.180	-0.307	0.893	-0.019
总资产周转率	0.160	-0.083	0.865	-0.145
存货周转率	-0.234	0.163	0.809	-0.316
营业收入增长率	-0.122	-0.120	-0.187	0.908
净利润增长率	-0.051	-0.084	-0.144	0.940
总资产增长率	0.785	-0.120	0.150	0.062

由表5可知，每个因子只有少数几个指标的因子载荷较大，因此，可将上述13个指标分成四类：基本每股收益、净资产收益率、总资产报酬率和销售净利率。在第一个因子上载荷较大，可以将第一个因子命名为盈利能力因子；流动比率、速动比率和资产负债率在第二个因子上载荷较大，可以将第二个因子命名为偿债能力因子；流动资产周转率、总资产周转率和存货周转率在第三个因子上载荷较大，可以将第三个因子命名为营运能力因子；营业收入增长率、净利润增长率和总资产增长率在第四个因子上载荷较大，可以将第四个因子命名为成长能力因子。分别将这四个因子用 F_1、F_2、F_3、F_4 表示。

（5）计算因子得分　根据成分得分系数矩阵（表6）计算各个因子的得分，并根据如下公式计算各公司的综合评价得分：

$$F = \frac{\varpi_1 F_1 + \varpi_2 F_2 + \varpi_3 F_3 + \varpi_4 F_4}{\varpi_1 + \varpi_2 + \varpi_3 + \varpi_4}$$

表6　成分得分系数矩阵

项目	成分			
	1	2	3	4
基本每股收益	0.244	-0.116	-0.203	-0.145
净资产收益率	0.229	0.004	0.121	0.063
总资产报酬率	0.236	0.018	0.029	0.020
销售净利率	0.208	0.072	-0.060	0.018

续表

项目	成分			
	1	2	3	4
流动比率	−0.080	0.355	0.012	0.039
速动比率	−0.066	0.341	0.041	0.018
资产负债率	−0.033	0.324	0.080	0.106
流动资产周转率	0.053	−0.055	0.364	0.106
总资产周转率	0.019	0.020	0.354	0.051
存货周转率	−0.132	0.140	0.342	−0.041
营业收入增长率	0.004	0.062	0.063	0.513
净利润增长率	0.020	0.077	0.089	0.546
总资产增长率	0.249	−0.118	0.033	0.065

结合旋转后各因子的贡献率以及得分系数矩阵，计算样本公司的综合因子得分并进行排序，计算公式为：

$$F = \frac{0.36891 \times F_1 + 0.23166 \times F_2 + 0.17165 \times F_3 + 0.09548 \times F_4}{0.86770}$$

根据上述公式计算得出的白酒行业上市公司的综合得分见表7。

表7 2015年因子得分表

证券简称	盈利能力 F_1		偿债能力 F_2		营运能力 F_3		成长能力 F_4		综合能力 F	
	得分	排名	得分	排名	得分	排名	得分	排名	得分	排名
贵州茅台	2.7974	1	0.1166	8	−1.5498	17	−0.7019	16	0.8367	1
口子窖	1.0618	3	−0.0487	10	0.2841	8	0.4265	5	0.5416	2
五粮液	−0.1773	10	2.4458	1	−0.3611	14	−0.2698	12	0.4765	3
洋河股份	1.3180	2	−0.3665	14	−0.2579	13	−0.1793	10	0.3918	4
金徽酒	0.5306	6	−1.3148	18	2.1394	1	0.2118	6	0.3211	5
迎驾贡酒	0.6290	4	−0.2086	12	0.5071	5	−0.2069	11	0.2893	6
泸州老窖	−0.4408	12	1.3043	2	0.3611	7	0.4513	4	0.2819	7
伊力特	−0.2579	11	0.8518	4	0.8340	4	−0.3560	14	0.2436	8
今世缘	0.5695	5	0.4494	6	−0.4174	15	−0.3368	13	0.2425	9
古井贡酒	0.0204	7	−0.0497	11	1.1509	2	−0.0381	9	0.2189	10
水井坊	−0.4491	13	0.0947	9	−0.1702	12	2.5580	1	0.0822	11
山西汾酒	0.0078	8	−0.3141	13	0.4287	6	0.1490	7	0.0207	12
青青稞酒	−0.5057	14	0.9778	3	0.0985	10	−0.6430	15	−0.0052	13
老白干酒	−0.1184	9	−0.9586	15	1.1381	3	0.0221	8	−0.0787	14
酒鬼酒	−0.6815	15	0.4688	5	−1.0689	16	1.8088	2	−0.1770	15
金种子酒	−1.5808	19	0.3750	7	0.2677	9	−1.4117	18	−0.6744	16
顺鑫农业	−0.7849	17	−1.1671	17	−0.0930	11	−0.8128	17	−0.7531	17
*ST皇台	−0.7613	16	−1.6685	19	−1.6916	19	0.9982	3	−0.9939	18
沱牌舍得	−1.1770	18	−0.9878	16	−1.5998	18	−1.6693	19	−1.2643	19

表 7 中，某些样本公司的部分因子得分为负数，并不代表公司的竞争力很弱，而是由于在因子分析过程中对数据进行了标准化处理。因子得分为"负"仅仅意味着相对于其他公司而言其竞争力要弱些，代表的是相对竞争力水平。一般情况下，因子得分越高，表明企业竞争力越强。

同样地，运用 SPSS 统计软件对我国 19 家白酒上市公司 2016 年的财务数据进行因子分析。根据"特征值大于 1，累积贡献率达到 80% 以上"的原则选取 3 个公因子，并根据因子载荷矩阵（表 8）对因子进行命名，分别为盈利和成长能力因子、偿债能力因子、营运能力因子。然后根据成分得分系数矩阵对白酒上市公司的综合得分进行计算，计算及排名结果见表 9。

表 8　旋转成分矩阵 2

项目	成分		
	1	2	3
基本每股收益	0.563	-0.150	-0.517
净资产收益率	0.885	0.380	0.154
总资产报酬率	0.899	0.299	-0.017
销售净利率	0.905	0.397	-0.106
流动比率	0.248	0.910	-0.190
速动比率	0.209	0.878	-0.103
资产负债率	0.620	0.698	0.030
流动资产周转率	0.228	-0.344	0.844
总资产周转率	0.291	-0.241	0.807
存货周转率	-0.251	0.231	0.831
营业收入增长率	-0.498	-0.521	-0.346
净利润增长率	0.816	0.373	0.160
总资产增长率	0.945	0.014	0.060

表 9　2016 年因子得分表

证券简称	盈利及成长能力 F_1		偿债能力 F_2		营运能力 F_3		综合能力 F	
	得分	排名	得分	排名	得分	排名	得分	排名
贵州茅台	1.73607	1	-0.86636	16	-2.23743	19	0.4720	1
金徽酒	0.53740	5	-0.58681	12	1.79021	1	0.4607	2
古井贡酒	0.66350	3	-0.82433	15	1.21008	2	0.3863	3
泸州老窖	-0.29699	16	1.66468	2	0.53614	7	0.3141	4
口子窖	0.46823	6	0.17802	8	-0.25773	11	0.2826	5
伊力特	-0.12484	14	0.87169	5	0.90082	4	0.2808	6

续表

证券简称	盈利及成长能力 F_1		偿债能力 F_2		营运能力 F_3		综合能力 F	
	得分	排名	得分	排名	得分	排名	得分	排名
洋河股份	0.77798	2	-0.44406	11	-0.58685	14	0.2636	7
五粮液	-0.15835	15	1.83308	1	-0.62674	15	0.2543	8
今世缘	0.15958	10	0.77609	6	-0.58085	13	0.1932	9
迎驾贡酒	0.19471	9	0.17724	9	0.04055	10	0.1661	10
青青稞酒	0.09154	11	0.27464	7	0.25300	9	0.1618	11
山西汾酒	0.24984	7	-0.38663	10	0.49945	8	0.1338	12
水井坊	0.54426	4	-0.74742	14	-0.31972	12	0.0920	13
老白干酒	0.22306	8	-0.94746	18	1.19492	3	0.0906	14
顺鑫农业	-0.09094	12	-0.92035	17	0.68998	5	-0.1702	15
金种子酒	-0.99265	18	1.28996	3	0.61329	6	-0.1810	16
酒鬼酒	-0.46855	17	1.01771	4	-1.31687	18	-0.2394	17
沱牌舍得	-0.10816	13	-0.70039	13	-1.02199	17	-0.3973	18
*ST 皇台	-3.40568	19	-1.6593	19	-0.78027	16	-2.5639	19

(三) 白酒上市公司的业绩评价

(1) 根据白酒上市公司 2015 年的分析结果来看,综合因子得分排名前十的公司依次为:贵州茅台、口子窖、五粮液、洋河股份、金徽酒、迎驾贡酒、泸州老窖、伊力特、今世缘、古井贡酒。盈利能力因子得分排名前十的依次为:贵州茅台、洋河股份、口子窖、迎驾贡酒、今世缘、金徽酒、古井贡酒、山西汾酒、老白干酒、五粮液;偿债能力因子得分排名前十的依次为:五粮液、泸州老窖、青青稞酒、伊力特、酒鬼酒、今世缘、金种子酒、贵州茅台、水井坊、口子窖;运营能力因子得分排名前十的依次为:金徽酒、古井贡酒、老白干酒、伊力特、迎驾贡酒、山西汾酒、泸州老窖、口子窖、金种子酒、青青稞酒;成长能力因子得分排名前十的依次为:水井坊、酒鬼酒、皇台、泸州老窖、口子窖、金徽酒、山西汾酒、老白干酒、古井贡酒、洋河股份。从表 7 中可以看出,贵州茅台的盈利能力很强导致其综合竞争力强,但是其运营能力和成长能力却很弱,这主要是由于贵州茅台已经是行业龙头,其规模已经相当大了,所以成长会更慢一些;洋河股份也是处于同样的情况。而一些区域性酒企,如酒鬼酒、水井坊等本身规模较小,其成才空间与成长能力就会很高,会更受资本的青睐,未来中国的地产白酒品牌的资本价值会越发凸显。

(2) 根据白酒上市公司 2016 年的分析结果来看,综合因子得分排名前十的依次为:贵州茅台、金徽酒、古井贡酒、泸州老窖、口子窖、伊力特、洋河股份、五粮液、今世缘、迎驾贡酒。与 2015 年相比,综合能力排名前十的公司不变,个别公司的排名稍有调整,其中,茅台的综合能力依然排名第一,说明公司综合实力很强,龙头老大的地位维持不变。而顺鑫农业、金种子酒、酒鬼酒、沱牌舍得、皇台这五家公司两年都是排名后五位,说明综合实力很弱,其中,顺鑫农业和皇台两家公司的资产负债率每年都大于65%,资本结构相对不合理,有很大的投资风险。

(3)根据白酒上市公司综合实力的排名情况来看,白酒的整体行业格局已经基本形成。贵州茅台维持其龙头企业的地位不变,一些区域性名酒如金徽酒、泸州老窖、古井贡酒的综合实力在不断增强,行业竞争力也在不断提高。洋河、五粮液的综合实力有所下降,主要是由于其营运能力较差导致的,贵州茅台的营运能力也很差,主要是由于企业规模太大影响管理效率导致企业对资金的使用效率低下,资金周转不畅。未来贵州茅台、洋河、五粮液要重点关注企业的营运能力,通过企业的精细化管理来提高资金的使用效率。

四、我国白酒行业上市公司未来发展趋势及对策

(一)行业集中化趋势——并购重组

改革开放三十多年来,我国经济持续快速发展,已经成为全球第二大经济体,但大而不强依然是中国竞争性行业的显著特征,通过资本市场推动产业整合和产业升级已经是当务之急。目前,"产业性并购"在我国逐步兴起,它是指上市公司以自身为主体,以优化产业结构为目的,横向或者纵向收购产业链上的独立第三方企业,甚至是新的业务领域中的企业,突出协同效应,实现跨越式成长的一种收购方式。产业性并购的方式,包括横向并购、纵向并购以及混合并购。其中,横向产业并购,是指对产业链上相同类型企业的并购,以提高企业的产业集中度,扩大市场占有率。纵向产业并购是指产业链上的企业并购上下游企业,通过产量或价格控制,实现纵向的产业利润最大化。混合产业并购是指和本产业紧密相关的企业进行并购,它既包括横向产业并购,又包括纵向产业并购。在全流通背景下,产业性并购将代表上市公司并购重组未来的发展方向和主流模式,是上市公司利用资本市场平台做大做强的必然选择。

根据科尔尼咨询公司的研究,任何行业都要沿着"初创、规模化、集聚、平衡和联盟"这样一条整合曲线进行产业结构优化。初创阶段的核心是建立行业壁垒,规模化阶段则要通过快速增长来取得优势,集聚阶段、平衡和联盟阶段,还要特别注重该行业可能出现的新技术,压制和消灭潜在竞争对手。在整个行业的生命周期中,产业性并购都是不可或缺的手段[3]。目前,白酒企业之间的并购重组已经成为了目前我国白酒行业发展的一大方向,白酒行业的集中化趋势越来越明显。

未来我国白酒行业可以继续通过"产业性并购"来进一步实现白酒产业的调整优化,包括整合产业链上下游,扩大经营规模,实现规模经济,以此来进一步提升行业的集中度,促进产业的发展。一方面,由于白酒行业的区域性特征明显,白酒企业在省外培育品牌、推广品牌的难度极大,白酒品牌企业可以通过并购省外资源性公司帮助推广企业自身品牌、拓展省外市场、培育新的消费区域。另一方面,一些面临极大增长压力的企业可以通过与优质上市公司合作的方式来实现资源的整合并提升经营实力。

(二)多元化经营趋势

产品结构多元化。目前,白酒市场处于供需失衡的状态,主要表现为结构性失衡。

当前,高档白酒的市场发展低迷,中低档白酒的生产开始进入转型期,多个高端白酒企业为了更加迎合广大消费群体的需求,开始降低身段,针对不同级别的消费群体,设定了不同级别的酒类消费品档次,对低档、中档、高档产品都有涉及,真正地将名酒转变为了"民酒"。如茅台、五粮液、酒鬼酒等着重发展子品牌,相继推出一批物美价廉新品系列。

消费群体多元化。目前,白酒的主要消费力量是60后、70后。随着80后、90后在社会经济活动中的地位不断提升,他们也将成为白酒消费的重要角色。白酒企业在产品定位及品牌价值宣传上应充分考虑他们的诉求,而不是一味地追求宣传企业悠久的历史,只有消费群体数量不萎缩,才能保证白酒社会的总销售量。在这方面"洋河蓝色经典"是一个成功的案例,在品牌价值的宣传方面充分地考虑年轻人对现代文化和生活内涵的需求。一些企业推出"青春小酒"也很受年轻人的喜欢。如泸州老窖的"泸小二"、五粮液开发的"歪嘴"、泸州老酒坊的"革命小酒"、剑南春的"烧坊小烧"等[4]。未来消费结构的转变所带来的消费升级将会使大众消费向更优品牌、更优品质、更高价值聚焦。

市场渠道多元化。白酒销售在传统渠道的基础上,开始充分发挥电商渠道的作用,白酒电商异军突起。过去,高端白酒的销售主要依靠传统渠道,800多元一瓶茅台经过经销商层层加价后,到消费者的手中已涨到2000多元,严重挫伤了消费者的购买欲。而通过电商进行线上销售却可以降低费用,让利于消费者。2013年7月16日,贵州茅台与酒类电商第一品牌——酒仙网达成网上在线销售协议,酒仙网获得了茅台年份酒、飞天、汉酱、仁酒等全线产品经销权[4]。同时,贵州茅台还拥有茅台网上商城、天猫茅台官方旗舰店与国酒茅台阿里巴巴旗舰店三个网上电子商务销售平台。据统计,"双十一"2013年11月11日,酒仙网全网完成销售2.21亿元,发展势头很强劲。

(三)创新型发展趋势

创新驱动发展是目前中国各个行业都面临的一大趋势。在白酒行业中,由于严重的同质化竞争,迫切需要企业进行改革,增强创新力。在最近几年的发展中,一批白酒骨干企业抓住发展机遇,研究消费变化,顺应市场的需求,不断进行技术创新、产品创新、营销创新等,培育打造了一批对市场和消费者具有重要影响的超级单品,其中包括:年度销售额逾300亿元的贵州茅台酒和逾200亿元的五粮液酒、年度销售额逾100亿元的洋河蓝色经典系列产品以及2017年泸州老窖新推出的五大单品等。未来白酒企业要继续加大创新力度,培育新产品、新渠道、新群体。

在产品创新方面,随着消费群体以及消费结构的转变,白酒企业应深度挖掘消费者的需求,顺应时代潮流,不断从口感舒适、设计前卫、饮用健康三个方面开发适合现代人口感、需求的"健康+低度+时尚"型产品。在营销创新方面,白酒企业不断在营销方式以及渠道模式上进行创新。在营销方式上,白酒企业充分运用大IP时代的特色,与IP完美结合,如泸州老窖新推出的"桃花醉",通过植入热门电视剧《三生三世十里桃花》的方式,将"桃花醉"产品进行了很好的宣传,销售效果显著;在产品推广上,聚焦"大单品",通过对战略"大单品"的推广,形成联动销售,带动整个品牌的影响力;在渠道模式上,进行线上线下联动发展,通过与京东、酒仙网、1919酒类直销平台等互联网公司的战略合作，有效实现产品共享、营销推广、大数据资源整合，在实现渠道模式创新突破的同时，更好地推进互联网与白酒行业的跨界资源整合与产业合作升级。

（四）精细化管理趋势

在管理优化方面，白酒企业管理日渐精细化、完善化，未来应在以下几方面继续进行深入的探索：一是持续深化机构改革，构建灵活高效的组织体系。名优白酒企业应持续创新组织管理模式，不断提升组织的市场应变能力。如五粮液改变原来品牌部管理制，在总部成立市场管理部、营销督察部、销售服务中心等，在区域市场成立七大营销中心及营销子公司，实施"营销中心+子公司"的运作模式，将营销组织进一步前移，从而提升其快速应对市场的能力。二是在管理机制方面，要灵活运用市场机制，加强团队建设。从薪酬体系、绩效考核、员工培训等各方面建立一套系统管理体系，努力提升队伍的积极性与主动性，不断加强团队建设，优化人才结构，提升队伍素质，激发队伍活力[5]。如金徽酒通过员工持股的方式使管理层和业务骨干与股东保持利益一致，形成了有效的长期激励机制，增强了团队凝聚力。三是加强信息化管理进程，建立从供应商到消费者的大数据管控平台，使用二维码追溯系统，实现产品源头可查、去向可追、责任可究、信息可视化和大数据管理，保证产品从原材料供应、生产到流通的全生命周期管理。四是强化质量管理，在生产工艺方面与现代机械化应用相结合，酿好酒，卖好酒。

参考文献

[1] 马勇. 中国白酒三十年发展报告. 酿酒科技，2016，（2）：17-22

[2] 陈胜可，刘荣. SPSS统计分析从入门到精通，北京：清华大学出版社，2015

[3] 深圳证券交易所创业企业培训中心. 上市公司并购重组问答（第2版），北京：中国财政经济出版社，2017

[4] 刘坚. 浅论白酒行业的经营现状及对策. 新经济，2014，（3）：65-66

[5] 蒋佳. 名优白酒企业在行业深度调整期的应付策略——以四川为例. 四川理工学院学报：社会科学，2014，（3）：73-81

加快白酒产业发展方式转变研究

曾祥凤 陈一君 熊山 杨平 苏奎

一、导论

(一) 选题的目的和意义

1. 问题的提出

加快转变经济发展方式是我国实现可持续发展的重大战略任务。党的十八大报告提出,要"加快形成新的经济发展方式,把推动发展的立足点转到提高质量和效益上来",要求"着力增强创新驱动发展新动力",要求"着力构建现代产业发展新体系","更多依靠科技进步",走新型工业化和信息化发展路子,告别传统发展模式,建立现代经济体系。这一思想为我国经济转型发展指明了方向。

工业发展方式转变是经济发展方式转变的主战场。整个工业体系中,白酒行业在发展过程中,面临着资源环境约束趋紧、生产要素成本压力加大、产能过剩问题突出、国内市场需求下滑、外部竞争激烈等挑战。白酒行业正处于发展方式转变的关键时刻。同时,白酒行业尽管市场化程度较高,但整个产业的技术创新、治理机制、经营模式、产业组织结构等各方面却相对滞后,产业发展模式粗放。国家经济转型升级既为白酒行业带来了潜在的压力,也为其加速发展提供了更广阔的空间和全新的发展理念。

根据国家《工业转型升级规划(2011—2015年)》,消费品工业列入了重点发展领域;而国家食品工业"十二五"发展规划提出,支持白酒产业提高产业集中度和企业竞争力,但要"控制总量、提高质量、治理污染、增加效益"。结合白酒产业内外发展环境改变的现实,响应国家政策思路,需要通过实施白酒产业发展方式转变,实现白酒产业持续健康发展,走出一条科技含量高、经济效益好、资源消耗低、环境污染少、人力资源优势得到充分发挥的新型工业化道路,实现白酒行业和企业两个层面的发展方式转变。

2. 研究的目的和意义

随着我国经济转型发展,白酒行业也进入了发展方式转变的关键时刻。白酒行业在发展过程中,面临着资源环境约束趋紧、要素成本上升、产能过剩、国内市场国外市场竞争激烈等挑战。与此同时,白酒行业的技术创新、治理机制、经营模式、产业组织结构等各方面却相对滞后,产业发展模式粗放,迫切需要进行发展方式转型。

根据国家食品工业"十二五"发展规划,白酒产业需要提高产业集中度和企业竞争力,但要"控制总量、提高质量、治理污染、增加效益",实施的路径就是新型工业化道路。但是具体的实施方案需要研究。毕竟,白酒行业作为食品工业的重要成员,本身并不要求具有很高的技术含量,它对市场需求的反应比较敏感。因此,白酒产业转变发展方式具有较强的特殊性，其他产业发展方式转型的思路和方案并不完全适用于白酒产业。因此，系统研究白酒产业发展方式转型问题不仅具有重要的现实意义，还具有重要的理论价值。

总之，选择"加快白酒产业发展方式转变研究"，契合科学发展观理念，顺应国家《工业转型升级规划（2011—2015年）》，响应白酒产业"十二五"发展规划，贯彻了"十二五"规划"产业转型升级""建设资源节约型环境友好型社会""促进区域协调发展""完善社会主义市场经济体制"的战略规划，为政府发展白酒产业提供必要的学术支撑，为众多白酒企业制定发展战略提供参考。

（二）文献综述

经济发展方式转型是经济学关注和研究的重要问题。从20世纪80年代初起，我国政府就提出了经济增长方式的转变问题。但在短缺经济状态下，实施经济增长方式的转变缺乏现实基础。自20世纪末以来，我国宏观经济由供给短缺转变为供给过剩，经济发展方式转变成为宏观和微观层面亟需解决的重大问题。为此，"九五"计划中，中央科学地判断我国发展形势，明确提出转变经济增长方式的要求。同时，学术界认识到该问题的重要性并开始进行研究（王建，1993；马洪，1995；郑新立，1995）。然而，在政策设计与实施方面，经济发展方式转变缺乏顶层设计，而地方政府出于对GDP增长数量的追求，往往忽视了经济发展的质量。2005年10月，党的十六届五中全会审议通过了《中共中央关于制定国民经济和社会发展第十一个五年规划的建议》，认为我国仍然是粗放型经济增长模式，需要加快转变经济增长方式，并系统提出了经济发展方式转变的要求、指导原则和保障机制等。

转变经济发展方式最终要通过行业层面和企业层面发展方式的转变来实现。金碚（2011）认为，工业转型升级是转变经济发展方式的关键，工业转型升级不仅仅表现在工业结构和工业体系总体特征的变化上，更深刻地发生和体现在所有工业企业的战略抉择和战略走势上。实现工业转型升级，就是要在新的更先进的技术基础上全面提升各个产业的自主发展能力和国际竞争力，要通过科学发展、可持续发展，走出一条科技含量高、经济效益好、资源消耗低、环境污染少、人力资源优势得到充分发挥的新型工业化路子。从现有文献看，对工业发展方式转变的研究主要集中于对发展方式转变的内涵和条件、影响因素、转变途径和政策建议等展开研究，以及从时空特征角度研究工业发展方式转型问题，如从区域范畴针对某个区域或者行政单位范围内的工业发展方式转变问题（毛蕴诗等，2008；伍长南，2011；武友德、杨旺舟，2011），从时机选择看，"十二五"时期是加快推进工业发展方式转变的关键时期（周叔莲、吕铁，2012）。但是针对某个具体产业发展方式及其转变的研究成果不多，已有的成果主要集中于对纺织工业（梅自强，2006）、钢铁（吴溪淳，2005）等传统产业、流通产业（刘向东等，2009；孙敬水、章迪平，2010）等服务类产业发展方式转型研究。从研究方法看，除了规范分析，也有不少有价值的实证分析，例如，涂正革、肖耿（2006）采用非参数生产前沿方法，通过对中国大中型工业企业劳动生产率的增长分解实证分析得出：中国工业劳动生产率的增长，至少在大中型企业这个层面已经由转轨初期的单一资本扩张驱动模式，开始向以技术进步为主和资本深化为辅的多引擎推动模式转变，即由粗放型向集约型增长模式转变，并认为世纪之交似乎是一个转折点。此外，白羽、陈海汉（2011）构建了工业发展方式的评价指标体系，并阐述了工业发展方式评价的过程与方法。

从已有文献看，理论界近年来开始对食品工业（赵大伟，2009；宋国宇，2012）进行研究，对白酒产业发展问题主要见于业界的讨论，还没有直接关于白酒产业发展方式转型的系统研究。本文将运用经济学、产业经济学、转型理论、企业管理等理论和方法，借鉴已有的研究成果，围绕白酒产业发展方式，结合国内外经济发展态势和产业发展背景，剖析其发展特征及其形成机理，探索促进白酒产业发展方式转变的实施路径和具体措施。

（三）研究内容

本文以科学发展观为指导，综合运用理论分析与实地调查相结合、实证分析与规范分析相统一的方法，突出运用经济学、产业经济学、转型理论、企业管理等理论或工具，关注白酒产业运行过程中的新现象、新问题，通过运用经济转型和产业转型分析框架，深入分析白酒产业现有发展方式的特征及其形成机理、转变发展方式的紧迫性及其面临的挑战、发展方式转变的目标、机理及原则、促进白酒产业发展方式转变的实施路径和配套政策。

二、白酒产业现行发展方式及其评价

（一）产业发展方式评价的相关理论

加快转变经济发展方式是我国实现可持续发展的重大战略任务。实际上，党的十四届五中全会提出，实现经济增长方式由粗放型向集约型的转变。党的十七大开始落实这一重大战略方针。十七届五中全会指出，"加快转变经济发展方式是我国经济社会领域的一场深刻变革"，强调要"以加快转变经济发展方式为主线"。

加快转变经济方式，首先需要建立一套科学、规范、可行的转变经济发展方式评价体系和考核体系。评价指标考核体系有利于从科学上判断我国经济发展方式转变程度，为各级政府和国家宏观管理提供客观的判断；有利于转变各级领导干部政绩观，引导各级政府将经济增长、社会发展、环境保护和人民福祉联系起来，切实贯彻落实科学发展观。

为此，理论界和实践部门开始重视和研究经济发展方式及其转变的一系列问题。邓英淘（1989）基于现代化目标较早对经济发展方式进行探讨。从20世纪90年代起，对该领域的研究逐步拓展和深化，同时有些文献对经济发展方式评价问题进行研究。但针对工业部门发展方式的研究起步要晚。（中国知网）文献检索表明，除金磊夫（1996）对冶金工业发展方式的转变进行研究外，后来的研究始于2006年（李传峰，2006），研究高峰在2010年前后。

关于发展方式评价的研究，时间上起于2000年前后，研究对象主要包括整个经济体系、具体的行业或部门（如钢铁行业、农业、服务业），代表性研究者有吕铁（1998）、李周为（1999）、涂正革（2006）、张焕波（2011）等。对于工业发展方式进行评价的有尹子民（1998）、张勇（2003）、庞瑞芝（2011）、白羽（2011）等人。目前还没有直接针对白酒产业发展方式评价的理论研究。

(二) 我国白酒产业发展状况

1. 行业规模快速增长，占酿酒行业的比重高

自2003年以来，我国白酒行业产销量分别保持了近13.3%和23.4%的平均增速，整个行业的总资产、产量、利润、销售收入均有了跳跃式增长。2013年我国白酒产量达到了1226万千升，达到了新中国成立以来最高水平，提前4年超额完成了2015年的产量规划目标；行业总资产达到了4759.07亿元，为2004年的4.73倍，高于产量增长倍数（表明潜在产能还没有充分释放）。销售收入达到了5018亿元，约为2004（613亿元）的8.2倍；利润达到了804.87亿元，为2004年的13.72倍。销售收入和利润的增长远远高于产量的增长，表明白酒价格也在高速增长。

另外，白酒行业的产量和销售收入占酿酒行业的比重分别为16.3%和59.4%（7511.88万千升；8453.21亿元），销售收入的比重大大高于产量所占的比重，表明白酒的相对价格较高，见表1。

表1　2004—2013年我国白酒行业总资产、产量、收入、利润

年份	行业资产/亿元	产量/万千升	收入/亿元	利润/亿元
2004年	1005.57	312	613	58.66
2013年	4759.07	1226.2	5018.01	804.87
2004—2013年增长倍数	4.73	3.93	8.19	13.72
2004—2013年年均增长率/%	0.17	0.15	0.23	0.30

（数据来源：国家统计局）

为了更直观地理解，我们采用图1分析。

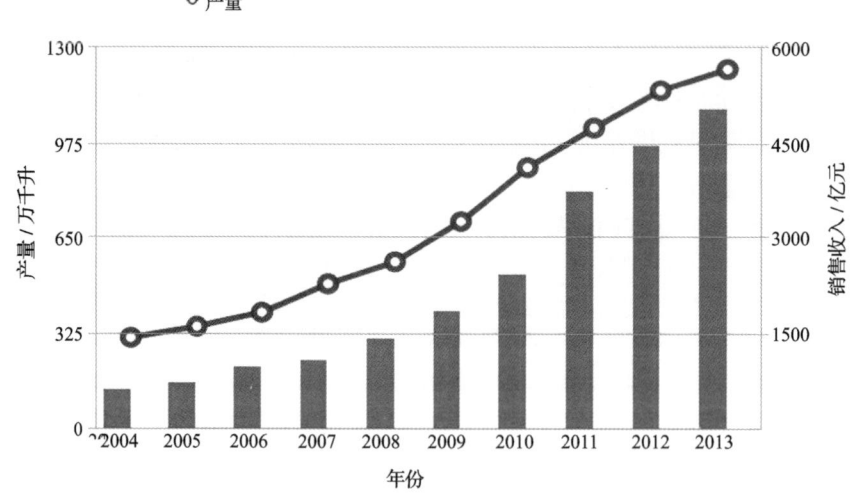

图1　2004—2013年我国白酒产量*增长走势图

---

* 如果不加说明，本文中白酒产量均折算成65度计算。

2. 产能增长快，行业集中度不断提高，行业竞争日益激烈

国家统计局数据显示，自 2005 年我国白酒产量回升以来，至 2012 年已连续 8 年高增长，期间产量累计增幅高达 2.3 倍。到了 2012 年，全国白酒全年累计产量达到 1153.16 万千升，同比增长 12.41%。但白酒行业并未就此"退烧"，而是继续大幅扩张产能。不仅仅是四川、贵州等白酒"金三角"地区在大力发展白酒产业，一些二线名酒品牌所在地域也在大力扩充白酒产能，如安徽、湖北、江苏等地政府也在介入白酒产业，纷纷组建大型白酒企业集团以发展当地白酒产业。

在政府规划的推动下，名酒企业纷纷开始拓展自己的产能。贵州茅台计划，"十二五"末，公司基酒年产量达到 4.5 万吨，系列产品产量达到 6 万吨；苏酒集团计划，"十二五"末，洋河和双沟两大酒业全区建成，实现收入将超过 500 亿元，目前 3 万吨名优酒产能正在建设；山西汾酒拟建年产 6 万吨商品竹叶青和 6 万吨商品汾酒产能项目，预计 3 年后可建成投产，将带动公司产能 3 年翻一番；泸州老窖新建 1.8 万口窖池 2016 年已经开建，届时产能将提高 6.2 万千升；五粮液从年产 20 万吨白酒扩充产能至 30 万吨。此外，西凤酒、剑南春、古井贡酒、老白干酒、郎酒、杜康、四特酒等知名白酒企业均在大举扩充产能。

总之，近年来白酒企业纷纷大规模扩张产能，加上境内外各类资本竞相涌入，行业泡沫风险加大。由于白酒产能扩张步伐远远超过了市场的增长速度，如此必然会造成未来白酒市场上产能过剩的局面。有业内专家以全国 28 家主要白酒企业，以及很有代表性的四川、贵州 2015 年产能增长规划为依据，假设 28 家主要白酒企业产量较 2011 年增长 3 倍，四川地区增长 1 倍，贵州地区"十二五"期间增长 5 倍。由此得出最保守的估计是 2015 年全国白酒产能较 2011 年增长 1 倍。即 2015 年全国规模以上企业白酒出厂量将达到 2051 万千升。

以上估算应该与事实相差不远。事实上，在政务消费市场萎缩挤压下，近两年来白酒市场萎缩便是明证。可见，大规模无序地进行产能扩张，必然引发行业激烈竞争，白酒行业将会深度洗牌。

目前，白酒行业生产、规模、品牌和效益进一步向优势地域和企业集中。部分资本雄厚、市场销量大的名优白酒公司通过收购、兼并、重组等资本运作不断扩张；对内则更新设备、进行技术改造升级，扩大产能，整个行业的市场集中度（尤其是高端白酒的市场集中度）不断提高。从销售收入看，行业已经接近弱寡头市场结构（但从产量看仍然属于竞争型市场）。从地域分布看，我国白酒行业产量区域集中度非常高。据 2013 年统计数据显示，我国白酒产量主要集中在西南、华东、华中地区，产量分别占同期全国总产量的 32.1%、23.4%、17%（图 2）。

3. 产品价格上涨过快、产品结构失衡、质量问题频现

近年来，白酒产品价格快速上涨。终端价格的频频上涨，虽然在一定程度上推动了产品出厂价的上扬，提高了产品毛利率，增加了利润空间，有利于企业业绩的增厚。但另一方面，价格上涨不但损害了白酒在消费者心目中的整体形象，也干扰了白酒企业乃至整个行业的健康发展进程。

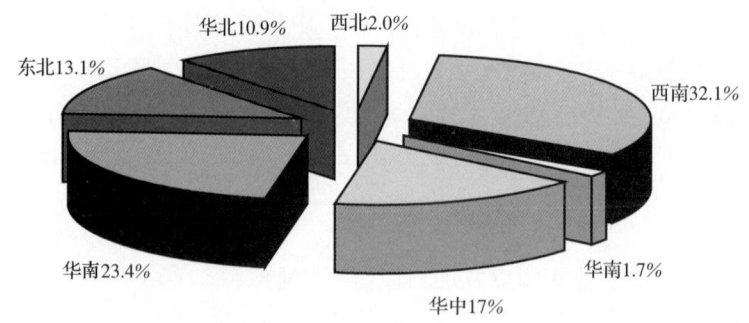

图 2　白酒产量地域分布

与此同时,产品结构日益高端化*,大众型白酒企业低端白酒产量明显下降,规模企业的生产结构日益高端化。2003—2012 年,我国规模以上白酒企业的产量增加了 2.5 倍,销售收入则增加了 7.4 倍。以茅台为例,2001—2002 年,茅台的白酒销售净利率只有 20%,而 2012 年实现营业收入 264.55 亿元,实现净利润 133.08 亿元,销售净利润率高达 50.3%。其中,高档茅台酒的销售毛利率超过了 90%。

居高的价格、丰厚的利润使得白酒行业粗放式生产管理难以避免。2012 年下半年以来,国内白酒行业先后陷入"塑化剂""基酒外购""添加剂"等风波中。这种现象不是偶然的,它暴露出部分白酒企业生产质量安全意识方面存在的隐患,是行业暴利诱惑下采用粗放式发展模式的必然结果。

（三）我国白酒产业现行发展方式的形成机理

从发展方式看,我国白酒行业近几年的高速发展是依靠消费需求的拉动和高速增长的投资驱动实现的。其中,消费需求包括刚性的政务消费（中高端）、弹性的商务消费（中高端）、弹性的个人消费（高中低均有）。图 3 是我国双轮驱动的白酒产业经济运行机制的简要示意图。

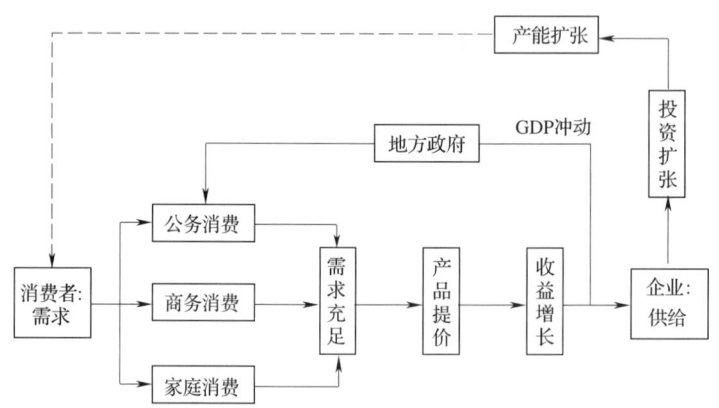

图 3　我国白酒产业现行发展方式（运行机制）

---

* 白酒产品结构高端化是指:白酒企业脱离市场需求（收入水平、消费偏好等）和市场供给（企业自身的生产技术、管理和服务水平,以及行业供给总量）而导致的产品定价过高现象。事实上,我们赞同那些生产管理和服务水平高的一线企业实施高端化战略,但反对忽视市场和自身条件的一拥而上式的高端化。

1. 政商消费拉动

从消费市场看，我国过去 10 年白酒销售额以高端消费为核心，其消费群体主要是政务、商务人士，工作、商务应酬成为白酒消费的主要原因。根据估计，政务、商务消费占比达到 60% 以上。这足以解释，为何国家加大反腐力度、大力抑制三公消费，随后高端白酒会出现剧烈调整。在宏观经济运行平稳和收入水平持续上升的过程中，白酒 2012 年下半年开始经历了大幅调整，企业增速也经历了明显下调。以茅台为例，2012 年 53 度飞天茅台酒终端零售价额曾超过 2500 元，2014 则下降到 1000 元以下。在资本市场，2012 年 7 月中旬贵州茅台的股价曾达到 259.66 元/股，在 2014 年 1 月跌到 120 元以下，股价也腰斩一半多。从整个白酒行业看，2013 年高端白酒销售额同比下降 37.75%。总之，政务消费对高端白酒的影响是直接的、重大的。这足以佐证，政商消费构成高端白酒的主要消费群体和支撑力量。

白酒行业尤其是高端白酒之所以对政商消费产生如此大的依赖性，在于高端白酒的两大消费群体中，政务消费具有较强的需求刚性，商务消费在很大程度上又受政务消费影响。由于体制不完善，国家对政府官员的财务监督不力，诸如行政开支便成为了部门的公共资源，过度消费在所难免。在此情况下，官员难免会产生吃喝风，高端白酒便成为了吃喝风的消耗品。

就商务消费而言，它既具有一定的需求刚性（短期），本质上也具有较强的需求弹性。从根本上说，商务消费与生产、投资和商务会谈这类经济活动直接相关，因此，商务消费本身不仅会消费价格较高的（白酒）商品，也会随着收入水平的增长而增长，因而具有较高的需求弹性。这也是未来白酒行业可以继续挖掘的需求。而就商务消费的刚性而言，一是由于很多商务活动需要与政府官员打交道，但是在不完善的体制下，有些官员会利用权力"寻租"。此时，（高端白酒）商务消费就构成了企业或个人支付的部分"租金"。更何况，政务消费和商务消费还会互相产生"示范效应"，这也使得商务消费刚性化。

总之，政务消费和商务消费的特点使得政商消费不但具有稳定的基数，还具有随经济发展而稳定增长的特征。甚至可以说，政商消费具有自我强化的特征——在体制不完善、财务审计、监督不力的情况下。因此，刚性的政商消费为高端白酒提供了充足的市场（需求）。白酒行业本来属于竞争性产业。但旺盛的政商消费则使得高端白酒供不应求，同时高端白酒的产量限制则强化了市场供不应求的状态，从而使白酒制造企业拥有对产品的定价权，成为竞争性市场的卖方垄断者。这是市场不完善时的奇怪现象，也是酒企敢于一而再、再而三提价的经济动力所在。在这种情况下，高端白酒在最近几年出现了跳跃式的增长。进而，高端白酒的繁荣极大地刺激了中端白酒的发展并为其腾出了市场空间，同时这种繁荣局面还传导到低端白酒。如此，整个白酒行业出现了"需求拉动"下的过度繁荣，也掩盖了这种过度繁荣下的诸般问题和发展泡沫。国家大力抑制三公消费则刺破了这个大泡沫，促使白酒行业回归到理性的发展道路上来。未来政商消费即使有所恢复，也难以再现高增长。就中长期而言，高端白酒不应对公务消费的增长寄予过高期望。

2. 投资扩张驱动

政商消费仅仅是驱动白酒行业高速发展的一驾马车。驱动白酒业高速发展还离不开投资扩张这驾马车的推动。上面的分析说明，政商消费实现了市场繁荣，高端白酒供不应求，导致白酒价格不断攀升。价格高涨不仅极大地提高了酒企的收益，更引发了全行业开发高端酒的热潮，不仅一线名企加速扩张产能，二三线酒企也不甘落后。与此同时，行业外部资本（国内的、国际的资本）也大量进入白酒行业。因此，白酒行业的投资出现了高速增长。

数据表明，2004—2012年，白酒行业的总资产整体上以递增的速率增长，表明白酒行业的投资增速在提高。事实上，这与我国的宏观经济环境密切相关。1993年之前，伴随白酒消费快速增长的是国内固定资产的大规模投入。而1995年固定资产投资急剧下滑和山西假酒案的双重打击下，白酒产销量开始急剧萎缩，到2003年白酒产量下降至330万吨，仅是1996年高峰时的40%。1997年的亚洲金融危机后，我国果断采取了积极的财政政策，大幅度提高投资水平，固定资产投资增速重回25%以上。在政府4万亿的经济刺激方案推动下，固定资产投资不降反升，2008年、2009年分别实现了26%和30%的高增长。白酒行业不是当时的主要刺激对象。尽管如此，在全社会投资高增长的带动下，白酒行业的投资水平逐步追赶上来，只是投资要滞后一段时间。表2中，2005年，开始白酒行业的总资产逐年增长，在2010—2012年则分别达到了24.10%、36.99%、26.66%（图4）。

表2 2004—2013年我国白酒行业资产、产量、收入统计

年份	资产/亿元	资产年增长率/%	产量/万千升	产量年增长率/%	收入/亿元	收入年增长率/%
2004	1006	-1.55	312	-5.74	613	12.41
2005	1041	3.47	349	11.86	723	17.94
2006	1162	11.69	397	13.75	971	34.30
2007	1265	8.88	494	24.43	1260	29.76
2008	1492	17.91	569	15.18	1632	29.52
2009	1811	21.39	707	24.25	2148	31.62
2010	2259	24.75	891	26.03	2799	30.31
2011	3095	36.99	1026	15.15	3747	33.87
2012	3920	26.66	1153	12.38	4466	19.19
2013	4759	21.40	1226.2	6.35	5018.01	12.36

（数据来源：国家统计局）

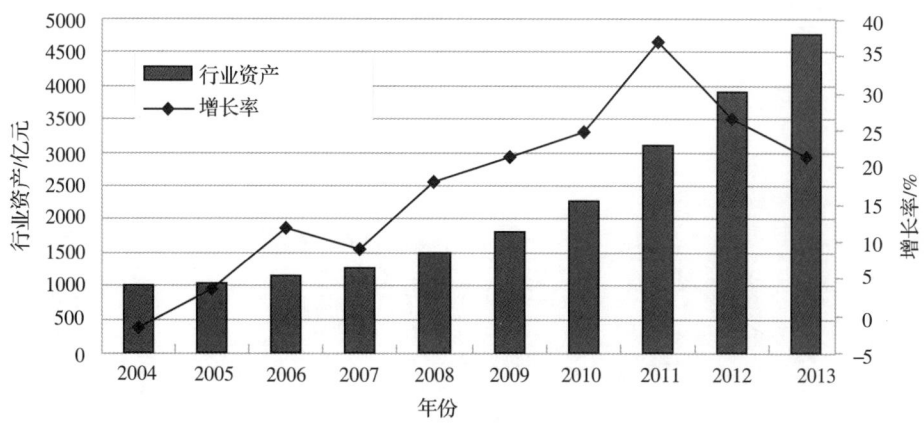

图 4 白酒行业总资产及增长率

注：由于固定资产投资数据不全，因此采用总资产代替（总资产的增长是历年固定资产投资增长的结果）

高速增长的投资带来了产量的高速增长。2009年、2010年白酒产量增长率分别达到了24.25%、26.03%，并在2011年提前4年完成"十二五"产量规划目标。产量的高增长在市场需求旺盛的情况下，肯定会实现让酒企满意的收益（表3）。

其折线图如图5所示。

图5采用折线图和相关性分析来验证我们的逻辑分析是否正确。

表3 2004—2012年白酒行业每年资产、产量、收入增长率

年份	资产增长率/%	产量增长率/%	收入增长率/%
2004	-1.55	-5.74	12.41
2005	3.47	11.86	17.94
2006	11.69	13.75	34.30
2007	8.88	24.43	29.76
2008	17.91	15.18	29.52
2009	21.39	24.25	31.62
2010	24.75	26.03	30.31
2011	36.99	15.15	33.87
2012	26.66	12.38	19.19
2013	21.40	6.35	12.36

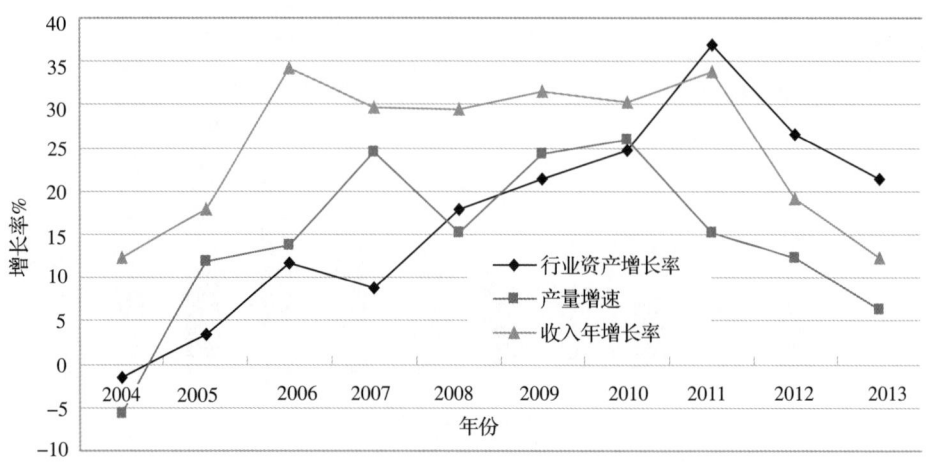

图 5 白酒行业资产、产量、收入增长率

从折线图观察,三组数据的形态趋势基本一致,并且资产增长率的变动趋势非常明显。如此,可以初步推断,三组数据应该具有较好的相关性。

根据 SPSS 相关性分析,其计算结果见表 4。

表 4 相关性（1）

		资产增长率	产量增长率	收入增长率
资产增长率	Pearson 相关性	1	0.426	0.419
	显著性（单侧）	—	0.110	0.114
	N	10	10	10
产量增长率	Pearson 相关性	0.426	1	0.756*
	显著性（单侧）	0.110		0.006
	N	10	10	10
收入增长率	Pearson 相关性	0.419	0.756*	1
	显著性（单侧）	0.114	0.006	—
	N	10	10	10
*. 在.01 水平（单侧）上显著相关。				

Pearson 相关性分析的结果表明,销售收入年增长率与产量增长率的相关系数为 0.756,且通过了显著性检验,属于强相关;销售收入年增长率与行业资产年增长率的相关系数为 0.426,属于中等相关,但显著性不强。原因主要在于 2006—2007 年,两者的波动方向不一致。因此,我们对三组数据进行平滑处理,新计算的相关系数见表 5。

表5 相关性（2）

		资产增长率	产量增长率	收入增长率
资产增长率	Pearson 相关性	1	0.677*	0.678*
	显著性（单侧）		0.023	0.022
	N	9	9	9
产量增长率	Pearson 相关性	0.677*	1	0.900**
	显著性（单侧）	0.023		0.000
	N	9	9	9
收入增长率	Pearson 相关性	0.678*	0.900**	1
	显著性（单侧）	0.022	0.000	
	N	9	9	9

*：在0.05水平（单侧）上显著相关。
**：在0.01水平（单侧）上显著相关。

显然，平滑处理后的三组数据相关系数高，而且完全满足显著性检验。这表明，白酒行业产量和收入的高增长与行业投资扩张高度相关，投资扩张是推动白酒行业高增长的驱动力量。

高速增长的产能"满足"了酒企通过数量扩张和高价格实现高收益、高利润的愿望。意料之中，但又是意料之外的现象出现了。

① 政商消费旺盛→高端酒需求大→高端酒涨价→酒企扩张产能、更多酒企进入高端市场；② 高端酒繁荣→刺激中端酒→中端酒提价→中端酒市场繁荣→酒企扩张产能、更多酒企进入中端市场；③ 中端酒繁荣→刺激低端酒→低端酒提价→低端酒市场繁荣→酒企扩张产能。

从需求－价格－产能扩张的活动链条看，如果需求可以随产能扩张而增长，则酒企会赚得盆满钵满的。就是说，如果这个循环能够维持：需求→价格→产能扩张→需求→……那么，高端酒市场的繁荣局面就会持续，企业的收益和利润可以不断地增长。进而，高端酒市场的繁荣还会传递给中端和低端市场。如此，整个行业都会走上"繁荣"之路。

然而，要维持需求→价格→产能扩张→需求→……的可持续发展，必须具备以下条件。

其一，政商消费需求不能萎缩。如果产能继续扩张，政商消费需求还要不断增长。这个条件在市场化和法治化的政治体制改革背景下不可能继续。本届政府的执政理念已经鲜明地表明了这一点。

其二，普通大众的收入水平和消费偏好能够支撑酒企开拓中低端市场的容量。这一点也很难实现。一是由于高端酒提价的示范效应，中端酒和低端酒也采取了价格跟随策略，中低端酒的价格上涨幅度远高于居民收入水平增长速度。根据统计数据，2005—2012年，城镇居民的可支配收入增长了1.34倍。但是白酒价格涨幅远远高于居民收入增幅。2005年，53°飞天茅台出厂价为258元，2012年9月达到了819元，为2005的3.2倍，并且零售价格上涨幅度更大（5倍以上）。价格高涨把越来越多的普通消费者拒之于白酒消费大门之外。调查表明，白酒消费者中低收入人群（个人月收入3000元以下）的比例在下降，中高收入者（个人月收入3000元以上）的比例在上升。

其三，是年轻一代的消费观念有很大变化，大多数白酒产品的烈性口味并不符合年轻一代自由、个性、健康等消费偏好。或者说，抓住了政商消费但丢掉了数量最多的潜在消费者。

总的看来，白酒业的表面繁荣掩盖了该行业发展过程中的一些致命的缺陷。

第一，政务消费推动了高端白酒的繁荣，也使得高端白酒走上了奢侈化的不归路。这是因为，奢侈化不仅脱离甚至排斥了大众消费者，最后也会逼走政商消费者。毕竟，脱离开大众消费的生产缺乏一个坚实的基础。国家限制三公消费只是及时刺破了白酒产业的泡沫。所以，需求环节迟早会断裂，白酒业繁荣下的泡沫也会破裂。

第二，供不应求、价格高涨的市场格局掩盖了行业的产品质量和服务问题。白酒市场的繁荣遮住了行业内产品质量不过关、市场混乱等一系列问题，产业盈利模式粗放。据报道，白酒产品的成本构成中，原料成本仅占5.2%，生产加工成本占6.3%，渠道成本占39.4%、利润占49.1%（图6）。白酒的生产成本极低，在高价格的刺激下，产品销售利润丰厚，酒企没有从事技术研发、改善产品质量的激励。酒企依靠价格和产量这两部发动机就能够推动企业收入和利润的高速增长。因此，酒精勾兑、添加剂等质量问题时有发生。

图6 白酒产品的成本构成

第三，市场表面的繁荣掩盖了流通环节的缺陷。白酒行业在近几年的发展中，由于一味地通过提价和扩大产量就能够推动企业和行业的增长。因此，在生产活动的四个环节中，关注的是需求（消费）和生产，流通环节被忽视了。实际上，流通环节包括批发、零售、仓储物流等环节，它连接生产和消费两个环节，是把产品转化为货币收入、实现增值的过程，对生产者而言极其重要。渠道成本就属于流通环节发生的成本。但白酒行业的流通环节显然出了问题。上面的数据表明，白酒行业的渠道成本占39.4%，接近四成。从渠道成本看，白酒行业的渠道模式是低效率的。

第四，市场表面的繁荣还掩盖了分配机制的失衡。从纵向看，上下游产业链利益分配机制失衡：原材料提供者、劳动者方面的成本支出占比偏低，这些要素所有者在利益分配中缺乏应有的话语权。相反，渠道成本高达四成、利润接近一半，表明生产商和经销商瓜分了绝大部分的利润。从横向看，白酒业的繁荣主要表现在中高端白酒市场。根据现有数据，中高端白酒的产量不高，占行业的比重低。根据欧洲观察数据，2010年，高档酒和中档酒比重分别为 5.3% 和 52.6%。但由于成本低价格高，收入和利润比重超过八成。

第五，政府在产业中起多重作用。一是政务消费的买单者。由于官员监管和考核制度不完善，吃喝风在所难免。二是企业决策的参与者。我国规模以上白酒企业大多是国有企业。由于政企分开改革还未完成，政府会通过人事任免等方式干预企业运行。三是投资扩张的推动者。白酒行业是利税大户，地方政府具有增加白酒行业投资、扩产增量的内在冲动。我们经常会发现，投资冲动和产能扩张背后有政府的影子，白酒产业往往是白酒集中地域五年规划的重点规划内容。

（四）我国白酒产业现行发展方式评价

要实现白酒产业发展方式转变，首先需要认清我国白酒产业当前的发展状态，量化我国白酒产业发展方式转变目标，明确指明我国白酒产业发展方向以及期望达到的程度，并据此用刻度方式描述我国当前白酒产业发展方式与转变目标之间存在的差距以及差距的原因。

本文参照我国《工业转型升级规划（2011—2015 年）》和《中国酿酒产业"十二五"发展规划》，借鉴 2010 中国经济年会发布的《中国转变经济发展方式评价指数》和白羽（2011）提出的"我国工业发展方式评价指标体系"进行简要评价，选择的一级指标为要素投入效率、产业组织结构合理度、自主创新能力、节能减排指标。

鉴于统计数据获取非常困难，我们选择的数据主要是最近十年内的数据。数据来源是：国家统计局（包括中国历年统计年鉴）、《2010—2011 中国酿酒工业年鉴》、中国知网、各大主流媒体报道。并且，如果统计指标无法通过上述来源得到时，我们将采用替代性指标进行分析。

1. 要素投入效率

要素投入效率是衡量经济增长程度的重要指标。从我国白酒制造业增长的十年来看，其增长方式是量的扩张，而并非质的提高。

由于白酒行业资本投入量和人力资本投入量数据缺乏，我们选择的数据主要是总资产（代表资本积累或投资水平）、人均资产，产出则用销售收入、销售成本、利润等指标替代。分析方法是行业时间序列评价、与饮料行业的横向对比。

表 6 为我国白酒制造行业人均经济指标，涉及行业资产、销售收入、销售成本、行业总利润四个指标。这四个指标大体能够反映我国白酒制造行业的经济效率。

表 6　2007—2012 年中国白酒行业人均总资产、销售收入、利润　　单位：万元

年份	2007	2008	2009	2010	2011	2012
人均资产	40	46.0	52	57	71	82
人均销售收入	35	43	53	61	85	93
人均销售成本	22	28	35	42	56	58
人均利润	4.4	5.7	6.7	8.0	13.0	17.1

（数据来源：经国家统计局数据整理）

各指标的折线图如图7所示。

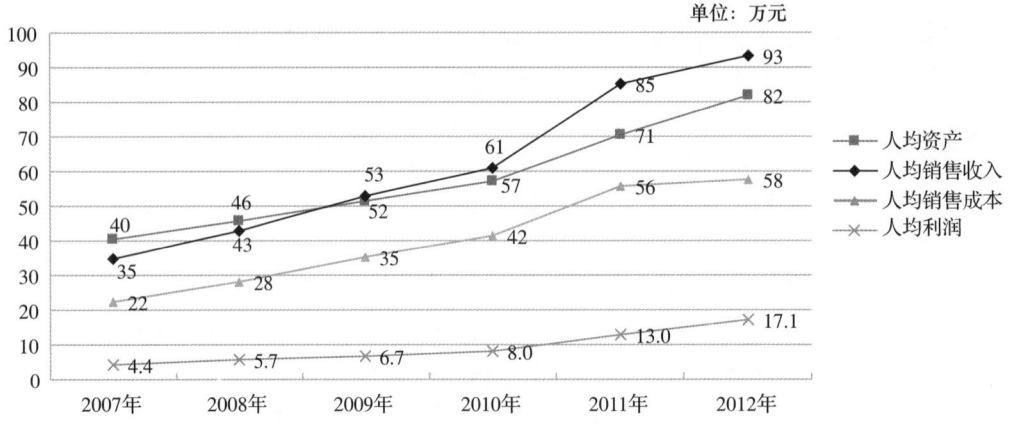

图7 白酒制造行业人均总资产、销售收入、销售成本与利润

根据上述四个指标，可以计算上述指标在此期间的增长状况。

统计数据表明，从2007—2012年白酒制造人均资产增长了1倍，说明该期间投资水平增长较快。人均销售收入和人均利润分别增长了1.7倍和2.9倍，远高于人均资产的增长，表明要素投入取得了较好的回报。另外，人均销售成本也增长了1.6倍，基本上与收入增长保持相同的增长速度，表明此阶段的成本，尤其是销售环节的成本增长快，成本控制不理想（表7）。

表7 2007—2012年白酒行业人均总资产、利润等增长情况　　　单位：万元

项目	人均资产	人均销售收入	人均销售成本	人均利润
2007年	40	35	22	4.4
2012年	82	93	58	17.1
2012年指标/2007年指标	2.0	2.7	2.6	3.9
2007—2012年均增长率/%	12.6	18.0	17.2	25.7

（数据来源：经国家统计局数据整理）

为了更准确判断白酒制造行业的要素投入效率，我们把白酒行业与整个饮料行业进行横向对比。指标主要选取人均资产、人均利润（表8）。

表8 2007—2012年中国饮料行业与白酒行业人均资产、利润比较　单位：万元

年份	2007	2008	2009	2010	2011	2012
饮料行业人均资产	48.5	52.6	55.4	60.4	69.0	75.5
饮料行业人均利润	4.4	4.9	6.1	7.6	9.6	10.8
白酒行业人均资产	40	46.0	52	57	71	82
白酒行业人均利润	4.4	5.7	6.7	8.0	13.0	17.1

（数据来源：经国家统计局数据整理）

各指标的折线图如图8所示。

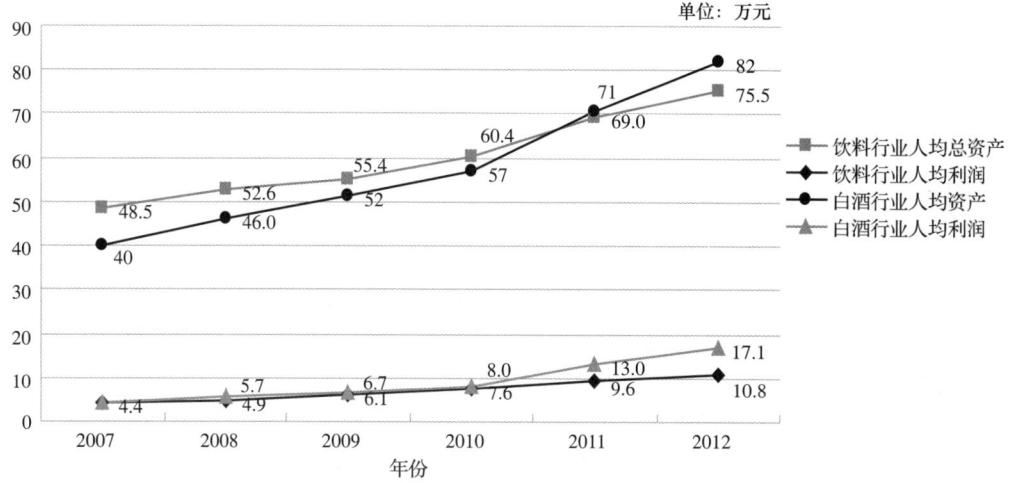

图 8　饮料行业与白酒行业人均资产、利润比较

从数据和图表可以看出,与饮料行业相比,白酒行业的总资产以更快的速度增长。与此相对应,白酒行业的利润也增长得更快(表9)。

表 9　白酒行业与饮料行业资产、利润比较

年份	2007	2008	2009	2010	2011	2012
资产比率/%	83.0	87.4	93.1	94.4	102.1	108.7
利润比率/%	98.7	115.0	109.2	105.4	135.4	158.3

注:资产比率=白酒行业人均资产/饮料行业人均资产;利润比率=白酒行业人均利润/饮料行业人均利润。

(数据来源:经国家统计局数据整理)

由图9可知2007—2010年之前,白酒行业的人均资产低于饮料行业的平均值,表明此期间白酒行业的投资水平(资本积累)低于整个饮料行业平均水平。从趋势看,2007年以来,白酒行业的人均资产相对于饮料行业一直在上升,说明白酒行业的投资增速要高于整个饮料行业的增长幅度,并且在2011年后超过了饮料行业的人均资本水平。

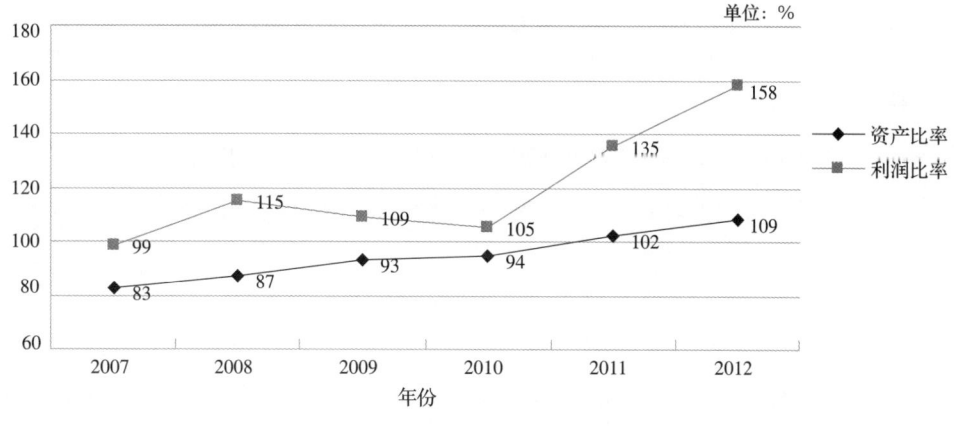

图 9　白酒行业指标/饮料行业指标

白酒行业资本积累（投资）的快速增长，促使白酒行业的利润水平保持较高速度增长。另外，2010年以来，白酒行业的利润水平增长幅度要远远高于饮料行业的增长，其主要原因在于此期间白酒（尤其是高端白酒）大幅提价带来的额外增长。

综上所述，从投入要素看，白酒行业近年来收入和利润的增长快于投资增长，同时也快于整个饮料行业的增长，表明要素投入在行业内外都具有较好的经济效益。另一方面，我们也发现，伴随着收入和利润高增长的是销售成本的高增长，说明在行业高增长的过程中，成本控制能力和管理效率不够理想。更重要的是，白酒行业收入和利润的高增长是在产品价格大幅提高的情况下才实现的。例如，2007—2012年，53°飞天茅台的零售价上涨了3倍多，其他白酒如五粮液等价格同样大幅度上涨。一旦产品价格大幅下降，企业和行业就会面临巨大的市场压力。这说明，当前的增长模式仍然属于数量扩张引起的高增长。

2. 产品与需求结构合理度

该指标主要考察，企业提供的产品是否符合需求发展趋势和需求结构。需求结构及其发展趋势能够对产业发展起引导、拉动作用。企业提供的产品要能够不断地满足消费者的需求水平和需求偏好。

从收入水平看，2009年中国被世界银行列入"中等收入国家"。"中等收入国家"的界定标准是人均GNI水平。按照世界银行提出的世界收入分组标准，2012年，中上收入（upper middle income）水平为人均GNI达到4086~12615美元。中国2012年末人均GDP为38420元（GDP与GNI核算范围有差异，但数值相差不大），以2012年末的汇率计算，超过了6000美元，在收入水平上初步进入了中等收入国家水平。按照经济学家的观点，这个阶段属于消费需求升级和改善阶段。

此外，除了收入绝对水平提高之外，引起消费需求升级的另一个因素是收入结构的变化，即由"金字塔形"向"纺锤形"或"橄榄形"收入分配结构转变。"纺锤形"收入分配结构被经济学家所推崇，表现为低收入和高收入相对较少，中等收入占绝大多数，是最理想的收入分配结构。其特点是由数量众多的稳定的中产阶级构成社会主体，相对高收入和低收入人群构成纺锤的两个尖端。目前我国正努力采取措施，促使收入结构由近似"金字塔"结构向"橄榄形"收入分配结构转变，避免"中等收入陷阱"。

收入结构的转型将会引起消费结构的调整。根据统计数据，从白酒消费者的收入状况来看，高收入者和低收入者对白酒消费的比重在下降，中等收入者对白酒消费的比重稳步上升（表10）。

表10　2002—2012年城镇居民按人均计算平均每年的白酒购买量　　单位：斤

困难户(5%)	最低收入户(10%)	较低收入户(10%)	中等偏下户(20%)	中等收入户(20%)	中等偏上户(20%)	较高收入户(10%)	最高收入户(10%)
1.78	1.97	2.18	2.35	2.36	2.31	2.13	1.87

注：困难户属于最低收入户统计组。　　　　　　　　　　　　（数据来源：经国家统计局数据整理）

数据表明，2002—2012年，城镇居民家庭人均白酒购买量以年度平均值计算，按照收入结构呈现出明显的正态分布，两头（高收入者和低收入者）购买量较低，中间收入层白酒购买量高（图10）。

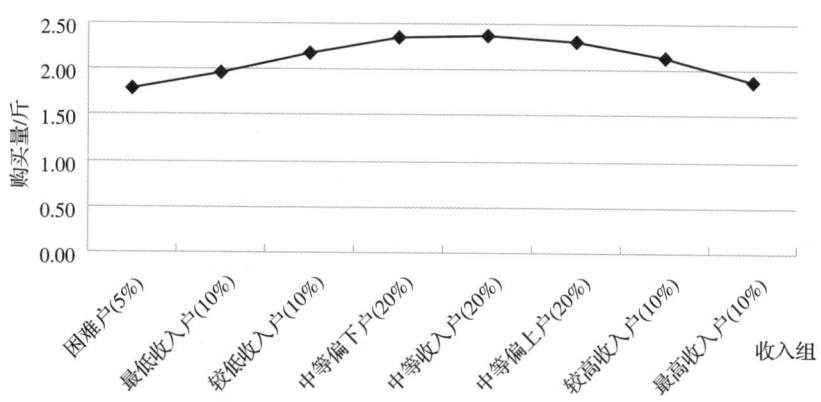

图10　2002—2012年城镇居民人均白酒年均购买量

然而，从近年我国白酒产业发展情况看，其产品结构基本上为"金字塔"结构，表现为高端产品高高在上，价格高、产量少；中端产品价格偏高、产量较高；最下端的是低端产品，数量最多、价格最低。由于缺乏具体数据，我们引用官方发言中的数据。在中国酒业协会2012年8月主办的"中国白酒与社会经济发展论坛——中国白酒非物质文化遗产及中华老字号企业会议"上，中国轻工业联合会会长步正发指出，我国高端白酒产能只占全国白酒总产量的1%。中国酒业协会理事长王延才透露，我国白酒大型企业虽然数量仅占行业1.49%（高端产品一般由大型企业生产），但拥有行业62.39%的资产以及45.24%的销售收入和71.86%的利润总额。

官方透露的数据佐证了业内关于白酒产品结构大致呈"金字塔"结构形状的看法。贵州茅台董事长袁仁国（2008）认为，高中低档白酒的产量和利润分别呈"金字塔"和"倒金字塔"形。这样，"金字塔"型产品结构向具有橄榄形收入结构的消费市场提供产品，最终必然会引发供给结构与需求结构的冲突（图11）。

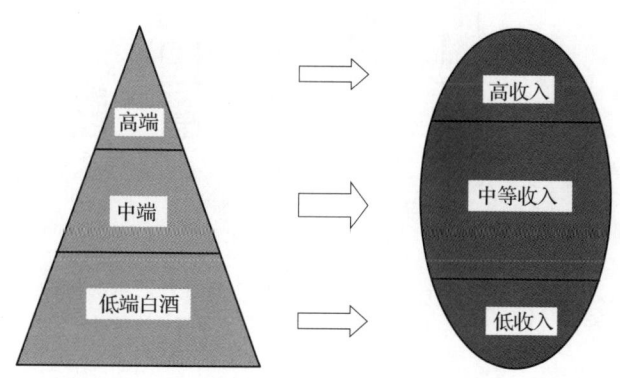

图11　产品结构与收入结构

3. 产业组织结构合理度

主要考察行业中企业规模结构，是否符合有效竞争的要求。

2007年，我国白酒制造行业规模以上企业1117家，到2012年规模以上企业为1290家，增长15.5%。增长速度偏低的主要原因在于，2011年国家统计制度改革，规模以上企业标准由年销售收入500万元提高至2000万元，白酒行业规模以上企业数量由2010年的1607家缩减至1233家（表11）。

表11　2007—2012年中国白酒制造行业规模以上企业数量　　单位：家

年份	2007	2008	2009	2010	2011	2012
企业数目	1117	1228	1435	1607	1233	1290

（数据来源：国家统计局）

回顾前几年的统计数据，我们可以发现，白酒行业的集中度在提高，企业的平均规模不断增大。2005年，全国共有白酒企业3.7万家，全国规模以上白酒企业940家，小企业比重和规模以上企业的比重分别为97.46%和2.54%。经过市场竞争和优胜劣汰，行业集中度有了较大提高。到2012年我国白酒行业有1.1万多家企业。其中，获得了"白酒生产许可证"的有8824家，约占80%。规模以上企业为1290家，不到12%。规模以下的企业数量约占88%，大多数具有"白酒生产许可证"的企业销售收入不到2000万元（即未达到规模以上企业标准）。按销售收入计算，最大的8家白酒企业的市场份额约为27%；但是就产量而言，规模最大的8家企业市场份额还不到10%。行业整体上属于竞争型行业。

2013年主要白酒企业按产量计算的市场份额如图12所示。

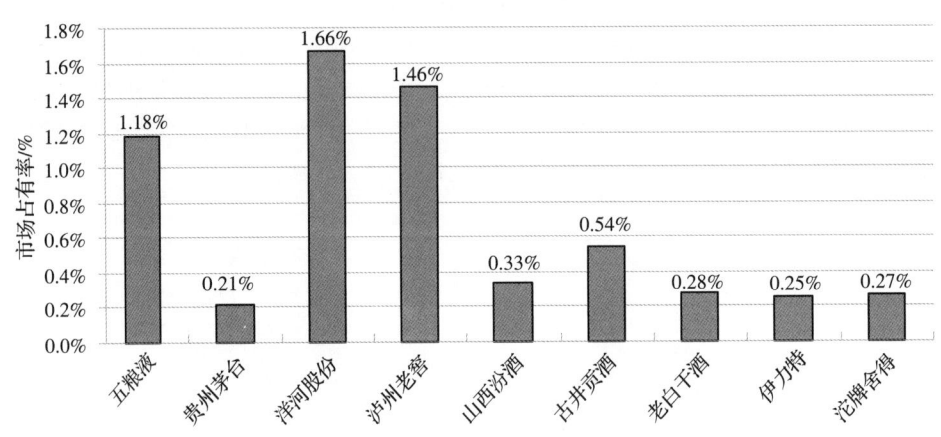

图12　2013主要上市白酒企业按产量计算的市场份额

（数据来源：按各上市酒企2013年度年报计算所得）

相对于成熟市场经济体，我国白酒行业的市场集中度偏低、企业规模小，难以满足规模经济和有效竞争的要求。同时，小企业平均生产成本高于大中型企业，因此，小企业数量过多不但导致行业平均成本上升，而且容易产生恶性竞争，给行业健康发展带来严重隐患。

4. 科技创新情况

科技创新指标是对我国工业经济自主创新能力的测度与评价，通常从自主科技创新的投入与产出两个方面进行测评。选取指标包括研究与试验发展（R&D）经费占GDP比例、规模以上工业企业研究与试验发展（R&D）经费占主营业务收入比重、专利申请量、专利授权量、科技论文数和技术市场成交额等。

鉴于数据缺乏，这里主要通过定性分析。

近年来，我国加快了白酒工业技术研发和科技创新工作。从2007年开始，先后组织了"中国白酒169""中国白酒158"计划等一系列技术攻关措施。其中"中国白酒169"项目的科研成果已经进入生产应用推广阶段；"中国白酒158"计划开展了包括制曲机械化研究、发酵工艺机械化研究、蒸馏工艺机械化研究、调酒计算机集成制造技术研究和灌装、包装、成品库、智能管理的研究等，其研究成果将在全国60%规模以上白酒企业推广实施，力争降低劳动强度60%以上、节煤35%、节水45%，提高优质品率15%以上。

另外，在国家推动和企业自身发展需要的压力下，大型白酒生产企业依靠自身经济实力和科研基础，深入开展科学技术研究，对自身产品酿造技术、微生物技术、勾兑技术、分析技术、风格特点、健康因子、质量控制等领域进行了全面系统的研究，形成了自己的理论体系、技术规范、质量标准，提高了产品的质量信誉，在行业里和消费者心目中树立了良好质量形象，在市场竞争中处于有利地位，同时推动了全行业产品质量的提高。截至2009年底，酿酒行业拥有国家级企业技术中心11个，五年来增加近50%。这些国家级企业技术中心为促进行业技术创新体系建设、提高企业核心竞争力发挥了重要作用。同时，通过科研交流和科技成果转化，也带动了全行业的技术进步和创新。

当然，由于白酒行业属于限制性产业，不论是国家还是企业，在科研投入和科技创新方面积极性不高、驱动力不强，以至于科研经费投入不足、资源支撑不断减弱、企业的生产设备老化、落后。今后，需要从体制和机制上突破科研投入不足和科技创新滞后的束缚，从经济上加大研发开支支出，推动行业科技创新，以科技创新驱动行业科学发展。

5. 可持续发展与节能减排

节能减排指标是对我国工业发展中节约能源和污染防治状况进行度量与评价，其指标包括单位GDP能耗降低率、废水处理排放降低率、固体废弃物综合利用率、全国二氧化硫排放降低率等。

近5年来，白酒行业坚持走新型工业化道路，围绕促进产业结构调整、转变增长方式、建设节约型社会、发展循环经济的科学发展目标，在节能、节水、清洁生产、质量安全、减排等方面加大投入，不断更新和改善技术装备，加快淘汰落后产能，形成了以科技带动综合利用的良性循环运行机制。

在此方面比较突出的企业有五粮液集团。该公司积极发展以资源综合利用为特色的循环经济模式，被国家六部委确定为全国首批循环经济试点单位。另外，山东景芝酒业股份有限公司近年来在充分吸收酿酒废弃物料，实行再生产资源利用方面做出了成功的实践。他们利用酒糟生产高蛋白饲料、用窖泥生产有机肥等广泛用于发展农村养猪、养鸭和种植蔬菜等富农产业。

总的来说，白酒制造业要消耗较多的粮食、有机物和其他资源，也会造成一定的污染，因而行业的生态经济和循环经济模式具有很大的挖掘潜力，也具有深入进行学术研究的价值。

三、转变白酒产业发展方式的紧迫性及面临的挑战

（一）转变白酒产业发展方式的紧迫性

国家经济转型大背景、来自国内和国际的激烈竞争，以及市场需求结构的变化等因素促使白酒产业加快转变发展方式。

1. 国家经济转型升级大背景的必然要求

加快转变经济发展方式是我国实现可持续发展的重大战略任务。党的十八大报告提出，要"加快形成新的经济发展方式，把推动发展的立足点转到提高质量和效益上来，着力激发各类市场主体发展新活力，着力增强创新驱动发展新动力，着力构建现代产业发展新体系，更多依靠科技进步"等方面来。

工业发展方式转变既是经济发展方式转变的重要内容，也是保持工业又好又快发展的必然要求。因此，加快工业转型升级是中国优化产业结构和转变经济发展方式的重中之重。

当前是加快推进工业发展方式转变的关键时期。一方面，工业发展将面临资源环境约束趋紧、生产要素成本压力加大、产能过剩问题突出、国内外市场竞争更趋激烈等挑战；另一方面，城市化进程加快、扩大内需战略的实施、大力发展循环经济以及工业化和信息化的融合发展等，又为工业发展提供了更广阔的空间，创造出全新的发展理念。

在整个工业体系中，白酒行业尽管市场化程度较高，但整个产业的技术创新、治理机制、经营模式等主要构成要素却相对滞后，行业近年的高增长主要是依靠数量扩张，是典型的粗放式发展模式。国家工业发展方式转型升级既为白酒行业带来了潜在的压力，也为其提供了加快发展的契机。

2. 粗放式发展模式难以为继

改革开放以来，我国创造了连续34年经济平均增速达到9.8%以上的经济奇迹，并在2010年跃居世界第二大经济体。但是，在经济发展的同时，由于增长方式、管理方式、体制机制等方面的原因，我们的环境污染、生态破坏问题集中表现出来。与发达国家相比，我国每单位GDP的废水排放量要高出4倍，单位工业产值产生的固体废弃物要高出10倍以上，并且资源利用效率低，资源、能源消耗量大。这种高投入、高消耗、高排放、低效率的粗放型扩张的经济增长方式已难以为继。粗放型增长模式还导致投资需求膨胀、建设规模过大、价格水平上涨、结构失衡等一系列问题。为此，转变发展方式是唯一可行的出路。

我国白酒行业的发展模式同样属于粗放式增长模式，行业进入门槛低、企业平

均规模小,难以获得规模经济状态下平均成本下降的好处。在政务消费的带动下,企业通过投资扩张和增产增量就能实现高增长,竞争方式简单而且落后,虽然收益高但行业资源利用率低、市场竞争力低、抗风险能力低。另一方面,目前的市场供求环境已经逆转:从需求看,理性的私人消费者不会为低质高价的产品买单,同时,政府的执政理念和体制改革进展也断绝了政务消费回归的可能;从供给看,粗放模式面临资源、环境压力,并且重复投资、低效投资严重,产能过剩突出,行业内部竞争激烈。因此,市场供求条件的变化,决定了原有粗放式发展模式走到了尽头。

3. 产能过剩加剧了行业竞争

白酒业产能过剩严重。2011年,行业产量达到1025.6万千升,提前四年完成了行业"十二五"规划的产量水平。更严重的是,主要白酒企业和白酒产区在"十一五"末或"十二五"初制定了各种产能大扩张规划,按照正常的进度,这些规划产能将在"十二五"末陆续转化为现实的产能,因此,2014年、2015年将是新建产能集中释放的时期。

我国白酒产能过剩的源头有三。

(1) 行业内部酒企产能大扩张引起产能过剩。扩张的原因,有些是本身产能受限制,有些是错误判断市场趋势盲目扩张。不管是什么原因,从"十二五"初始,无论是一线名酒企业还是二三线区域品牌酒企,绝大多数都争先恐后地出台了跨越式的产能扩张规划。例如,茅台和五粮液均早已制定了集团销售收入突破1000亿元的目标。贵州茅台计划2018年茅台酒基酒产量4.6万吨。2013年以来,五粮液持续扩产,2015年和2016年产量增长率保持在10%左右。二线品牌如山西汾酒,计划2018年实现百亿销售目标;三线企业金种子酒也计划在"十三五"期间实现销售额年均增长12%。作为"四大名酒"之一的西凤酒明确提出要"打造百亿西凤",为此在2012年启动了投资10亿元的扩建技改工程,2017年,西凤酒公司销售收入达到37亿元,同比增长10%。此外,像水井坊、剑南春、今世缘等多家知名酒企和上市公司均制定了各自的产能扩张计划。这些激进的产能扩张计划大大超出了现有的销量水平,直接推动了行业产能过剩的形成。

(2) 国际资本和国内产业资本进入白酒行业引起行业产能扩张。近几年,境内外产业和金融资本,如高盛、中信、平安、联想、中粮、九鼎、维维等国内外企业纷纷进入酿酒行业,进一步推动白酒产能的过快增长。如联想控股旗下的丰联集团并购武陵酒业、河北乾隆醉、曲阜孔府家等酒企;维维股份并购贵州醇酒厂;再如帝亚吉欧2006年底成为水井坊第二大股东,到2013年彻底控股水井坊。值得注意的是,自白酒行业本轮调整以来,业外资本介入白酒业的积极性并没有消退。如2013年9月28日,天津荣程联合钢铁集团在泸州市投资120亿元建立10万千升白酒生产基地;2013年11月,娃哈哈正式宣布与贵州茅台镇金酱酒业有限公司合作;2013年12月14日,大元股份对外宣布,拟收购浏阳河酒业100%股权等。总之,业外资本的持续进入是助推酒企强势扩张的重要动力之一(表12)。

表12 部分企业和地区白酒投资项目一览

企业	投资项目	目的	时间
五粮液	收购河北酒企永不分梨酒业股份有限公司	注入基酒	2013年
西凤酒	投资10亿元扩建技改工程,力争2015年集团收入达到100亿元	打造百亿西凤	2012年
稻花香	"十二五"末白酒产业规划将实现营业收入175亿元,是2013年的3倍多	规模扩张	2013年
荣程联合钢铁集团	在泸州市投资120亿元建立10万千升白酒生产基地	跨业经营	2013年
娃哈哈	与贵州政府签订协议,注资150亿元,投资酒业;正式宣布与贵州茅台镇金酱酒业有限公司合作	跨业经营	2013年
大元股份	拟收购浏阳河酒业100%股权	跨业兼并	2013年
中国平安	入股宜宾红楼梦酒业,注资5亿元	跨业经营	2013年
帝亚吉欧	并购水井坊	跨国经营	2013年
四川省	打造宜宾、泸州两个白酒千亿产业基地,2015年末规模以上白酒企业实现主营业务收入3000亿元	GDP	十二五规划
贵州省（仁怀市）	在2015年确保全市白酒产量（较"十一五"末）翻两番,白酒工业总产值力争达到1000亿元	GDP	十二五规划
湖北省	打造鄂西北白酒"金三角"（宜昌、荆州和襄阳三市,稻花香、枝江、白云边三个酒企）	GDP	十二五规划

（3）白酒集中区域地方政府对产能过剩起了推动。我们在前述"我国白酒产业现行发展方式的形成机理"部分，通过分析认为，投资扩张是驱动我国白酒产业高速增长的两个驱动力之一。事实上，白酒业的投资扩张背后总有地方政府的影子。在主要以GDP指标为政绩考核重要标准的体制下，地方政府具有投资扩张的内在冲动。毕竟，投资扩张能够提高就业、增加财政收入、提高GDP指标值，更何况白酒税率高，单位投资的利税贡献大。由于白酒产地政府的投资冲动，也由于政企没有完全分开体制下政府可以直接干预企业投资决策，再加上企业自身的扩张冲动，白酒类的各类投资项目纷纷上马。以全国几个白酒主要产区为例，四川省制定的白酒产业"十二五"发展规划提出要打造宜宾、泸州两个白酒千亿产业基地，到2015年末规模以上白酒企业实现主营业务收入3000亿元；湖北省政府提出将在宜昌、荆州和襄阳三市做大做强稻花香、枝江、白云边等优势企业，以该三市为中心，打造成鄂西北白酒"金三角"；贵州省仁怀市提出，要争取在2015年确保全市白酒产量（较"十一五"末）翻两番，白酒工业总产值力争达到1000亿元（相比于2010的水平超过4倍）。

在三大因素的推动下，白酒行业出现了严重的产能过剩，不但2011年就已经提前四年完成了"十二五"的规划产量，而且2013年全国白酒产量（规模以上白酒企业）已经超过"十二五"规划产量27.7%，表明白酒行业产能过剩、供大于求的状况已经非常突出。

产能过剩严重加剧了白酒行业的竞争。此前，由于政商消费的带动，白酒制造企业只需要开足马力提高产量就能实现收入和利润的高增长。由于有政商消费为支撑，加上控产限量的饥饿式营销策略，大多数时候，酒企不是通过降低价格来增加需求，反而经常提高价格来吸引消费者眼球。然而，政商消费市场的急剧萎缩挤破了白酒产业链上的泡沫。多年的粗放式经营模式使得酒企一时难以适应市场的变化，唯有采用大幅降价措施应对当前危机。以52°五粮液经典款和53°飞天茅台而言，市场现价较2012年最高时段下降了一半多。可以预见，未来几年随着行业产能集中释放，供大于求状况将进一步恶化，行业竞争加剧甚至可能出现恶性竞争，行业的洗牌、分化不可避免。

4. 质量问题迫使行业反思现行发展方式

近年来，国内白酒行业先后陷入"酒精勾兑""塑化剂""基酒外购""添加剂"等风波中，暴露出部分白酒企业经营观念和生产质量安全意识方面的隐患，引发了消费者对白酒行业的"诚信"危机，由此对白酒产业发展造成重大冲击。与此同时，质量问题倒逼酒厂不得不投入必要资金进行技术改造，加强生产质量管理。此外，产品质量问题客观上推动了法制建设进程。事实上，每次事故发生，国家会对食品生产及流通的各个环节进行更为严格的把关，从而在客观上促进了食品监管体系的完善。所以，质量问题不仅迫使企业从技术投入和生产管理等方面进行改进，而且在长期中将影响市场结构和市场绩效。据报道，2015年新修订的《食品安全法》将强制推行质量可追溯体系。其影响将不仅仅是迫使中小型白酒企业提高产品质量，更重要的将会是规范、引导整个白酒行业的生产。

5. 需求回归倒逼行业发展方式转型

白酒行业过去的繁荣与政商消费紧密不可分。随着2012年塑化剂事件的冲击、国家"三公"经费限制、中央"八项规定"等政策出台，高端白酒业遭遇了前所未有的压力，价格、市场份额和收入均出现大幅下降趋势，并且将这种压力依次传递给中端和低端白酒，整个白酒行业的发展受到严重冲击。

事实上，依靠政务消费来推动白酒这样一个竞争性产业的发展，这是很奇怪的现象。因此，限制"三公"经费迟早都会发生，从而政务消费市场的萎缩不可逆转，即高端白酒面临的困境不是短期的，而是长期的，酒企更不可能沿用以往的高价格和集团消费模式。因此，名酒向民酒的转变是大趋势，市场向消费本质回归、向大众回归、向多元化消费需求回归也是必然趋势。

名酒向民酒转变过程中，需要注意两个关键问题：① 企业需要实现由卖方市场的产品提供者，向买方市场的产品提供者的角色转换。在卖方市场中，企业掌握了产品的定价权，市场竞争主要体现在消费者之间的竞争上，因而生产商只需要关注自己产品的价格和数量就能实现理想的收益。这是近年来白酒行业实施的经营模式，虽然竞争方式简单、粗放，但符合经济学原理，因而取得了成功。相反，在买方市场中，消费者掌握了产品定价的主动权，此时的市场竞争则在生产企业之间展开，价格、技术、成本、服务成为企业获得消费者认同、战胜对手的基本要件。因此，需求回归迫使酒企改变卖方市场下的经营理念和经营战略，更加注重产品质量、更加关注产品成本和价格优势，通过技术、质量、服务等方面建立企业竞争优势,从而从企业层面实现发展方式转型。

② 需求向大众回归是指要符合"大众"的收入、人口比重及其消费偏好等要求,要符合我国"橄榄形"社会结构的大趋势。我国已经进入中等收入国家行列,收入结构将会向"橄榄形"收入结构发展:低收入和高收入相对较少,中等收入占绝大多数。白酒企业在做市场分析、开发产品时要紧紧抓住消费对象的数量和收入特征,以及各收入层次的消费特征,调整、优化产品结构。

6. 消费观念转变引导行业生产走向

随着经济和社会发展,人们的消费理念和消费模式不断更新,健康消费、自助式消费逐步成为一种新的消费趋势。越来越多的消费者开始注重清新、自然、优雅的生活,强调消费品位和氛围。过去那种"香气大,入口冲烈、刺激性强"的香、浓型白酒正逐渐失去主导地位。从"香"向"味"转变,从"浓烈"向"绵柔"转变,更加突出绵柔、低度、健康、环保的理念,这是白酒品质发展的大趋势。例如,洋河的成功在很大程度上就得益于"绵柔型"白酒开发。洋河在2000年抽调多名技术骨干,成立"绵柔型"白酒研发课题组。在经过反复试验后,洋河对酿酒、制曲、陈酿和勾兑工艺技术进行研究和改良,研制出"绵柔型"白酒工艺新技术。2003年,洋河蓝色经典面市,独特的"绵柔"品质很快受到消费者的青睐和认可,并在消费者心中树立起了"绵柔"标杆的领袖形象。

消费观念的另一个重要转变是,从好面子消费到讲究经济实惠,以及自助餐、AA制等消费方式逐渐流行,健康饮酒和勤俭节约已经渐渐成为人们的日常消费习惯。这使得高端白酒对大众消费的影响力大大下降。

消费观念转变促使白酒企业、行业在产品风格、度数、营销等方面不断地创新,加大培育白酒现有的和潜在的消费者的力度,以迎合消费者的需求变化。

7. 实现"走出去"战略、参与国际化竞争的必由之路

在国际化竞争的大背景下,民族白酒工业在规模产能不断扩大、消费市场相对饱和以及其他酒种争夺市场的大背景下,国际化已经成为白酒行业竞争力的新体现和必然选择。"走出去"战略能够实现两个市场、两种资源的合理统筹。从世界范围来看,发达国家强者恒强的奥秘之一,就是因为它们很早就实行了"走出去"战略,最大限度地利用国际国内两个市场和两种资源,在全球范围内配置资源来获取最大利益。

事实上,从20世纪80年代开始,受惠于中国改革开放政策与国民消费水平提高,众多国外酒水品牌纷纷把触角伸到中国市场。苏格兰威士忌协会(SWA)数据显示,2006年中国第一次跻身全球十大酒类进口国行列,进口总值一年内增长了27%,达到5820万英镑。在这个过程中,人头马、尊尼获加、马爹利、轩尼诗、芝华士、皇家礼炮和百龄坛等烈性洋酒品牌成为中国消费者耳熟能详的进口酒品牌。但是,国外酒类企业并不仅仅满足于此,他们希望通过其他的手段进一步开发中国烈性酒市场。通过资本手段来并购竞争性品牌是国外酒水品牌进入新市场并取得优势地位的主要手段之一。国外酒业巨头正是通过"原装进口+并购二线国内品牌"的手段,双管齐下来与国内主流高端品牌展开了正面竞争。2013年,帝亚吉欧通过控股并购我国新兴高档白酒品牌水井坊便是其中的成功案例。

与发达国家和新兴工业化国家相比,我国实施"走出去"战略起步较晚,已经丧失了一些重要的发展机遇。更需要引起重视的是,当前我国白酒出口举步维艰的基本原因还是在于,我国白酒企业的产品技术标准不规范、产品质量不稳定、企业经营机制不灵活、经营模式不能适应市场经济对竞争的要求,以至于在国际竞争中迟迟无法打开局面。因此,只有通过集约型发展,不断增强技术、成本、管理优势,练好内功,才能在激烈的国际市场竞争中生存和发展壮大。

(二) 转变白酒产业发展方式面临的问题和挑战

1. 粗放型增长模式根深蒂固,转变的难度不小

白酒行业现有发展模式是在计划经济时代形成的。随着我国社会主义市场经济体制的推进,白酒行业在体制、机制、发展模式等各方面都发生了巨大变化,行业规模和现代企业制度建设方面都取得了巨大成就。然而,要改变原有体制下形成的发展方式,其难度不小。其原因在于,如发展模式容易发生"路径依赖"并处于低效率"锁定"状态。这是诺思等人建立的制度经济学理论的重要观点。

从白酒行业现有发展模式看,行业内部形成了一种比较固定的交易模式和竞争方式,如果要进行改革,人们会变得不适应,或者无法进行预期,从而会提高交易成本。如果提价、增产就能获得高收益,搞技术研发降低成本就不是一个理性的经济人的最优选择。同样地,如果国有白酒企业负责人可能因为企业利税达不到要求而被惩罚,那么他就会通过促进企业投资扩产来增加收益,哪怕将来会出现产能过剩。总之,按照"习惯"办事能够降低交易成本(避免犯错误、被惩罚)。反之,要改变行为习惯和制度环境往往会增加风险,更会遇到阻碍。

总之,在一定的体制环境下,企业内部上至总经理、董事长,下至普通员工,更愿意按照现有行为模式进行工作;行业内部,各企业更愿意遵守现有的交易习惯;在政企关系上,双方按惯例办事收益稳定、风险更低。也就是说,企业和行业都进入了一种"锁定"状态。而打破这种"锁定"状态会打破原有的利益格局,从而会遇到阻碍和困难。

因此,不打破原有的行为模式和体制约束就难以实现发展方式转型。另外,破除粗放式发展模式,客观上还会引起产业动荡,如短期内收入大幅下降、大量失业,尤其是提供大量就业岗位的中小企业。例如,就业方面,2011年我国白酒产业从业人员约530万人,其中,八成以上分布在中小企业。推进发展方式转型将加速中小型白酒企业调整和分化,短期内会引发大量的失业。

2. 企业治理机制不完善,难以及时应对市场变化

完整的公司治理由内部治理和外部治理两部分构成。内部治理即通常所说的治理结构,由股东大会、董事会、经理层三大机构之间的权力、责任及制衡关系组成。外部治理主要来自市场以及制度环境因素的影响,例如资本市场、经理人市场、法律、社会舆论以及社会文化等。

目前,国有白酒企业按照"产权明晰、权责明确、政企分开、管理科学"要求,基本完成了现代企业制度改制。然而,企业的治理结构存在缺陷,主要表现在"一股独大"特征明显。股权高度集中导致股东大会、董事会、监事会"三会合一"的现象,

形成所有权、经营权和监督权的高度统一。这样的内部治理结构，缺乏必要的权力制衡和监督，难以进行科学有效的战略决策。

同时，由于体制改革滞后等原因，企业外部治理机制不完善，经理人市场治理机制有名无实。目前，规模以上白酒企业主要是国有企业，其主要负责人乃至董事会成员和经理层大多通过行政方式（如国资委直接任命）产生，委托－代理问题突出，管理层更多的是迎合上级偏好而不是接受市场考验，因而很难针对市场变化及时做出有效反应。因此，治理机制的主要问题，首先在于外部治理机制的缺陷，即政企界限模糊，政府任命企业负责人，并通过人事任免影响企业决策。其次是企业内部治理机制行政化的缺陷，即国有股一股独大，内部人控制、决策不够科学、效率低下的现象时有发生，经营机制不符合市场竞争的需要，经营业绩也不能让出资人或股东们非常满意。这些问题必须下大力气加以改进，并取得新的突破。

3. 经营模式不能适应市场化发展的要求

经营模式是企业能力转化为企业竞争力，并形成企业竞争优势的关键环节。大约在20世纪70年代中期，经营模式作为专业术语在管理类文献中首次出现。但是直到20世纪90年代中期之后，企业经营模式才逐渐引起理论界的关注。作为新出现在学术界的专业名词，其定义和内涵尚存在诸多分歧。其中，哈默尔（Gray Hamel）提出的经营模式比较完善和成熟。哈默尔认为经营模式（图13）包括四个主要组成部分：客户界面、核心战略、战略资源和价值网络。而这四个部分两两之间又都形成一个连接，分别是客户利益——实际提供给顾客的特定利益组合；配置——企业以独特方法结合能力、资产与流程来支持特定策略；公司边界——代表公司哪些事自己做、哪些业务外包。

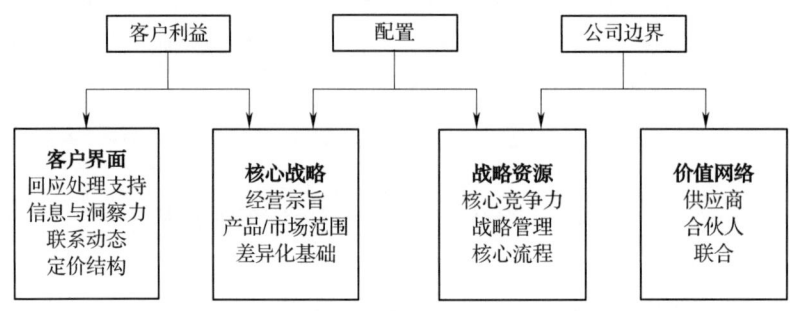

图 13　Gray Hamel 的经营模式的要素组合

哈默尔的定义涵盖创业领域、组织结构以及价值链、运营管理、市场细分和可持续竞争优势等内容。另有学者从顾客价值、市场范围、定价策略、收益来源、活动关联、执行力构建和资源能力提升等维度研究经营模式的架构组成。无论如何，企业经营模式包含了促进企业可持续发展的基本要素，如战略、资源、运营、利益相关者（客户、供应商、合伙人等），同时强调各要素地位和功能的因果逻辑次序。

在实际的运营中，企业的经营模式虽然包含了多种要素，但企业关注的重点不同、要素组合方式可能存在差异，从而表现出不同的运作模式，进而引起截然不同的绩效。国内的研究者大多是从企业经营模式的几个构成要素进行划分。① 按照产业链流程划分，涉及设计活动、营销活动、生产活动、其他辅助活动，具体企业在经营中可能会从事其中的一个环节或多个环节，这是一种纵向经营模式。常见的有：生产代工型（纺锤形）经营模式；设计+销售型（哑铃形）经营模式；生产+销售型经营模式；设计+生产+销售型经营模式；信息服务类型共五种。② 按企业所拥有的战略资源或客户关系，可以分为：基于产品竞争的经营模式；基于资源优势的经营模式；基于市场机会的经营模式。还有，按照顾客、产品、价值三个要素构建企业经营模式等。我国企业绝大多数都是基于资源优势和基于客户（市场机会）的经营者，且很多企业经营系统的有效性不够、效率不高，企业乃至整个国家经济增长主要依赖于资源消耗和需求拉动。③ 按照核心战略中产业和服务范围可以划分为两类经营模式：单一化经营模式和多元化经营模式，后者属于横向经营模式。

从客户界面、核心战略、战略资源、价值网络四个要素看，我国白酒行业近年来的注意力放在客户界面（高端客户）和价值网络（经销商模式）方面。这是他们成功的原因，也是陷入困境的根源。正所谓，成也萧何败也萧何（图14）。

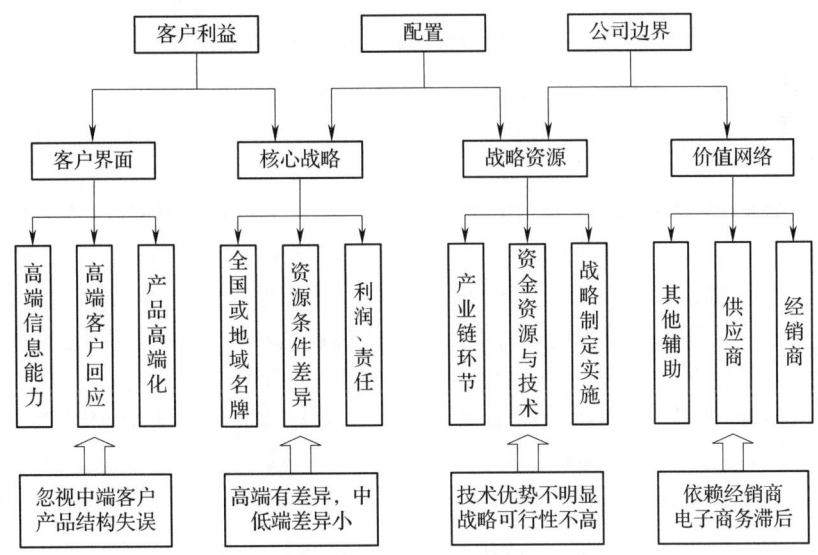

图14　简化的白酒企业经营模式的要素组合

（1）客户界面　近年来，我国白酒行业在经营中，客户要素方面的市场信息和产品开发服务对象主要集中在政商消费方面，从而忽视了普通消费者的需求；与此相应，定价结构出现高端化、奢侈化倾向，表现为价格太高、中端产品供应不足。因此，对于政商客户的回应处理方面态度是积极的，对于普通消费者的回应处理是消极的。正是因为酒企在信息、回应方面的滞后、忽视或消极态度，在出现"勾兑""塑化剂"事件时，消费者的质疑声和市场的反应超乎酒企的意料，为2012年以来白酒产业的调整埋下了伏笔。

（2）核心战略　企业的经营宗旨往往体现为生产经营中多方面的价值追求，如盈利等经济指标追求、社会公益活动和社会责任追求等。这些宗旨需要企业战略来引领。就白酒行业来看，大多数酒企围绕利润、税收、市场份额等经济指标进行经营活动，部分企业也同时兼顾保护环境、民生改善之类的社会福利活动。

以五粮液为例，尽管没有明确提出经营宗旨，但在其发展理念和发展战略中能够体现上述思想。其经营理念是："以顾客和市场为导向，精艺创新，诚信经营，全方位地为各阶层的广大消费者、股东、员工、合作伙伴尽可能地创造价值，协调实现卓越的经济效益、环境效益和社会效益"；发展战略是："逐步提高高中价位品牌的市场占有率，逐步降低低价位品牌的市场占有率，实施（1+9+8）工程"，并且从产品质量、生产安全、环境保护、公益活动等方面建立了实施方针或理念。五粮液发展战略切合企业的规模和优势，也符合当时的市场状况，并且的确从战略上引领了近年的以高中端市场开拓为主的经营思路。当然，随着企业本身的发展（如成为白酒行业第一品牌）和行业形势的变化，五粮液发展战略也出现了调整，开始实施全球发展战略。根据《五粮液2010年度社会责任报告》，其发展战略为：全球配置资源，全球寻找市场，创新求进、永争第一。

由于不同酒企的规模、资源和品牌优势不同，其产品和市场范围也不同。五粮液、茅台是全国性大品牌，汾酒、剑南春、郎酒等则是大地域性品牌，各中小酿酒企业则是本地区的品牌。从差异性看，全国性品牌和大地域性品牌注重自身产品的差异性，强调产品的水质、窖藏等自然特征和技术特征，以及设计、包装等形象特征。从全国市场来看，自身品牌的影响力、产品风格等强化了产品的差异性，对企业竞争优势起到了有力的促进作用。

（3）战略资源　白酒名企充分运用其水质、气候形成的窖藏资源优势建立起竞争优势，发展高端产品；众多中小型酒企则既无技术优势也没有资源优势，核心流程缺失。同时，企业战略多是中短期，并且战略执行能力不强，以至于行业每隔几年都要调整。另外，行业中企业的核心竞争力并不突出，现有的竞争力并不足以使整个企业（包括大企业）保持长期稳定的竞争优势、获得稳定的超额利润。

（4）价值网络　白酒制造企业近年来主要通过经销商模式发展团购市场来销售产品。酒厂为了控制经销商实施高价格，又严格限制产品销售区域，从而不利于大规模跨区域连锁流通业态发展，并且渠道越往下，销售网点数量越多、规模越小、成本越高。2011年，我国白酒行业各项成本费用中比例最大的是产品销售成本，占销售收入的65.36%；其次是管理费用，占销售收入比例的7.84%。酒厂正是通过控制销售渠道，并充分运用政商消费需求刚性的特点，控产限量，以此来抬高价格，获取超额收益。这就是我们在前面分析的刚性需求和高速投资双轮驱动的增长模式。

通过分析，我们得到如下判断：白酒行业经营模式的有效性不高，表现为：① 客户界面注重高端客户，忽视了中端客户，产品定价过高，行业中产品结构高端化现象明显，产品结构失衡。② 战略支撑上，差异化基础不牢固。产品差异化的来源，可以是实质性的差异，如材料、技术产生的差异；也可以是非实质性的差异，如包装、广告。白酒行业的高端产品受水质、气候等自然因素影响大，是形成差异和垄断的基本条件。但产量比重最大的中低端白酒难以依靠自然条件来形成差异化条件。③ 战略资源上，严重依赖自然资源，核心流程无技术支持，企业的核心竞争力并不突出；而战略制定和实施能力的不足也使得大多数酒企无法将潜在的资源或技术转化为现实的竞争优势。④ 价值网络一度严重依赖经销商，大力发展团购市场，因而忽略了新形势（如错失电子商务发展的时机）下对销售环节的发展和变革。

综上所述，我国白酒企业的经营模式在四个要素方面都存在一定的问题，最突出的是企业客户界面和价值网络两个方面。从企业规模和品牌优势看，中小型酒企由于资源、技术和战略管理方面的不足，因而在核心战略和战略资源两个方面存在短板。知名大型酒企具有资源、技术优势，但战略上也有失误，尤其是产品定价结构的高端化现象和营销模式的渠道缺陷，很容易在市场调整时冲击企业的业务流程，从而遭遇断崖式打击。2012 年以来的需求不足和产能过剩双重压力就使得众多白酒企业陷入了上述困境。

4. 产业组织结构不合理，市场绩效受到限制

产业组织结构主要研究对市场竞争性质和价格行为产生战略影响的市场组织特征，通常使用企业数量与规模来刻画。近年来，我国白酒行业的集中度在不断提高，但是行业的市场集中度仍然偏低。根据前文的数据，2012 年我国白酒行业有 1.1 万多家企业。其中，规模以上企业（年销售收入达到 2000 万元以上）仅为 1290 家，约占 12%，中型企业约为 10%，大型企业的比率约为 1.5%。从产量看，规模最大的 8 家企业的市场占有率不到 10%。按照美国经济学家贝恩和日本通产省的划分，这种市场属于原子型，或分散竞争型市场结构，如图 15 所示。

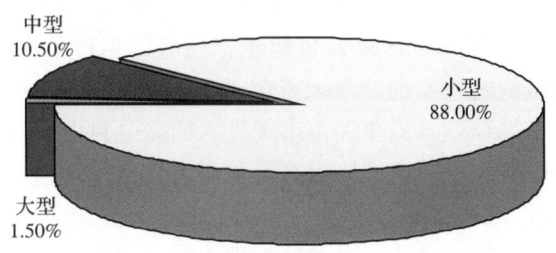

图 15　白酒行业不同类型企业数量分布

对比而言，国外一些洋酒品牌的集中度 CR_8 达到八成以上，属于高集中寡占型市场结构。

市场集中度偏低表明：企业不能实现规模扩大带来的生产效率提高等规模经济效应。实际上，根据鲍莫尔的可竞争市场理论，只要保持市场进入的完全自由，适度集中的市场结构仍可取得较好的市场绩效，如洋酒。相反，我国白酒业小企业数量占行业比重超过八成，但销售额（低于 1/3）和利润水平（低于 1/6）较低，损耗了大量行业资源，并由此导致白酒行业流通环境无序、假冒侵权、偷逃税赋等恶性竞争现象时有发生。所以，企业数目众多的白酒行业看似竞争性高，但市场绩效低下。

四、实现白酒产业发展方式转变的目标、原则及思路

（一）实现白酒产业发展方式转变的目标定位

1. 具有高效的要素投入效率

效率问题涉及经济发展的本质。转变产业经济发展方式，必须通过集约型发展模式，提高生产要素的使用效率，从要素驱动转向效率驱动、创新驱动。其要点在于提高

全要素生产率。全要素生产率是指扣除资本投入、劳动投入的贡献,其他因素对经济增长的贡献总和,其来源主要包括资源配置效率提高和技术进步等。发达国家全要素生产率对经济增长的贡献一般在70%~80%,而我国仅为30%略多。所以,提高全要素生产率具有极大的潜力。

白酒行业目前主要通过增加要素投入数量实现高增长,要素使用效率不高。况且白酒生产需要消耗粮食等资源,也存在一定的环境污染。所以,行业同样面临资源、环境压力增加,因而需要实现白酒产业的集约型发展,从现有的原材料、设备、人力资源等投入要素中进行充分挖掘,对各种资源和要素进行优化组合,从体制、机制、经营模式、生产技术、产业组织结构等各方面,实现既定投入下的产出效率最大化,提高全要素生产率,促进白酒产业的良性发展。

2. 形成有效的产业组织结构

促进白酒产业的产业组织结构优化,是加快白酒产业发展方式转变的一条重要途径。良好的产业组织结构可以促进白酒相关企业改善自己的定价行为、研发行为、竞争与合作行为,从而提升白酒产业链纵向和横向上的市场绩效。白酒行业属于竞争性行业,产品之间可以存在差异,因而本质上存在导致垄断的因素;从规模经济的要求看,较大的企业规模上会产生范围经济和学习效应等,因而其长期平均成本趋于下降。并且,可竞争市场理论(鲍莫尔,1982)也指出,良好的生产效率和技术效率等市场绩效可以在理想的市场结构之外实现,而无需众多竞争企业的存在。即,高集中度的市场结构仍可取得较好的市场绩效,只要保持市场进入的完全自由,且不存在特别的进出市场成本。这是因为,若进退无障碍,则潜在竞争压力会迫使任何市场结构下的企业采取竞争行为,从而取得较好的市场绩效。

因此,从产品差异、规模经济、可竞争性理论看,白酒行业宜发展寡头竞争的市场结构。另外,鉴于产业组织结构包含横向产业组织结构和纵向产业组织结构两个方面,那么寡头市场既适合存在于在白酒制造行业(横向寡头市场结构),也适合于配套行业(纵向寡头市场结构)。

3. 形成合理的产品结构、品牌结构

合理的产品结构需要在满足社会需要的基础上,根据各种相关因素(技术装备、生产能力、企业资源、市场销售等)的约束,寻求企业各种不同产品之间的最佳组合。因此,企业产品的组合随市场需求、资源条件和经营环境等各种因素的变化而变动。过去几年,我国白酒行业产品高端化倾向突出,其产品结构基本上为"金字塔"结构,表现为高端产品价格高、产量少;中端产品价格偏高、产量较高;最下端的低端产品数量最多、价格最低。显然,产品结构不符合我国收入结构和消费结构,极大地阻碍了白酒产品的市场开发和品牌发展,也是白酒行业在公务消费市场萎缩后整个行业急剧下滑的深刻教训。

4. 实现白酒产业生态化发展

产业生态化是人类构筑经济社会与自然界和谐发展、实现良性循环的新型产业模式,是产业发展的高级形态。它把资源的综合利用与环境保护结合在一起,建立高效、低耗、低污染、经济增长与生态环境和谐的产业发展过程,促进人类产业系统与自然环境的相互作用和协调,实现经济社会持续发展。当前,资源短缺和环境恶化已成为制约人类发展的瓶颈。白酒制造对自然资源的依赖性很强，需要消耗大量的生态资源（水、粮食等）。传统的生产模式不仅资源消耗率高，而且会产生大量的废弃物。这些废弃物反过来会对环境产生破坏，或者需要高昂的运输和处理成本。与此不同，产业生态化发展模式不仅要求提高资源利用效率，减少生产过程的资源和能源消耗，还要求对生产和生活中产生的废旧产品进行全面回收，对可以重复利用的废弃物通过技术处理进行无限次的循环利用，将污染尽可能地在生产企业内进行处理，减少生产过程的污染排放。

总之，生态化发展模式倡导与环境和谐友好发展，强调"清洁生产"和资源循环利用，将不可持续变为可持续发展，最终实现"最佳生产，最适消费，最少废弃"，是一条有效的转型发展道路。

（二）促进白酒产业发展方式转变的实施原则

实施原则是实现目标的准则和依据。促进白酒产业发展方式转变的实施原则如下。

1. 以科学发展观为指导，实现全面、协调与可持续发展

党的十六大以来，党中央继承和发展党的三代中央领导集体关于发展的重要思想，提出了科学发展观。科学发展观的第一要义是发展，核心是以人为本，基本要求是全面协调可持续，根本方法是统筹兼顾。当前的白酒行业正面临可持续发展的问题，行业内部问题重重，包括体制和机制不完善、企业不能灵活应对市场变化；产品结构奢侈化不符合我国收入结构发展趋势；产业组织结构失衡、市场绩效低下；行业内产能严重过剩、资源利用率低；行业整体竞争力不强、抗风险能力低等。这些问题涉及政治、经济、生态等各个层面，需要以科学发展观为指导，统筹兼顾，实现全面、协调与可持续发展，避免过去资源消耗高、产品结构严重脱离普通大众消费能力、竞争力不强的老路。

2. 走新型工业化道路

新型工业化道路是对传统工业化予以扬弃的道路，是基于我国资源和环境短缺、缩小与发达国家发展差距、提高社会资源利用效率的要求，充分运用信息化等现代科学技术，在世界范围内优化配置资源的工业化发展模式，是反映时代特征，符合我国国情的工业化道路。白酒行业作为工业体系的一位重要成员，仍然存在资源和环境压力，同时又要面对市场下滑和产能过剩的挑战，因而迫切需要按照"科技含量高、经济效益好、资源消耗低、环境污染少、人力资源优势充分发挥"的要求，以信息化和高新科技等新工业化手段去完成工业化，实现发展方式转型。

3. 以企业为转型载体和实施中心

企业是经济活动的基本单元。产品质量高低、资源利用率状况、环境保护程度等方面都要通过企业来实现。事实上，工业转型升级不仅仅表现在工业结构和工业体系总体特征的变化上，更深刻地发生和体现在所有工业企业的战略抉择和战略走势上（金碚，2011）。因此，要实现白酒产业发展方式转型升级，就必须通过企业来落实各项措施，在新的更先进的技术基础上全面提升各个白酒企业的自主发展能力乃至国际竞争力，要通过科学发展、可持续发展，走出一条科技含量高、经济效益好、资源消耗低、环境污染少、人力资源优势得到充分发挥的新型工业化路子。

4. "看不见的手"与"看得见的手"分工协调、相互配合

白酒行业属于竞争性行业，适合以市场为主、通过市场自发调节实现优胜劣汰、提

高资源配置效率。因此，政府对白酒行业的干预不宜过多，要习惯运用"看不见的手"引导、调节企业行为，避免直接或间接的行政干预。"看得见的手"仅限于市场会失灵的宏观和中观领域起作用。例如，为避免地方各自为政，实施产业政策顶层设计就需要"看得见的手"发挥作用。

当然，由于政企尚未完全分离，企业外部治理机制不完善，经理人市场治理机制有名无实，国有白酒企业的主要负责人大多通过行政方式产生，企业缺乏真正的自主决策权。所以，必要的体制改革（如真正实现政企分开）和公共服务类配套措施不可或缺。

（三）促进白酒产业发展方式转变的思路

1. 转变白酒产业发展方式的思路

转变白酒产业发展方式，需要理清三大主体关系，抓住企业这个转型的载体，以体制改革为催化剂、以市场为导向和约束、以经营模式革新为手段、以技术创新为动力，通过市场机制的调节作用，打通生产、流通、分配、消费四个环节，实现白酒产业和企业两个层面的发展方式转变（图16）。

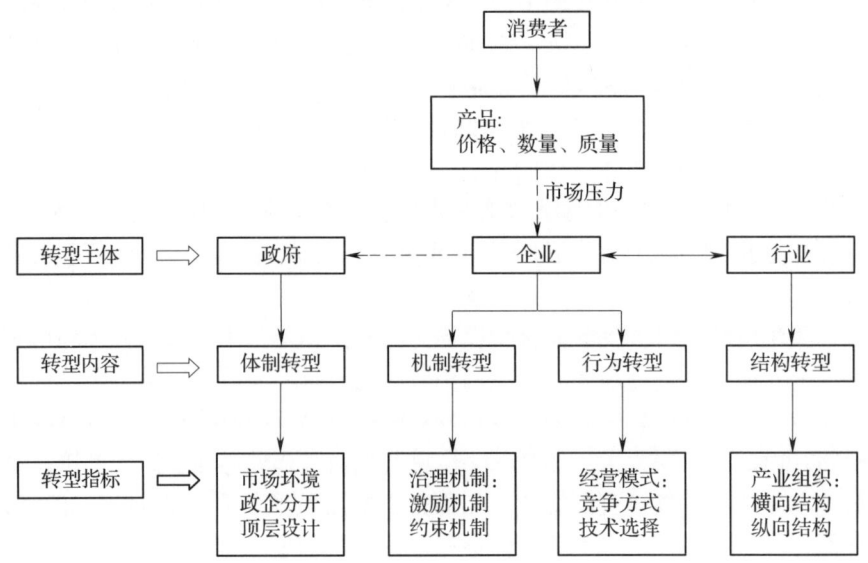

图16 促进白酒产业发展方式转变的基本思路

白酒产业的转型发展涉及三大主体：政府、企业和行业、消费者。消费者通过产品信息（价格、数量、质量和服务等）对市场、对企业产生直接的、有效的约束。企业为了应对市场考验、与竞争对手竞争，需要从治理机制、经营模式、产品结构等方面实现转型。政府则需要为行业和企业发展转型创造必要的制度环境。

首先，市场活动的真正参与者只有消费者和企业，两者通过市场谈判、交易，以此决定白酒的价格、交易数量（和质量）。其中，消费者包括两大主体：企业（商务消费）和个人（家庭私人消费）。企业在市场上，既要面对行业内部竞争对手的竞争压力，同时又要作为一个整体，面对消费者整体对产品价格和数量的竞争。为此，企业需要在符合国家产业政策的前提下，加强企业管理、完善企业治理机制、革新经营模式，从制度、技术、成本等方面不断提高自身的竞争力，以便在与竞争对手的较量中取胜。从与消费者的关系看，企业还需要充分研究市场，加大技术研发力度，使自己开发的产品在口味、风格、包装、售后服务等方面能够满足消费者的偏好。

从行业层面看，既要通过国家层面的产业政策顶层设计，消除行业进入和退出壁垒，为行业内外的兼并、重组、联合等行业活动创造条件；又要避免地方政府大搞投资项目和产能扩张，避免恶性竞争。企业是否进行投资、兼并、重组应该由企业自己决定。企业有了充分的自主决策权，通过市场机制的调节作用，行业的集中度会自发提高，产业内部就会形成良好的产业组织结构。

作为消费者的企业和家庭，会对市场的白酒价格、数量、质量做出敏感的反应。这是对市场、对企业最有效的压力和约束。与刚性的政务消费不同，不管是企业的商务消费，还是家庭的个人消费，它们对价格的敏感度很高，需求弹性大，因而价格波动会自发调节市场供求状况。随着我国社会、经济的发展和居民收入水平的提高，白酒市场容量的开拓前景依然乐观，关键是企业开发的产品，其价格、口味、风格、质量等是否能够吸引消费者。

政府作为第三方主体，在新的产业发展模式中，其作用一是提供基本的从事经济活动的制度安排，包括法律、税务、审计制度和市场环境，以及制定消费政策等；二是对产业政策进行顶层设计，避免地方各自为政、重复投资。因此，政府不仅需要通过政治体制改革禁止公务消费，更需要从过去那种对企业日常经营活动进行指导、干预的活动中解放出来，真正成为企业的服务者，而不是企业生产经营活动的参与者。如此，企业的治理机制才会真正完善，企业才会具有完全的自主决策权，才能在面对市场条件的变化时能够及时地做出有效反应。

2. 白酒产业的未来发展方式

如果能够理清三大主体关系、抓住一个载体、打通四个环节、实现四个转型，那么白酒产业将会进入到以市场为主要形式配置资源、产业组织结构合理、市场实现有效竞争、行业竞争力强的良好状态。图17是白酒产业未来发展方式简图。

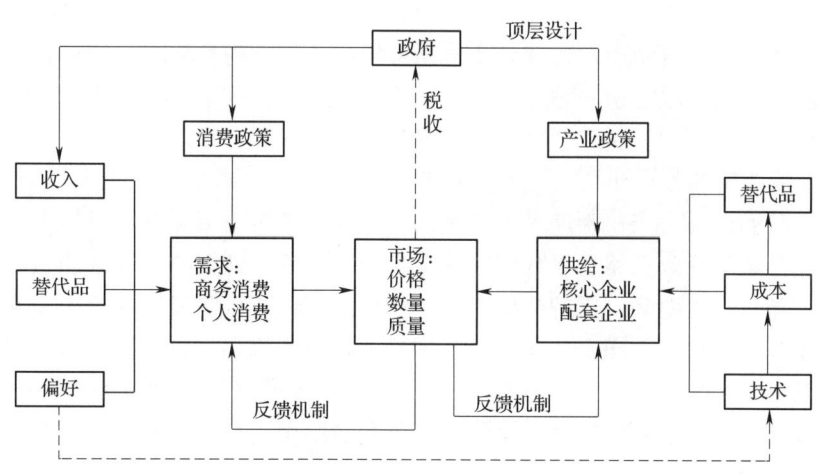

图17 白酒产业未来发展方式简图

在白酒产业的理想发展模式中,三大主体的关系简单、清晰。

(1) 政府　政企、政资完全分开,政府不再插手白酒企业的具体经营业务。政府的作用在于,向白酒行业(企业)提供公共服务、制定白酒产业政策和消费政策以引导白酒生产企业和消费者的行为,以及通过税收影响供求双方、影响个人收入。

(2) 消费者　成熟市场的消费者主要是企业和个人,消费形式分别是商务消费和个人(家庭)消费,收入和偏好等因素决定了两者对产品的价格和质量比较敏感,并由此影响市场。随着经济发展和收入水平提高,消费结构将呈现出"橄榄形"特征,即高、中、低三个层次,且中间大、两头小。消费结构会影响产品结构。因此,理性的生产者应当顺应消费结构趋势来定位自己的产品,同时要符合消费者的消费偏好。

(3) 企业　现代企业制度完善,企业在生产经营中具有完全的自主决策权,其压力和动力均来自市场。在向市场提供产品时面临两个方面的竞争压力:消费者(对产品和价格的评价)和生产竞争对手。消费者在市场上以货币方式对酒企的产品进行"投票"。为了获得消费者的认可,酒企不得不从技术、成本、经营管理等方面提高竞争力,通过产品价格、数量、质量和服务进行综合竞争。替代品的存在会强化市场竞争,替代品缺乏则会提高垄断势力。这样,市场竞争压力一方面迫使企业提高生产经营效率,另一方面通过优胜劣汰逐步提高行业集中度,因而在企业层面和行业层面均实现了良好的市场绩效。

五、促进白酒产业发展方式转变的实施路径

(一) 完善现代企业制度

完善现代企业制度,提升企业市场生存能力。

十八届三中全会强调进一步推进国企改革,完善激励机制,健全协调运转、有效制衡的公司法人治理结构。可见,治理结构和治理机制是国企改革的中心环节,是增强企业发展能力和市场应对能力的前提,应作为一项重中之重的任务和制度创新来抓。

按照十八届三中全会要求,建立健全协调运转、有效制衡的法人治理结构,需要完善经理人治理机制。具体而言,就是要根据市场改革的方向和要求,增加企业管理人员市场化选聘的比例,或者由董事会来直接选聘和任命总经理,并且建立市场化退出机制,探索建立职业经理人制度。要进一步淡化或去董事会、经理层的行政级别,经理层向董事会负责,董事会向出资人或股东负责。

同时,我们认为,产权制度改革事关治理结构等诸多改革环节,应当先行。这是真正实现政企分离的有效思路。十八届三中全会再次强调,产权是所有制的核心,并强调健全归属清晰、权责明确、保护严格、流转顺畅的现代产权制度。这是构建现代企业制度的重要基础。要根据不同企业功能,合理确定持股比例和产权结构,为完善公司治理提供产权基础。实践证明,"一股独大"的产权结构难以形成规范有效的公司治理结构,所以要在多元产权制度的基础上形成多元利益制衡,在多元利益制衡的基础上再形成相互制衡公司治理结构。

白酒行业作为竞争性行业,适宜进行股权(结构)改革,完全可以大力发展混合

所有制，实现股权结构多元化，形成国有股、企业家股、员工股、社会股并存局面，通过多元化提高人才、技术、制度优势。而对于股权结构改革的实现形式，可以采用扩股、出让股权、换股、购并甚至出售企业等多种方式。在治理结构上，要建立或完善股东大会、董事会和监事会制度，使之各司其职；对管理层要实施市场化的激励和约束机制（如股权激励），根据其经营管理绩效、风险、责任确定薪酬，同时要严格规范企业管理人员的薪酬水平、职务待遇、职务消费和业务消费。

总之，要按照建立现代企业制度的要求，以产权制度改革为核心，继续引导和推进白酒企业进行规范的公司制改革，完善法人治理结构，推进投资主体多元化；要创造条件，引导企业通过兼并、联合、拍卖、租赁等方式促进企业优化重组，盘活存量、做大增量。支持有条件的企业采取转让经营权、出让股权、兼并重组等方式，减持企业的国有股或降低国有股比例。

（二）加强技术创新

以技术进步为推动力，走科学发展之路，实现集约型增长。

转变发展方式包括多方面的要求和内容，但从当前的资源和环境压力看，为了解决发展中不平衡、不协调、不可持续问题，为了提高工业化、信息化水平，必须实现创新驱动发展战略，以技术进步为推动力，走科学发展道路，实现集约型增长。

鉴于国内外市场需求下滑和资源与环境短缺的双重压力，白酒产业传统的粗放式发展之路已经终结，集约式增长模式成为企业生存和发展的必由之路。集约式增长模式要求白酒企业以技术进步为推动力，走科学发展之路。其主要措施如下。

（1）充分利用新型工业化带来的契机，结合白酒行业特点，加大技术研发投入和研发力度。要以革新传统工艺技术、规范生产工艺流程为目标，开展包括制曲机械化研究、发酵工艺机械化研究、蒸馏工艺机械化研究、调酒计算机集成制造技术研究和灌装、包装、成品库、智能管理的研究等，节约资源降低生产成本，提高产品质量和附加值。

同时，在技术模式上，要大力推行清洁生产和低碳发展，在保证产品质量的前提下，严格控制水、电、煤等资源能源消耗，控制排放总量和排放浓度，实现污染防治由末端治理向预防防范转变，改变重生产、轻环保的现状。白酒产业还需要着力解决降低粮耗、提高出酒率、废水综合利用、旧瓶循环利用、建立生态园区和解决PET瓶的应用等问题，实现社会、经济和环境的和谐发展。

（2）实现新型工业化与信息化的融合发展。要贯彻落实国家信息化发展战略，推进白酒行业企业信息化建设和公共信息服务与资源共享平台建设，采用先进的信息化技术，改造传统落后的生产模式，在大中型企业实现生产设备数字化、生产过程智能化和经营管理网络化，推动白酒行业走上科学发展的新型工业化道路。

（3）实现产品技术创新。白酒企业要顺应消费趋势，调整产品结构，紧紧抓住大众消费、积极发展商务消费，通过原料、工艺、口感等方面的技术创新，形成自己的独特品位，向市场提供合乎风味、口感、健康、环保的优质产品，提高白酒产品对相关替代品（如葡萄酒、黄酒、啤酒）的竞争优势。具体而言，需要从技术上积极探索白酒产品深层次的微生物机理的研究；在产品分类方面，打破白酒按香型分类的方法，生产新风格、新品种、新口味等个性化白酒,为消费者提供更广泛的选择空间,适应消费者对白酒品牌和口感的要求。另外,还需要完善白酒行业的产品质量标准体系,防止类似塑化剂事件的发生。

(三)优化产业组织结构

发展寡头垄断型市场结构,保持有效竞争与适度集中的动态均衡。

产业组织理论认为,市场结构、市场行为、市场绩效之间存在相互关联。其中,市场结构研究产业内企业之间的组织关系,这种组织关系会影响市场行为,进而通过市场行为来实现市场绩效。为了获得理想的市场绩效,最重要的是要调整和改善不合理的市场结构。

鲍莫尔(1982)的可竞争市场理论表明,高集中度的市场结构仍可取得较好的市场绩效,只要保持市场进入的完全自由,且不存在特别的进出市场成本。这对于白酒行业而言具有重要的理论指导意义。洋酒品牌高集中寡占型的市场结构也提高了有力的佐证。实际上,从规模经济、有效竞争的角度考虑,如果进退无障碍(也没有地方保护),寡头竞争格局的产业组织结构是白酒产业理想的发展方向。这种产业组织结构的优点在于,能够很好地实现规模经济、节约资源;具有从事技术研发的强大经济实力;也能够利用自身规模优势充分参与国际竞争。这些都是我国白酒行业市场集中度偏低、资源消耗高、缺乏竞争优势的劣势所在。而进退无障碍足以对行业中的垄断势力产生现实的或者潜在的竞争威胁,从而迫使已有的企业不断地降低成本、提高产品质量。因此,寡头竞争格局的产业组织结构符合规模经济和有效竞争的要求。

另外,合理的产业组织结构不仅包含了横向的产业组织结构,还包括纵向的产业组织结构。因此,为改变我国白酒行业市场集中度偏低、市场绩效不高的局面,建立寡头竞争的市场结构,需要从纵向和横向两方面优化产业组织结构。① 纵向方面,需要培育白酒产业集群,实现规模效应和集聚效益。其思路是促进白酒产业内部结构调整,支持白酒企业通过收购、控股、并购、重组、强强联合,形成集团化、规模化的全国性大型企业集团,以及具有区域优势的地方性大型企业。实施的重点是培育具有核心竞争优势的核心酿造企业。建议以五粮液、泸州老窖、郎酒、茅台、洋河等为龙头企业,在全国选择8~10个具有技术、品牌、资源或地域优势的产业圈作为产业集群培育对象。② 横向方面,鼓励通过并购、重组、联合等方式,适度提高产业链各环节的市场集中度(包括核心企业所在环节的市场集中度、配套企业所在环节的市场集中度,避免核心企业形成买方垄断),保持有效竞争与适度集中的动态均衡。此外,优化产业组织结构还需要对现有产业链进行整合、创新与发展,这也为消除产业转型过程中的负面影响,如就业率下降,提供了良好的解决机会。最后,需要对产业链纵向治理机制进行优化设计,确保合作收益的合理分配、激励产业链上游供应商的积极性,从而保持产业集群的稳定性和运作效率。

(四)革新经营模式

通过经营模式创新,提高对市场的生存力和竞争力。

经营模式是将企业能力转化为企业竞争力,并实现企业经营理念和经营目标的运营活动。鉴于我国白酒企业的经营模式在客户界面、核心战略、战略资源、价值网络四个要素方面都存在一定的问题，因而需要进行变革和创新。

（1）从客户和产品定价看，需要改变目前产品结构与收入结构和需求结构冲突的现象。鉴于我国正在形成"橄榄形"收入结构，因此，白酒产品结构也应当符合"橄榄形"收入结构，使高端、中端、低端产品结构及其定价符合消费者的要求，同时要完善市场信息反馈机制，及时掌握消费者的需求偏好变化，使产品口味、风格等符合各收入阶层和不同消费群体的消费偏好。在市场开发方面，可以大力开发商务用酒、餐饮用酒、婚宴用酒。

（2）根据业务流程和对产业链位置的不同选择，白酒制造企业适宜采用"生产+销售型经营模式"或"设计+生产+销售型经营模式"。前者涉及业务流程中的后两个部分：生产和销售。对于产品设计，企业并没有涉及，或者缺乏技术设计能力。这种类型的企业其最大特点是模仿，对于行业内领导者的行为非常敏感，一旦市场领导者推出新的产品，这种类型的企业就会马上进行模仿，并进行改制和改善。因此，这种类型经营模式要求企业有较好的柔性生产能力，能够适应产品和市场的变化。值得注意的是，柔性生产为中小规模的白酒制造企业提供了新的契机，如此将会给行业和一二线酒企带来较大的竞争压力。

对于一二线酒企而言，"设计+生产+销售型经营模式"会是一种具有竞争力的经营模式。由于这种经营模式在产业链节点上涉及较多环节或流程，因而采用这种经营模式的企业需具备一定的新产品开发能力和制造能力，并且开发出来的新产品能够通过现有的设备和资金进行生产，对于自己生产的产品通过自己的营销体系建立自己的客户群体。所以，它适合于规模大、技术研发和生产能力强的大型白酒企业。从这种经营模式涉及的环节看，大型酒企目前需要加强产品设计和销售环节两个短板，通过技术研发和产品设计，不仅使本企业的产品在质量、口味、风格等方面符合市场需求（趋势），而且可以强化产品的差异化，避免被其他企业模仿，从而可以提高企业的核心竞争力。

不论是"生产+销售型经营模式"，还是"设计+生产+销售型经营模式"，两者都属于纵向经营模式，生产经营活动具有很强的专业化特征。企业通过实施专业化经营，能够控制整条价值链或价值链的多个环节，包括从原材料、产成品到销售的整个过程，从而降低价值链各交易环节的不确定性，提高企业的竞争能力。相对稳定的市场环境和技术发展状况，使得纵向经营模式为企业整合资源优势、形成竞争优势提供了一条可行之路。

（3）从产品和市场范围看，企业还可以实施横向的多元化经营。在这种经营模式下，企业能够充分利用外部资源以便快速响应市场需求。目前，部分一线白酒名企，如五粮液、茅台，逐步建立起自己的成本优势、质量优势、技术优势，开始进行横向多元化跨业经营。通过横向多元化经营，企业之间可以达到资金、技术、市场等各方面的优势互补，在全球范围内挑选最佳合作伙伴，最大程度上优化企业资源的配置，为企业的发展提供更大的空间，从而极大地提升其核心竞争力。因此，酒企在实施横向多元化经营时，要以提高资金、技术、管理为条件，制定切实可行的发展战略，强化战略实施，通过企业间的横向联合、兼并等方式，促进企业核心竞争力的提升，促进新市场（包括国际市场）的开发。同时，要明确公司的核心业务和非核心业务，紧紧抓住产品方向和市场，对于核心业务应自主开发和重点发展，而对于非核心能力可以通过外包、联盟方式等与外界进行合作。

（4）从价值网络看，最大的问题是白酒行业一度严重依赖经销商模式，大力发展团购市场，不仅渠道成本高昂，而且错失了诸如电子商务发展对销售环节发展和变革的良好时机。

因此，充分运用信息技术等现代技术手段，转变白酒流通体系，变革现有渠道模式，降低流通成本、提高流通效率，从流通体系方面促进酒企发展方式转型成为当前需要解决的问题。随着市场形势的变化和科技发展，未来将发展多样化流通和分渠道，如发展网购、团购、定制等新型销售渠道，实现渠道的规模化、连锁化、扁平化。从依托对象看，除传统行业外，白酒行业还可以与银行、邮政、通信等现有商业网点资源进一步嫁接，发展综合性销售渠道。另外，需要加快白酒行业电子商务的发展，通过电商模式实现白酒流通方式的变革。

（五）优化产业区域布局

优化产业区域布局，建立区域分工协作机制。

白酒的酿造对自然资源要求很高，尤其是优质白酒对水质和酒窖池的要求非常高。其中，白酒窖池的酿酒时间越长，窖池附着的微生物越多，越利于白酒品质的提高。由于历史原因，白酒窖池具有一定的地域性。另外，白酒酿造的主要原料小麦、大麦和高粱，只有在日照充沛、雨水适中的地区，才能发育得最为茁壮，从而满足酿酒的需要。

因此，相对于其他酒种，白酒（尤其是优质白酒）的生产具有较强的区域性特征。正是由于白酒生产对自然资源的依赖性，使得白酒生产的配套资源，如酿酒师和品酒师之类的人才资源、生产设备等不断向这些地域集中，地域内一些品牌的影响越来越大，最终形成了各类具有地域特色的、相互竞争的白酒产业发展集中区。

为了避免各个白酒产区出现同化现象和恶性竞争，促进我国白酒产业健康发展，需要注重各区域的分工协作，使各区域形成有机发展整体。具体而言：① 需要在国家层面或行业协会框架上成立跨区域的协调机构，对白酒产业发展进行统一规划和管理，对区域白酒产业发展方向进行合理定位，并根据定位进行准确的规划，明确发展目标。② 要打破地方行政壁垒，在市场、人才、企业等各层面进行资源整合、优势互补。为避免地方各自为政，地方产业政策必须符合国家产业政策内容。③ 在条件具备的情况下将白酒产业区域布局优化、产业组织结构优化、白酒文化旅游乃至新型城镇化进行统筹规划与发展。关于实施思路，既可以跨地区，也可以跨省份。我们认为，地处川滇交界处的泸州、宜宾和遵义具有广阔的合作前景，建议超越白酒地理标志品牌框架的局限，打造跨省域白酒（优势特色）产业集群示范区，以白酒产业为推进型产业，培育川黔边界新的增长极。

（六）积极参与国际竞争

加快国际化步伐，以国际竞争促进行业发展。

中国经济的国际化需要也迫使中国白酒业走国际化之路。但是，由于文化差异、口感不适、关税壁垒、质量标准等因素，尽管多年来中国白酒业一直在国际化方面耕耘不止，但收获并不大。白酒出口不容乐观。2012年白酒行业实现工业产值4265.42亿元，出口值占白酒总产值不到1%。中国白酒业海外市场的拓展仍步履蹒跚。今后，需要加大国际市场开拓力度，引导一批知名品牌参与全球竞争，打造一批具有自主知识产权、具有国际影响力的民族品牌走向国际市场。

要实施白酒国际化发展，中国白酒文化的国际化要先行一步。要加大中国白酒文化宣传，通过各种文化节、展览会、公益活动等方式，把中国白酒的概念与理念分享、传播给海外的消费者，树立中国白酒的品牌形象，使中国白酒成为世界的白酒。

第二，要从国际化的战略高度建立我国白酒产业技术标准体系，适应国际市场的需求和规则，完善产品质量、安全标准体系，以标准化、规范化的生产、管理、检测、质量控制手段提升中国白酒的品质形象，积极主动谋求白酒在海外市场的法律地位和技术理论支撑，推动白酒标准在世界范围内得到认可。

第三，需要进行产品技术创新，在技术上突破口感关，有针对性地开发适合当地口味的新产品。饮酒习惯往往存在于一定的文化氛围之中，国外消费者对酒类的口味习惯、风格等与国内有较大区别。这使得以中国白酒独特的工艺技术及产品质量标准酿造的白酒与国际消费市场的要求有较大的差别。因此，白酒也应该在传承的基础上，适当进行创新，适应国外消费者的饮食习惯，加大创新和研发力度，从技术上攻关，创造出适应当地消费口味和消费场所的新式白酒，既实现中国传统白酒的出口，又实现新型白酒的国际化。

第四，加强国际化人才队伍建设，实现管理模式尤其是营销队伍国际化。白酒企业的国际化需要有人才来规范管理和实施，把先进的外资企业的管理模式和沟通方式引进来，同原有的白酒企业历史文化进行整体包装，从文化和管理手段上达到国际化的标准，这样才能做到稳步的国际化。为此，需要健全白酒人才队伍机制，构建白酒国际营销网络，积极参加国际商业活动和公益性活动，树立中国白酒的品牌形象。

第五，以行业联盟开拓模式为组织架构，集中力量进行共同开拓。具体而言，在国家层面组建由五粮液、茅台等一批知名品牌参与的中国白酒行业国际化联盟；对于川酒而言，建议组建由五粮液、泸州老窖、剑南春、郎酒等知名品牌为主的川酒国际化企业联盟，联盟要从国际化的战略高度做好组织结构、发展战略、贸易壁垒、产品标准、技术开发、资源共享等工作，从而能够以最具竞争力的态势积极、有效地参与全球竞争，打造一批具有自主知识产权、具有国际影响力的民族品牌。

六、促进白酒产业发展方式转变的配套措施

（一）完善经济体制改革

转变产业发展方式的前提条件，是要加快完善社会主义市场经济体制，创造有利于转变经济发展方式的政策环境，优化行业内外资源配置方式，从而在市场竞争中，实现产业发展由主要依靠增加物质资源消耗向主要依靠科技进步、劳动者素质提高、管理创新转变。

为此，需要从以下几方面完善社会主义市场经济体制。

（1）加快转变政府职能，实行政资分开、政企分开。这是完善现代企业制度、提

高企业治理机制效率的必要条件。"经济体制改革的核心问题是处理好政府和市场的关系"。过去，政府直接插手企业人事任免、投资决策等微观事项，对白酒行业和企业的干预太多。今后，将实行政资分开、政企分开，政府可以在自己具有比较优势的领域充分发挥作用，搞好公共服务，为企业和行业的活动创造良好条件，但政府绝不能代替市场，更不能直接扮演市场主体的角色。同时，鉴于白酒行业属于竞争性行业，国有经济完全可以从该领域退出，以出售股权、换股、引入社会资本等方式，逐步向关系国民经济命脉的重要行业和关键领域集中。

（2）完善政绩考核评价机制，建立促进经济发展方式转变的激励约束制度。目前的政绩考核评价机制仍然带有浓重的 GDP 指标，以至于地方政府尤其是白酒集中区域的地方政府往往把眼光放在白酒利税上，直接干预企业投资决策和生产经营活动。因此，推动科学发展，加快经济发展方式转变，树立正确的政绩观和科学的政绩评价导向具有关键意义。要坚决改变片面追求经济增长速度和经济总量扩张的考核评价制度，切实把节约能源资源和保护环境、推动社会全面进步，促进社会公正、公平和改善民生，加强公共服务建设，作为重要标准纳入考核评价指标体系中，引导各级政府把更多的精力和资源投入到有利于促进经济发展方式转变的公共服务机制的建设上来。

（3）完善白酒行业科技创新体制，提高自主创新能力。通过科技创新、增强自主创新能力是转变白酒产业发展方式的基本动力。有效的科技体制将为科技进步与增强自主创新能力提供体制保障。要大力推进科技体制市场化改革，要加快建立以企业为主体、市场为导向、产学研相结合的技术创新体系，要加大知识产权保护力度，引导和支持创新要素向白酒企业集聚，要创新产业研发资金的投入机制，促进科技成果向现实生产力转化。

（4）深化财税、金融体制改革，提供制度与政策环境。国家对白酒产品税赋较高，并且有些税种计征办法滞后。建议转变甚至取消白酒消费税"从量计征"办法、完善增值税，为转变产业发展方式提供良好的税收环境。加大对涉及白酒生产、科研、技术改造、品牌建设等领域的财政投入，充分发挥财政资金的杠杆导向作用。对名优白酒生产企业进行技术改造、科研投入、市场开拓所需资金给予贷款支持，并实行优惠利率。对科技含量高、市场潜力大、经济效益好的白酒骨干企业和优势项目提供融资支持。

（二）推进政府支持体系建设

（1）推进白酒产业政策顶层设计。产业政策顶层设计是指国家产业政策设计，而不是地方产业政策设计。"产业政策是政府为了取得在全球的竞争力，在国内发展或限制各种产业的有关活动的总的概括。作为一个政策体系，产业政策是经济政策三角形的第三边，它是对货币政策和财政政策的补充"（卡默斯·约翰逊，1984）。从内部市场看，产业政策是"针对市场经济运作中可能出现的市场失灵和错误导向，政府为修正市场机制作用和优化经济发展过程，对产业发展、产业结构的调整和产业组织所采取的各种经济政策的总和"（芮明杰，2005）。

总之，产业政策旨在通过参与产业间及产业内的资源分配，实现资源（在全球范围内）的有效配置和经济稳定发展。为了使竞争形态由"过度竞争"转变为"有效竞争"，产业政策重在促进企业间的"协调"。

白酒行业的产业政策是国家产业政策体系的一部分，其内容主要是产业组织政策，政策对象是市场结构、市场行为及市场绩效，行动方式一般是通过法律和法规来建立及维护市场竞争秩序，如打击控制价格的行为、限制不正当交易、监督市场的公平竞争、消除行业进入壁垒，以促进市场的有效竞争和协调发展。另一方面，为了迅速提高产业的国际竞争力，支持大企业的合并，并尽可能地抑制国内过度的价格竞争，在支持大企业发展的同时保护中小企业。所以，产业组织政策主要是参与产业内资源配置的政策，它在相当程度上决定了企业的行为方式。

我国白酒产业竞争方式落后，竞争秩序比较混乱，行业中存在产品信任危机、食品安全问题严重，导致公众对行业及市场信心与信任不足。因此，需要从国家层面进行产业政策设计，完善白酒行业产业法规，协调地方产业发展，引导企业和行业加强科技创新、完善产品质量标准、促进公平竞争。地方产业政策必须符合国家产业政策规定，避免各自为政、相互冲突。

（2）完善相关法律法规体系，为行业和企业发展创造良好的社会氛围和道德环境。社会主义市场经济本质上是法治经济。市场经济活动中各个主体、各种行为都必须以法律的形式得到规范，通过经济法律制度对各类市场主体进行引导、促进、规范、保护和制约的作用。

结合白酒行业情况，当前迫切需要进一步完善食品安全法律法规，健全食品生产监管制度，为生产经营提供行为规范，为监管提供执法依据，让各项工作有章可循。同时，要加快健全食品行业的诚信体系，完善诚信信息共享机制和失信行为的联合惩戒机制与责任追究制度，真正让尚德守法者得到褒奖，让失德枉法者受到惩戒。

（3）构建支撑白酒产业发展的相关公共平台。一是加快白酒基础研究平台、成果产业化转化平台等公共服务平台建设，加强产学研的结合和科技项目的转化率，推进科研成果的产业化水平。二要完善行业信息中心功能，建立白酒行业统计信息发布平台、公共信息服务与资源共享平台，为白酒产业实施信息化战略提供基础资料。三是加强展览展示平台建设，积极利用国内外知名展览会、博览会等搭建中国白酒展示平台，扩大中国白酒的国际影响力。四是促进现代物流市场辅助平台建设，加快包括"仓储""信息系统""包装"以及"运输"等物流设施建设，为酒类及酒类原料交易提供从运输、通关、商检、仓储、配送一直到消费者之间的一站式高效率、低成本的全程物流服务。

（4）政府为"走出去"创造良好的政策环境。企业在"走出去"的过程中，遇到了一些问题，其中相当一部分是靠企业自身力量无法解决的，需要政府提供必要的支持。政府应在符合WTO规则的前提下，千方百计地为企业创造良好的外部环境。如加强对境外投资的宏观调控和规划指导，建立海外投资和企业的工作机制，完善管理体制，同时设计必要的政策激励，加大金融和财税政策的支持力度，建立和完善金融、信用等服务体系，在用汇、出入境等方面改进管理，在人才培训、信息咨询等方面改善服务，为企业更好地"走出去"创造条件。

中外酒业市场调查与分析

杨柳　郭丹　陈雪欢　高佳羽　饶志誉

一、文献综述

（一）市场细分理论

1. 市场细分理论的产生与发展

有关市场营销的活动和研究最早产生于19世纪20年代。1923年，现代市场研究业的奠基人之一，阿瑟·查尔斯·尼尔森（Arthur Charles Nielsen）在美国创建了A. C. 尼尔森市场研究公司（ACNielsen），理性营销活动由此开始发展，营销信息系统的研究和建立成为营销活动的重要组成部分[1]。在这一时期，由于物质生活相对落后、消费者需求单一，企业营销的基本方式是大量营销，即大批量生产品种规格单一的产品和通过大众化的渠道推销，并不重视市场需求的研究，因此也没有进行市场细分的战略意识。

在20世纪30年代大萧条发生后，企业面临严重的产品过剩，企业的营销方式开始由大量营销向差异化营销转变，向市场推出具有不同质量、外观和品种规格等与竞争者不同的产品或产品线。然而由于其产品差异化缺乏市场基础，因此不能大幅提高产品的适销率。可见，在这一阶段，企业仍然没有重视市场需求的研究[2]。

20世纪50年代以后，在第三次科技革命的推动下，生产力水平大幅提高，产品日新月异，生产与消费的矛盾日益尖锐，营销环境和市场研究也逐渐成为热点问题，企业的营销方式开始逐步转向以市场需求为导向的目标营销，市场细分（Market Segmentation）的概念由此产生和发展。1956年，美国营销学家温德尔·史密斯（Wended R. Smith）[3]首次提出市场细分的概念，即企业通过市场调研，根据消费者的需求和消费行为差异，把某一产品的市场整体划分为若干需求不同的消费者群的市场分类过程或行为[3]。美国著名营销学家菲利普·科特勒（Philip Kotler）在此基础上对市场细分的步骤进行了进一步的发展和完善，并最终形成了STP理论：即市场细分（Market Segmentation）、目标营销（Target Marketing）和市场定位（Market Positioning），这一理论已经成为现代企业营销战略的核心[4]。

随着生产水平的不断提高和人们物质生活的极大丰富，20世纪中期以来，"消费者"越来越重要地成为了市场营销理念的核心，为满足消费者个性化消费的需要，企业不断地将市场进一步细分，从而产生了超市场细分理论，这一理论的进一步发展就是一对一营销理论（One－To－One Marketing）。虽然定制化的市场营销策略和对市场的极度细分有助于令顾客获得更好的服务体验、增加顾客的忠诚度，但其高昂的成本和对营销人员专业技能的高要求使得这一模式在现实环境中难以操作[5]。

2. 基于不同标准的市场细分

以菲利普·科特勒（Philip Kotler）为代表的营销学家从消费者、生产者以及国际营销的角度，对消费市场、商业市场和国际市场都提出了一系列的细分变量。

消费市场的主要细分变量包括：① 地理因素：地理细分要求把市场划分为不同的地理单位，企业从地理区域的角度考虑业务的开展；② 人口统计因素：指用人口统计变量如年龄、性别、收入、职业、国籍等把市场划分为不同的群体，人口统计变量是最常用的消费者细分基础，不仅便于计量，还有利于评估目标市场容量、充分传达营销意图；③ 心理因素：指通过生活方式等特征，把买方划分为不通过的群体；④ 行为因素：根据消费者的知识、态度、产品使用率或对产品的反应来划分细分市场，这是进行有效市场细分的最佳选择。

很多用来细分消费市场的变量同样也可以用于细分商业市场，但是基于经营者的角度，还应引入一些差异性的变量，商业市场的主要细分变量包括：人口统计因素、经营因素、采购方式、情境因素以及个性特征等。企业应该首先确定其所服务的行业，进而在选定的行业内根据公司规模、地理位置、技术水平以及风险态度等来进一步细分，并为不同的子细分市场设计不同的管理体系[6,7]。在一定的目标行业和顾客规模中，公司应该通过购买方式和标准来细分，这也是细分商业市场的最好基础[8]。

从国家的层面上，通常基于地理、经济、政治、文化等因素对国际市场进行细分。地理细分的前提假设是相邻国家会有很多相同的特征和行为，如把亚洲国家按地域分为北亚、南亚和东南亚等。根据经济因素通常将国家分为高度发达的工业经济国家、新型工业化国家以及欠发达国家等。政治和法律因素，如政府的类型和稳定性、对国外公司的接受程度、货币管制政策和官僚程度等，对于公司在市场的选择和进入上起到关键作用。文化因素，如共同语言、宗教、价值观和态度、风俗习惯和行为类型等，对于跨国公司营销策略的选择也具有重要的影响。此外，还可以打破国家的界限，用市场间细分的方式对国际市场进行细分，即把虽然分属于不同国家，但有着相似需求和购买行为的消费者分为同一细分市场。对于全球范围内具有共同之处的消费者或者一代人，这一细分方式也具有较高的效率[9]。

根据市场发展的阶段和目标客户的定位，可以将市场分为现有市场、潜在市场和未来市场。其中，现有市场是指企业已经占据的、具有一定忠诚度的消费市场，潜在市场是指对市场出售的商品在某种程度上感兴趣的消费群体，未来市场是指企业通过实施一定的营销策略、在可预见的未来内能够实现的市场规模。菲利普·科特勒指出，要分析、测定一个具体市场时，不仅要巩固现有市场，还应当关注潜在市场和有效市场的规模，在开拓潜在市场的基础上实现对未来市场的有效占领[10]。

除了传统的市场细分标准以外，王霞等[11]运用聚类回归分析和实证分析的方法，研究了顾客满意和顾客忠诚度的关系，并提出基于顾客满意和顾客忠诚度的市场细分方法，将消费者分为对产品容易忠诚的顾客和唯利是图的顾客这两类，前者的顾客满意对其忠诚的影响较高，后者的顾客满意则基本不会对其忠诚产生影响。企业在实际运用的过程中，可以根据这一细分标准对不同的顾客群体采取不同的策略。

(二) 市场营销策略

1. 4P 营销策略

1960 年，小威廉·D. 佩罗特（William D. Perreault）和尤金尼·E. 麦卡锡（Jr. E. Jerome McCarthy）首次提出 4P 理论，即以产品（Price）、价格（Price）、渠道（Place）、促销（Promotion）为基础的营销组合经典模型，这一理论的提出具有划时代的意义，奠定了营销策略的基础理论框架[12]。

其中，产品策略包括产品组合、产品质量、产品生命周期、品牌和包装等内容，正确把握产品策略能够促使企业更好地满足市场需要，取得应有的经济效益。价格策略包括定价策略、价格调整策略等内容，价格直接关系到产品能否为消费者接受、市场占有率的高低、需求量的变化和利润的多少，正确的定价策略可以令企业在快速变动的市场竞争格局中居于十分有利的地位。分销渠道策略包括分销渠道的系统结构、设计、选择与管理，以及中间商的选择和物流决策与管理等内容，分销渠道决策也是企业高层管理者面临的最富挑战性的决策之一。促销策略包括人员推销、广告促销、营业推广、公共关系等内容，合适的促销方式或手段能够有效地传递商品或服务的存在及其性能、特征等信息，帮助顾客认识商品或服务所能带给他的利益，从而达到引起顾客注意、唤起需求、采取购买行为的目的[2]。

2. 4C 营销策略

1990 年，罗伯特·劳特朋（Robert F. Lauterborn）提出了以顾客为中心的 4C 营销策略，即以顾客（Consumer）、成本（Cost）、方便（Convenience）、沟通（Communication）为基础的营销模式。同 4P 理论相比，其着眼点由"产品"转向"客户"[13]。

与 4P 理论的四个策略相比，顾客策略取代产品策略，强调以顾客的需求和期望为营销重点；成本策略取代价格策略，注重成本与顾客消费过程中发生的费用，致力于令顾客在成本方面相对满意；方便策略取代渠道策略，以方便顾客为目标，力争为顾客提供便捷的消费渠道；沟通策略取代促销策略，着眼于提高与顾客的沟通质量和效率，培养顾客的忠诚度。

3. 两者比较分析

4P 理论的提出使得复杂的市场营销现象得以简化，促进了市场营销理论的普及和应用，从生产者的角度来看，对于营销活动的指导具有重要的意义。然而在零售业、金融业以及公共事业等方面，4P 理论的作用就难以凸显，特别是消费者角色日益重要的今天，4P 理论对于市场营销策略的指导就出现了一定的局限性。4C 理论以消费者为导向，顺应了市场发展的趋势，有利于企业争取到更多的顾客。但是其在操作层面上并没有提出如何满足消费者需求的实质性方案，在一定程度上无法解决企业面临的营销问题[14]。

因此，总体来看，4P 营销策略更加适用于无显著差异的消费品制造业，对于大、中、小型企业都适用。而 4C 营销策略则适用于竞争程度较低、产品易形成差异化、消费者购买成本较高的行业，相对来讲更加适用于易形成规模经济的大中型企业[15]。对此，钱惠敏、姜明明[16]等认为，企业在实际应用的过程中应当根据自身的特点灵活地借鉴、补充应用，将两者统一于以消费者为中心的营销观念的旗帜下，既要吸取4C理论的先进理念，也要把握4P理论中的产品整体概念，着眼于长期利益，并建立市场快速反应机制，从而提高企业的竞争力。

二、海外酒业市场调查

酒在全世界都有着悠久的历史，酒不仅作为饮品，也常作为做菜的佐料加以使用。在中国，人们经常使用的"beer""wine"这两个词来笼统地概括酒的含义：前者指啤酒，后者在语境中多指啤酒以外的其他酒（生活中也常指中国白酒）。但中西方文化差异导致中国人对于英文中"酒"这一单词的理解并不准确，西方语言中"酒"这一词的翻译细致分类，大概可以概括为以下几类：liquor，（蒸馏而成的）酒，主要指烈性酒，如国人较为熟悉的威士忌、伏特加、白兰地、朗姆酒等；spirits，译为烈酒，中国的白酒也常用"white spirit"表示；wine，主要指葡萄酒，果子酒；cider，西打酒，由苹果汁制成的含酒精饮料，也译作苹果酒，在欧美地区较为流行；beer，啤酒；alcohol，酒精，酒，包括含有酒精的饮料，含义较广。

由于国外的酒类众多，本文旨在对国外酒类的划分中，找出酒类畅销品种、国外酒类消费群体及消费习惯等几个方面进行调查分析。通过对海外酒类市场的认知，更好地为我国白酒走出国门铺出一条快速通道。

（一）美国酒业市场调查

1. 酒类市场分析

（1）主要酒种　美国酒业市场中的主要酒种包括啤酒、烈酒和葡萄酒。数十年来，啤酒一直都是美国人最喜爱的酒种，占据了美国酒业销售收入的半壁江山，其次分别为烈酒和葡萄酒。根据美国蒸馏酒协会（Distilled Spirits Council of the United States，以下简称DISCUS）的数据，2000年，啤酒的市场份额达到55.5%，烈酒和葡萄酒分别占据28.7%和15.7%的市场份额。然而在随后的十几年内，啤酒的市场份额有所下降，烈酒和葡萄酒则都取得了更大的市场份额。至2015年，啤酒的市场份额下降至47.6%，而烈酒和葡萄酒的市场份额则分别攀升至35.4%和17%。但是，无论是从销售额还是从销量来看，啤酒仍是美国酒业市场中最主要的产品。美国啤酒、烈酒和葡萄酒近三年来的销售额见表1。

表1　2013—2015年美国酒类销售额　　　　单位：亿美元

酒种	2013年	2014年	2015年
啤酒	1013	1032	1059
烈酒	749	775	801
葡萄酒	302	309	325

（2）主要品牌　美国前十大啤酒品牌及其近三年销量见表2，在众多啤酒品牌中，销量最好的是类似Bud Light和Coors Light之类的淡啤和清啤，其原麦汁浓度仅为4%～

8%,这可能与人们愈加健康的生活态度有关。并且,美国主要啤酒品牌几乎都属于百威英博啤酒集团(Anheuser-Busch InBev)和米勒康胜(Miller Coors),这两大企业主导了美国啤酒的供给。

表2 2013—2015 年美国前十大啤酒品牌及其销量

排名	品牌	啤酒厂商	销量		
			2013	2014	2015
1	Bud Light	百威英博	520510	510526	501250
2	Coors Light	米勒康胜	253800	240688	235613
3	Budweiser	百威英博	215520	205606	201800
4	Miller Lite	米勒康胜	189940	183619	181332
5	Natural Light	百威英博	102020	98697	93663
6	Busch Light	百威英博	89400	88493	88139
7	Michelob Ultra	百威英博	55700	59331	69655
8	Busch	百威英博	72440	69664	66110
9	Keystone Light	米勒康胜	52720	49755	48950
10	Miller High Life	米勒康胜	49950	47775	47375
总计			1602000	1554154	1533887

注:按2015年销售额计算,2.25加仑的箱子,以千箱为单位。(资料来源:饮料信息集团,2016年发展手册)

美国最受欢迎的烈酒品牌包括司木露伏特加(Smirnoff)、百加得朗姆酒(Bacardi)、摩根船长朗姆酒(Captain Morgan)、皇冠威士忌(Crown Royal)以及杰克丹尼威士忌(Jack Daniel's)等价格较为低廉的品牌,其价格在6~25美元,具体情况见表3。

表3 2013—2015 年美国前十大烈酒品牌及其销量

排名	品牌	销售商	类型	销售情况		
				2013	2014	2015
1	Smirnoff	帝亚吉欧	伏特加	9580	9310	9281
2	Bacardi	百加得	朗姆酒	7831	7452	7172
3	Captain Morgan	帝亚吉欧	朗姆酒	5730	5755	5655
4	Crown Royal	帝亚吉欧	黑麦威士忌酒	4296	4275	5302
5	Jack Daniel's	百富门酒业	Straight	4805	4887	5030
6	Fireball	Sazerac	利口酒	3150	3895	4650
7	Jim Beam	Beam	Straight	3976	4192	4318
8	Svedka	星座集团	伏特加	3950	4080	4200
9	Absolut	美国潘诺公司	伏特加	4440	4135	4045
10	Jose Cuervo	Proximo Spirits	龙舌兰酒	3030	3082	3297

注:按2015年销售额计算,9L的箱子,以千箱为单位。 (资料来源:饮料信息集团,2016年发展手册)

美国前十大葡萄酒品牌及其近三年销量见表4，其中销量最好的品牌大多归属美国嘉露酒庄（E. &J. Gallo Winery）旗下，在种类上大多属于甜味葡萄酒、风味葡萄酒和餐酒等。

表4 2013—2015年美国前十大葡萄酒品牌及其销量

排名	品牌	公司	销售情况		
			2013	2014	2015
1	Franzia Winetaps	美国酒业集团	25000	25170	23000
2	Barefoot Cellars	嘉露酒庄	15870	17120	18700
3	Carlo Rossi	嘉露酒庄	12120	11890	11900
4	Sutter Home	Trinchero家族酒庄	10750	9880	10127
5	Robert Mondavi	星座集团	8970	9150	9300
6	Twin Valley	嘉露酒庄	9100	9100	9150
7	Peter Vella	嘉露酒庄	7050	7050	7075
8	Beringer	富邑葡萄酒集团	5406	5430	5450
9	Livingston Cellars	嘉露酒庄	5520	5610	5337
10	Charles Shaw	野马葡萄酒公司	4983	5000	4800

注：按2015年销售额计算，9L的箱子，以千箱为单位。 （资料来源：饮料信息集团，2016年发展手册）

（3）主要企业情况　美国主要啤酒企业及其市场份额见表5，啤酒业的市场供给相当集中，安海斯－布希和米勒康胜几乎形成了双寡头垄断的格局，两者垄断了美国全国73%的啤酒供给。安海斯－布希公司作为百威英博集团的全资子公司是美国最大的啤酒制造商，其市场占有率高达45%以上。2016年百威英博收购南非米勒酿酒公司，两家公司的结合缔造了全球最大的啤酒生产帝国，将出产全球近三分之一的啤酒。近十几年来，啤酒占总酒类市场的份额连年下滑，从1999年的56%减少至2015年的47.5%，DISCUS指出，这一下滑主要是由于行业竞争加剧所导致的，手工啤酒的兴起在一定程度上也使得知名啤酒品牌的市场份额有所减少。为了挽救旗舰产品的下降趋势，百威英博和米勒康胜都进行了产品革新，比如2013年百威推出的高档啤酒Budweiser Black Crown，其价格比传统百威啤酒高15%，以及2009年米勒康胜推出的Molson Canadian 67和Miller 64这两款低卡啤酒，主要面向女性消费者。

表5 美国主要啤酒企业市场份额

企业	市场份额/%
安海斯－布希公司（Anheuser－Busch）	45.1
米勒康胜（MillerCoors）	26.4
皇冠进口（Crown Imports）	6.5
喜力（美国）（Heineken USA）	3.9
蓝带啤酒集团（Pabst）	2.7
其他	15.4

虽然不像啤酒市场那样形成了双寡头垄断市场，但烈酒市场的生产及供应也比较集中，前五大烈酒企业占据了一半以上的市场供给。来自英国的帝亚吉欧集团（Diageo）不仅是美国烈酒市场的龙头老大，也是世界上最大的烈酒公司，根据美国饮料信息集团的数据，帝亚吉欧占美国蒸馏酒市场约20%的销量。萨泽拉克则是在2009年收购星座品牌公司（Constellation Brand）旗下最具价值的烈酒品牌后，一跃升至行业前五（表6）。

表6 美国主要烈酒企业市场份额

企业	市场份额/%
帝亚吉欧集团（Diageo）	20
占边股份有限公司（Beam Inc）	11
萨泽拉克公司（Sazerac Co.）	9
百加得（美国）公司（Bacardi USA）	8
保乐力加集团（Pernod Ricard）	7
其他	45

（数据来源：饮料信息集团，2016年烈酒手册）

美国酒业市场中，虽然葡萄酒业的供给集中度不及啤酒和烈酒，但相比其他消费品来说，其供给也相对集中，其前三大厂商占据了60.6%的市场份额，前六大葡萄酒制造商则占据了78.6%的市场份额，主要企业及其市场份额见表7。自20世纪60年代至今，嘉露酒庄始终保持行业领先水平，占据美国全国餐酒四分之一以上的供给。美国酒业集团则自收购了星座品牌公司旗下部分品牌后成为行业第二。

表7 美国主要葡萄酒企业市场份额

企业	市场份额/%
嘉露酒庄（E. &J. Gallo Winery）	29.6
美国酒业集团（The Wine Group Inc.）	16
星座品牌酒业公司（Constellation Brands）	15
其他	39.4

（数据来源：饮料信息集团，2016年葡萄酒手册）

（4）消费市场调查

① 酒类消费占比：目前美国消费市场中，消费者的主要消费品包括食品、饮料、家庭用品以及个人日用品等。其中饮料占总消费的21%左右，而酒类的消费约占饮料消费的15.1%。此外，对酒类所征收的消费税也是联邦、州、市政府的主要财政收入来源之一。2003年1月，美国财政部成立了酒、烟草税收与贸易局（Alcohol and Tobacco Tax and Trade Bureau，以下简称TTB）。至今，TTB每年度能从烟草及酒类的消费中收取二百多亿美元的税收，其中酒类的税收收入约占35%。

美国主要酒种消费比例变化见表8，事实上，近十几年来，美国啤酒消费比例就在逐年下降，相对而言烈酒和葡萄酒的消费比例有所上升，对葡萄酒的消费是上升幅度最高的。虽然美国酒类消费的零售额逐年上升,但实际上,剔除掉价格因素以后,人们的实际饮酒量是有所减少的。根据饮料信息集团发布的报告,出现这一现象的原因主要是由于消费者对于酒类的消费态度也有所转变。如今,消费者并不仅仅只关注价格或者品质等某一特定指标,而是更加关注酒类的消费对提高其生活质量的作用,并且人们对于健康的关注度也越来越高。因此,虽然消费者的饮酒量有所减少,但是他们也越来越倾向于追求高品质的酒,所以才出现在饮酒量减少的情况下,酒类的零售额却逐年增加的现象。

表8 2013—2015年美国主要酒种消费比例

酒种	2013年	2014年	2015年
啤酒	49.1%	48.8%	48.5%
烈酒	36.3%	36.6%	36.6%
葡萄酒	14.6%	14.6%	14.9%

② 消费渠道选择:根据TTB的数据,美国酒类市场中主要销售渠道包括酒类专卖店、大型超市、酒吧、餐厅以及便利店等。美国法律规定要年满21周岁才能饮酒,并且对于酒类的销售也有着严格的规定,零售商、便利店及餐馆等都必须取得酒类销售的特殊执照才可以在规定的范围内向成年人销售酒类产品,且酒类销售执照分为烈酒执照和低度酒执照两种,不得出售执照规定以外的酒类。

通常情况下,酒类专卖店出售的酒种比较齐全,如啤酒、烈酒、葡萄酒等都会有销售,而便利店则以销售啤酒、葡萄酒等低度酒为主。美国酒类专卖店覆盖较广,据不完全统计,纽约市有263家酒类专卖店,因此,绝大多数消费者都会通过酒类专卖店来购买酒类。此外,由于便利店和超市的快捷性以及覆盖面的广泛性,这两者也是消费者购买酒类的较好选择。此外,作为消费者娱乐、交际的重要场所,酒吧也是主要饮酒场所之一,因此也是一个重要的消费渠道(图1)。

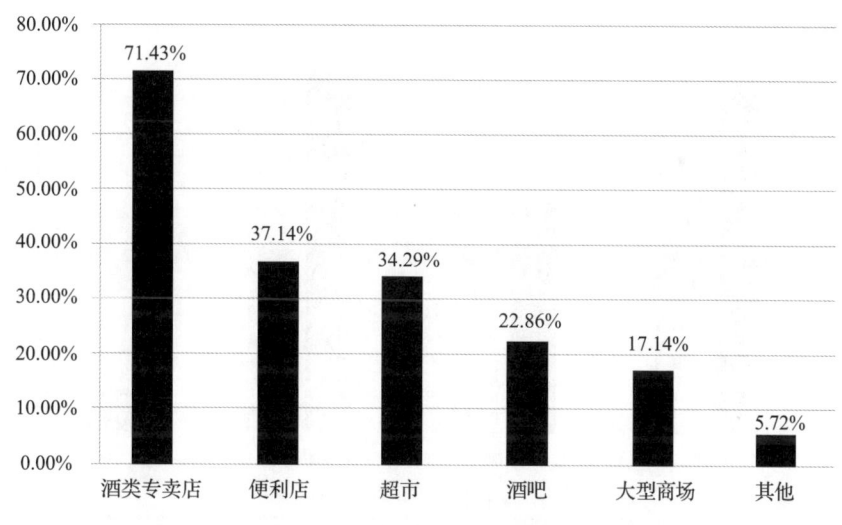

图1 美国酒类产品的主要消费渠道

2. 消费群体调查

（1）消费群体结构　根据盖洛普咨询公司（Gallup）的调查数据，自20世纪90年代至今，美国饮酒人群的比例基本稳定在60%左右，其中，性别差异不大，饮酒者中男女比例基本持平。但是对于不同种类的酒，消费者的选择还是存在一定的性别差异。如图2所示，不管是男性还是女性，对啤酒的消费都是最多的，占其各自全部酒类消费的50%左右，其次分别是烈酒和葡萄酒。然而，男性消费者和女性消费者对于不同酒种的偏好略有差异。男性消费者对啤酒的消费比例略高于女性消费者，然而相对来说，女性对烈酒的消费比例高于男性，对于葡萄酒的消费来说，两者的消费比例则基本持平。

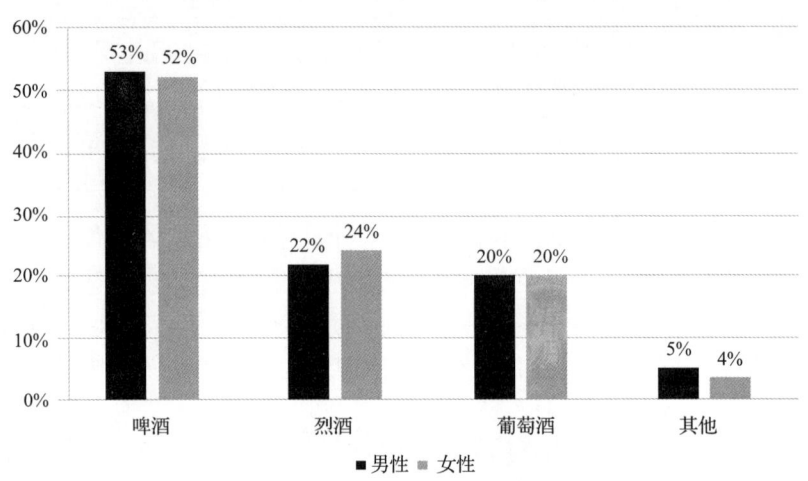

图2　不同酒种消费者性别差异

盖洛普咨询公司还指出了白种人和有色人种的饮酒差异。38%的白种人更偏好啤酒，而有色人种中这一比例占34%；22%的白种人更偏好烈酒，有色人种中为26%；36%的白种人更偏好葡萄酒，而有色人种中有34%，具体情况如图3所示。

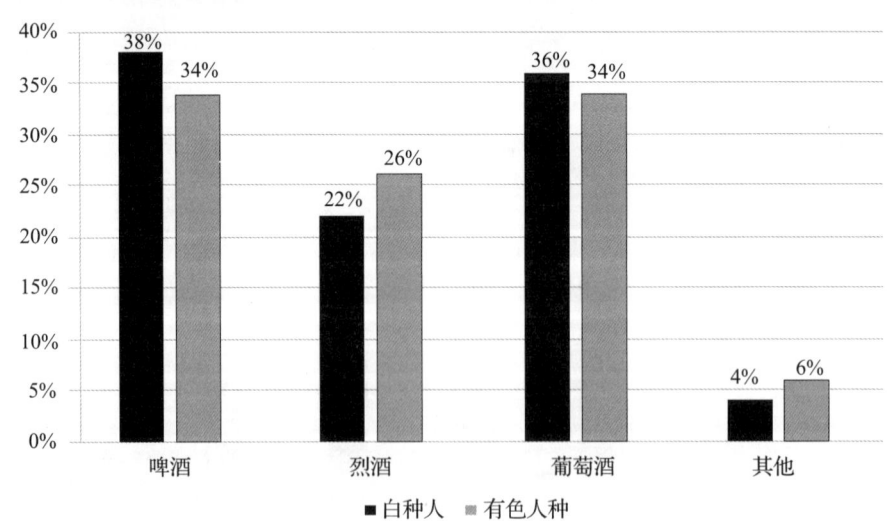

图3　不同酒种的消费者人种差异

根据美国劳工统计局的数据，美国消费者对于酒类消费的年龄结构如图 4 所示。美国消费者平均每人每年在饮酒上约花费 515 美元，不同年龄段的消费者在酒类上的消费金额大体成倒 U 形曲线，其中 35～44 岁年龄段的消费者在酒类上的花费最多，而 45～54 岁这一年龄段的消费者的花费则出现了骤减。出现这一现象的原因可能与"中年危机"有关，35～44 岁年龄段的消费者社交和应酬最多，而 45～54 岁的消费者在养家方面则会有更多的压力。

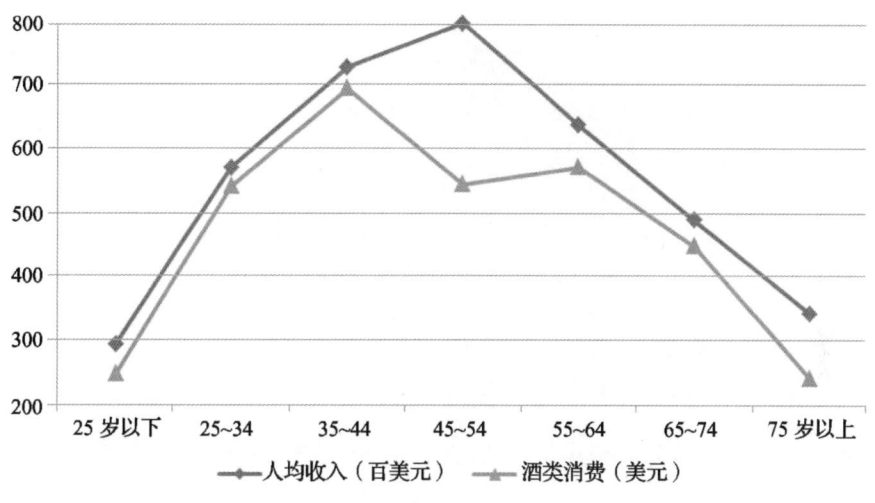

图 4　不同年龄段消费者的酒类消费及收入水平

（2）饮酒习惯　通过网络问卷以及面访调查的方式对美国消费者的饮酒习惯进行了调查，其中受访者主要包括美国本地居民、亚裔美国人以及在美生活的各国留学生等，共发出问卷 200 份，收回有效问卷 179 份。

美国消费者经常购买的酒种主要包括啤酒、葡萄酒、烈酒，以及其他浓度较低的果酒、预调鸡尾酒等。如图 5 所示，啤酒是美国消费者最常购买的酒种，在日常生活、休

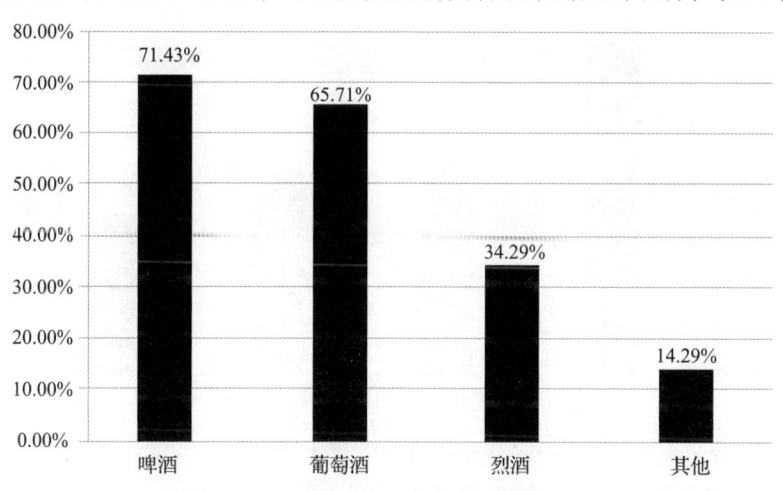

图 5　美国消费者消费的主要酒种

闲中，约 71.43% 的消费者会选择喝啤酒。其次是葡萄酒，约 65.71% 的消费者常饮用葡萄酒。由于较高的酒精浓度和较为浓烈的味道，烈酒的消费者数量远不及啤酒和葡萄酒，占据了 34.29% 的比例。此外，除以上三种主要酒种外，还有 14.29% 的消费者会购买酒精度数较低的果酒和预调鸡尾酒等。

据调查，美国消费者饮酒频率如图 6 所示。在 20～60 岁的消费者中，约有五分之一不饮酒，而近一半的消费者则保持平均每月 1～3 次的饮酒频率，平均每周饮酒 1～3 次的消费者则占比 25%，每天都饮酒的消费者则仅占 4%。

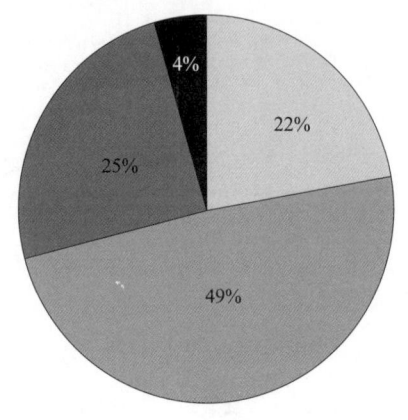

■ 从不饮酒 ■ 每月1~3次 ■每周1~3次 ■ 每天一次

图 6　美国消费者饮酒频率

在本次的问卷调查和访谈中我们发现，美国消费者一般会在聚会、应酬中小酌几杯。因此，绝大多数消费者会在自己家或者亲朋好友家等比较私密的场合饮酒，而约三成的消费者则会在餐馆就餐时饮酒。此外，酒吧是青年消费者休闲娱乐的主要场所之一，因此，也有近半数的消费者会选择去酒吧饮酒，具体数据如图 7 所示。

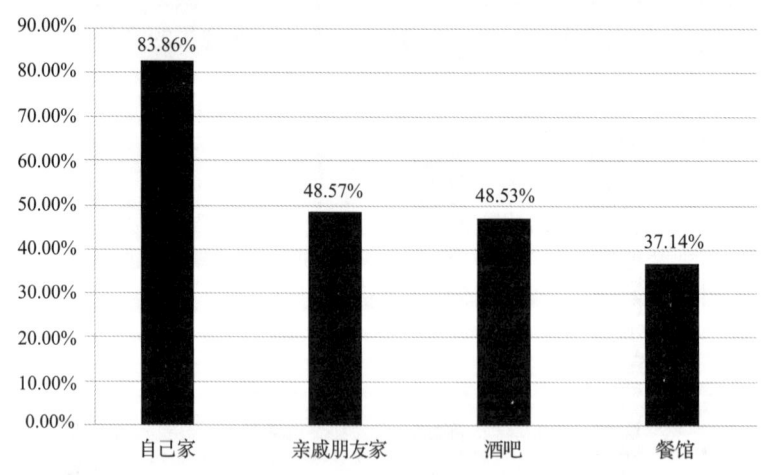

图 7　美国消费者主要饮酒场所

（3）影响消费者选择的主要因素　根据统计，在美国酒业市场的销售中，影响消费者选择酒类产品的最主要因素还是酒的口感和味道,通常情况下,人们会选择购买最符合自己口味的酒。其次,品牌效应、亲朋好友的建议以及价格的高低等因素对于消费者的决策也起到不可忽视的作用。此外,只有较少的消费者会考虑包装、知名度、主要原料以及广告宣传和促销等因素。具体数据如图 8 所示。但是,在数据整理和分析的过程中我们发现,消费者在填写调查问卷的过程中往往都扮演着理性消费者的角色,客观考虑的话,人们都会愿意选择最符合自己口味的产品。然而在现实生活中,人们在购买过程中通常无法预先品尝产品,在做出购买决策时,往往以感官为主,经常会出现感性消费的情况。因此,现实情况中,包装、广告以及促销活动也会是影响消费者选择的重要因素。

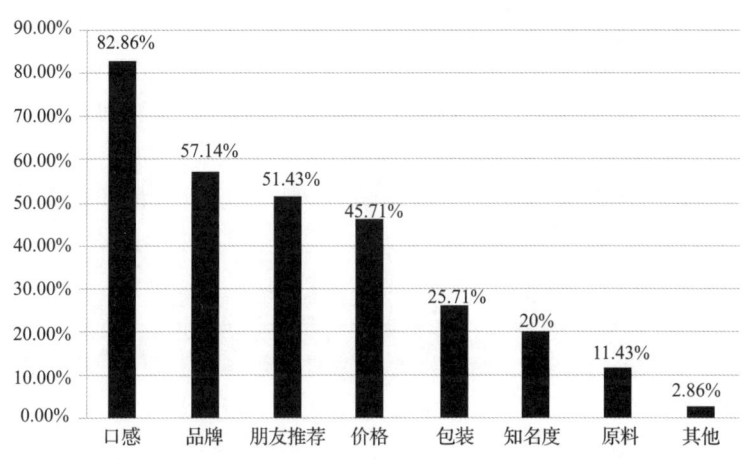

图 8　影响消费者选择酒类产品的主要因素

(二) 澳大利亚酒业市场调查

1. 酒类市场分析

(1) 澳大利亚制酒工业概括　澳大利亚的酒业市场建立在一个健康的共需关系上,啤酒、葡萄酒、烈性酒为澳大利亚主要生产酒类。2010 年澳大利亚生产的酒类商品总值 103.83 亿澳元,产业附加值 33.56 亿澳元,行业总雇员超过两万人,酒类税收达到 38 亿澳元。在过去 20 年中,澳大利亚的酒类商品物价比其他商品物价高出了 15% 的增长。

表 9　2009—2010 年澳大利亚制酒工业主要指标

	工资和薪金/百万美元	销售和服务收入/百万美元	产业增加值/百万美元	六月底就业	每增加一百万美元的就业人数
啤酒制造	303	4966	1863	3604	1.9
烈性酒制造	20	468	98	318	3.3
葡萄酒等酒精饮料制造	830	5799	1395	16707	12.0
总计	1153	11213	3356	20629	6.1

从表 9 中可明显看出,烈性酒产业从任何指标上都逊于葡萄酒和啤酒产业。葡萄酒

制造业的雇员比啤酒和烈性酒更多。虽然啤酒市场比葡萄酒市场更大,但葡萄酒产业对劳动力的需求比啤酒大,啤酒业的雇员只有葡萄酒业的四分之一,不过却带来了更多的产业附加值。

总体而言,澳大利亚制酒业在整个澳洲经济中是相对较小的一部分,只占澳大利亚国民生产总值GDP的0.9%,但其附加产业值却占全国的0.3%,并且酒类制造业总雇员占澳洲雇员总数的0.2%。

目前在澳大利亚的啤酒和烈性酒的生产商主要以外国企业为主。澳大利亚葡萄酒产业三大制造商中外资占有两家,但同啤酒产业和烈性酒产业相比,澳大利亚的葡萄酒产业中本土企业所占比重还是更多。

(2)主要生产的酒种类

① 啤酒:啤酒是制酒业中利润最大的一类酒。目前在澳洲的啤酒生产商主要有两大外国公司:SABMiller(Foster's)和Lion Nathan,占据了澳大利亚啤酒市场将近90%的份额。而第二大的啤酒生产商Coopers Brewery,是一家南澳的私营家族企业,近些年已经变成澳大利亚全国知名的品牌,但其销售额却仅仅只占据澳大利亚啤酒市场的3.6%(表10)。

表10 主要啤酒生产商市场份额

生产厂家	市场份额/%
Foster's(SABMiller PLC)	48
Lion Nathan National Foods Pty Ltd	41.3
Coopers Brewery Limited	3.6
其他	7.1
总计	100

② 葡萄酒:葡萄酒是澳大利亚最出名的酒类,澳大利亚作为全球十大葡萄酒产区之一,已经形成了60多个葡萄酒产区,主要分布在澳大利亚东南部的南澳、新南威尔士和维多利亚3个州,西澳、塔斯马尼亚和昆士兰州产量较小但发展迅速。相对于啤酒实质上有两家卖主垄断市场的情况,葡萄酒市场更有竞争力。近几年许多葡萄酒生产商宣布巨额亏损,遭受了来自运营亏损和资产缩水的双重压力,而价格压力一直是一个约束葡萄酒公司盈利能力的重要因素。虽然很多葡萄酒生产商亏损,但澳大利亚出口的葡萄酒销售量呈增长状态。据澳大利亚葡萄酒管理局(Wine Australian)发布《2016年澳大利亚葡萄酒出口报告》显示,2016年澳大利亚葡萄酒出口总额为22.2亿澳元,与2015年相比增长7%,葡萄酒离岸均价为2.96澳元/升,增长6%(表11)。

③ 烈性酒:澳大利亚的烈性酒相较于葡萄酒就鲜为人知。并且烈性酒生产商的数量相对于葡萄酒和啤酒少很多。在澳大利亚,除了Australia Diageo生产的Bundaberg Rum(班达伯格朗姆酒)较为出名,其他烈性酒的消费主要来源于进口烈性酒,如Smirnoff和Johnnie Walker(表12)。

表 11 主要葡萄酒生产商市场份额

生产厂家	市场份额/%
Accolade Wines Holdings Australia Pty Limited	11.5
Treasury Wine Estates	10.5
Premium Wine Brands Pty Ltd	10
Casella Wines Pty Limited	6.6
Australia Vintage Limited	4.5
其他	56.9
总计	100

表 12 主要烈性酒生产商市场份额

生产厂家	市场份额/%
Diageo Australia Limited	26.2
LINZ Group Holdings Pty Limited	22.7
Coca-Cola Amatil Limited	11.3
Foster's Group Limited（SABMiller PLC）	11
Bacardi Lion Pty Limited	10.8
其他	18
总计	100

（3）澳大利亚消费市场概述

① 消费酒类占比：图 9 显示了十五岁以上澳大利亚人人均酒类消费。该图将消费划分为啤酒、葡萄酒和烈性酒，图中数据是按消费的酒类饮品中的真实纯酒精含量计算，而不是消费金额或酒精饮料数量。

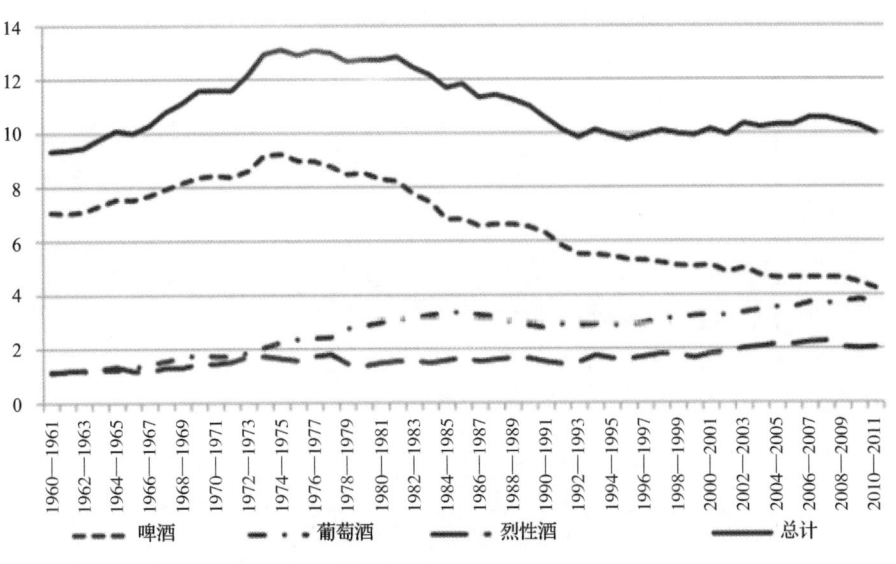

图 9 澳大利亚人均酒类消费情况（单位：升）

酒精人均消费从1960年到20世纪70年代中期保持增长，然后一直到90年代中期保持平缓。此后消费略微增加到现在的每年10升纯酒精。澳大利亚的一个标准酒精饮料含有12.5毫升的纯酒精，所以澳大利亚人平均每天消费2.2个标准酒精饮料。这个数字低于1974—1975年每天平均消耗2.9个标准饮料的水平。这些数字是基于国内销售的数据，ABS的所有数据也包含预估的家庭酿酒厂销售份额。

2013—2014年澳大利亚消费纯酒精1.873亿吨，总销售额181.35亿澳元，平均每人消费9.7升纯酒精。2013—2014年澳大利亚消费纯酒精1.873亿吨，啤酒占比41.3%，葡萄酒占比37.5%，烈性酒占比12.6%，预调酒占比6.3%，水果酒占比2.2%。而1960年，啤酒占酒精消费的76%，2014这个数字下降到37.5%，其下降主要源于葡萄酒的兴起。与此同时，葡萄酒消费从12%上升到37.5%，烈性酒消费从12%上升到12.6%（表13）。

表13 澳大利亚纯酒精消费

序号	酒类	消费占比/%	消费量/千升
1	啤酒	41.3	7586.3
2	葡萄酒	37.5	6889.0
3	烈性酒	12.6	2317.4
4	预调酒	6.3	1161.0
5	水果酒	2.2	412.9
总计		100	18366.6

② 酒类消费周期：在做消费市场调查分析时，消费者什么时候喝酒跟喝什么酒一样重要。同等量的酒精饮品的消费快慢在不同的消费季节，会导致完全不同的结果。图10显示的是2006年12月到2012年4月每个月的酒类饮品零售数据。

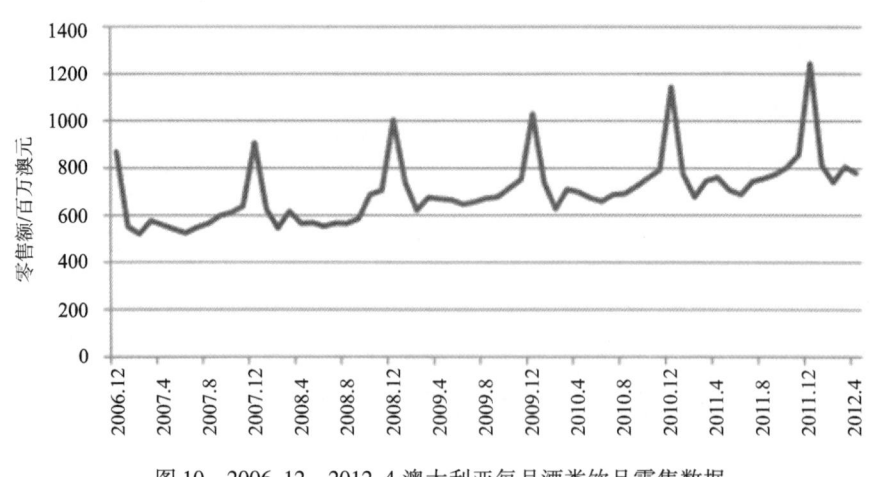

图10 2006.12~2012.4澳大利亚每月酒类饮品零售数据

从图 10 可以看出，澳大利亚酒类消费带有强烈的季节性，高峰出现在圣诞新年周期，每年销售额最高的 12 月比起同年的 4 月，高出了将近 50% 的销售额，同时，销售高峰还出现在新年、墨尔本杯及公共假日里。这种消费高峰期已经连续几年形成周期规律。

③ 消费酒类场所：澳大利亚法律规定，任何含酒精的饮品的销售、贩卖必须持有酒类经营许可证，所以一般在便利店、超市都不会有任何酒精饮品出售。消费者主要消费渠道有酒类专营店、餐厅、酒吧购买及其他购买渠道。主要的酒类专营店：Liquor land；Vintage Cellars；Choice Liquor Superstores；Theo's；BWS 和 Dan Murphy。

(4) 消费渠道选择　酒类消费场所与消费者的习惯、喜好息息相关。澳大利亚 ABS 公布的展现了澳大利亚人一般在哪里饮酒的问题。首先，澳洲居民消费调查表记录了酒类消费主要是在有酒牌的地方（如酒吧、餐厅、旅馆）还有买酒到其他地方饮用（如自己家或亲戚，朋友居所）。这些消费调查表显示了，有 38% 的人群在有酒牌的场所消费，大约每周 12.03 澳元。

ABS 的另一个主要数据来源来自于投入产出表，表 14 总结了相关部分。这张图表表述了澳大利亚生产的酒精饮料的最终消费场所，表里的数值不包括税费或批发零售加价。

表 14　澳大利亚酒精饮料的最终消费场所

产品	住宿行业	饮食业	总计	最终消费家庭支出	出口
啤酒	181	1118	1366	2188	156
葡萄酒、烈性酒、烟	195	1520	2732	3307	3651
总计	375	2637	4098	5495	3808

如表 14 所示，2011 年，有 1.81 亿澳元啤酒在住宿行业被销售，11.18 亿万澳元的啤酒在饮食行业被销售，尤其是在酒吧、餐厅、旅馆。其他地方啤酒的销售是 13.66 亿澳元。除此之外，还有一小部分没有在上图显示的金额是在金融、博彩、体育和娱乐等行业被消费掉。总体说来，大部分酒类是由本国居民所消费，其中在酒店及酒吧、旅馆以及餐厅的消费占据了一个很大的份额。

2. 消费群体调查

(1) 消费习惯　澳大利亚人平均每周在饮酒上花费 32.35 澳元，其中啤酒占 39%，葡萄酒占 26%，烈酒占 17%，其他占 17%（包括果酒、预调酒及其他酒精饮料）。具体情况如图 11 所示。

瓶装葡萄酒为澳大利亚人最常消费的酒精饮料，占比 34%，桶装及盒装葡萄酒占比 3%，加强型葡萄酒占比 1%，啤酒占比 31%。其中普通烈度啤酒 20%，高烈度啤酒 7%，低度啤酒 4%。瓶装烈酒占比 15%，预调酒占比 11%，果酒占比 3%，自酿啤酒占比 1%。具体情况如图 12 所示。

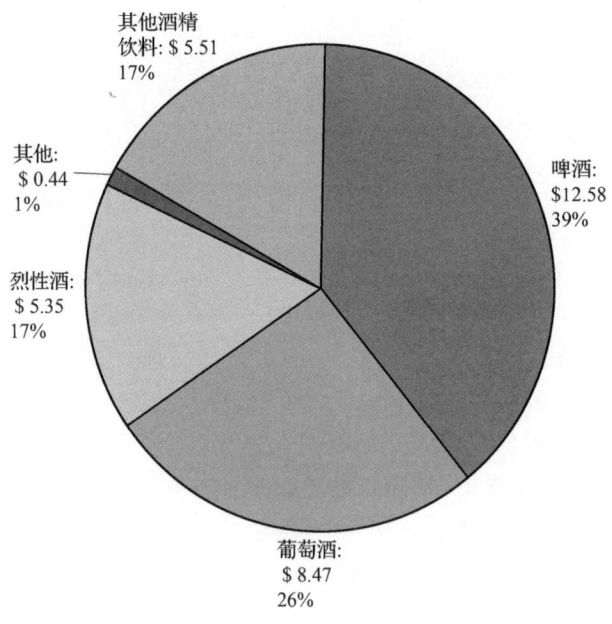

图 11 澳大利亚人均每周酒类消费情况

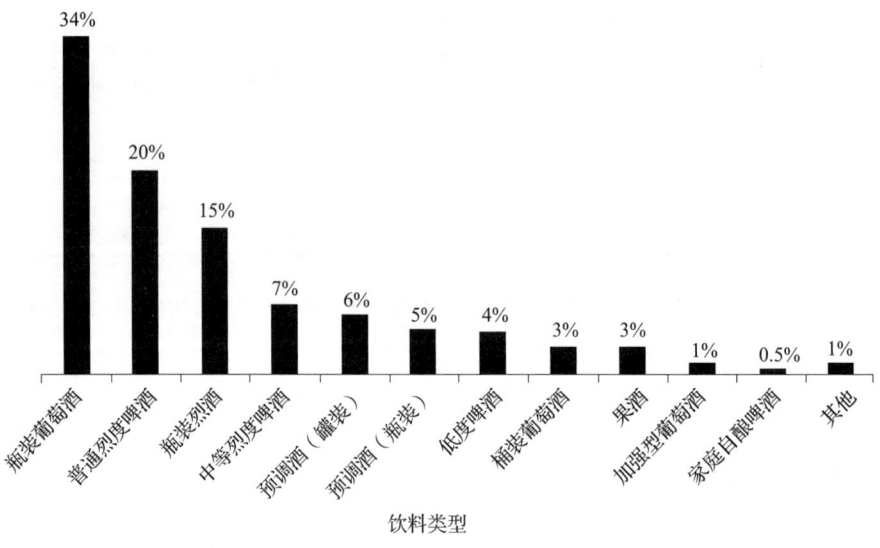

图 12 澳大利亚主要消费酒种占比

澳大利亚男女对酒种的喜好是有差异的。男性是更偏向于啤酒而女性则更喜欢瓶装葡萄酒，具体情况如图 13 所示。

各年龄结构消费习惯也有较大差异，14~17 岁更偏爱于喝预调酒和果酒，但随着年龄增长，瓶装葡萄酒占比逐渐增加，预调酒和果酒占比逐渐减少。18~24 岁消费者消费烈酒占该人群总消费酒精饮料的 22%，为各年龄层最高，25~29 岁及 30~39 岁消费者消费普通烈度啤酒占该人群总消费酒精饮料的 27%，为各年龄层最高，具体情况如图 14 所示。

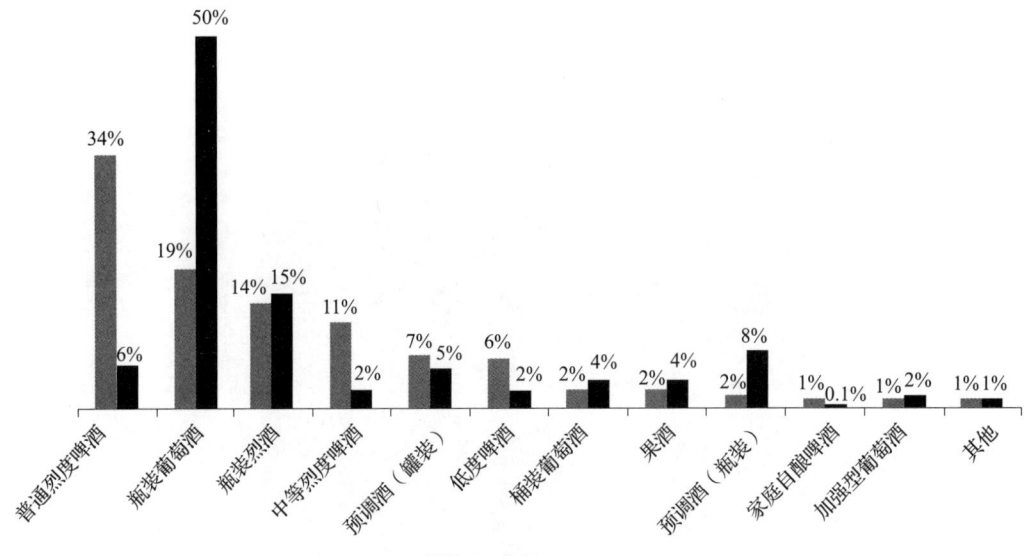

图 13　澳大利亚酒类消费的性别差异

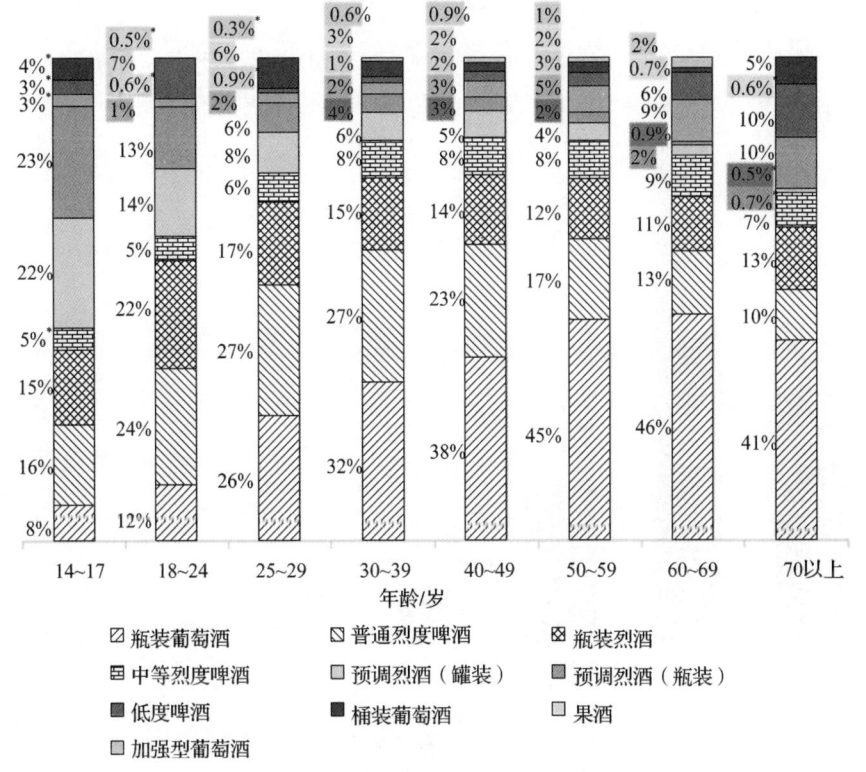

图 14　澳大利亚酒类消费的年龄结构差异

245

（2）饮酒量　如图 15 所示，澳大利亚的酒类消费者中，23% 人口不饮酒，40% 人口每次饮用两杯或以下标准酒精饮料，19% 人口每次饮用 3~4 杯。

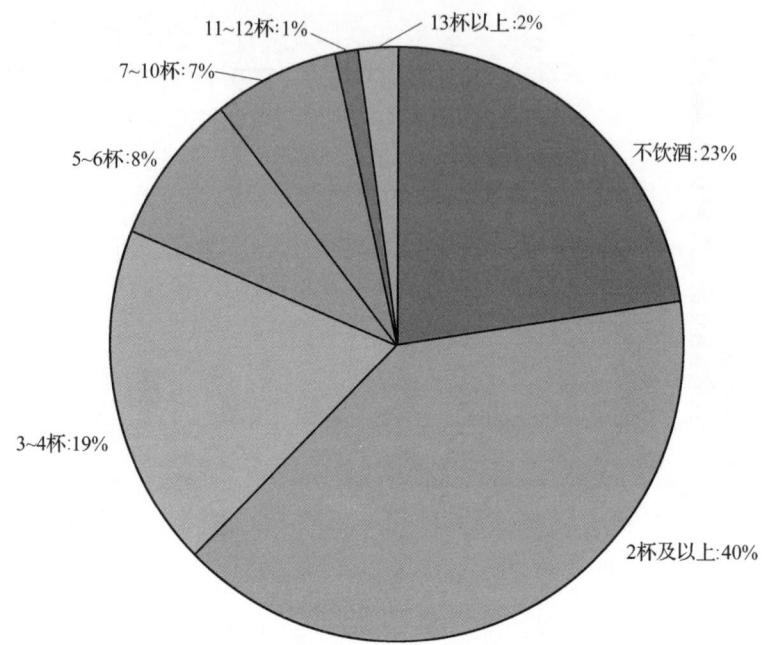

图 15　澳大利亚消费者每次饮酒量情况

此外，男女消费习惯也有明显差异。如图 16 所示，20% 男性及 26% 女性为不饮酒人群，32% 男性每次饮酒小于 2 杯标准酒精饮料，女性为 47%，男性更倾向于每次饮酒量更多。

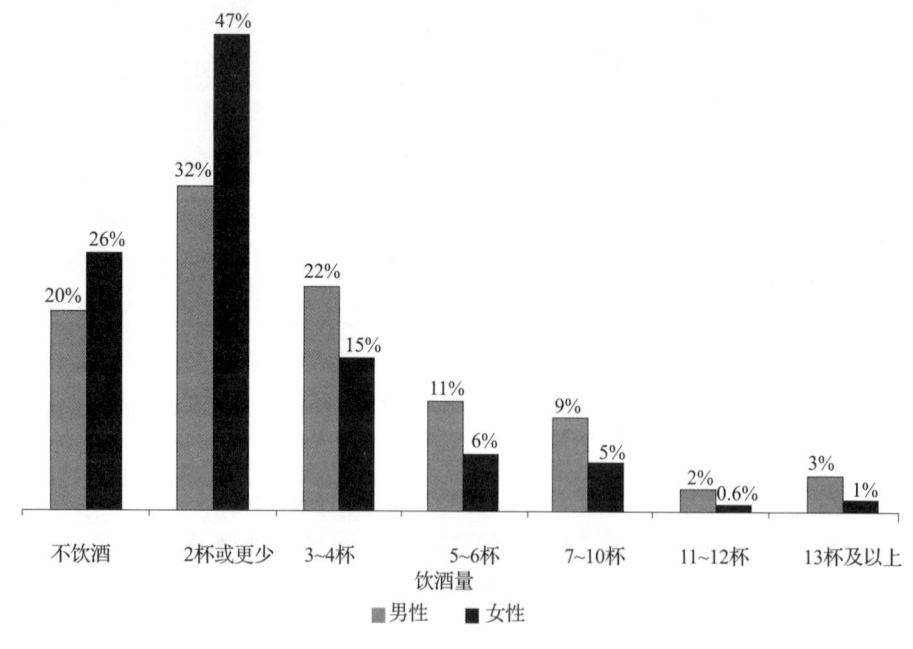

图 16　澳大利亚消费者每次饮酒量的性别差异

在年龄结构方面，18～24 岁人群每次饮用标准酒精饮料数最多，随年龄增长逐渐降低，数据较为复杂，具体情况如图 17 所示。

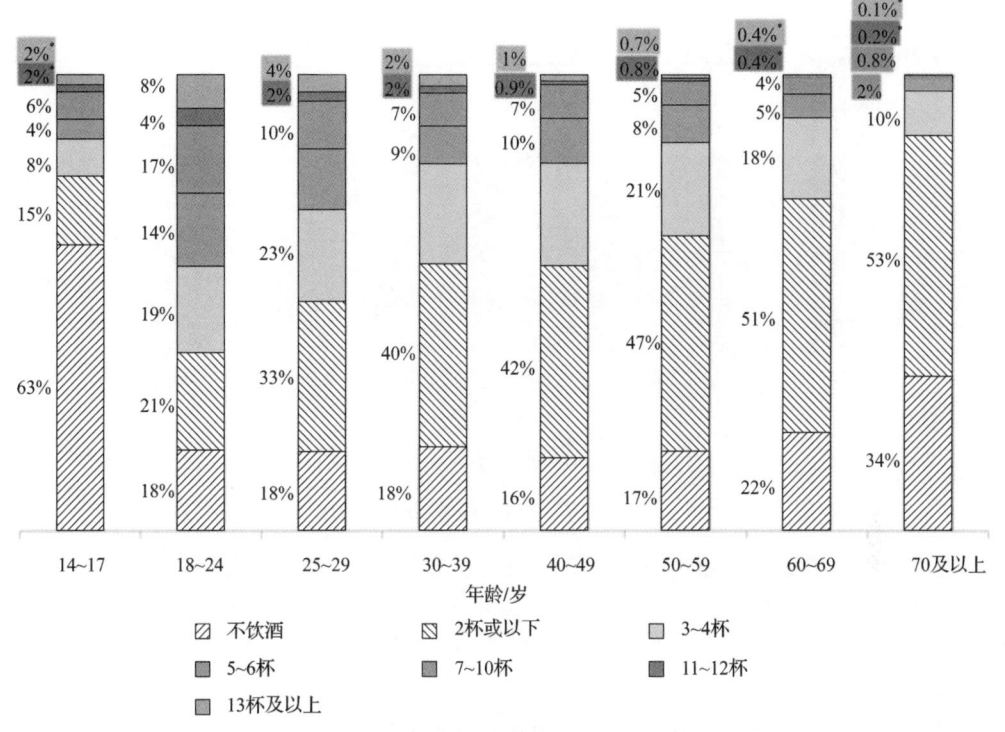

图 17　澳大利亚消费者饮酒量的年龄结构差异

（3）饮酒频率　如图 18 所示，44% 的人至少每周饮酒，其中有 6% 的人群每天饮酒。22% 的澳大利亚人不饮用酒精饮品。

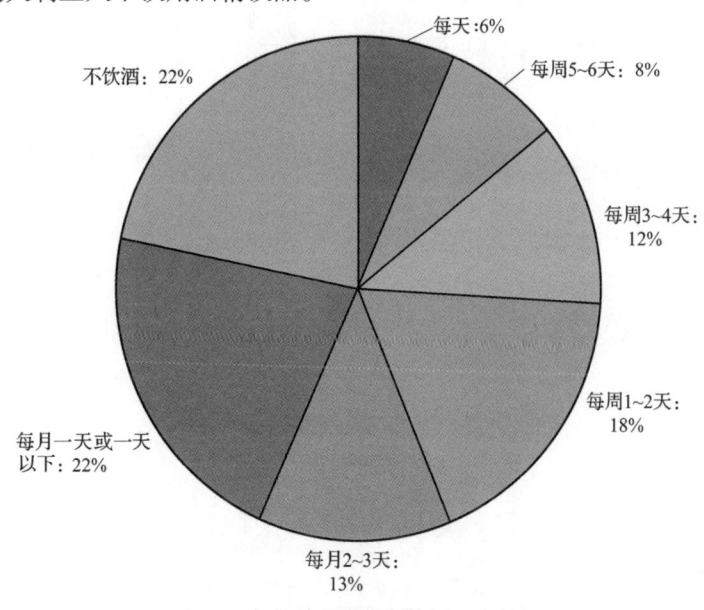

图 18　澳大利亚消费者饮酒频率情况

在性别差异上,如图 19 所示,男性比女性饮酒更为频繁。31% 男性每周饮酒天数最少为 3 天,而女性只有 21%。19% 男性不饮酒,女性为 25%。

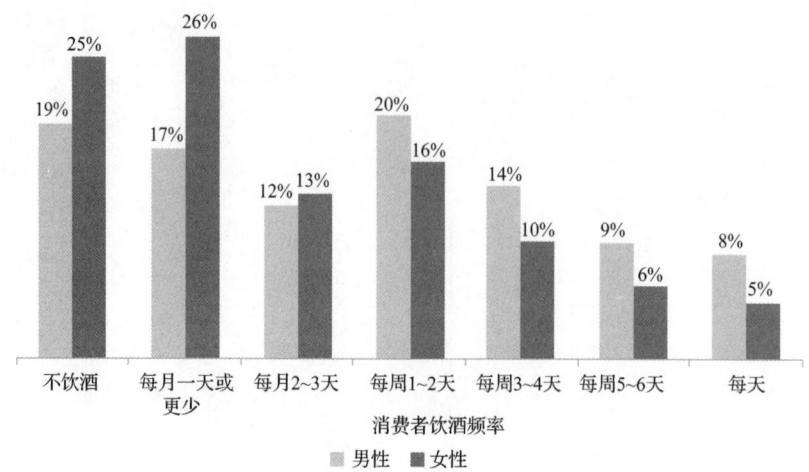

图 19 澳大利亚消费者饮酒频率的性别差异

此外,澳大利亚人饮酒频率随年龄上升显著增加,18~24 岁人群只有 10% 每周饮酒天数达到或超过三天,25~29 岁为 18%,30~39 岁为 22%,40~49 岁为 32%,50~59 岁为 36%,60~69 岁为 38%。随年龄越大,饮酒越频繁。具体情况如图 20 所示。

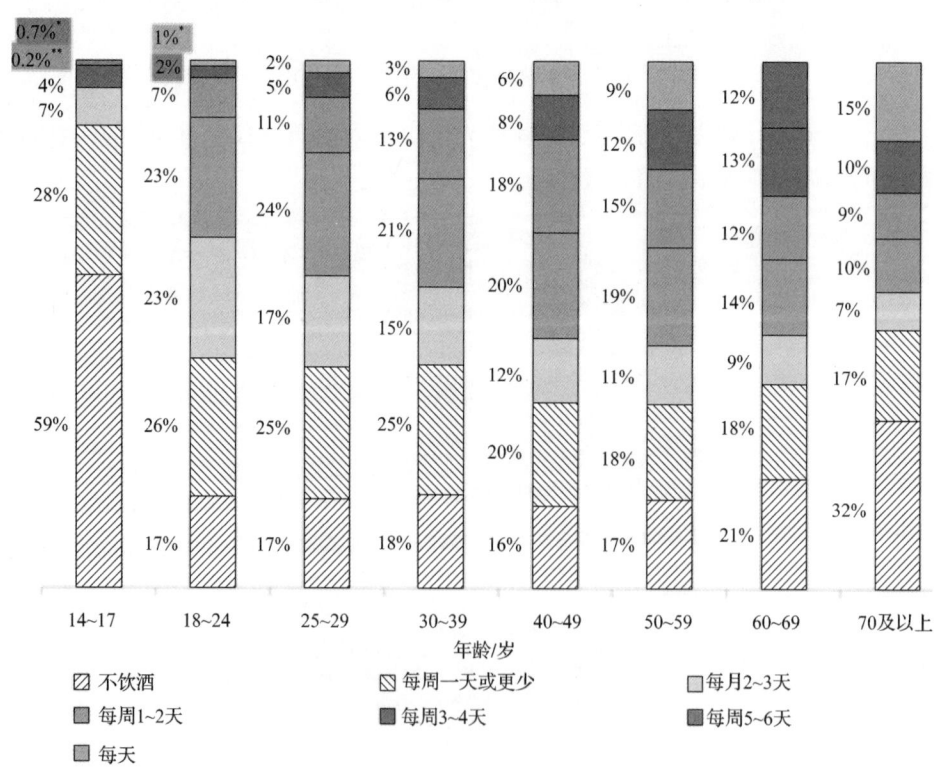

图 20 澳大利亚消费者饮酒频率的年龄结构差异

248

(三) 欧洲酒业市场调查

1. 酒类市场结构

(1) 当地酒业市场概况

① 欧洲著名产酒区：欧洲是世界上最知名的产酒地区，盛产各类酒品，首当其冲的是葡萄酒，法国、意大利、西班牙、葡萄牙等是欧洲较为有名的葡萄酒生产国。根据最近国际葡萄与葡萄酒组织（OIV）发布的全球葡萄酒产业统计数据，2016 年葡萄酒产量排名前三的国家依次为意大利、法国、西班牙，均为欧洲国家。意大利曾被古希腊人称作葡萄酒之国，是欧洲最早得到葡萄酒种植技术的国家之一，全国境内共有 20 个葡萄酒产区，由北向南依次划分为五大产区，分别为：北部山脚下产区（Vini Petemontani）、第勒尼安海产区（Vini Tirrenici）、中部产区（Vini Centrali）、亚得里亚海产区（Vini Adriatici）、地中海产区（Vini Mediterranei）；法国由于地形和气候优势，盛产高品质葡萄酒，法国葡萄酒有十大产区，分别是：香槟产区（Champagne）、阿尔萨斯产区（Alsace）、卢瓦尔河谷产区（Vallee de la Loire）、勃艮第产区（Bourgogne）、汝拉和萨瓦产区（Jura et Savoir）、罗讷河谷产区（Rhone Valley）、波尔多产区（Bordeaux）、西南产区（Sud–Ouest）、朗格多克-鲁西雍产区（Languedoc–Roussillon）、普罗旺斯-科西嘉产区（Provence et Corse）。其中，波尔多是法国最大的 AOC*葡萄酒产区，位于法国西南部，地处加龙河（Garonne）、多尔多涅河（Dordogne River）和吉龙德河谷地区，有近 11 万公顷葡萄园，年均产酒量 5 亿瓶左右，是世界上公认优质葡萄酒产区；西班牙是世界上葡萄种植面积最大的国家，品种丰富、品质上乘的葡萄为西班牙葡萄酒产业发展提供了坚实的基础。法国、意大利的葡萄酒产区各有特色且名酒较多，在世界葡萄酒市场上有着显著的代表性，比较而言，虽然西班牙是世界上最大葡萄种植国，葡萄酒产量也位于世界前列，但葡萄酒地位则处于比较尴尬的位置，甚至在欧洲本土，西班牙葡萄酒也没有法国、意大利葡萄酒那么受重视，但也正是因为不像法国葡萄酒那样被世人投以关注的目光，欧洲人能以相对低廉的价格享受到同样高质量的西班牙葡萄酒，西班牙最著名的葡萄酒产区有里奥哈（La Rioja）、那瓦拉（Navarra）、卡斯提尔·莱昂（Castilla Y Leon）、瓦尔德佩纳斯（Valdpenas）、卡斯蒂利亚-拉曼恰（Castilla–Ia–Mancha）、加利西亚（Galicia）、安达鲁西亚（Andalucia）、加泰隆尼亚（Catalunya）、卡特鲁西亚（Catalonia）、瓦伦西亚（Valencia）。

同样，在 2004 年的一项调查中显示，全球最大的 25 个啤酒国中，接近半数为欧洲国家，根据日本麒麟啤酒公司 2015 年对啤酒市场的调查数据，欧洲以年 5170 万千升的产量成为仅次于亚洲的最大啤酒生产洲。德国是传统啤酒生产大国，素有"啤酒王国"的美誉，2014 年，德国以年产量 95 亿升稳居欧盟第一啤酒生产国宝座，境内大大小小啤酒生产商超过千家，德国生产的啤酒通常被分为四大类：小麦啤酒（Wheat beers），顾名思义由麦芽酿制，也称"白啤"；清啤酒（Pale beers），四种啤酒中度数最低；黑啤酒（Dark beers），口感稍带甜味；未过滤啤酒（Unfiltered beer）。

② 欧洲酒类消费市场概况：欧洲不仅是世界上著名酒类生产国聚集的地方，其当

---

* AOC 为 Appellation d'Origine Controlee 的缩写，指原产地法定区域管制餐酒，是法国葡萄酒的最高级别。

地酒类消费市场也十分繁荣。欧洲有着悠久的饮酒历史,更早些时候,欧洲一些地区的人民甚至将酒类当作饮料饮用。尽管一项针对欧洲 12 个国家的调查显示,自 19 世纪 60 年代至 2008 年,总体饮酒量呈下滑态势,但这依然无法撼动欧洲酒类消费大洲的"显赫"地位。2014 年 5 月 14 日,世界卫生组织公布的全球酒类消费报告显示,世界上饮酒量排名前十的国家均出自欧洲,欧洲人均饮酒量是世界平均水平的 2 倍;其中,白俄罗斯以每年人均饮用 17.5 升纯酒精位列榜首;从地区分布来看,欧洲酒类消费量最高的地区为中东部,之后依次为中西部、南部、北部,酒类消费大国主要为法国、英国、德国、西班牙、意大利、葡萄牙、荷兰等。除此之外,世界卫生组织欧洲负责人曾表示:"欧洲地区每年人均饮酒量达到 11 升,远超世界其他地区,这样的冠军并不值得我们炫耀。"尽管这段话包含着发言人对欧洲酗酒问题的责备,但也客观地从侧面反映了欧洲酒类消费市场的繁荣以及欧洲人对酒的喜爱。

Brewers of Europe 的调查数据显示,2014 年全年欧盟居民啤酒消费量达到了人均 70 升,捷克则以人均年消费量 144 升位列欧洲啤酒消费之首。有关机构调查图谱显示,目前为止,世界上人均啤酒消耗量名列前茅的国家在欧洲地区十分集中(图 21)。

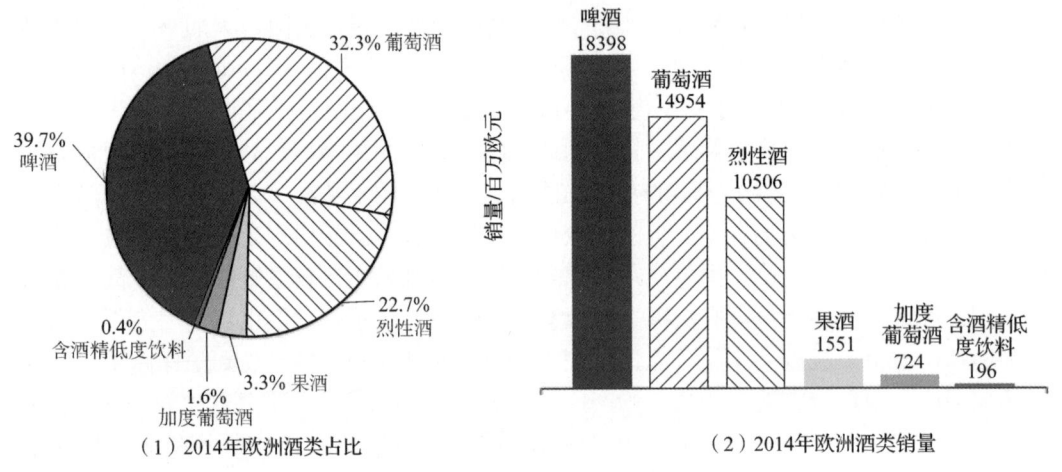

图 21 2014 年欧洲酒类销量及占比

(2)当地酒业市场主要酒类、销售占比及市场份额 IRI* 公布的 2015 年欧洲市场酒类销售调查报告显示,欧洲酒类消费市场**主要由啤酒、葡萄酒、烈性酒(如威士忌、伏特加、白兰地等)、苹果酒、加度葡萄酒***、含酒精低度饮料构成。酒类市场销售份额占比最高的前三位分别为啤酒、葡萄酒、烈性酒,三者总和加起来超过酒类消费市场的百分之九十,是欧洲酒类消费市场毫无疑问的主力军;其中,烈性酒在欧洲销售市场占比高于五分之一(表 15、图 22)。

---

* IRI:Information Resources,Inc. 美国著名市场调查公司,主要提供商品消费、销售、零售数据及分析服务。
** 数据调查截止时间为 2015 年 6 月,数据采集期间为 2014 年 6 月至 2015 年 6 月。
*** 主要指混合了白兰地等烈酒的葡萄酒,也称加度数葡萄酒。

表15 欧洲酒类市场主要酒种、销售占比及销售量

序号	酒类	销售占比	销售量/百万欧元
1	啤酒	39.7%	18398
2	葡萄酒	32.3%	14954
3	烈性酒	22.7%	10506
4	果酒	3.3%	1551
5	加度葡萄酒	1.6%	724
6	酒精类饮料	0.4%	196

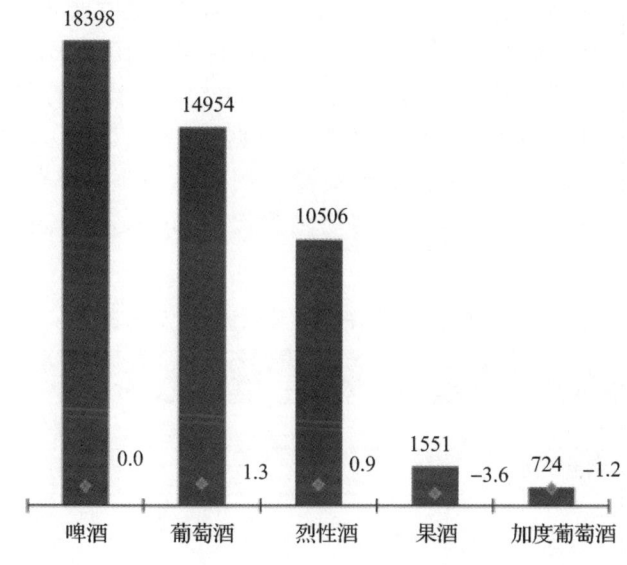

图22 欧洲酒业市场主要酒种销售额及变化率

数据显示，2014—2015年期间，欧洲葡萄酒及烈性酒的市场销售额略有上涨，涨幅分别为1.3%和0.9%；欧洲啤酒市场销量没有明显变化，与上年基本持平；市场销售额跌幅最大的为苹果酒和加度葡萄酒，分别比上年度下跌3.6%和1.2%。从现有数据分析，欧洲酒类消费市场在未来一段时间内，仍然会以啤酒、葡萄酒、烈性酒为主导产品。

作为2014—2015年欧洲消费市场增长最大的葡萄酒，在当地市场的品牌众多，主要企业所占市场份额比重不存在独当一面的情形，根据2014年的市场报告（表16），欧洲主要葡萄酒销售商（Grope Castel、Accolade Wines、Schloss Wachenheim AG、CAVIRO Soc. Coop. Agr等）市场占有率总和也不足百分之十，由此可见，欧洲葡萄酒市场面临的竞争十分激烈。

表16 欧洲主要葡萄酒销售商及市场占有率

销售商	市场占有率
Groupe Castel	2.3%
Accolade Wines	1.4%
Schloss Wachenheim AG	1.3%
CAVIRO Soc. Coop. Agr.	1.2%
Other	93.8%
Total	100%

(3) 消费渠道构成

① 消费渠道类型：欧洲酒类市场中较为常见的消费渠道主要有大型超市购买、餐厅购买、酒吧购买、便利店购买、独立酒类零售店购买以及其他*购买途径。

虽然目前并没有关于欧洲酒类不同销售渠道占总销售额比例的完整统计数据，但Market Line 2014年对欧洲葡萄酒市场调查的数据显示（表17），当地葡萄酒销售的众多渠道中，通过大型超市销售的葡萄酒比例高达46%；On-trade** 销售位居其次，占比达到28.9%；酒类专销零售店销售比例为14.2%；便利店销售相对较低，仅占4.4%。

表17 欧洲葡萄酒市场主要销售渠道及占比

消费渠道	占比
大型超市	46.0%
酒吧	28.9%
酒类专销零售店	14.2%
便利店	4.4%
其他	6.55%
总计	100%

值得一提的是，网络购物在近几年发展十分迅速，欧洲酒类销售也因此受益，欧洲各国对于网络购物在未来的发展趋势都十分看好，但欧洲酒业市场通过网络实现销售的份额在各个国家间的差异十分明显。据英国工业联合会收集的数据显示，以葡萄酒为例，目前欧洲各国葡萄酒通过网络销售的份额占市场销售总额的比例并不高：其中英国葡萄酒网络销售份额占比最高，大约在11%，欧洲其他国家，如瑞士、德国、荷兰、比利时、奥地利、瑞典等网络销售所占份额均低于5%（表18），而波兰的法律则明文禁止通过网络销售葡萄酒。

---

* 其他购买方式包括网络购买等。

** On-trade在此处主要指能够在购买葡萄酒后当场消费的渠道，如餐厅、酒吧等。

表18　欧洲部分国家葡萄酒网络销售份额占比

国家	网络销售份额占比
英国	11%
瑞士	<5%
德国	3%
荷兰	3%
比利时	3%
澳大利亚	3%
瑞典	1.7%

尽管葡萄酒与其他酒类通过不同渠道销售所占总销售额的比例因为消费者结构、消费偏好等因素存在着一定差别，但笔者认为欧洲酒类销售市场酒类不同销售渠道占销售总额比重的前后排位不会有过于明显的变化。大型超市、On-trade、酒类专销零售商在未来一段时间内仍将是欧洲酒类销售最主要的三种渠道，但随着网络购物的兴起及发展，欧洲酒类网络销售的渠道将进一步打开。

② 消费渠道选择：欧洲人日常家庭聚会等活动通常会通过大型超市及酒类专销零售店购买，但最能体现欧洲酒文化的地方还属街角巷尾大大小小的酒吧，欧洲人喜爱饮酒，传统酒吧文化繁荣，欧洲酒类销售商同样善于迎合消费者的习惯，餐厅酒吧等酒类销售商，花了很多心思去改变和创新，试图通过丰富消费环境配置和消费方式迎合消费者：世界著名咖啡店星巴克最近在英国开设店铺的装修风格更像是酒吧，且其也正尝试在店铺内销售啤酒，导致星巴克改变咖啡店装修风格、增加售卖产品品种的一个重要的原因就是当地饮酒消费者年龄年轻化，而星巴克善于抓住更多潜在消费者。

③ 欧洲著名酒商：欧洲酒类品种各异，品牌繁多，在不区分啤酒、葡萄酒、烈性酒的前提下，主要列举部分国家较为著名的酒商，见表19。

表19　欧洲部分国家著名酒商

序号	国家	厂商
1	法国	CASTEL
2	法国	Remy Martin
3	德国	Krombacher
4	葡萄牙	Enoport United Wines
5	西班牙	J. Garcia-Carrion
6	英国	DIAGEO
7	丹麦	Carlsberg
8	荷兰	Heineken
9	意大利	CAVIRO

2. 消费群体构成

（1）年龄结构　欧洲不仅是世界知名的产酒地区，同样是出了名的饮酒大洲。在欧洲，大部分国家饮酒的最低合法年龄为 18 岁，也有部分国家最低合法饮酒年龄为 16 至 18 岁[*]，如葡萄牙、德国、西班牙、奥地利、比利时、荷兰等；比较而言，根据世界卫生组织的统计，除柬埔寨、中国等对饮酒合法年龄无明确法律规定的国家外，欧洲合法饮酒年龄在世界范围内相对较低。

饮酒合法年龄的规定旨在限制酒类销售终端：未满合法饮酒年龄的人群不能在商店购买酒，酒吧、饭店[**]也不允许消费酒类产品，但根据国外网站调查，大部分欧洲国家，在十六岁以下拥有第一次饮酒经历的人数比重较大，而这类人第一次饮酒往往在家庭聚会中，欧洲未成年人接触酒的比例较大和欧洲家庭文化密不可分，酒被当作家庭聚会的普通饮料看待，部分家庭长者允许甚至鼓励家中未成年人适量饮酒，因此，与大部分地区一样，欧洲年轻人在酒类消费群体中占比较大。

（2）男女比例　近十年来，随着女性经济实力和独立能力的提升，世界范围内女性饮酒人数的不断上升，改变了酒类市场消费者结构，这一现象也正在欧洲发生，越来越多的女性饮酒者甚至对欧洲酒类销售企业的营销策略产生了影响。Portobello brewing Co[***]的总经理在接受采访时曾提到："越来越多的女性开始对啤酒表现出兴趣，她们喜欢少量饮用以助兴"；澳大利亚新南威尔士大学的一个研究小组，通过对以北美及欧洲地区为主的消费人群进行数据分析，证实了酒类消费市场有越来越多的女性消费者进入；关于全球最新的饮酒偏好调查也显示，女性消费者在数量上几乎追赶上了男性消费者。

传统观念认为的酒类市场消费者以男性为主的局面正在发生改变，欧洲许多国家逐渐开始重视女性消费者的需求，商家为了迎合消费者结构变化做出了不少相应变化：英国数据调查公司曾经发布的报告称，由于欧洲大龄女性加入饮酒行列，欧洲餐厅和酒吧尝试着营造更加温馨的家庭式饮酒环境和氛围；FAB 精品酒原本针对的受众群体主要为年轻饮酒者，由于刚上市时得到了女性特别的青睐，也在后期销售中成为女性消费者主导用酒并从中获利颇丰；葡萄酒不仅在中国越来越受女性喜爱，欧洲女性也对其情有独钟，许多葡萄酒销售商十分重视女性消费者的市场开发。

（3）消费习惯　根据一项针对 12 个欧洲国家消费者饮酒偏好的调查显示，欧洲不同地区的消费者饮酒偏好有所区别，且随着时间的推移，各地区饮酒者的消费偏好也在逐渐发生着变化（表20）：在过去五十年间，北欧饮酒数量总体出现较大幅度的上升，中部地区饮酒总量虽有增加，但增幅并不明显，而南欧地区饮酒总量则出现了大幅下滑的情况；从最近的调查数据显示，北欧地区最爱啤酒，其次是葡萄酒、烈性酒，中欧地区最爱啤酒和葡萄酒，其次是烈性酒，南欧地区酒类消费者则更偏爱葡萄酒，其次是啤酒，最后是烈性酒。

---

[*] 欧洲部分国家法定饮酒年龄因不同酒种类、不同州、不同消费地点而异。
[**] 部分欧洲国家法律规定16–18岁可以在餐厅消费果酒，但不能在独立酒类销售商店购买酒。
[***] 波多贝罗酿造公司：英国上市公司，主要经营食品和饮料（生产啤酒）行业。

表20　1960—2010年欧洲各地区饮酒量变化

	1960—1969年	1970—1979年	1980—1989年	1990—1999年	2000—2010年
北欧地区					
葡萄酒	0.50±0.2	0.85±0.3	1.13±0.3	1.47±0.4	2.15±0.7
啤酒	2.72±1.8	3.82±1.9	3.64±1.8	4.07±1.4	4.07±1.1
烈性酒	2.43±1.1	3.45±1.6	3.28±1.6	2.22±1.1	1.89±0.7
总计	5.32±1.4	7.55±1.6	7.66±1.7	7.54±1.7	8.63±2.0
中欧地区					
葡萄酒	3.53±1.8	4.16±1.6	4.445±1.5	4.32±1.2	4.28±0.9
啤酒	3.93±1.4	5.01±1.18	5.58±1.0	5.23±1.2	4.78±1.2
烈性酒	2.28±0.4	3.16±1.13	3.38±1.8	2.54±1.1	2.34±1.0
总计	10.27±3.3	12.97±1.9	13.29±2.1	11.86±1.6	11.54±1.4
南欧地区					
葡萄酒	14.88±3.7	13.43±2.4	9.72±2.2	6.82±1.8	6.05±1.76
啤酒	1.62±0.9	2.29±1.0	2.64±1.1	2.68±1.1	2.62±1.17
烈性酒	2.77±0.7	3.13±0.5	2.85±0.9	2.36±1.0	1.49±1.04
总计	19.39±3.6	19.08±1.8	15.63±2.22	12.04±2.0	10.39±2.22
全欧洲					
葡萄酒	5.01±6.1	5.1±5.2	4.38±3.7	3.76±2.4	3.72±1.9
啤酒	2.86±1.7	3.83±1.8	4.0±1.8	4.11±1.6	3.99±1.4
烈性酒	2.46±0.8	3.27±1.2	3.21±1.5	2.36±1.1	1.95±0.9
总计	10.41±6.2	12.24±4.9	11.53±4.0	10.11±2.8	9.98±2.3

（资料来源：世界卫生组织，2011）

（4）消费影响因素　2012年，欧盟政策制定者曾试图找出使酒类消费市场振兴的策略，但由于成员国数量较多，各国酒类市场存在地区性差异，酒类市场多样性对策略制定造成不小挑战。

影响酒类消费的相关因素主要可以从两方面分析：内部因素及外部因素。内部因素主要指消费者行为偏好，而外部因素则包括地区政策、酒类价格、酒类包装、口感甚至气候因素等。由于欧洲国家众多，且各个国家具体情况差异较大，在此不一一赘述，具有代表性的国家将在后文对策举例中提及、阐释。

三、以"智猪博弈"理论分析白酒海外市场情况

在解决和讨论中国白酒企业如何在海外市场发展营销时，首先应该解决的是由谁先走出去、谁愿意先走出去的问题。在此通过"智猪博弈"理论的分析，可以帮助我们回答这个问题。

(一)"智猪博弈"理论模型

"智猪博弈"是由诺贝尔经济学得主约翰·纳什1950年提出,是将博弈论引入经济决策中,提出的一个著名的纳什均衡模型。假设猪圈里有一头大猪、一头小猪。猪圈的一头有猪食槽,另一头安装着控制猪食供应的按钮,按一下按钮会有10个单位的猪食进槽,但是谁按按钮就会首先付出2个单位的成本。若大猪先到槽边,大小猪吃到食物的收益比是9∶1;同时到槽边,收益比是7∶3;小猪先到槽边,收益比是6∶4。由于大小猪进食量存在差别,当大猪选择行动的时候,小猪如果行动,其收益是1,而小猪等待的话,收益是4,所以小猪选择等待;当大猪选择等待的时候,小猪如果行动的话,其收益是-1,而小猪等待的话,收益是0,所以小猪也选择等待,如图23所示。虽然大猪打开食槽会付出一些成本,但是对于小猪来说,不管大猪主不主动去打开食槽,小猪等待都是占优选择,因此想进食,只能大猪行动去打开食槽。

	小猪 行动	小猪 等待
大猪 行动	5, 1	4, 4
大猪 等待	9, -1	0, 0

图23 "智猪博弈"收益矩阵

(二)中国白酒海外市场的"智猪博弈"困境

海外市场就像一个巨大的"食槽",一旦打开,将会有丰富的食物。因此大小猪都希望它能被打开从中获得食物。但是要打开这个巨大的"食槽",前提是需要花费巨额成本的。

先从竞争力上来说,海外白酒市场充满了各种类型的酒种:啤酒、烈性酒、葡萄酒、果酒等。仅烈性酒就有威士忌、伏特加、白兰地等种类,因此白酒在海外市场的竞争力之大可想而知。并且,由于饮酒习惯、饮食文化等不同,中国白酒独特的口味不太适应当地人的饮酒喜好,因此白酒文化、白酒品鉴等活动的宣传、推广必不可少。而开拓一个市场的费用包括广告宣传费、促销推广费、维护费、租金、人员工资、渠道投入费用等大大小小的费用。因此,打开这样一个市场,花费巨大可想而知。

要想开拓一个新市场,相比于大企业,对于中小企业来说就更难,它们不仅面临可承担的推广费用有限,而且品牌知名度低、批发商不接受产品以及缺乏高级营销人才等困难。因此,很多中小企业都选择等待,认为应该由大企业去担当"大猪"的角色去优先打开海外市场这个食槽。

但是,目前海外酒类市场中中国白酒面临的问题就是:虽然有大酒企业如茅台、五粮液有进军海外市场的行为,但放眼整个海外酒类市场,白酒不管从销量、宣传、认识度上都只占国外酒业市场上很微小的一部分,以至于在海外酒类市场调查数据中几乎找不到中国白酒的相关数据。这是因为即使有大企业去进军海外市场的行为,但由于海外市场推广的花费巨大,这些大企业充其量只是在海外宣传了自身的品牌,让海外市场上多了自身品牌的销售,但并没有真正增加白酒在海外市场的竞争力,也没有实质性地宣传、推广中国白酒,因此这些大企业并没有成为真的"大猪"去打开海外市场的大门。

(三)运用"智猪博弈"理论,在海外白酒市场中重新定义大猪小猪

在打开了海外白酒市场这个巨大食槽,大企业虽然比中小企业得到的利益要大,但是其前期投入的成本大于所得利益,那大猪选择的也将是等待。如图24所示,大小猪

吃食槽的比例如上述不变的情况下，假设打开食槽前期的花费成本从2增加到7，大猪为大企业，小猪为小企业，那么大小猪行动后的进食情况如下：

		小企业	
		行动	等待
大企业	行动	0，-4	-1，4
	等待	9，-6	0，0

图24　大、小企业博弈收益矩阵

由图24模型可知，不管前期花费增大还是减小，由于存在食量的差异，小猪即小企业选择等待都是最优的抉择。但是，当前期花费增大，大企业先行动，但得到的利益在小企业同时行动时为0，而如果小企业选择等待，大企业先行动，得到的利益为-1时，大企业的立场将会发生改变，即，大企业也会等待小企业行动才会得到利益。因此在海外白酒市场这个食槽中，假设"大猪"是"大酒企"是不可行的。

在"智猪博弈"中，"大猪"要率先打开食槽的前提条件是：行动虽然可能比等待所得利益少，但是一定是成本小于利益的。在白酒市场中，任何一家大型的酒企进入国际市场，主要也是宣传自身品牌，不仅花费成本巨大，对白酒的宣传，竞争力提升的成效也不大。从目前白酒国际化的市场调查情况看来，中国白酒的宣传度、认知度在海外市场都很薄弱，缺乏竞争力，而对整个中国白酒的宣传、推广、白酒文化的传播也不是一两家大型酒企就可以做到的。任何一个企业都是以盈利为目的，如果大企业大量投入在宣传、推广白酒文化上，为他人作嫁衣，得到的利益小于投入的，那么只可能如图24所示，等待选择而不作为，自然就成了"小猪"的位置。因此，这里的"大猪"不应是指大企业，而应是以政府、行业协会为代表的更高层面的组织去承担。因为从国家级、省级层面去打开海外白酒市场，更有能力去承担相应的花费，为国家、省、市所带来的利益也是可观的。因此，在海外白酒市场中的"智猪博弈"理论中的大猪应该是各地政府及白酒行业协会；小猪则应该是中国白酒企业。

四、中国白酒在海外市场面临的问题

（一）缺乏"大猪"主动行为带领打开国际市场

通过上述"智猪博弈"理论分析可知：目前放眼整个海外酒类市场，白酒不管从销量、宣传、认识度上都很薄弱，这是因为没有一头"大猪"去主动带领中国白酒打入国际市场，占领市场份额。海外市场就是一个巨大的"食槽"，不管大企业，小企业都想分得一杯羹，但是这也需要提前花费巨大成本赢得。面对巨大的前期投入成本，很多企业没有实力去负担或者即使负担了前期投入成本，后期的回报也只是给他人作嫁衣而不愿意作为。因此对于这些"小猪"企业，主动攻入国际市场不如等待"大猪"先行更占优势。由于缺乏"大猪"的带领，中国白酒的宣传度、文化的推广程度，知名度都很缺乏，使得白酒在海外的接受度、销售量也迟迟不见成效，这也导致了中国白酒迟迟没有在海外酒类市场占有分量。

（二）白酒价格与海外消费者的购买能力不相适

酒的价格以及消费者的收入水平决定着消费者的购买能力，而消费者的购买能力又直接影响着他们选择购买什么样的酒。当人均收入的增长大于酒类产品的价格的增长，购买能力就增加。相反，当价格的增长大于收入的增长，那当地民众的酒类产品购买能力下降。以澳洲为例，当地居民消费调查表表明（表21），每周人均花费32.5澳元在酒类产品上，其中12.58澳元花费在啤酒上，8.47澳元花费在葡萄酒上，5.35澳元在烈性酒上。收入高的人群在酒的消费上比低收入的人群消费得更多，并且通过花费占比显示（表22），高收入的人群会花费更高的预算比例在购买酒精饮品上，例如，最高收入的群体：花费了2.82%的预算在购买酒精饮品上，而第四高收入的人群花费2.67%的预算在购买酒精饮品上。但值得注意的是虽然高收入人群在酒精花费上高于低收入的人群，但随着收入的增加，消费酒类产品的比重增加幅度却不大。例如，当排名第4的收入人群比第3的收入人群平均收入增长不多时，他们对酒类产品的消费比重是一样的，都是2.67%。最高收入人群的收入差不多是最低人群收入的6倍时，他们对酒类产品的消费所占比重却只增加了0.9%（2.82%－1.92%）。

表21 澳大利亚不同收入群体每周酒类消费金额

	家庭总收入五分之一					所有家庭
	最低	第二	第三	第四	最高	
含酒精的饮料	10.76	19.58	31.17	39.47	60.83	32.35
Alcoholic beverages nfd	1.14	2.26	5.80	7.08	11.26	5.51
Alcoholic beverages nfd	0.01	0.08	0.16	0.19	0.23	0.13
off licensed premises	0.31	0.49	1.37	1.14	1.92	1.05
on licensed premises	0.82	1.70	4.27	5.75	9.12	4.33
啤酒	4.73	8.68	11.95	15.48	22.09	12.58
Beer nfd	0.04	0.05	0.09	0.05	0.04	0.05
off licensed premises	3.10	6.09	7.84	9.85	12.24	7.82
on licensed premises	1.60	2.54	4.02	5.58	9.80	4.71
葡萄酒	3.16	5.04	7.50	9.77	16.91	8.47
Wine nfd	0.04	0.03	0.04	0.90	0.18	0.24
off licensed premises	2.73	4.02	6.45	7.26	13.43	6.78
on licensed premises	0.39	0.99	1.01	1.61	3.31	1.46
烈性酒	1.68	3.30	5.33	6.35	10.07	5.35
Spirits nfd	—	—	0.02	0.03	0.01	0.01
off licensed premises	1.55	2.42	4.10	4.69	6.85	3.92
on licensed premises	0.13	0.88	1.21	1.64	3.21	1.41
其他含酒精饮料	0.04	0.29	0.59	0.77	0.50	0.44
Other alcoholic beverages nfd	—	—	0.11	0.10	0.03	0.05
off licensed premises	0.02	0.27	0.29	0.51	0.26	0.27
on licensed premises	0.02	0.03	0.19	0.17	0.21	0.12

表22 澳大利亚不同收入群体酒类消费占比

	家庭总收入五分之一					
	最低	第二	第三	第四	最高	所有家庭
含酒精的饮料	1.92	2.40	2.67	2.67	2.82	2.62
Alcoholic beverages nfd	2.20	0.28	0.50	0.48	0.52	0.45
Alcoholic beverages nfd	0.00	0.01	0.01	0.01	0.01	0.01
off licensed premises	0.06	0.06	0.12	0.08	0.09	0.08
on licensed premises	0.15	0.21	0.37	0.39	0.42	0.35
啤酒	0.85	1.07	1.02	1.05	1.02	1.02
Beer nfd	0.01	0.01	0.01	0.00	0.00	0.00
off licensed premises	0.55	0.75	0.67	0.67	0.57	0.63
on licensed premises	0.29	0.31	0.34	0.38	0.45	0.38
葡萄酒	0.57	0.62	0.64	0.66	0.78	0.69
Wine nfd	0.01	0.00	0.00	0.06	0.01	0.02
off licensed premises	0.49	0.49	0.55	0.49	0.62	0.55
on licensed premises	0.07	0.12	0.09	0.11	0.15	0.12
烈性酒	0.30	0.40	0.46	0.43	0.47	0.43
Spirits nfd	—	—	0.00	0.00	0.00	0.00
off licensed premises	0.28	0.30	0.35	0.32	0.32	0.32
on licensed premises	0.02	0.11	0.10	0.11	0.15	0.11
其他含酒精饮料	0.01	0.04	0.05	0.05	0.02	0.04
Other alcoholic beverages nfd	—	—	0.01	0.01	0.00	0.00
off licensed premises	0.00	0.03	0.02	0.03	0.01	0.02
on licensed premises	0.00	0.00	0.02	0.01	0.01	0.01

由此可见，酒类的消费者对于酒类产品的购买力和消费占比会随着收入的增加，但是增加的比重和收入的增加并不成正比，换句话说，酒类产品的消费者对酒类的花费较为稳定，高收入的人群在酒类产品花费上，也不会过多消费，或者购买高价的酒类。

由上述调查显示，澳大利亚人均每周消费在32.5澳元，在烈性酒的花费上占了5.35澳元，那一年人均消费烈性酒278.2澳元。但是在澳洲酒类专营店售卖的白酒，例如，茅台一瓶售价在280澳元左右，五粮液一瓶售价在223澳元左右。白酒的价格远远高出了澳洲人均酒类产品的花费，超出了一般人的购买能力，让消费者望而却步。而同样在DAN Murphy's销售的其他烈性酒，如威士忌John walker red：36澳元，黑牌：43澳元、芝华士：44澳元。伏特加：Smirnoff：30~40澳元，灰雁：45澳元。甚至在DAN Murphy's韩国的烧酒：700mL价格也主要在30~60澳元，日本清酒：700mL价格主要在30~100澳元。因此白酒的价格相对于这些烈性酒，就显得"高不可攀"。而当价格

"高不可攀"时,也就远离了大众消费,降低了销售量。因此,白酒的较高价格是阻碍其销售首当其冲的原因。

(三) 中国白酒与饮食文化的差异

由于中西方在地形、气候等方面存在较大的差异,不同国家、民族在漫长的历史发展中形成了风格迥异的饮酒习惯和酒文化,因此,这也成为中国白酒难以被西方国家所接受的阻碍之一。

1. 不是主要饮酒种类

古代中国人主要聚集在黄河流域和长江流域,其地形和气候适宜于高粱、小麦、大米等粮食作物的生长,因此形成了以粮食酿造的高度数酒为主的中国酒文化。而作为西方文化起源的西欧,则以地中海气候和温带海洋性气候最为显著,比较适合葡萄等水果的种植,因此形成了以葡萄酒为主的西方酒文化。

时至今日,西方国家的酒类消费仍以啤酒和葡萄酒为主,相对来说,烈酒在消费市场中占据较小的市场份额。在美国消费市场中,烈酒占比 20%~25%,欧洲国家对烈酒的消费比例在 20% 左右,而澳大利亚消费者对烈酒的消费仅占 17%。其中,西方国家对烈酒的消费基本以伏特加、威士忌、朗姆酒、白兰地等国外蒸馏酒为主。而中国对酒类的消费则以白酒为主,总销售额占比 50% 以上,相比来说,中国葡萄酒的人均消费尚不足世界平均水平的三分之一(图 25,图 26)。因此,要在以葡萄酒和啤酒消费为主的西方国家推广中国白酒,仍面临着不少阻碍。

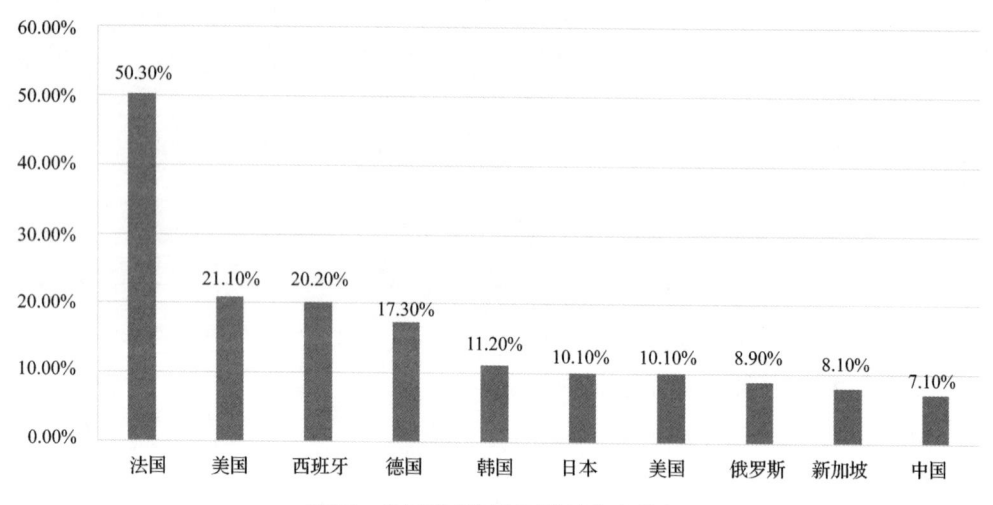

图 25　各国葡萄酒在酒类消费中的占比

2. 饮酒习惯的不同

(1) 饮酒的方式不同　中国的酒文化认为饮用混酒容易致醉,因此通常在正式场合只饮用一种酒,而不倾向于混饮,并且对于白酒都是直饮或者纯饮,勾兑往往被认为会破坏酒的品味。但在西方国家的饮酒习惯中,极少会单纯地饮用烈酒,而是会根据酒的特质和味道、以果汁、软饮料或者不同种类的酒进行调配,制成鸡尾酒再饮用,即使是纯饮烈酒通常也会以冰块或者矿泉水进行勾兑。再者,中国的饮食习惯也以喝温酒为主,认为温酒能够更好地激发酒的香气和风味,也有利于发挥酒的保健作用,这正与西

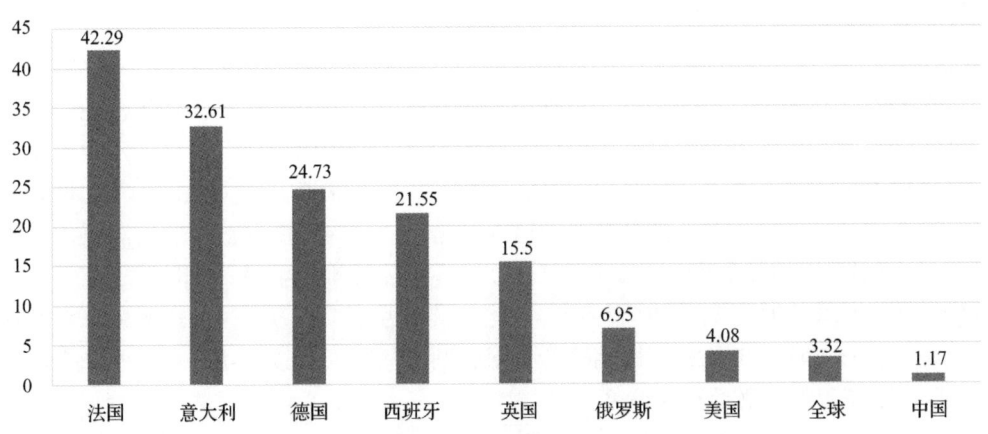

图 26　2014 年各国葡萄酒人均消费量

方国家偏好冰酒的习惯相反。并且,在中国的酒文化中,白酒是一种比较珍贵且正式的饮品,通常作为一种重要的交际媒介出现在比较正式的宴请或者应酬场合;而西方人对酒则是趋于品尝和享受的态度,会根据酒的不同特点在不同的就餐阶段饮用不同的酒,以此来得到更好的用餐体验,并不注重喝酒的多少,更不会出现劝饮的状况。

(2) 没有与饮食文化相融合　除此以外,相比以纯饮为主的日本或者韩国清酒来说,中国白酒的推广也存在一定的劣势。一方面,清酒的度数相对较低,更符合西方国家消费者的口味;另一方面,在饮食推广的过程中,清酒早已与日本、韩国的餐饮文化紧密地结合在一起,即使是中国消费者在日本料理店或者韩国餐馆就餐时,也会自然而然地选择搭配清酒来饮用。与之相比,虽然中餐在许多西方国家都广受欢迎,但是在中餐推广的过程中,并没有给消费者留下要搭配中国白酒的印象,因此使得白酒的推广和接受存在一定的障碍。

(3) 白酒印象不佳

① 度数高,口感不同:通过对海外酒类市场进行访谈调查,当地酒类消费者对中国白酒最直观的印象是酒精度数高,大部分受访者在听到白酒的第一反应是难喝且易醉。在海外市场消费者心中,中国白酒不仅难以和"享受"一词产生联系,反而用"闻而生畏"一词描述他们对中国白酒的态度也显得毫不为过,且由于国外对于烈性酒在饮酒方式上存在差异,导致中国白酒"度数高""气味刺鼻""辣喉"的特征更为突出。从调查数据来看,作为世界六大蒸馏酒*、八大烈酒**之一的中国白酒,在酒精度数上和其他烈酒相比较并没有特别的差异,市面上售卖的烈性酒酒精度数大致都在38~60度,但是同为烈性酒的金酒、伏特加、朗姆酒、威士忌、龙舌兰、白兰地等作为常用的调酒基酒,与苏打水、可乐、果汁等搭配在一起时,酒精浓度被稀释,饮用起来给人的口感更亲切,更容易让人接受,而一般白酒消费者并没有将白酒调制饮用的习惯,

---

*　六大蒸馏酒:白兰地(Brandy)、威士忌(Whisky)、伏特加(Vodka)、金酒(Gin)、朗姆酒(Rum)、中国白酒。
**　八大烈酒:金酒(Gin)、白兰地(Brandy)、威士忌(Whisky)、伏特加(Vodka)、朗姆酒(Rum)、龙舌兰酒(Tequila)、清酒(Sake)、中国白酒。

通常是直接饮用高度白酒，这样一来，同样度数的烈性酒，使得中国白酒给外国消费者的印象更烈。

② 独特气味，不易被接受：相比伏特加、威士忌、白兰地等西方烈酒，中国白酒分为许多香型，如浓香型、酱香型、清香型等，具有以酯类为主的复合香味，是一种十分浓烈和独特的味道，特别是在饮酒后，饮酒者身上的酒味比较难以快速散发。根据访问，许多西方消费者都表示比较难以接受白酒的气味以及味道。事实上，在实地调研中发现，在美国纽约和澳大利亚的部分酒吧已经推出以白酒为基酒进行调制的鸡尾酒，根据品尝者的反馈，以白酒调制的鸡尾酒口味新奇，总体反响还不错，但是鉴于之后难以散发的酒味，许多人还是对此望而却步。因此，虽然近年来西方国家的白酒爱好者有所增加，但仍是比较小众的酒种，距离完全被聚会酒宴的客人所接受还有很长的路要走。

（四）不完善的白酒标准化体系

1. 缺少统一的技术标准

技术标准是一种世界通行的技术语言，标志着一个产业的产品成熟程度与科技水平。与世界其他知名蒸馏酒酒种相比，我国白酒香型种类繁多、口感复杂，不同香型的白酒在制作工艺、技术水平上都存在差异。目前我国现行的白酒国家标准及行业标准中，根据香型、工艺的不同，白酒就被分为了17种类型，每种类型的白酒都有其对应的技术标准。因此，时至今日，我国都没有出台一部反映中国白酒一致性和易识别的国家标准，如何确定中国白酒统一的物理与化学特质以及关键技术指标阈值仍是一项技术难题。

由于白酒统一技术标准的缺失，在面向国际市场时，就难以对其进行一个标准化的统一界定，这也导致其在联合国商品贸易统计数据库中没有单独的商品编码，只能归属于"HS220890 – Alcoholic liqueurs nes：其他不另做说明的蒸馏酒或酒精饮料"。这一分类矮化了我国传统工艺白酒的国际地位，无法实现与世界其他知名蒸馏酒种的区分，不利于我国白酒的"走出去"战略实施，也无法在国际市场上实现对我国传统工艺白酒的有效保护。

2. 缺少规范的专业术语

目前在国际市场上，世界知名烈酒品种都有其独特的名称，如伏特加（Vodka）、朗姆酒（Rum）、威士忌（Whiskey）、清酒（Saki）等，唯独中国白酒至今仍没有规范的英文名称。关于中国白酒的英文翻译一直都众说纷纭，从学术角度来看，一般对外宣传被称为"Chinese Spirits（中国烈酒）"；消费者及部分媒体有时则会根据其汉语拼音直接音译为"Baijiu"；也有人将其翻译为"Chinese Liquor"，用liquor这一酒类总称来特指白酒并不十分准确。名称的不规范、不统一弱化了中国白酒的权威性，降低了中国白酒在世界蒸馏酒中的地位。

3. 缺少统一的品评标准

国外蒸馏酒行业中对于酒的评判标准十分清晰、较为具体，在判定蒸馏酒的标准中，通常讲究"五度"：醇和度、柔顺度、丰满度、开胃度、消化度。换言之，即注重酒质细腻、协调、回味良好，要求名优蒸馏酒的香气不太浓而使人愉悦、口感舒适。国外部分名优蒸馏酒也有辣味或苦味，但辣味较轻、不冲，苦味较短。然而中国白酒有十数种香型，不同香型的口感、气味都存在较大的差异，因个人偏好不同，各种香型之间难分高下，都各有其独特之处。因此，中国白酒的评判标准也十分复杂，也很难形成一个统一的、能够作用于各个香型的品评标准。对于国外消费者来说，就没有一个权威的比较标准，从而也不利于中国白酒打开国际市场。

五、海外产品进入中国市场案例分析

在探讨如何让中国白酒打入海外市场的策略时，可以通过对海外品牌成功进入中国市场的案例进行分析，从中吸取有用的经验，为日后我国白酒走进海外市场做借鉴。在此，以美国著名快餐连锁肯德基进入中国市场后快速发展的成功经验为例，分析其量身定制目标市场的本土化营销策略。

（一）肯德基营销策略分析

肯德基是美国跨国连锁快餐店，由哈兰德·桑德斯上校创建于1939年，肯德基主要经营炸鸡、汉堡、饮料等快餐食品。1987年，肯德基在中国开了第一家餐厅，短短几十年间，肯德基在中国各个城市开设了三四千家餐厅。肯德基的成功归功于其在中国本土化的营销策略，其主要表现如下。

1. 努力打造、迎合中国人的饮食习惯

肯德基进入中国市场初期采用的"标准化营销"方式，即将其在美国的营销模式运用于中国市场。肯德基进入中国市场后，对自身优劣势进行分析，竭力将中国消费者的新鲜感转化为饮食习惯的一部分。肯德基进入中国市场，对健康日益重视的中国消费者一度有着抵制"垃圾食品"的情绪，基于这一困境，肯德基的产品研发团队根据中国人的消费偏好在中国的产品线增加果蔬类产品，改变烹饪方式，推出豆浆油条等符合中国传统饮食习惯的产品。

2. 品牌文化营销同样是肯德基成功的重要因素

一方面，肯德基白胡子老爷爷的品牌形象给人以和蔼、友善、慈祥的印象，是中国传统家庭和睦氛围的象征；另一方面，肯德基推出全家桶套餐，部分肯德基在店内设置儿童游乐区，装置滑梯供儿童娱乐，推出生日派对套餐，预定可享受折扣套餐，在餐厅播放生日歌曲，赠送小礼物等服务。肯德基打出感情牌，营造出温馨、欢快的家庭用餐意境，在一定程度上为肯德基在中国发展揭掉尖锐的"洋玩意儿"标签，赢得了部分本来对洋快餐有着排斥心理的中老年消费群体的好感。

3. 肯德基定价模式多样

在中国市场时常有折扣与让价，除采取发放纸质、电子优惠券给予价格优惠，将饮料、薯条、炸鸡、汉堡等产品任意组合成套餐让价的方式外，常根据中国市场情况，不定期推出热门电影、动漫等周边产品，如玩具挂饰，作为套餐内容提供给消费者自主选择。

4. 肯德基在中国建立了本土化销售策略

肯德基的主要分销渠道为特许经营的分销模式及网上、电话直营销售。由于肯德基在中国发展成熟，其特许经营的分销模式风险更小，网上、电话直营销售则契合了中国餐饮的发展形势和规律，为消费者提供用餐便利，线上线下结合的销售策略对于保持市场份额起到了积极作用。

（二）对中国白酒走出国门的借鉴意义

对肯德基进入中国市场并取得成功的案例进行分析可知，中国白酒进入海外市场，必须走本土化道路：建立进入海外市场的核心理念，发挥自身优势，对于企业劣势，有针对性地进行弥补，通过树立正面形象，吸引潜在消费者，找准市场机遇，克服挑战，制定既能发挥企业特色，又能吸引当地消费者的本土化营销策略。

中国白酒历史悠久，现有白酒制酒工艺精湛，中国白酒进入海外市场，要把白酒的历史厚重感一同带进去。同时，白酒营销可搭配各地酒器共同推广，既让饮白酒变得具有一定趣味性，又能使中国白酒与中国传统酒器进行组合销售。

与此同时，海外酒业市场调查显示，烈酒饮酒者比重较高的群体集中在18～30岁年龄阶段，这意味着中国白酒走出去应该将发展重心瞄准年轻消费群体。培育年轻消费群体，应对年轻消费者的消费偏好及心理偏好进行分析，在广告投放中淡化白酒厚重的历史感，突出其具有活力的一面，让年轻消费者以饮白酒为时尚，是中国白酒抢占海外酒类消费市场的关键。

海外市场酒类消费者喜爱饮酒，并且传统酒吧文化发展繁荣，欧洲酒类销售商善于迎合消费者的习惯，花心思去改变和创新，通过丰富消费环境和消费方式迎合消费者的需求。例如，著名的国际连锁咖啡店星巴克最近在英国开设了一批新店铺，其装修风格更像是酒吧，并且也正尝试在店铺内销售啤酒。因此，中国白酒进入海外市场，同样也需要迎合当地消费者习惯，丰富销售渠道，推陈出新，将中国白酒在饭桌饮用的传统进行革新，让白酒饮用场景多元化，如开辟契合当地流行的酒吧文化的销售途径。

除此之外，又如澳洲葡萄酒在国内的销售：澳洲葡萄酒之所以能快速地打入国内市场，让中国意识到澳大利亚也是产葡萄酒的国家之一，其政府的功劳必不可少。澳大利亚对于葡萄酒的宣传推广，是以政府牵头，带领各大葡萄酒商进行整体的宣传和推广，并给予葡萄酒企业一定的政策扶持和支持，鼓励它们走出国门，才使得澳洲的葡萄酒能快速高效地进入中国市场，受到人们的喜爱。通过对这些成功案例的分析，我们在探讨中国白酒如何走出国门时可以借鉴其经验，从本土营销策略、当地饮食文化、饮酒群体、政府作用等方面去分析和探索。

六、对策建议

（一）由政府、行业协会当"大猪"，主动带领企业打入国际海外市场

对于上述提到的关于中国白酒在海外酒类市场面临的问题之一就是缺乏"大猪"带领去打开国际市场这个食槽。在分析"智猪博弈"理论中已经探讨了谁应该是"大猪"、谁应该承担前期成本去打开国际市场的大门，即，由各地政府及白酒行业协会去担当这头"大猪"，以它们为主体，推进白酒国际化。政府、白酒行业协会等机构应在外交、文化交流、经贸合作等层面多维度进行白酒推广品鉴活动，在财政上给予一定支持，首选价廉物美的白酒品牌，帮助企业进行推广宣传，调动企业国际化意愿，并以官方身份为白酒推广做保荐，增强海外市场消费者对中国白酒的认可度。这样以国家牵头，带领白酒企业走出国门，让海外酒类市场的消费者有更多机会接触白酒、接受白酒，打开中国白酒在海的销售市场，为酒企业这些"小猪"铺出一条道路，也才能更好地拉动国内经济，增加税收，实现双赢的局面。

（二）从价格上：分阶梯，全覆盖，低、中价位的白酒普及市场，高价位白酒树立形象

在探讨中国白酒在海外市场会不会被消费这个问题前，首先要解决的是能不能消费得起。高价位白酒在海外市场面临的尴尬，其实在国内也面临着。一般高价位的白酒大多用于商务宴请，或者重要聚会中，并非普通老百姓聚餐常饮品牌。在国内自从八项规定实施后，许多高端白酒销量下滑，很多酒厂开辟了新的生产线，生产大众消费的酒品牌，如劲酒、江小白等，都取得了不错的成绩。同理，目前在海外销售的白酒，大都是国内的"精品酒"，如茅台、五粮液等。这些酒虽是中国白酒的代表，但其价格不菲，这就抬高了消费者消费的门槛，让中国白酒对很多海外消费者来说"听过其闻，未尝其身"。这不仅影响了销路，也妨碍了中国白酒文化的推广。因此，在白酒进入海外市场时，应像清酒、烧酒一样，分低、中、高价格的白酒一起进入市场，让低、中等价位的白酒普及市场，让高价位的白酒树立中国白酒形象，进行分阶梯式的推广销售。

（三）充分调动国外消费者的兴趣和好奇

古老而又神秘的中国文化始终颇受外国人的好奇和青睐，作为中国传统文化的一部分，中国白酒文化却甚少为外国消费者所了解。因此，我国应当通过多方式、多渠道大力宣传中国白酒文化，充分吸引外国消费者对白酒的兴趣，一旦消费者对中国白酒产生了浓厚的兴趣和好奇，白酒的推广和普及就顺理成章了。

1. 擅用国外社交平台进行宣传

在目前高度信息化的时代，网络是非常好的信息传播平台。例如，作为全球最大的社交网站，Facebook月活跃用户数量高达16亿人次，具有非常大的受众群体；优酷作为全球最大的视频分享网站，具有超过10亿的用户基础，是极佳的视频传播平台。如能与海外华人或公益性的文化传播组织相协作，利用Facebook等各大网络社交平台和门户，对中国白酒文化进行宣传和传播，就比较容易让外国消费者对中国白酒文化有所了解，转变对白酒的传统印象，从而产生一定的兴趣。

2. 增加互动性活动的举办

近年来，虽然我国陆续在俄罗斯、美国、瑞典、德国、法国、日本等国举办中国节，但主要表现形式仍以书法、国画、京剧、功夫等传统艺术为主，白酒也仅是作为中国饮食的一部分来介绍。为宣传我国白酒文化，可以由中国酒业协会、中国商务部、中国外交部等联合各大酒企，专门举办"中国白酒文化节"，通过品鉴、表演、纪录片等多样化的表现形式，详细介绍我国白酒的发展过程、区域性差异、历史渊源以及在文学作品中的表述等。品牌厂商可以举办一些互动活动，如让消费者体验中国传统酿酒工艺、流程等，以实现吸引外国消费者兴趣的目的。

3. 形象打造：从"饮白酒"转变为"品白酒"

通过推广白酒品鉴活动，与白酒文化相结合，促进白酒转型升级。从以前商务宴请

的"豪饮"形象,转变为"品白酒"。效仿葡萄酒,通过对白酒优劣、年份的品鉴的学习,打造高端饮酒形象,让喝白酒也成为一种品位生活、提升格调的事。

(四)将白酒和中国饮食文化整合在一起,以饮食拉动白酒消费

一方面,中国的饮食文化早已为西方国家所接受,许多外国消费者也都对此赞不绝口,中国餐饮在海外已经具有了一定规模的消费群体,这对于中国白酒的推广来说也是很好的受众基础。因此,可以在中餐馆普及的过程中积极地推广中国白酒的普及和宣传,甚至号召海外华人在开办中餐馆时只提供中国白酒,使得消费者逐渐养成以白酒搭配中餐的习惯,通过这一措施来增加国外消费者对中国白酒的接触和了解,从而逐渐提高其接受度。另一方面,清酒的普及在一定程度上得益于韩剧在全球的风行,韩国的影视作品中但凡出现就餐的场景通常都会出现清酒,无形中就加强了清酒与韩国餐饮的联系。因此,我国也可以在影视作品创作的过程中增加对白酒的正面宣传,改变人们对白酒商务化、应酬化的固有印象,使得白酒与中国饮食文化紧密结合,以此拉动白酒消费。

(五)建立完善的白酒标准化体系

1. 实现技术标准化

为了实现我国白酒品牌"走出去"战略,技术标准化一定是我国白酒行业发展的一大趋势。这30多年来,我国都一直为白酒的技术标准而努力着。2008年,我国成立了全国白酒标准化技术委员会,标志着我国白酒标准化研究进入一个新的阶段。近年来,我国相继制定颁布了多种香型白酒的国家标准,在白酒标准化方面取得了长足的发展。2016年,国务院印发的《消费品标准和质量提升规划(2016—2020年)》中指出,到2020年,要实现"重点领域的主要消费品与国际标准一致性程度达到95%以上"。今后在制定我国白酒标准化的国家标准时,既要考虑我国人群的消费特点,又要兼顾到国际消费者的消费特点,使之成为国际烈性酒市场规则的重要组成部分,形成我国民族品牌知识产权保护体系,并以它为技术支撑推动我国白酒的国际化进程。

2. 实现术语规范化

在推进中国文化走向世界的进程中,中英文间的翻译起到至关重要的作用,中国酒文化的推广亦是如此。有关权威部门,如中国酒业协会、文化部等,应当就此问题达成一致的官方意见。不仅仅是针对中国白酒名称的翻译,还有酿酒技术、程序以及相关用具等,都应当形成规范的专业术语。学术界也可以在这一方面进行进一步的深入研究,以促进中国白酒及中国酒文化的国际推广。

3. 实现品评标准化

目前在白酒的品评方面,每一种香型都已经各自基本形成了较为权威的评判标准,但要想提高白酒的国际形象和权威性,就应当进一步实现综合的品评标准统一化。此外,考虑到白酒在气味、口感、味道、工艺等方面的复杂性,短时间内难以实现统一的白酒评判标准。因此,针对国外消费者的饮食习惯,以及对甜酒、低度数酒的偏好,目前应当在国际市场上主推小曲、清香型。小曲白酒酒质醇和、入口微甜,清香型白酒则醇甜柔和、清香纯正,这两种白酒都无过多杂味,比较容易为国外消费者所接受。

（六）消费群体分层推进白酒销售

中国白酒走出国门，面临最大的问题是如何寻找到一条铺开国际市场、引导白酒消费大众化的合适道路。针对海外酒类消费，应进行受众群体划分，将消费者进行分层，迎合不同受众群体的消费喜好。

1. 迎合年轻消费者需求

在西方国家，烈性酒消费较多的是年轻群体，而出口海外的中国白酒大多定位高端人群，这就导致了白酒的消费价格和受众群体能力不匹配，从而限制了中国白酒在海外的销售。此外，针对年轻消费群体，可以令中国白酒文化融入西方酒吧文化，以更轻松、活泼的方式进行广告宣传，着力打造一款明星白酒勾兑产品。同时在白酒推广中，以低度白酒为主推，低度白酒带来更易接受的口感，也更适合目前海外市场消费习惯，例如韩国真露度数在20度左右，日本烧酒一般度数较低，在25~45度*。

2. 增加主流销售渠道销售覆盖率

海外酒业消费市场中，通过超市、餐厅、酒吧等渠道消费酒的比例占酒类消费比重的70%左右。因此，针对中国白酒在海外的销售渠道，应当首先覆盖超市、餐厅、酒吧等渠道，提高这些渠道的销售覆盖率，从而能够使更多消费群体接触白酒。

3. 改变容量规格，挖掘更多潜在消费者

走出国门的中国白酒相对于本土同规格酒类销售价格更高，因此在推广过程中可以适当减小白酒酒瓶容量。一方面，小瓶装能够显著降低售价，避免中国白酒在推进市场初期价格劣势过于突出；另一方面，小瓶装能够满足对中国白酒感兴趣的消费者尝试的需求，小规格中国白酒更能吸引消费者购买、尝试，从而挖掘更多喜爱中国白酒的潜在消费者。

参考文献

［1］谢伟强. 西方营销学理论及其在中国的发展. 中南民族大学学报（人文社会科学版），2004，S1：85-86

［2］王圣元，王小波，沈毅. 市场营销学. 南京：东南大学出版社，2014

［3］Wendell R. Smith. Product Differentiation and Market Segmentation as Alternative Product Strategies. Journal of Marketing，1956，11（7）：3-8

［4］菲利普·科特勒等著，何志毅等译. 市场营销管理（亚洲版）. 北京：机械工业出版社，2006

［5］王培才. 市场细分理论的新发展. 中国流通经济，2004，04：35-37

［6］Thomas V. Bonoma，Benson P. Shapiro. Segmenting the Industrial Market. Lexington，Massachusetts：Lexington Books，1983

［7］John Berrigan，Carl Finkbeiner. Segmentation Marketing：New Methods for Capturing Business. New York：HarperBusiness，1992

［8］Ann Marie Kerwin. Brands Pursue Old，New Money. Advertising Age，2001

---

* 一般喝的时候会加开水、梅干，或是柠檬，使得口感更温润。

(6): 1-11

[9] 菲利普·科特勒等著,何佳讯等译. 营销管理(第15版). 上海:格致出版社,2016

[10] 菲利普·科特勒等著,楼尊译. 市场营销:原理与实践(第16版). 北京:中国人民大学出版社,2015

[11] 王霞,赵平,王高,刘佳. 基于顾客满意和顾客忠诚关系的市场细分方法研究. 南开管理评论,2005,05:28-32

[12] 佩罗特等著,胡修浩译. 基础营销学(第15版). 上海:上海人民出版社,2006

[13] Robert F. Lauterborn. New Marketing Litany:Four Ps Passé:C - Words Take Over. Advertising Age,1990,7:113-119

[14] 钱慧敏,邵焱. 4P与4C的互补应用. 企业活力,2001,04:34-36

[15] 杜伟锦,章斌,张凤霞. 市场营销策略的比较研究. 电子科技大学学报,2004,03:327-330

[16] 姜明明. 4P与4C之比较研究. 国际商务研究,1999,01:67-69

第六篇

企业篇

贵州茅台酒厂（集团）有限责任公司

一、企业基本情况

（一）历史文化

中国贵州茅台酒厂（集团）有限责任公司（以下简称茅台集团）是在贵州茅台镇成义（华茅）、荣和（王茅）、恒兴（赖茅）三家私营酿酒烧坊的基础上发展起来的特大型国有企业，位于贵州省北部赤水河畔茅台镇，占地1.5万亩，员工3万余人。

茅台集团以贵州茅台酒股份有限公司为核心企业，主导产品贵州茅台酒历史悠久、源远流长，具有独特的酿制工艺和深厚的文化内涵，1915年荣获巴拿马万国博览会金奖，与英国苏格兰威士忌、法国柯涅克白兰地并称"世界三大名酒"；在1952年第一次全国评酒会上被评为"四大名酒"，并蝉联五届国家级名酒称号，先后15次荣获国际金奖；是我国酱香型白酒的鼻祖和典型代表，是绿色食品、有机食品、地理标志产品，被誉为"国酒"，是一张香飘世界的"国家名片"。

茅台酒酿酒工业遗产群是第七批全国重点文物保护单位，其酿酒活动历经百余年沧桑岁月，蕴藏着丰富的酒文化元素，是不可复制的历史文化遗产和具有极高利用价值的"活文物"。

（二）发展现状

2016年，茅台集团完成销售收入508亿元，同比增长20.8%；完成利润总额255.9亿元，同比增长12.4%，占我国规模以上白酒企业利润总额的30%以上；完成增加值466.3亿元，同比增长22.5%，约占贵州省规模以上工业增加值的11.6%；上缴税利197.7亿元，同比增长23.3%，约占贵州省一般公共预算收入的12.7%；全年出口创汇3.17亿美元、占全国白酒出口额的一半以上。

全年贵州茅台酒股份有限公司实现营业收入388.62亿元，同比增长18.99%，实现归属于上市公司股东的净利润167.18亿元，同比增长7.84%。2016年12月30日，"贵州茅台"市值4198亿元，约占18家白酒上市企业总市值的48%。

二、主要发展举措

党的十八大以来，在党中央、国务院和贵州省委、省政府一系列重大决策的有力推动下，茅台集团坚持深耕市场、优化服务，扎实推进改革创新、转型发展，成功顶住宏观经济持续下行和行业周期性调整压力，在业内率先实现转型，抗风险能力、竞争能力、发展后劲、综合实力大大增强，进入了新的上升发展周期。

（1）坚持以市场和效益为中心，推动转型发展取得了新突破　深入贯彻中央决策部署和习近平总书记系列重要讲话精神,按照贵州省委、省政府的战略部署,围绕"一看三打造"战略目标,扎实推动茅台酒向大众消费根本转变;深入贯彻供给侧结构性改革有关要求,主动转型、创新实干,引领全省白酒产业成为贵州工业"第一支柱",并于2016年提前一年实现"十三五"规划2017年目标,实现了"十三五"良好开局。一是把正确的营销理念贯穿始终。切实树立和强化消费者至上的服务型意识和理念,绝不将储存时间不到年限、酒体品质不符标准的茅台酒投放市场,坚持以讲良心、负责任的态度和行为赢得人心和市场。二是把正确的营销策略贯穿始终。一方面,主动契合国内市场需求,全力满足社会期待。坚持科学安排计划、合理投放市场,平衡市场供需,让老百姓买得到;坚持"厂家有效益、经销商有利润、老百姓能接受",合理引导市场价格,让老百姓喝得起。另一方面,积极稳妥拓展国际市场,加快"走出去"步伐。主动对接融入"一带一路"战略,填补沿线空白市场,力争实现全覆盖,进一步扩大国际"茅粉"生态圈,引领和推动中国白酒抱团"走出去"。

(2)坚持以人才和创新为根本,推动人才发展取得了新进展 大力弘扬企业家精神,深入推进企业家队伍建设和人才强企战略,有效增强了茅台的关键竞争能力和可持续发展能力。在引进"达人"上,面向全国招揽了一批战略、市场、金融、财务、管理和新闻公关等精英人才;在培养"传人"上,建立大师工作室、专家工作站,深入开展"师带徒"活动,培养了一批懂传统工艺、守质量信仰的茅台工匠;在用好"匠人"上,打通技术晋升通道,评聘了一批首席、特级高技能高技术人才。目前,茅台有中国白酒大师2人,中国酿酒大师5人,中国首席白酒品酒师7人,中国白酒工艺大师2人,国家级白酒评委12人。

(3)坚持以品牌和价值为导向,推动品牌建设取得了新成果 2013年以来,茅台四次入选年度"BrandZ全球最具价值品牌百强榜",且是唯一上榜的蒸馏酒品牌,并于2017年首次进入"BrandZ中国最具价值品牌百强榜"前十强;多次入选福布斯"全球2000强企业";荣登"全球烈酒品牌价值50强"榜首;入选"2016年世界品牌五百强"、获封"最古老品牌";多年雄踞位居"2016年华樽杯酒类200强排行榜"榜首。茅台酒销售额在全球蒸馏酒单品中连续排名第一,成为中国最具国际化实力和潜质的白酒品牌,实现了把茅台酒打造成"世界蒸馏酒第一品牌"的战略目标。

(4)坚持以感恩和回馈为己任,推动责任茅台树立了新形象 "十二五"以来,茅台集团深入践行"大企业要有大担当",大力支持国家和地方社会经济事业发展。捐资20多亿元,支持地方环境保护、小城镇建设、交通建设、扶农兴农,带动地方就业10万余人。以茅酒之源、中国酒文化城等项目为重点,大力支持茅台小城镇建设,着力打造历史悠久、文化厚重、独具特色的"人文茅台"。自2014年起,每年捐资5000万元,连续10年捐资5亿元,以赤水河流域环境治理和生态保护为重点,加强生态建设,发展循环经济,着力打造宜居、宜业、宜游的"生态茅台"。出资1575万元为西部地区150万农村小学生捐赠《新华字典》。捐资1900万元为贵州贫困地区中小学援建100所"国酒茅台希望食堂"。荣获"中华慈善奖——最具爱心捐赠企业""人民企业社会责任奖"和"2015年希望工程杰出贡献奖"等殊荣。连续九年向社会公开发布社会责任报告。自2012年起,连续六年出资6亿元,开展"国酒茅台·国之栋梁"大型公益助学活动，帮助全国 12 万名贫困学生圆了大学梦，并协调集团各子公司、经销商、合作单位提供 3000 个实习岗位、300 个就业岗位，通过捐资助学、就业实践，为全省全面同步小康尽一份责任和力量。

（5）坚持以从严和责任为重点，推动党的建设取得了新成效　根据中央和省委统一部署，紧紧围绕"党要管党、从严治党"，深入贯彻党的十八届六中全会、全国国有企业党建工作会和习近平总书记系列重要讲话精神，认真贯彻省第十二次党代会精神、全省国有企业党建工作会精神，紧紧围绕"把方向、管大局、保落实"，切实增强政治责任和工作责任，牢固树立政治意识、大局意识、核心意识、看齐意识，着力解决党的领导、党的建设"四个化"问题，不断提高党的建设能力和水平，把坚持党的领导、加强党的建设与现代企业治理有机结合起来，营造"酒香、风正、人和"的发展环境，推动党建工作取得了阶段性新成效。

三、未来发展思路

茅台集团将继续坚持"一品为主，系列开发，确保做好酒内文章；做精主业，上下延伸，理性拓展酒外天地"的战略总思维，坚持"稳中求进，提速转型"的总方针，做优茅台酒，做大系列酒，做足上下游产业，做强股份公司，做大集团公司，进一步巩固国酒地位和行业标杆地位，努力开拓国际市场，巩固和提升世界蒸馏酒第一品牌地位，把茅台集团建设成为产融结合的投资控股集团。

四川省宜宾市五粮液集团有限公司

一、企业概况

四川省宜宾市五粮液集团有限公司(以下简称"公司"),是全球知名的以白酒生产经营为主的特大型企业集团。前身为8家酿酒作坊在20世纪50年代初联合组建的"中国专卖公司四川省宜宾酒厂",1959年正式更名为"宜宾五粮液酒厂",1998年改制为"四川省宜宾五粮液集团有限公司"。目前,公司已形成以酒业为核心主业、多元化发展(现代包装、现代物流、现代机械制造、高分子材料为支柱产业)的产业格局。公司现有职工5万多名,拥有从明初连续使用至今、从未停止过发酵的明代老窖池,也有一大批现代化、规模化的酿酒生产车间。

2016年,公司总资产956.28亿元,销售收入703.08亿元、利润100.29亿元、利税157.5亿元,出口创汇2.16亿美元;荣列中国企业500强第208位、中国制造业企业500强第98位。作为酒业板块的股份公司,全年实现营业总收入245.44亿元、净利润70.57亿元;五粮液品牌价值已达875.69亿元,连续22年保持白酒制造行业第一。

二、2016年企业发展概况

2016年,全球各大经济体呈现复苏迹象,中国经济保持了平稳健康的发展趋势。随着宏观经济的稳定发展和消费的转型升级,特别是"理性饮酒,饮好酒"健康消费理念深入人心,广大消费者更加倾向于选择品牌影响力大、产品质量好的名优企业产品,以五粮液和贵州茅台为代表的国内知名白酒企业出现较大幅度的增长,特别是高端白酒开始出现复苏现象。

2016年,公司主动适应国家经济发展新常态,审时度势,通过实施发展战略调整、营销模式创新等一系列改革创新举措,灵活应对市场变化,切实保障公司平稳、有序地发展。公司各项经济指标达到预期,实现"十三五"规划良好开局。

(一)酒业成绩更加突出

主要经济指标持续处于行业前列。2016年股份公司实现营业总收入245.44亿元,较上年216.59亿元增长13.32%;实现归属于上市公司股东的净利润67.85亿元,较上年61.76亿元增长9.85%。

(二)营销模式创新释放活力

公司始终把改革发展贯穿生产经营的全过程,坚定不移地大力推进营销模式的不断创新,推动由粗放式"贸易销售模式"向精细化营销、终端营销模式转型。一是自

2015年8月公司启动对普五价格的恢复工作以来，经过几轮精准操作，目前市场上普五价格基本稳定在800元左右，顺价销售的目标圆满实现，进一步提振了经销商和市场的信心。二是狠抓优化品牌结构，系列酒产品实现大幅度增长。2016年公司颁布了《系列酒开发管理原则性规定》等一系列规范性文件，品牌瘦身工作得到落实，品牌资源配置得到优化。2016年累计淘汰品牌12个，清理产品条码200多个；系列酒销售收入同比增长24.22%。三是强化团队建设，执行力与战斗力得到进一步增强。内部服务支撑体系逐渐完善，各个单位各司其职、团结协作，在新产品开发、品牌管理与维护、品牌宣传、订单管理、生产计划安排等各方面相互配合，为市场开拓和营销创新提供了有力的支撑。公司核心品牌渠道库存消化至历史最低，市场布局不断优化；2016年获得第四届中国酒业营销金爵奖。

（三）员工持股计划顺利获批

公司非公开发行股票暨员工持股计划已于2016年12月获中国证监会审核通过；将把公司发展与管理层、骨干员工、经销商利益实现捆绑，打造命运共同体，进一步调动员工、经销商参与公司生产经营的积极性。

（四）品牌价值大幅攀升

公司始终坚持"品牌为王"的战略定力，以恪守匠心品质、打造核心竞争力为根本，以优化产品结构、强化市场管理为抓手，以精准广告投放、大事件营销、拓展文化宣传、优化舆论环境为依托，进一步优化品牌传播体系，全方位加强品牌建设。尤其是赞助G20杭州峰会，成为峰会宴会用酒，以卓越品质和独特魅力赢得国际友人青睐；跨全年、跨七大中心区域的五粮液"耀世之旅"全球文化巡展，得到了社会充分肯定，不仅品牌形象大幅提升，而且成功实现从传统产品宣传到现代品牌文化输出的转型。五粮液品牌斩获"亚洲品牌500强""影响中国品牌50强""第十届中国品牌节华谱奖"等诸多荣誉，品牌价值以875.69亿元，继续稳居"中国品牌价值100强"第三名，连续22年保持食品行业第一，五粮春、五粮醇分别以145.72亿元、108.33亿元位居该榜单第29位和第38位。

（五）科研创新能力不断提升

公司抓实抓好科技研发，竞争实力显著增强。大力实施"科技兴企"战略，借助于国家、省部级技术创新平台以及外部各类科研机构的技术合作，依托各类科研项目，驱动公司发展再上新台阶。全年，公司对外申报科技项目49项，其中立项31项，获拨国家财政项目专项资金887.8万元；在研科技项目113项，其中完成29项，获得行业科技进步奖3项、宜宾市科技进步奖1项、公司级科技进步奖2项。股份公司技术研究中心被认定为"中国轻工业浓香型白酒固态发酵重点实验室"，并再次被评为"宜宾市优秀国家级企业技术中心"；参与申报的"传统白酒中添加外源食用酒精的鉴别技术"项目，获得中国酒协科学技术一等奖；参与申报的"固态浓香型白酒品质提升关键功能微生物技术开发"项目，获得国家重点专项资金支持；与四川中烟合作的"五粮浓香型烟用胶囊的研发"项目，成功研发出集五粮浓香爆珠与烟丝之大成的宽窄（五粮浓香）新品香烟。仙林果酒公司获得中国第二届酒业仪狄奖"科技创新奖"，新研发的"德古拉（B型）·蓝莓味"产品获"青酎奖"。

（六）狠抓质量管理不放松

积极推动"质量管理、食品安全、质量诚信"三大体系融合，多维度落实大质量观。扎实抓好粮食质量预检，全程跟踪、监督和指导，合格率达100%；制定小麦、高粱等企业标准，指导建立原料基地，为粮食溯源奠定基础；制定《地理标志保护产品 五粮春酒生产技术规范》等3项区域性地方标准，在业内首次采用酸酯总值、己酸+己酸乙酯表述理化指标；加强质量控制，白酒产品在市场抽查中，合格率达100%，实现零索赔目标。

（七）优化人力资源建队伍

公司秉承"人才强企"思想，培养为主、发挥为要，为公司改革创新提供人力资源保障。尤其是深入推进"三项制度"改革，采取公开竞聘、组织提拔等方式任用中层干部10人、职能主管22人，增强职工学习和竞争意识。全年，公司新增白酒国家评委2名，1人获评"全国技术能手"、2人获评"四川省技术能手"、1人被评为"全国优秀农民工"、5人被推荐为"宜宾市突出贡献技师"、11人成为"宜宾市技术能手"，推荐的19名专业技术人员全部获得新一届白酒金三角委员会委员资格。公司被授予"四川省技能人才培育突出贡献集体"称号。

（八）知识产权培育和维护

公司以贯标工作为契机，进一步加大知识产权的培育、使用和保护力度，助推无形资产价值提升。全年，新增国内注册商标107件；新申请专利190项；1枚商标通过四川省著名商标认定、3枚商标被认定为宜宾市知名商标、6个四川名牌产品和9枚宜宾市知名商标通过复审。截至目前，公司拥有国内注册商标1510件、海外注册商标271件，其中中国驰名商标6枚、四川省著名商标16枚、宜宾市知名商标35枚。

（九）强化文化建设添动力

公司始终坚定"文化强企"的战略思路，坚持不懈打造文化软实力。对内，组织开展文化活动、编制文化丛书和拍摄企业宣传片、微视频，丰富公司企业文化内容和传播载体，发挥文化在凝聚力量、激励创新、促进管理以及规范行为等方面的推动作用；对外，以举办《五粮液大赋》雕塑落成典礼等重大活动为着力点，拓展企业文化的传播力和影响力。特别是国家4A级景区创建以最高分通过，文化与旅游高度融合，为公司培育新动力。

（十）积极履行社会责任

在稳定就业岗位5万多个的基础上，新增全日制用工110余人、非全日制用工1300余人；同时，热心参与助学、扶贫、济困、志愿服务等公益活动，向清华大学励学基金续捐260万元，"五粮液教育基金"新资助贫困学生101名；精准扶贫兴文县范家村，构建"高管+贫困户""基层党组织+贫困户"的结对帮扶模式，通过个人对口捐资捐物、公司出资250万元用于其100户危房改造和村容村貌改善，成功帮助范家村集体脱贫。同时，建立五粮液川南红粮特供种植基地、深化地方旅游资源合作及文化产品开发，增强兴文县产业"造血功能"。公司相继被授予"宜宾市公民道德建设实践宣传教育先进单位""宜宾市培育和践行社会主义核心价值观先进单位""四川省关心下一代工作爱心企业""四川省志愿服务贡献奖""四川省重点扶贫工作先进单位""公益慈善扶贫企业"等称号。

三、下一步企业发展规划

公司作为中国浓香型白酒的典型代表和川酒的龙头企业,将遵循"创新、协调、绿色、开放、共享"的发展理念,深入贯彻落实四川省第十一次党代会精神,切实践行农业供给侧结构性改革,坚持"创新求进,永争第一"的企业精神,坚持"做强主业,做优多元,做大平台"的发展战略,力争早日突破千亿目标。

(1)"做强主业"就是要进一步聚焦核心酒业 要强化核心品牌高端定位。突出产品品质、定价、创新等多维度的品牌管理,加快五粮液品牌价值的回归和品牌形象的提升,稳定并提升五粮液的市场份额。要精简优化系列酒的产品结构,重点打造一批5亿、10亿、20亿级的大单品,坚决淘汰市场定位不清晰、价值贡献低的产品。要致力于传统与创新结合。高度重视低度、时尚、健康的个性化需求,推动以工艺创新、酒体创新为核心的供给侧结构性创新,引领消费升级新需求。同时,结合国家"一带一路"战略和五粮液国际化发展,与国内外顶级投资基金合作,设立白酒产业并购基金,在国际国内市场上对顶级酒企开展战略性收购。

(2)"做优多元"就是要进一步优化多元产业结构,提升核心竞争力 要按"三去一降一补"的方式,下大力气去掉无效、低效的投资和闲置资产,降低经营成本,补齐有市场前景产业的发展短板。加快推进转型升级,积极对接省委省政府的重大产业布局,大力发展好战略性新兴产业和高新技术产业,培育新的增长点;通过加快市场化改革,引进战略投资者,寻求具有核心竞争力的主导产品,继续做优公司比较优势明显的机械加工、高分子材料、现代包装、现代物流等产业。要做好新的上市公司的培育工作,继续在优势产业中培育扶持1~2家新上市公司;同时,着眼于全球资本市场,结合公司"走出去"战略,在适当时机寻求海外上市。

(3)"做大平台"就是要加快向国有资本投资运营公司的转型 打造产业资本和金融资本有机结合的资本运营平台,以市场化、专业化方式,充分实现国有资本高效流动、有序进退。围绕做强主业,五粮液还将进一步依托其产业基础与资本优势,加强资本运作,拓展金融服务业务,加快在金融领域的战略性布局,积极推进产业发展基金、证券投资、产业链金融等业务的发展,参与地方商业银行的增资扩股。

江苏洋河酒厂股份有限公司

一、企业概况

江苏洋河酒厂股份有限公司，位于中国白酒之都——江苏省宿迁市，坐拥"三河两湖一湿地"，是世界三大名酒湿地产区之一。公司总占地面积近10平方公里，下辖洋河、双沟、泗阳等多个酿酒生产基地和苏酒集团贸易股份有限公司，拥有洋河、双沟两大"中国名酒"，两个"中华老字号"。同时"洋河""双沟""蓝色经典""双沟珍宝坊""梦之蓝""蘇"六枚商标受"中国驰名商标"保护。

二、企业发展历程

1949年新中国成立后，党和政府拨出专款在裕源、祥泰、逢泰、广泉聚等几家私人酿酒作坊的基础上建立了洋河酒厂。建厂初期，全厂占地仅1.4万平方米，职工41人，年产大曲酒26吨，产值4.34万，税利合计只有3.43万元。

1979年在第三届全国评酒会上，洋河大曲一跃而跻身于全国八大名酒之列。

1984年5月，在全国第四届评酒会上，55度洋河牌洋河大曲的品评得分为全国参评的148种白酒之冠，蝉联国家名酒称号，荣获国家质量奖金牌。

1989年1月在全国第五届评酒会上，洋河大曲蝉联了国家名酒"三连冠"。

"八五"期间，洋河进入国家统计局和国家经贸委公布的中国最大工业企业综合评价最优500家行列，排名第126位。

1997年5月8日，洋河酒厂改成洋河集团。

从1998年省委、省政府发出"振兴苏酒"号召以来，"洋河"作为振兴苏酒的"领头羊"，在激烈的竞争中不断铸造新的优势。企业获得了全国文明单位、全国爱国拥军模范单位等多项殊荣。公司主要领导先后参加党的十六大、十七大、十八大，并获全国劳动模范等荣誉称号。

2002年12月28日，江苏洋河酒厂股份有限公司成立。

2003年，公司率先突破白酒香型分类传统，首创以"味"为主的绵柔型白酒质量新风格。

2008年，《地理标志产品洋河大曲酒》将"绵柔型"作为洋河白酒的特有类型写入国家标准。

2009年，"洋河股份"在深圳证券交易所正式挂牌上市，洋河酒厂成为江苏省白酒行业首家、宿迁市第一家国内主板上市公司。

2010年4月8日，宿迁市国丰资产经营管理有限公司将其持有的江苏双沟酒业股份有限公司40.59%的股份转让给洋河酒厂。同日，苏酒集团宣告成立，洋河、双沟的强强联合，更好地体现优势互补，有力促进打造酒都、振兴苏酒宏伟目标的实现。后经过二次转让，双沟酒业成为集团全资子公司。

2011年，洋河酒厂股份有限公司销售收入突破百亿元，成为宿迁市工业企业首家、江苏省白酒行业第一家、中国白酒行业第三家销售超百亿企业。

2012年，成立江苏洋河酒厂股份有限公司来安分公司，2014年更名为江苏洋河酒厂股份有限公司泗阳分公司。

2012年7月，公司首次跻身FT上市公司全球500强，荣登世界顶级企业俱乐部，打破了江苏上市公司全球500强零的纪录。

2016年，在"2016全球烈酒品牌价值50强"排行榜中，洋河位列中国第二、全球第七位。年底，梦之蓝代表中国白酒品牌，和华为、京东、格力等，一同入选首批"CCTV国家品牌合作伙伴"，成为未来30年引领全球的中国"国家品牌集群"。

三、生产经营情况

2016年，企业在"点燃激情，挑战可能，重新打开中高速发展通道"总体布局的指引下，实现了企业持续、健康发展的良好态势，取得了企业"十三五"发展的良好开局。2016年企业营业总收入171.83亿元，同比增长7.04%，净利润58.27亿元，同比增长8.61%。具体经营方面主要如下。

（一）全面深化"522工程"

一是抓转型，促升级，营销实力显著提高。2016年，公司全面深化"522工程"，扎实推进渠道极致化，推动渠道不断向下扎根，实现营销模式深度转型。二是抓形象，促提升，品牌影响显著增强。2016年，公司强化梦之蓝社区自媒体运营，通过创新多样的品牌传播方式，持续创造话题，深度参与杭州G20峰会，组织"我爱天之蓝"公益健康跑活动等，进一步彰显高端、大气的品牌内涵，增强公司品牌影响力。三是抓执行，促改善，围绕一线服务市场。深入推进精准考核、秩序管理、费用核报等工作，抓执行、促改善，围绕一线服务市场，为市场可持续发展提供有力保障。

（二）全面深化"绵满提质"

一是突出重点，持续优化，推进酒体绵柔度提升，得到了专家与消费者的一致认可，市场满意度达90%以上。二是严格督查，注重效果，推进酿酒生产实现了"高标准规划、高质量起步、高水准落地"的良好局面。

（三）全面深化"三性九化"

一是极致化工作，全年推进公司级极致化项目共78项，实现累计收益3895万元。二是标准化工作，全年共新增优秀标准化项目229项，优秀率较2015年的10%提升至29%。三是增收节支工作，全年实现收益2.43亿元，累计完成年度指标任务的143%。

（四）全面深化"极致服务"

一是公司持续深化"把困难留给自己，把方便留给下道"的服务精神。二是供应链管理方面：超前规划生产，加强信息共享，强化库存周转率分析。

（五）全面深化"创新转型"

一是互联网项目迈入新阶段。公司电商开放平台销售指标完成率达139%，综合业绩持续领跑行业电商。二是信息化建设卓有成效。ERP 二期项目实现持续、稳定、高效运行。行政费用项目进一步提高了业务规范标准。洋河1号项目在SKU管理、微店管理等方面为业务端提供更加丰富的功能支持。订单优化项目大大提高了客服工作效率。大数据应用项目积累超过1040万用户数据，302万注册会员。三是产业投资项目有序推进。四是财务投资收益显著提升。

（六）全面深化"双向理念"

公司以"双向、交互"文化理论为指导，积极践行"以用户为先，以员工为本，以奋进者为纲"的企业核心价值观，以及"三严三实""两学一做"等专题活动，认真宣传企业工匠人物和故事，弘扬企业精神，进一步强化员工对企业文化的认知和理解。

四、品牌运营

（一）事件营销

通过G20峰会首选用酒、"我爱天之蓝"公益健康跑活动、"和谐邻里，双向沟通，柔和双沟进社区"活动、"绵柔鼻祖·梦之蓝，大师带你游洋河"以及海外留学生畅游洋河等活动，进一步扩大了企业品牌在业界以及海外市场的影响力。

（二）自媒体运作

2016中国企业自媒体转型大会上，梦之蓝社区荣获"最佳企业自媒体"奖，在中国所有企业新媒体排行榜中，排名持续位居前列。

至12月底，梦之蓝社区粉丝数达到97.5万人，超过年度计划的140%。品牌部围绕"扫码抢红包""洋河汉酒封藏大典""人民大会堂来信""国家品牌""外国人眼中的中国酒"等15个话题制作内容，累计共产生35条百万级，80条50万级，327条5万以上的阅读，可统计传播阅读量超过1亿次，实现了广泛的社会化传播，品牌故事占据消费者心智。

（三）品牌传播

围绕公司品牌建设任务，借助高端、有影响力的大事件，不间断创造话题。通过央视春晚公益片"让故乡成为有梦的地方"主题宣传，梦之蓝向世界华人送上最真挚的祝福。奥运会期间，公司以低成本合作，实现梦之蓝品牌转发3600万次，覆盖受众5亿人次。在第三届世界互联网大会上，围绕梦之蓝作为宴会指定用酒，制作的"中国梦·梦之蓝，梦想互联世界"等话题，实现微信朋友圈推送4000余万次。在国家大剧院新年音乐会上，梦之蓝形象极为抢眼，充分彰显了高端、大气的品牌内涵。

五、食品安全管控

作为食品企业，洋河始终将生产放心食品、树立诚信品牌、保障消费者"舌尖上的安全"当作义不容辞的责任。

（一）全面防控，食品监管体系不断牢固化

公司坚持"以块为主，属地管理，层层负责"的原则，在不断摸索中，形成食品安全管理网络。为不断牢固食品安全监管网络，公司多措并举。一是层层分解，强化责任，指导各部门把食品安全职责目标细化分解，建立食品安全职责标准；二是务实求变，细化标准，建立食品安全管控体系，对可能影响产品食品安全的岗位、关键控制点进行梳理、分级，排查出对应管理制度、执行标准，做到食品安全管理有理可依，有据可查；三是创新推行四级考核即牵头部门—部门—班组—员工考核机制，建立食品安全目标责任考核体系。实现了责任到人，消除管理上死角，进一步提高食品安全管控能力。

（二）全程管控，质量控制水平力求极致化

洋河以"品质为天，追求卓越"为质量理念，培育精益求精的工匠精神，实现产品质量水平、检测能力、管理能力的进一步提升。通过"基础检验新五化、体系管理规范化、检查考核自发化、总结改善持续化"的"四步管控循环"体系管理模式，实现闭环管理；开展人员、方法、仪器等全方位的内部测量系统分析，确保检测数据准确性100%。不断开发、规范检测方法，实现检测能力的提质提效，大大提高检测数据的准确性，为产品生产过程的质量控制提供及时且正确的指导；提升检验团队技术水平和全员素质，确保检测结果的准确有效，为生产过程质量控制提供有力保障。

（三）全员参与，食品安全管理实现自发化

食品安全涉及每一个人的切身利益，员工的参与、支持是保证食品安全最重要的力量。组织开展"食品安全宣传月"活动，通过广告牌、横幅、演讲比赛、知识竞赛、培训讲座等活动提高全员食品安全知识水平，"食品安全宣传月"氛围营造浓厚，活动丰富，效果显著。

2016年6月，组织员工参加省食品生产安全协会举办的食品安全知识竞赛，多次发起通知进行号召，争取全员参与，与其他食品企业比学赶超，最终共1388人参加了考试，为全省食品企业中参赛人数最多，答题分数最高的单位，获得了协会的高度赞扬，全面促进了新《食品安全法》的深入人心。此外，积极组织食品安全管理人员参与协会组织的各项培训，获取最专业、权威的指导，应用于食品安全管理工作。

通过形式多样的活动，全面提升全员食品安全意识与水平，促进员工自主自发地参与到食品安全实际工作中来，基础管理变被动为主动，员工食品防护意识大提升，有力保障着洋河的产品品质。

六、旅游文化建设

洋河酿酒起源于隋唐、隆盛于明清，曾入选清皇室贡酒，素有"福泉酒海清香美，味占江淮第一家"的美誉，双沟因"下草湾人""醉猿化石"的发现，被誉为是中国最具天然酿酒环境与自然酒起源的地方。

旅游文化建设依托洋河酒厂，在展现中国白酒传统文化内涵的同时，着力打造以白酒酿造、品鉴体验为核心的特色工业旅游园区，于2006年被评为全国工业旅游示范点；

2012年宿迁成为"中国白酒之都";2015年洋河酒厂文化旅游区成为国家4A级景区,是江苏省白酒行业第一个国家4A级旅游景区,成为宣介洋河地区、洋河文化的又一大名片。

七、企业文化

企业文化可概括为"狮羊文化",其基本内涵为"狮性羊本,'狮羊'一体。"所谓"狮性",是指在市场竞争过程中,公司就像一头雄狮,要开疆辟土,参与竞争,敢于胜利,要有血性,所以在这个基础上公司提出"奋进者"的概念,"奋进者"就是"狮"的文化;所谓"羊本",实际上就是要学会感恩,企业要感恩,人也要感恩,只有做一个感恩的人,一个感恩的企业才会做得好,那么感恩的文化就是"羊"的文化,在这个基础上公司提出"以人为本"的理念,所以狮羊文化落实在具体目标和行动上,就是"以人为本,以奋进者为纲"。

企业文化的核心理念:核心价值观、企业愿景、企业使命。

企业核心价值观是"以用户为先、以员工为本、以奋进者为纲",即公司坚持用户利益至上,超预期地满足客户的需求是公司永远的追求;同时,坚持以员工为本,倡导奋进的共同行为准则,尊重和爱护奋进者,让奋进者与企业共享发展的成果,实现奋进者价值最大化。

企业愿景是"酒业帝国",即公司经营的最高目标是把公司经营成拥有广大消费群体、产品丰富、竞争力强、经济规模领先的酒类公司,打造成中国和全球酒业最具领导地位的公司。

企业使命是"快乐健康",即一切生产经营活动的出发点是通过酒类产品的功能性和相关服务的价值,为用户创造愉悦的情绪和社交氛围,带去快乐。同时提高饮用舒适性、改善产品功能性,保护和促进用户健康。

八、公益慈善

企业在努力提升业绩的同时,始终秉持"领先领头领一行、报国报民报一方"的核心企业理念,积极参加社会公益事业,全力践行企业社会责任,大力弘扬中华民族"帮危济困、扶微助弱"的传统美德,用实际行动树立了公益品牌、民族品牌、国际品牌的良好形象,先后被评为江苏省首届"慈善之星"单位、宿迁市首届"慈善之星"单位、"中国酒类慈善爱心品牌"等荣誉。

在长期的公益实践中,公司形成了特色的"洋河爱心模式",坚持"从我做起,主动搭台"的公益理念,联合合作伙伴,感召员工和消费者,主动关注需要帮助的群体,将公益事业做深做透,让爱的分子传递到社会的各个角落。这一模式把洋河员工、商业伙伴、具有共同理念的消费者以及需要帮助的人们联系到了一起。

泸州老窖股份有限公司

一、企业基本情况

（一）历史文化

泸州老窖股份有限公司是在明清36家古酿酒作坊群基础上发展起来的国有大型骨干酿酒企业，是浓香型白酒的发源地和中国最古老的四大名酒。在元泰定年间（公元1324年），泸州老窖始祖郭怀玉创制了"甘醇曲"，以曲药酿酒，极大提高了中国白酒的品质，引领中国白酒进入"大曲酒"的时代，并创制"泸州老窖酒传统酿制技艺"，已口传心授690余年、23代人，2006年作为川酒的唯一代表入选首批"国家级非物质文化遗产名录"。公司拥有全球最大规模的原生态酿酒古窖池群落，其中始建于公元1573年、连续使用至今、原址原貌保护完整的"1573国宝窖池群"，于1996年被国务院评定为行业首家"全国重点文物保护单位"。泸州老窖成为行业首家拥有"双国宝"文化遗产的企业。1915年，泸州老窖特曲一举斩获巴拿马万国博览会荣获金奖，泸州老窖步入世界名酒之林。1952年，泸州老窖在全国首届评酒会上荣膺"中国四大名酒"殊荣，并作为浓香型白酒唯一代表蝉联了五届"国家名酒"称号，成为公认的"浓香鼻祖"。2013年，泸州老窖1619口百年以上酿酒窖池、16家明清酿酒作坊及3大藏酒洞，一并入选"全国重点文物保护单位"。

（二）发展现状

2016年，公司实现营业收入83.04亿元，同比增长20.34%，实现归属于上市公司股东净利润19.28亿元，同比增长30.89%，远超白酒行业同期平均增速。近年来，公司先后荣获"中国轻工业行业百强企业""全国实施卓越绩效模式先进企业""全国质量信得过产品""全国产品和服务质量诚信示范企业""全国白酒行业质量领先品牌""中国年度最佳雇主100强""四川质量奖""四川省模范劳动关系和谐企业"等荣誉。

二、主要发展举措

近年来，因应中国白酒行业由过去机会型市场向竞争型市场的转变，公司采取了"三抓三促"的工作措施（抓市场攻坚，促进销售良性快速增长；抓生产保障，促进质量技术实力增强；抓公司治理，促进发展战略执行落地），实现了企业的良性快速发展。

（1）抓市场攻坚，促进销售良性快速增长　打造销售统一指挥体系。构建起了"四总三线一中心"的营销组织架构，推动营销决策、指挥、监督、协调工作的有序统一。将原有20余支营销团队统一整合为国窖、窖龄、特曲和博大4大品牌专营公司，增强了一线销售团队力量。坚持实施品牌塑造。与央视、新华社、凤凰卫视等主流媒体进行了合作。结合中欧论坛、香港回归20周年纪念、"一带一路"国际合作高峰论坛、2017夏季达沃斯论坛、第5届巴菲特股东大会等影响全球、全国的大事件进行植入宣传。连续10年成功举办泸州老窖·国窖1573封藏大典。增加了在重点机场、高铁、高速公路、城市广场等重要节点的广告覆盖，提高了泸州老窖的曝光率。文化营销再上台阶。依托长江航道打造以"窖、洞、坊、园"为主要特色的"中国白酒朝圣之地"，泸州老窖品牌文化后劲更足。2016年，公司高档酒类收入29.20亿元，同比增长89.39%；中档酒类收入27.90亿元，同比增长72.35%；因应"五大单品"战略需求，对低档酒类继续采取了品牌清理规范等措施，实现收入21.62亿元。

（2）抓生产保障，促进质量技术实力增强　积极抢占白酒技术高地。联合中国工程院，以及江南大学、中国农业大学等5家单位的上百名技术专家，开展了中国传统酿造领域首个国家重点研发计划"传统酿造食品风味与品质调控及新型酿造技术创制"的相关研究工作。深入开展质量审计工作。邀请国内外著名第三方认证机构，开展了涵盖原粮采购、酿酒生产、包装罐装和物流仓储等全产业链各环节的质量外审工作。大力发展固态纯粮酿造。启动了投资超过74亿元，占地面积超过3000亩的泸州老窖酿酒工程技改项目建设，筑牢公司发展的质量和产能基础。建立健全质量监管机制。深入践行"让中国白酒的质量看得见"的质量理念，构建起由公司生产单位、驻点质量监管队伍和质量部构成的"三级质量监管机制"，提升了公司的质量监管水平。健全完善质量溯源体系。运用大数据、二维码等先进技术，完善了全产业链质量监管和溯源体系，得到了行业和消费者的普遍认同。大力完善生产标准体系。建立健全了涵盖原粮种植、曲药生产、酿酒生产、基酒储存、勾调组合、灌装生产和质量检验等环节，严于国家标准的200余项企业标准。2017年4月，公司再次荣获四川省最高质量奖项——"四川质量奖"，成为全省唯一获得该项荣誉的酒类企业。目前，公司申报的"中国质量奖"已进入名单公示环节。

（3）抓公司治理，促进发展战略执行落地　深入推进依法治企。将深化国有企业改革与坚持党的领导结合起来，建立健全了公司级战略决策制度，确保了管理决策的科学、民主和高效。制度清理和规范管理全面落地。以"制度、流程及合同"为中心，对原有制度体系进行了"留、修、废、增"。为了让各项制度顺利落地，制定和发放了《制度应知应会手册》，让"讲制度、守纪律"的工作作风融入了生产经营的各方面。全面加强人才选育工作。启动员工专业级和行政级"双通道"职业晋升机制和分层激励考评机制建设，完成了营销、生产等重要板块的岗位清理工作。2016年共对各体系、各部门、各层级管理人员和员工举办专项培训数百场，参训覆盖人数近万人次。积极履行社会责任。成立扶贫工作组，2016年投入1710万元用于精准扶贫，公司荣获首届"四川省十大扶贫爱心组织""四川资本市场2016年扶贫工作先进单位"等荣誉。公司董事长刘淼荣获全国五一劳动奖章及"2016十大经济年度人物"。

三、未来发展思路

公司"十三五"期间总体规划为"一二三四五"的攻坚战略："明确一个目标"，

销售收入在良性发展的基础上能跑多快跑多快,力争在"十三五"末回归中国白酒行业"前三甲"。"立足两个坚持",坚持"做专做强"的发展定位,坚持"和谐共生"的发展理念。"落实三个加强",加强销售、加强管理、加强人才队伍建设。"把握四个步骤",稳定期(2015—2016年),在销售上进行突破,实现市场站稳,目前已完成;调整期(2016年),完成公司顶层设计及组织架构调整,目前已完成;冲刺期(2017—2019年),实现公司的全面跨越和赶超;达成期(2020年),力争实现既定目标。"实现五个领先",市场占有领先、公司治理领先、质量技术领先、品牌文化领先、人才资源领先。

山西杏花村汾酒集团有限责任公司

冯文静　武浩

一、企业概况

山西杏花村汾酒厂前身为1875年成立的宝泉益酒坊；后与德厚成、崇盛永合并重组改名为"义泉泳"；1919年成立晋裕汾酒有限公司，与义泉泳建立了产销合作伙伴关系；1932年，义泉泳转让给晋裕汾酒有限公司；1948年杏花村解放，在中共吕梁区委要求恢复汾酒生产，并在晋裕汾酒公司的旧址上成立杏花村专营酒店；1949年，人民政府收归国有，成立杏花村公营酒厂，隶属华北酒类专卖公司。1993年由省人民政府改制成立山西杏花村汾酒（集团）公司；2002年经山西省人民政府批准，成立山西杏花村汾酒集团有限责任公司。目前已发展成为生产销售白酒、保健酒为主，集贸易、投资、旅游、农业、体育等产业为一体的省属国有独资企业，是全国工业品牌培育示范企业、全国最大的清香型白酒产销基地和白酒现代化包装物流综合基地之一。

集团公司占地面积约3平方公里，员工总数为11000余人。下设5个全资子公司、10个控股子公司、1个分公司。其中，山西杏花村汾酒厂股份有限公司为集团核心子公司，1993年在上海证券交易所挂牌上市，是中国白酒第一股、山西第一股。

汾酒是我国清香型白酒的典型代表，也是清香型白酒国家标准的制定者。汾酒文化源远流长，酿造历史悠久，清香品质卓越，被誉为"中国白酒产业的奠基者，传承中国白酒文化的火炬手，中国白酒酿造技艺的教科书，见证中国白酒发展历史的活化石"。据考证，杏花村已有6000多年的酿酒历史，早在南北朝时期，汾酒的前身"汾清酒"就被载入《廿四史·北齐书》；晚唐大诗人杜牧的"借问酒家何处有？牧童遥指杏花村"使汾酒再度成名；1915年，汾酒在巴拿马万国博览会上一举荣获中国白酒品牌唯一甲等大奖章。1949年，汾酒、竹叶青酒成为第一届全国政治协商会议国宴用酒。新中国成立后五次全国评酒会上，汾酒均被授予"中国名酒"称号，竹叶青酒也三次获得"中国名酒"称号。

汾酒集团拥有"杏花村""竹叶青""汾"三件中国驰名商标，其中"杏花村"品牌价值连续12年位居山西榜首。汾酒酿造作坊遗址是全国重点文物保护单位，汾酒酿制技艺是首批国家级非物质文化遗产，技术中心是国家级企业技术中心、博士后科研工作站。公司同时还是4A级旅游景区、全国工业旅游示范点。改革开放以来，企业迈入了蓬勃发展的新时期，相继获得国家质量管理奖、首届及第二届山西省质量奖、国家科技进步二等奖、中国商标金奖等多项荣誉。

二、2017 年企业发展状况

2017 年，公司完成营业收入 164.21 亿元，同比增长 15.22%；实现利税 35.04 亿元，同比增长 54.21%。上市公司汾酒厂股份公司市值较年初累计增长 281.10 亿元，总市值达到了 493.53 亿元，增幅高达 132.33%。

2017 年是汾酒集团发展历程中极不平凡的一年，也是汾酒集团全面深化改革的顶层设计年。自 2 月 23 日与省国资委签订 2017 年及 2017—2019 年任期责任书以来，按照省委"一个指引、两手硬"的重大思路和要求，紧紧抓住我省国资国企改革试点的契机，上下齐心、不畏压力、砥砺奋进、攻坚克难，改革共识空前凝聚，动力活力大幅提升，供销产研协同高效，工作作风焕然一新，企业党建、内部机制、外部形象、市场开拓、品牌塑造得到全面改善，为推进公司"三步并作两步走，三年任务两年完"的目标奠定了扎实基础。2017 年 10 月 11 日，公司召开第一次党代会，进一步指明了汾酒未来的发展方向，清晰了汾酒的发展路径，党代会不仅确立了"思想引领、践行信仰、改革创新、汾酒复兴"的指导思想，而且满怀信心提出了"11936"中长期汾酒复兴战略和"62210"五年奋斗目标，着力推动企业改革创新，革故鼎新、奋力前行。

（一）抓改革，聚势能

全省国资监管暨党建工作会议结束后，公司立即成立了整体上市工作组、体制机制改革工作组、目标责任书改革工作组、权利责任负面清单工作组、舆论宣传工作组等五个改革工作组。抓好改革顶层设计，确立了汾酒改革的指导思想，就是要突出做强做优做大白酒核心主业，聚焦经营业绩目标，遵循以年度保任期、以任期保"十三五"规划目标实现的逻辑，靠做大蛋糕和提高发展质量解决发展中的问题。明确了汾酒的两条改革主线，即以集团混改为主要实现形式的体制改革和以进一步深化三项制度改革为抓手的机制创新。经过密集调研、反复讨论、审慎论证，形成了以《汾酒集团体制机制改革整体推进方案》为统领的"1+35"改革配套文件体系。

自整体上市工作组成立以来，公司积极与券商、律所、会计师事务所等中介机构协同，通过详细尽职调查和反复征求意见形成了《汾酒集团混合所有制改革框架方案》，并于 10 月得到省国资委正式批复。同时，为统筹推进集团混改的步伐，公司对优质酒类生产资产整体并入上市公司进行统一管理；成立了汾牌系列酒营销公司，对酒类资源进行深度整合，有效解决了集团内部同业竞争问题；推进筹备产业并购基金，组织对省内外白酒企业进行洽谈并购工作；积极与有实力、有渠道的战略投资者进行深入洽谈，力求实现引资、引智；以进一步深化"三项制度"改革为抓手，在公司内部推行大规模的机构和人事调整。坚持精简高效、专业协同原则，通过探索公司职能管理部门"大部制"模式，合理设置机构，归并职能重叠、相近或不适应目前发展形势的部门，切实推进管理的扁平化和集约化。这一系列扎实而有效的举措，有力地推动了集团混改工作进程。

（二）强营销，提速度

面对全面深化改革和白酒行业新周期所带来的发展机遇，公司乘势而上，自加压力，提出"三步并作两步走，三年任务两年完"的发展目标，将压力层层传导，进而激发动力、活力，在改革新"引擎"的强力推动下，销售业绩和市场质量取得了双丰收，跑出了业内公认的"汾酒速度"。

1. 重点突破，激活机制

市场营销作为此次汾酒改革的突破口，将通过不断做大蛋糕为改革奠定坚实的物质基础。公司重新与11家营销单位签订了目标责任书，并一次性下放了机构设置、人事调配、考核激励、投资决策等12项权利。同时还明确了奖惩措施、负面清单，并制定出台了关于考核、激励的一系列办法。通过集体解聘汾酒销售公司经理层、部门负责人及基层干部职务，采用"组阁式"聘任的新机制，落实了营销单位的用人自主权，有效地推进了营销人员能进能出，职位能上能下，收入能高能低的改革进程。特别是汾酒销售公司推行的模拟职业经理人制度，充分激发了营销队伍的活力和动力，得到了省委省政府和省国资委的高度肯定。

2. 科学谋划，创新布局

2017年以来，公司领导层以上率下，全方位、高频次地调研服务市场一线，并结合行业形势和汾酒实际，科学谋划战略布局，明确了以"一个目标导向，两种布局思维、三条发展路径、四大市场板块、五项管控原则、六大体系保障"为支撑的汾酒营销新思路。营销系统班子成员临阵督战，相继召开京津冀、山东、河南、陕西、山西、内蒙古等重点市场的营销工作会议，明确2018年的发展思路，营销队伍的精神面貌、执行力得到明显提升，整个行业、整个市场，听到了汾酒声音，看到了汾酒速度，感受到了汾酒迸发出的巨大能量；大胆尝试营销改革，创新营销模式，逐步形成了"以入股优质企业成立混合所有制公司、联合区域经销商成立大平台公司和以产品系列为主体成立的混合所有制公司"三种符合汾酒市场拓展的"混合所有制合资联销公司"新模式。在股权层面，成立的象屿汾酒（福建）销售有限公司，成为公司推进营销改革的又一次探索。在渠道层面，持续布局电商，线上销售额同比增长150%，天猫汾酒旗舰店业绩位列行业第五。

3. 举措得力，品牌协同

一方面，主抓汾酒品牌建设，本着去芜存菁、优势聚焦的原则，下大力气构建以青花系列、金奖系列、老白汾系列、商务汾酒系列和玻汾系列为主的五大汾酒核心产品体系，并通过优化产品结构，实行"半控价、全控价"和"价费分离"的价格管控模式，实现了主销产品的顺价销售；加大市场投入的同时，转变了费用投放的方式，强化费用落地，有效遏制了窜货行为；提高"营商"服务效率，构建星级联盟。公司开展门头、产品维权等一系列的专项打假行动，做好端窝点，抓流通，扫终端三个打假任务，同时，积极创新打假模式，与阿里巴巴集团建立协作关系，开通投诉举报直通窗口，拉黑涉假网店145家，全年对2276家网点进行了重点监控，大大净化了市场环境、维护了营销的安全稳定。另一方面，协同各品牌系列发展，主动将竹叶青酒营销公司并入汾酒销售公司进行一体化运作，进一步整合营销资源，实现了两大品牌协同发展；杏花村品牌实行杏花村酒和藏酒项目双轮驱动的营销思路，销售业绩实现新突破；头锅原浆酒借势酒博会，销量再创新高，并适时推出诞生纪念酒，不断满足消费者个性化定制的需求。

（三）立品牌，树形象

汾酒回归白酒第一阵营，离不开品牌拉力和文化张力的强大支撑。一年来，公司通过不断传播汾酒好声音，成功塑造汾酒新形象，切实将文化力转化为品牌力，将品牌力转化为营销力，真正实现汾酒文化落地生根。

1. 高举高打，提升形象

公司高举"中国酒魂"旗帜，深入传播酒魂文化，通过重大事件传播和权威媒体发布，先后推出了"一五一十说汾酒""2017欧亚经济论坛青花汾酒立体营销""2017山西（汾阳·杏花村）世界酒文化博览会"等活动，以"公关线+传播线+互动线+终端线"四线齐发的立体营销新模式，极大地提高了汾酒品牌的影响力和公信力，推动汾酒品质文化历史三大核心竞争力向品牌力、营销力进一步有效转化。相继举办了"清香品格论坛""南绍北汾"双雄会和《中国汾酒史》首发等一系列活动；积极参加中联部"中国共产党的故事——全面从严治党"专题宣介会、第十届中博会、山西品牌中华行、上海国际酒交会等宣传推介活动，并得到省委、省政府的重点推介。此外，公司还勇担社会责任，深入贯彻习近平总书记视察山西讲话精神，打好脱贫攻坚战，结对帮扶、精准扶贫工作取得实效。经过一年的努力，汾酒品牌文化的厚度和高度得到全方位的展现，企业形象得到了有力的提升。

2. 文化传播，着力推广

公司通过提升高度、塑造形象、引领消费、扩大传播的"四位一体"文化推广方式，实现了品牌知名度、品质美誉度、顾客忠诚度的三重提升。成功整合新旧媒体资源，推出了公司第一个新媒体聚合平台"汾酒集团云平台"，协同汾酒集团公众号、汾酒集团文化中心公众号，最大程度地发挥了媒体资源的传播效能；"一五一十说汾酒"系列宣传全网累计发布12900余篇，为提升品牌黏性打开新的路径；聚焦线上热点媒体传播与线下互动活动开展，着力培育符合当下社会潮流的消费文化，策划了"让世界看到骨子里的中国"全球交流文化活动、《朗读者》《遇见大咖》《味道》"酒·无界—汾酒现酿温饮之夜"等线上互动以及古法工艺展示系列活动、"豫见汾酒·中国酒魂巡回路演""青花汾酒·清香盛宴"等与消费者互动的系列活动，全方位地彰显了汾酒深厚的文化底蕴，向全社会传播了汾酒好声音。

在2017年世界品牌实验室发布的《中国500最具价值品牌》榜单中，"杏花村"以162.77亿元的品牌价值名列241名，连续14年位居山西榜首。

（四）严管理，创效益

信仰是本，管理是形，本正则形立。践行"信仰管理"，关键在于大力推进"全员营销"战略的落地和"销供产研"协同发展的基础管理保障体系全面升级。

1. 产业布局，板块联动

持续推进汾酒原粮绿色产业链建设，高粱、大麦、豌豆基地种植管理水平不断提升，保证了产品品质和价格稳定，为公司未来的酒类生产、销售提供了有力保障；加快推进酒类包装印刷项目建设，各项前期准备工作正在有序进行；积极拓展国际贸易业务，以多种方式主动走向国际，目前已开展加拿大、俄罗斯建厂相关接洽工作；体育产业方面，汾酒篮球俱乐部参与成立了 CBA 公司，实现了俱乐部职业化运作；继续冠名竹叶青女篮，借势加强竹叶青品牌传播，极大地提高了汾酒和竹叶青品牌的知名度和影响力；文化旅游产业方面，已与西安曲江文旅公司、中青旅公司等多家国内知名的文旅公司进行合作洽谈；金融投资板块稳健发展，出台了《汾酒集团产融互动实施意见》，利用上海荣大公司资本运作平台，在投资新三板、转融通业务、项目培养孵化投资等方面进行有益尝试，积累了丰富的产融互动经验。"一主三辅两新型"的业务板块布局正在稳步构建、协同发展，将为汾酒的全面复兴助力。

2. 强化落实，提质增效

严格执行目标责任书考核制度，紧抓决策落实，通过将各部门考核结果与考核激励挂钩，不断强化考核力度；大力推行"13710"工作督办制度，对公司重大决策、重要部署实行建档立卡、实时跟进、动态跟踪、催办督办，明确了时间节点，促实效、抓落实效果明显；ERP 项目上线并稳步运行，为公司的产供销数据抓取、收集、分析提供了智能决策平台，实现了销售、库存、生产、财务等全方位的数据掌控；深入推进"双增双节"活动，通过严格控制非生产性费用开支、生产材料的比质比价、盘活存量资产、节能降耗以及税务筹划等一系列降本增效工作的开展，全年累计创造效益 1.26 亿元。

3. 多措并举，全员营销

在科技方面，成立了科学技术协会，统筹整合了公司科研资源；技术部门进一步加大科研力度，研发了专供竹叶青酒、新品玫瑰汾酒、新品白玉汾酒和膳食纤维酒等新酒体；经过班组试验和周期性跟踪分析，起草完成了《投产大曲标准草案》，并正式实施。在质量方面，成立了山西酒类产品质量检测中心；不断完善针对产品质量和责任落实的"两个可追溯"体系建设。在安全方面，全面提升生产、质量、营销、治安、资金、网络安全的管控能力，"大安全体系"建设更加完善。在人力资源方面，人才队伍结构不断优化，公司现拥有大专以上学历 5068 人，其中硕士以上 113 人，80 后员工人数达到 4520 人，公司人才的学历和年龄结构持续优化；全年共组织干部职工培训 968 场，参训 58800 人次，汾酒商学院在营销与管理学院的基础上，增设了酿造学院，培训体系进一步完善。

（五）惠民生，谋幸福

不忘民生初心，共享改革红利，尽心竭力增强"汾酒职工幸福感"，共建"六个酒都"。一年来，公司不遗余力提高职工薪酬待遇，共投入 7500 余万元为职工增资，全体职工岗位工资基数上调至 1100 元，年终奖基数增加 2000 元，人均年收入达到了 7.98 万元，增长幅度超过 10%；全年累计安置职工子女就业 253 人；进一步提高职工社保管理效率，全年共计缴纳工伤保险 444.54 万元；开展"送温暖"活动，为 236 名困难职工、103 名职工遗属送去了温暖，为 20 名离退休老职工送去慰问，为亡故职工家属办理生活补助 60 余人次，共计金额 24.25 万元，并为职工进行健康体检 7000 余人次，为考取二本以上院校的 116 名职工子女给予"金秋助学"奖励 53.3 万元。不断创新文体活动开展模式，先后举办"颂歌献给党，喜迎十九大"歌咏比赛、"汇聚改革正能量，同心共筑汾酒梦"运动会等精彩纷呈的文体活动，丰富了职工群众的精神文化生活，增强了企业的凝聚力和向心力，汾酒职工幸福感大幅增强，汾酒人收入高、心情好、身体好的状态充分诠释了"幸福酒都"的内涵。

三、未来发展思路

酒业为本、做强做优做大是汾酒集团"十三五"发展规划确立的核心战略目标。2018年是汾酒改革的全面落实年，是实现各项经营指标历史性突破的关键一年。汾酒集团以党的十九大精神和习近平新时代中国特色社会主义思想为统领，以"11936"中长期汾酒复兴战略、"62210"五年奋斗目标为指引，继续践行中国酒魂信仰理论，抢抓白酒行业结构性调整和山西经济转型升级、创新驱动发展的重要历史机遇，深入贯彻"加强党的建设，力推改革实践；加强质量科技，力推产销升级；加强成果共享，力推融合共进"的"三加强、三力推"工作方针，全面落实体制机制改革创新、系统推进质量规模效益科技复合型发展、积极发挥品质文化历史三大核心竞争优势，坚决打好、打赢业绩攻坚战、改革落地战和行业进位战。

（一）加快推进机制、体制改革

1. 积极推进混合所有制改革

加快资产注入进程。要按照成熟一批注入一批的原则，2018年底前先完成主要酒类资产向上市公司的资产整合注入，同时要及时完成已确定撤并公司的清算注销工作。积极引入战略投资者。要以实现优势互补、互利共赢为目标，加快推进与目标战略投资者的合作洽谈进程，真正引进具有良好公司治理、有强大市场运营能力及渠道资源丰富的战略投资者，2018年底前力争完成推进方案所确定的合作意向框架签订。积极探索股权激励。重新规划公司与经营层、核心员工之间的契约关系，特别是营销人员、关键管理人员、产品研发人员三大类员工的激励机制，要鼓励公司内一部分员工率先共享公司快速发展巨大成果。

2. 加快推进深化三项制度改革

优化职能管理组织架构。根据集团公司混改工作要求及集团总部职能定位，要在确定组织结构优化方案基础上，稳妥完成相关机构的撤并、优化或设立，并抓紧理顺相关工作流程、部门和岗位职责。注重人才发展。要在深入研究市场经济规律和人才成长规律的基础上，建立内部模拟市场化的选人用人机制，切实解放和激发各类人才主动干事创业活力。加紧研究薪酬机制改革，上半年要制订出与山西省和当地劳动力市场基本适应、与公司经济效益和劳动生产率挂钩、切实有利于促进公司各项目标任务圆满完成的员工收入分配管理办法。从严选好用好干部。加快完善教育培养机制，重点提升中层和基层干部素质和领导组织能力建设，同时高度重视培养和选拔年轻后备干部，构建公开选拔、任用、交流的人才流通机制，切实做好各类干部和技术人员队伍梯度建设。在目标导向、工作推进的实践中，要进一步强化二级领导班子和干部考核工作的实施力度和要求，切实增强基层领导干部的责任感和使命感，提高主动工作创新活力和高效执行力。

3. 持续强化六大业务板块协同发展

升级主业（白酒产业）规模。要抓紧推进全国范围内白酒资源整合进度，为主业做强做优做大提供坚实的规模保证。增强三项辅业运作能力。其中，文化旅游工作在创优接待服务环境，加强旅游硬件设施改造的同时，完成新的文化旅游公司的投资设立和试运行，2019年形成产业突破并全面展开运营；金融投资要围绕产融互动加快创新步伐，建立完善资本运作平台，积极探索多渠道投融资方式，培育、孵化新的投资项目，拓展公司新的利润增长点；国际贸易要借助国家"一带一路"沿线重点开发战略的优惠政策，以境外资本输出、品牌输出、技术输出等多种形式在具有较好发展潜力的国家投资建厂，加大汾酒国际市场的拓展力度，并积极发展其他附加值较高的进出口业务。积极培育两项新型业务。原粮基地建设要以确保酿酒原料供应量和质量为导向，抓好原粮基地生产布局和成本管理，推动酿酒原粮种植的品种专有化和品质标准化；包装彩印项目要在上半年启动立项程序，并抓紧办理环评、安评、节能评估、施工许可证等前期工作；集团包装产业在并入上市公司前，要先行完成包装公司对晋泉涌公司的业务重组工作。

（二）持续提升营销能力建设

要着力在整个公司贯彻全员营销理念，充分借助当前品牌和文化传播攻势，以打好重点营销阵地战为手段，"强队伍、强渠道、强标准""聚心、聚力、聚势"，全面激活汾酒市场影响力和销售力。

1. 着力强化全员营销

加大对营销系统的授权力度。以权力、责任、负面清单的方式，明确营销系统各级的责权，构建主动用权担责的责权体系。完善以营销为龙头的反向考核机制。要深入贯彻落实全员营销理念，以内部市场化为导向，以提高工作效率和质量为考核要素，进一步完善反向考核机制，明确考核细则，强化包括采供、酿酒、大曲、储配、成装等整个价值链对营销的服务与支撑作用。

2. 有效强化营销资源协同

加强广告宣传资源聚焦。通过加强与国内、国际顶级策划机构有效合作，借力重大经济活动和社会热点事件，制订适应的广告传播计划，优化传统媒体与移动终端等新媒体广宣渠道资源分配，培育中高端消费圈层，集聚汾酒品牌势能，促进品牌力和文化力向营销力的转化。加快优化品牌运作模式。集中精力尽快完成三大品牌和个性化品牌的有效整合和向核心产品的优化聚合，推动各品牌共享市场渠道、文化及媒体资源，有效发挥好品牌整体协同作战优势和灵活迅捷的重点突击优势。

3. 继续加强渠道建设

主动创新厂家和渠道对终端及时服务和支持的模式。在货源、物流、产品、信息技术和经销商（代理商）整合方面下工夫改革创新，为酒类销售门店和终端提供更好更便捷更及时的服务和后台支持，打通营销最后一公里。积极发展电子商务战略合作新模式。要努力创新和拓展网络平台营销渠道，切实提升线上线下的服务水平和能力。年内要争取完成对京东、阿里等大型网商平台的战略合作洽谈，尽快确立酒类营销新型战略合作模式。

（三）持续加强理论和文化建设、传播

1. 继续不断完善中国酒魂信仰理论体系

中国酒魂信仰理论体系，是中国白酒产业率先开创的具有战略指导意义的企业发展理论。要在继续组织深入学习、深刻领会、全面贯彻、系统落实习近平新时代中国特色社会主义思想的基础上,加快推进中国酒魂信仰理论体系的总结完善,年底前提出新的阶段性成果。

2. 继续加强汾酒核心竞争力的文化传播

以深厚的汾酒文化为引领,把悠久的历史文化和工匠品质作为汾酒的独特标识,讲好汾酒故事,加大传播力度,进行有计划、有节奏、与市场同步的整合营销传播,将汾酒的品质文化历史核心竞争力优势真正转化为消费者认知,转化为产品附加值和核心竞争力。

(四)提升科研能力建设、严格质量监控

1. 加强集团对科研工作的统筹

统筹规划科研项目管理。强化总工程师办公室职能建设,统筹规划集团科技创新发展方向,统领公司产品研发、标准化、技术文件审批、科研项目管理等工作。提升科研资源的优化配置能力。以科研项目为纽带,通过项目实施促进科研人员的优化组合,使科研设备、检验仪器等各项科研资源得到合理配置和充分利用。有效拓展外部科研资源渠道。要以科协为工作平台,广泛联系有志于参与汾酒产品研发和技术创新的高校和科研院所,协调优化社会资源,有效加强产学研一体化建设。

2. 继续稳步提升生产装备和科研技术的现代化水平

积极推进生产机械化、自动化。以"满足快速增加的生产需要、提升工作效率或降低劳动强度"为出发点,加快对主要酿酒设备分批进行升级改造、科技革新;加强科研项目管理及应用。要以有效提升产品品质为目标进行项目筛选,加强基础研究,要切实加强科技成果的生产及宣传应用转化,打造产学研用的新格局,重视酿酒机械化研究课题的立项和试验推进,重点开展自动化培曲装备的研发及应用试验,为实现隧道式智能化培曲打好实践基础。

3. 继续严格质量管控

产品质量安全是企业经营的重中之重,各酒类生产单位一定要坚持严格执行产品质量控制标准和程序全覆盖,确保产品生产从原辅料采购、生产过程管控,到成品酒出厂的全过程质量控制程序和标准执行有效,不出现一个死角或盲区。要加强对原酒和大曲质量的源头控制和过程管控,上半年要完成大曲和原酒生产质量管理制度的优化和完善。要继续完善产品质量可追溯体系建设,按照国家相关文件要求,认真做好对公司可追溯体系建设情况的阶段性总结、分析,同时要制订出未来5年产品信息化追溯体系建设和完善、优化工作规划。

安徽古井贡酒股份有限公司

吴伟　程诚　肖印

一、企业概述

安徽古井贡酒股份有限公司坐落在历史名人曹操与华佗故里、世界十大烈酒产区之一的安徽省亳州市。1996年,古井贡酒股票上市,是中国第一家同时发行A、B两支股票的白酒类上市公司。

安徽古井贡酒股份有限公司多年来一直位列中国白酒企业前十强。2008年10月,古井酒文化博览园被国家旅游局批准为AAAA旅游景区,这也是中国白酒业第一家AAAA景区。2013年5月,古井贡酒酿造遗址荣登"国保",荣获安徽省政府质量奖。2014年1月和12月,古井贡全球巡礼活动分别走进联合国、美国和法国,开启了中国白酒全球对话的新高度。2015年9月,安徽古井贡酒股份有限公司"实施'135精益质量'管理模式的经验"荣获2015年全国"质量标杆"称号,古井贡酒股份有限公司为安徽省唯一入选的本土企业,也是中国白酒业质量管理方向唯一入选企业。2016年,古井贡酒股份有限公司荣获第二届中国酒业"仪狄奖"企业腾飞奖。2017年,古井贡酒股份有限公司再次被国家工商总局授予"守合同重信用"企业,荣获"2017年度国家知识产权示范企业"称号。

古井贡酒是集团的主导产品,其渊源始于公元196年曹操将家乡亳州产的"九酝春酒"和酿造方法进献给汉献帝刘协,自此一直作为皇室贡品;曹操也被史学界尊称为古井贡"酒神";古井贡酒以"色清如水晶、香醇似幽兰、入口甘美醇和、回味经久不息"的独特风格,四次蝉联全国白酒评比金奖,在巴黎第十三届国际食品博览会上荣获金奖,是中国地理标志产品,被世人誉为"酒中牡丹""中华第一贡"。目前公司主打产品古井贡酒"年份原浆",以"桃花曲、无极水、九酝酒法、明代窖池"的优良品质,先后成为上海世博会安徽馆战略合作伙伴、2010中国—东盟博览会合作伙伴指定用酒,成为2012年韩国丽水世博会、2015年意大利米兰世博会、2017年哈萨克斯坦阿斯塔纳世博会上中国馆的官方合作伙伴,并于2011—2013年度连续三年总冠名"感动中国"人物评选活动,2016年、2017年、2018年成功激约央视春节联欢晚会,读"亳"有奖活动受到广泛好评。

二、发展思路与历程

近年来,安徽古井贡酒股份有限公司围绕"5+5方略",持续加强白酒销售,稳步提升产品质量,企业经营业绩持续增长,运营水平逐步提高。

"5+5方略",即:围绕古井战略5.0,打造"运营五星级"。古井的转型与再造,必须以战略5.0作为行动依据。古井战略5.0,即建立前端引流、中端体验、末端结算的新模式,对公司全部产业进行一体化打造,它是传统产业主动适应互联网时代、进行经营模式创新的一种探索及体现。落实古井战略5.0,必须以"运营五星级"作为根本途径。即以思想五星级为先导,以执行五星级为核心,以管理五星级为关键,以服务五星级为基础,以安全五星级为保障。

2014—2016年,在行业深度调整的背景下,主业白酒连续三年持续逆势增长,营业收入分别为46.51亿、52.53亿、60.17亿,年平均增长率9.5%,连续三年位列白酒上市公司第五名,仅次于茅台、五粮液、洋河、泸州老窖。

2017年前三季度,古井贡酒实现营业收入53.44亿元,同比增长18.6%,归属于上市公司股东的净利润7.97亿元,同比增长36.92%。品牌价值达638.50亿元,位列安徽省酒企第一名,中国白酒第五名。

2016年4月27日,古井贡酒与黄鹤楼酒业签署战略合作协议,古井贡酒出资8.16亿元收购黄鹤楼51%的股权。2016年7月,正式启动"双百亿双品牌战略",规划古井贡酒和黄鹤楼分别在2020年、2030年实现百亿目标。黄鹤楼酒业重点围绕武汉、咸宁、随州三地,聚焦资源,重点投入。2017年,"黄鹤楼"商标荣获"中国驰名商标"。

2017年取得的部分成绩:

(1)2017年9月19日,古井党建企业文化馆开馆,是全国第一个以党建企业文化为主题的场馆。

(2)2017年12月,古井集团顺利通过中国共产党基层党组织质量管理体系认证,成为全国白酒行业首家通过党建质量管理体系认证的企业。

(3)2017年11月19日,由中国酒业协会主办的"世界名酒价值论坛"颁布世界烈酒十大产区名录,古井贡酒原产地亳州入围世界十大烈酒产区。

(4)古井贡酒成为哈萨克斯坦阿斯塔纳世博会中国馆官方合作品牌。这是古井贡酒再次作为中国白酒行业唯一代表,继2012韩国丽水世博、2015意大利米兰世博后第三次携手世博会中国馆。2017年8月,阿斯塔纳世博会中国馆古井贡酒纪念酒全球上市。这也是古井贡酒中国酒文化全球巡礼,继走进美国、法国、意大利等国亮相联合国总部之后的全球第七站。

(5)古井贡酒股份公司成功通过国家两化融合管理体系评定,获得"两化融合管理体系"证书,成为亳州市首家通过国家工信部两化融合管理体系贯标认证的企业。

(6)2017年3月30日,中国白酒健康研究院成立。中国白酒健康研究院由中国酒业协会、古井贡酒股份公司和北京工商大学首倡建立,是全国首家专业的白酒健康科研机构。

2017年11月30日,古井集团首发酒企工匠精神——"聂广荣精神"。聂广荣是20世纪古井酒厂的创业厂长。聂广荣精神,就是古井的劳模精神和工匠精神。发布会上,古井贡酒现场隆重推出三款新品,即年份原浆·功勋池、原版·古井贡酒1979/1963、古井·小罍子,用美酒好酒来满足人民的美好生活需求。

三、未来规划

2018年,安徽古井贡酒股份有限公司将在党的十九大精神指引下,不忘初心、牢记使命,紧扣"双品牌双百亿"战略目标,以奋斗者为榜样,弘扬贡献文化和聂广荣精神,围绕"5+5"方略,以流程再造为重点,强化营销龙头,创新体制机制,提升发展动力。

2020年,伴随着全面小康社会的建成,古井要跨越100亿,冲向前三甲,实现企业经营模式和运营机制的彻底转变,品牌拉动力更强,人才驱动力更大,管理效率更高,员工的获得感更多,企业社会地位更显,并不断走向国际化,"中华第一贡"的伟大复兴成为雏形。

北京顺鑫农业股份有限公司牛栏山酒厂

陈世俊

牛栏山酒厂隶属北京顺鑫农业股份有限公司，位于北京市顺义区北部牛栏山镇，潮白河西畔。牛栏山镇依傍牛栏山而得名，可上溯至3000年前周初时期的酒文化更让古镇醇香弥新、遐迩闻名。她钟聚神仙甜井、潮白河之灵气，为二锅头酒开源立宗。300多年来，因专心酿好酒，口碑日隆；以古法谱新篇，长盛不衰。康熙《顺义县志》记载："造酒工：做是工者百余人，所酿之酒甘洌异常，为北平特产，销售临县或平市，颇脍炙人口，而尤以牛栏山酒为最著"。新中国成立后，顺义县以牛栏山地区"公利""富顺城""义信"和"魁盛"等四家著名的老烧锅为基础，筹备合营生产。1952年10月26日，河北省人民政府工业厅酒业生产管理局国营牛栏山制酒厂正式成立，是为牛栏山酒厂的前身。

60多年来，牛栏山酒厂始终践行诚信立身，创新引领，求真务实，包容共生的经营理念，励精图治，勤奋耕耘。从"潮白河"牌二锅头，经"华灯"牌北京醇，到"牛栏山"牌系列白酒，牛酒人栉风沐雨，砥砺奋进，连创佳绩。尤其是进入新世纪以来，牛栏山酒厂肩负"传承三百年酿造、发展二锅头产业、弘扬中国酒文化"的时代使命，致力于打造中国二锅头第一品牌，精工艺，求品质，拓营销，经营业绩持续、快速增长；全国化市场营销战略稳步推进，市场规模、市场渗透率不断拓展和提高；白酒产量、销售收入等稳居行业前列。

牛栏山酒厂不仅是国家级非物质文化遗产保护单位，也是具有较强创新力和影响力的中华老字号品牌企业。企业总占地面积606亩，新、老厂区比肩而立，浑然一体，相得益彰；传统而不失现代、古朴而律动时尚的京味建筑，释放着牛栏山品牌文化的特质。自动化生产车间、智能化立体库、勾调技术中心等生产设施，达到行业领先水平；位于新厂区中心的北京二锅头文化苑，不仅是展示二锅头文化的平台，传播企业文化的窗口，也是弘扬京味文化的名片。

牛栏山酒厂坚持科技引领、品质为先的发展之道。近年来，企业陆续建立了检测分析实验室、微生物实验室、博士后工作站、牛栏山酒厂特色菌种库、酒体设计工作室和首席技师工作室等科研平台。其中，检测分析实验室是中国白酒行业第二家通过CNAS认可的实验室，获得检测结果国际互认资格；微生物实验室累计已分离酿酒微生物2万余株，其中性能优良并应用于实际生产的有30余株；牛栏山特色菌种库成为北京地区最大最全的白酒菌种资源库；酒体设计工作室设计出了牛栏山酒的典型风味和个性特征。等等这些，为牛栏山酒厂掌握二锅头核心技术奠定了坚实的基础。同时，企业还通过引进和培养高级技术人才，加强对外技术合作等一系列举措，着力推进科技领先战略。目前，企业拥有职工2020人，其中中国酿酒工艺大师1名，中国品酒大师1名，国家级评委6人，中高级职称、高级技术人员近200名。

牛栏山酒厂始终坚持民酒定位，坚守好酒品质，服务大众消费。主导产品"经典二锅头""传统二锅头""百年牛栏山""珍品牛栏山"、"陈酿牛栏山"五大系列，畅销全国各地并远销海外多个国家和地区，深受广大消费者的青睐。

一路走来，牛栏山酒厂备受各级领导的关怀和社会各界的关注，赢得了众多荣誉和鼓励，更收获了广大消费者的信任和口碑。从1984年"北京特曲"荣膺北京名牌称号，到1994年"北京醇"摘得第32届布鲁塞尔国际博览会金奖桂冠，再到今天的"牛栏山"成为百姓心目中真正的亲民品牌，牛栏山酒厂在前进的道路上，一次次华彩绽放，一次次续写酒业传奇。

特别是2002年以来，牛栏山酒厂确定了"正宗二锅头，地道北京味"的品牌定位，提出了致力于打造中国二锅头第一品牌的战略目标。从此，企业发展进入了快车道。十几年来，牛栏山酒厂年销售收入连续保持20%以上的复合增长率，在业界传为佳话。至2015年，以北京地区为中心的大北方市场全面形成，并通过全力开发长三角、珠三角市场，初步形成了泛全国化市场营销格局。

2016年，牛栏山酒厂在新形势下，全面制定了"四·五战略"发展规划，提出了"1.2.3.5"核心战略思想。即1个方针：营销为龙头，科技为核心，管理为基础，文化为底蕴。2个原则：一是坚持一元化发展的原则；二是坚持民酒定位原则。3个目标：一是实现顺鑫牛栏山酒业百亿销售收入目标；二是实现"牛栏山"的全国化市场营销目标；三是实现职工收入持续增长目标。5大跨越：一是通过内部机制改革和创新实现向现代管理的跨越；二是实现"牛栏山"品牌从"民酒"到"民酒"中的"名酒"的跨越；三是实现北京生产基地向北京总部基地的跨越；四是实现文化体系到文化落地的跨越；五是实现从内生发展到并购扩张的跨越。"四·五战略"的制定，为牛栏山酒厂在酒业转型期明确了新的方向，奠定了企业持续、快速发展的基础。

刚刚过去的2017年，是牛栏山酒厂在新形势下，通过改革、创新，取得优异成绩的一年。全年，销售收入实现同比增长24%，实现利润同比增长34%，全面超额完成了2017年初制定的各项经济指标。全国化市场稳步推进，品牌价值不断提升，技术研发在二锅头特色成分、优势成分和健康因子分析方面取得了突破，企业文化建设如火如荼。牛栏山酒厂持续、快速发展的步伐稳健有力，牛酒人的梦想继续放飞。

2018年，是牛栏山酒厂实施"四五"战略承上启下的关键一年。也是"双百目标"的新起点。"双百目标"，即"实现百亿销售收入，打造百年企业"。"百亿"是短期目标，"百年"是长期目标。牛栏山酒厂将分三步走，去实现"百年名企"的伟大目标：第一步，到2020年，确保实现牛栏山酒厂"四五"战略目标，力争提前完成百亿营销目标。第二步，从2020年开始，再利用两个"五年"规划，即到2030年，将牛栏山酒业，发展成为中国极具影响力的现代化酒业集团。到那时，"牛栏山"作为"中国名酒"品牌，实至名归，企业综合实力排名，稳居行业前列，生产、管理、科技现代化，保证企业的核心竞争优势，以不断满足广大人民群众追求美好生活为使命的企业定位，将为企业顺势发展，增添无限活力。第三步，从2030年开始，再用20年左右的时间，力争在牛酒国营100周年之际，实现牛栏山酒业集团国际化的梦想。到那时，以浓郁的中华文化元素为背书,"牛栏山"二锅头将伴随着中国全面建成社会主义现代化强国的时代机遇,渗透到全球消费市场,影响着世界人民的生活,牛栏山酒业将发展成为全球闻名的酒类跨国集团,为世界奉献中国好酒,向世界传递中国文化。

匠心,成就了二锅头的好酒品类,也凝练了牛酒人的敬业精神;包容,塑造了二锅头的内在性格,也涵养了牛栏山的人文情怀。今天的牛栏山酒厂,正顺应市场发展的潮流,抢抓机遇,革故鼎新,稳步前行。重市场、强科技、抓管理、兴文化,不忘初心,不断超越;今天的牛栏山酒厂,正以海纳百川的气度,携手同行,凝心聚力,共同进步。深挖潜、纵联合、讲和谐、促共赢,履行责任,回馈社会。正是"匠心"和"包容",定义了牛栏山二锅头作为"京味生活元素"的内涵,赋予了牛栏山酒无限的市场活力。

百年陈酿传经典,世纪珍品续新篇!未来,牛酒人将继续以品质和文化诠释"正宗二锅头,地道北京味"的品牌定位,用责任与激情演绎二锅头经久不衰的生命价值和市场价值,用智慧和汗水再铸牛栏山酒厂的新辉煌!

劲牌有限公司

罗蔚华　周平

千年青铜史，百里劲酒香。1953 年，劲牌有限公司诞生在青铜故里湖北大冶，历经 65 年的稳步发展，现已成为一家专业化的健康食品企业。目前，公司拥有保健酒、白酒和生物医药三大核心业务，以及"中国劲酒""毛铺苦荞酒"两大自主品牌，并成功入选央视国家品牌计划。2017 年，公司实现营业收入 104.9 亿元，上缴税金 25.8 亿元。

一、数字科技

劲牌公司以"健康人类，永无止境"为企业精神。进入新世纪，劲牌公司坚持"按做药的标准生产保健酒"，率先将中药数字技术运用于产品生产。中药数字提取技术通过科学比对、量化控制、数字产出，将人们担心的成分含量问题、功效问题、品质问题都用现代科技解决，大幅提升了产品的品质，让养生更加科学健康。

劲牌十分重视产品研发和技术创新。公司研发中心联合哈佛大学医学院、夏威夷大学、大阪大学、北京大学、武汉大学、华中科技大学、中国药科大学、香港浸会大学等科研院校，在中药工程技术和质量控制、中药药理分析、工业微生物检测等领域开展了多项富有建设性的科研攻关工作。目前，公司研发中心拥有专职技术研发人员 180 余名，其中，高级工程师 12 人、中国酿酒大师 1 人、博士 13 人、国家级品酒委员 13 人、省级品酒委员 28 人。2006 年 3 月，劲牌研发中心成为"博士后产业基地"。2008 年 5 月，劲牌检测中心通过国家实验室认可。2010 年 11 月，劲牌研发中心通过省级"保健酒工程技术研究中心"鉴定。2012 年 7 月，劲牌取得"医疗机构执业许可证"。2013 年 1 月，"中药保健食品质量与安全湖北省重点实验室"获批组建。2015 年 7 月，中国劲酒和毛铺苦荞酒两款产品在美国查尔斯河实验室（Charles River Laboratories）完成安全性评价。2016 年 10 月，劲牌研究院正式成立。

2017 年，劲牌坚守品质，始终将产品力提升作为企业生存的"王道"，狠抓产品质量，持续创新科技研发，不断打造强劲的产品力。本年度，公司研发的毛铺苦荞酒紫荞和金标劲酒成功上市，获得消费者广泛欢迎。劲牌生物医药公司成为湖北省首家中药配方颗粒试点生产企业，填补了湖北省中药配方颗粒业务的空白。劲牌注重知识产权保护，目前，公司拥有注册商标 528 件、专利 217 件，其中发明专利 36 件。

二、甘泉药材

劲牌公司以"不断提高消费者身体素质和生活质量"为愿景。"水者，酒之魂也"。

劲牌深谙"甘泉出佳酿，好水酿好酒"的真理。为进一步提升产品品质，寻找优质的水源，1999年，公司邀请了地质专家和水质专家开展选水工作，几乎跑遍了鄂东南的每一座山脉和每一个湖泊。后将目光聚焦于幕阜山脉，该山脉绵亘于湖南、江西、湖北三省交界处，长约160公里，主峰海拔1595.6米。这里树木葱郁、植被繁茂、水源丰富，特别适合微生物的生长和繁殖，是酿造优质酒的天然发酵池，我国白酒业界泰斗周恒刚先生称其为"酿酒的世外桃源"。最终，劲牌人沿幕阜山脉先后找到了双龙泉、半山罗、仙人洞、养石泉、观音洞、翟湾泉、座溪泉七大天然溶洞泉水。历时十年，公司投资11.7亿元，沿七大泉源先后兴建了三个原酒生态园，以天然无污染的自然环境和水质保证了所酿原酒的质量。

对于保健酒而言，药材即是酒的精髓。劲牌公司用料考究，根据《本草纲目》《神农本草经》等中医药经典著作，以及《滇南本草》《岭南采药录》等地方中药记志，在全国范围内遴选道地药材产地。经过数年时间，行程几万公里，公司产品所需药材实现了产地直供，并逐步建立起10000余亩标准化种植基地，保障药材原料质量纯正。同时，公司通过"合资公司+农户"的基地运营模式，整合公司与基地合作商的资源优势，主要药材原料枸杞子、当归、茯苓、黄芪、党参等5个药材基地，严格按照《中药材生产质量管理规范》指导药材种植和采收，公司4817份标准覆盖了从原料种植到销售的全过程，严格监控药材从种植、采收到加工、运输的全过程，从源头上杜绝了"产非其地、采非其时"的药材进入公司。

三、现代工艺

劲牌公司以"推动白酒行业转型升级"为己任。自2006年起，公司与北京大学、华中科技大学等科研院所开展产学研合作，正式启动小曲白酒酿造新工艺项目，在全面使用自动化机械生产代替传统手工劳动上迈开了实质性的一步。历经十年攻关，在国内外首创加压蒸粮、固态培菌、控温糖化、低温槽车发酵、机械上甑蒸馏等新技术，实现了酿造过程的机械化和信息化的有效融合，原料全程不沾地、不与操作人员接触，减轻了员工劳动强度，提高了生产效率，消除了人为因素对生产过程的影响，标志着白酒酿造告别传统作坊式生产，迈进工业化，并逐步实现了机械化、自动化酿造生产模式转变。

2013年11月，公司首创的"固态法小曲白酒机械化酿造工艺"获得国家工业和信息化部给予的"整体技术达到国际领先水平"鉴定结论。2016年，公司主导完成的"保健酒现代制造关键技术及产业化"项目荣获2016年湖北省科技进步一等奖。

四、社会责任

劲牌公司以"国家兴亡，我的责任"为企业理念。长期以来，公司秉承"情系社会，共创繁荣"的社会理念，积极回报社会回报国家。公司热心公益慈善事业，积极履行企业社会责任，据统计，公司历年累计公益捐赠总额逾15亿元。

从 2004 年开始，历时 13 年，公司在全国 31 个省市自治区 85 所高中开办了 390 个"劲牌阳光班"，累计投资 1.67 亿元，帮助 19500 名贫困学生顺利完成高中学业圆梦大学。2017 年 9 月 22~23 日，首届劲牌"阳光论坛"活动在劲牌研究院隆重举行，来自全国 31 个省市自治区的承办学校领导、劲牌阳光班班主任老师和学生代表共计 230 余人参加论坛活动。近五年来，劲牌在精准帮扶项目上的投入超过 1 亿元，通过产业扶贫、教育扶贫、就业扶贫等举措，帮扶项目包含贫困助学、基础设施建设、改善医疗条件等。精准帮扶地区主要有：广西河池、四川凉山、甘肃庆阳、贵州毕节、云南德宏、江西广昌、湖北黄冈、湖北阳新、湖北大冶等地，鼓励当地群众自主创业，推动贫困地区经济发展，摘掉贫困帽子，奔向小康之路。2017 年 10 月 10 日，公司因精准扶贫成绩显著，荣获全国"万企帮万村"精准扶贫行动先进民营企业奖。

在家乡建设上，为丰富企业驻地市民的业余文化生活、提高公民身体素质，并积极推进本地区生态修复，公司先后投资捐建大冶城市体育公园、阳新园博园、黄石柯尔山白马山公园等城市基础设施。2017 年，公司建设的黄石柯尔山白马山公园、大冶金湖生态园等公益项目投资 1.36 亿元，2017 年初，王英水库大冶引水工程项目投入运营，让百万大冶人民喝上优质的仙岛湖水；11 月底，阳新县城乡一体化供水工程主线实现通水。

在行业发展上，公司影响力进一步提升。2017 年 9 月 5~7 日，全国白酒产业转型升级现场会暨中国白酒"158 计划"总结会在劲牌召开。会上，公司因白酒酿造新工艺"四化建设"成效显著，被授予"中国白酒 158 计划示范企业"称号；11 月 8 日，劲牌茅台镇酒业有限公司挂牌，二期项目正式投产，实现自主生产酱香型原酒，公司的白酒布局迈进新时代，开启新征程。同时，公司国际影响力进一步提升。2017 年 3 月，劲牌公司首度携产品"中国劲酒"亮相德国酒业盛会杜塞尔多夫国际葡萄酒和烈酒展览会，获得国际友人高度好评。并斩获了包括美国旧金山世界烈酒大赛银奖、比利时布鲁塞尔国际烈性酒大奖赛金奖等在内的 4 项国际荣誉。

凡是过去，皆为序章。

2018 年，劲牌公司将持续推进"厂商分工"，紧守"非饱和""无力度"营销底线，完成线上、线下品牌宣传及营销推广活动，实现产品销售规模的持续增长。推进重点项目建设，夯实企业发展基石。坚持提质控量，盘活存量资源。目前，公司大冶城西北健康白酒产业园项目正在进行整体的规划设计；坚持推进公司"四化建设"，预计投资 5 亿元用于酿造总厂毛铺分厂改建工作。公司继续加大研发工作力度，推动科技创新升级。充分利用产学研、企业技术联盟、国外技术合作等平台，完成保健酒技术、微生物技术升级，提高保健酒、健康白酒生产过程质量可控性，推动科技创新持续升级。

2018 年，劲牌公司将加快高端人才引进，助力智慧劲牌发展。加快实用型、专业型高端人才的引进工作，借助劲牌学院实施对公司知识型员工、骨干人员及上下游供应商的培养，使之与公司发展同步，共同助力智慧劲牌发展。公司强化生态文明建设，推进社会和谐发展。有效利用环保泥、药渣、酒糟实现循环经济，协助政府开展生态修复改善生态环境，积极开展扶贫助困及农村基础设施建设，共同推进社会和谐发展。

2018年，劲牌公司将深入贯彻落实党的十九大精神，以蓬勃向上的干劲、敢于创新的闯劲、持之以恒的韧劲，以"做百年企业、树百年品牌"，致力于成为世界一流的健康食品企业为奋斗目标，以时不我待、久久为功的精神，坚持走质量效益型发展道路，始终围绕健康产业构建企业核心竞争力。